Gründung einer Europäischen Aktiengesellschaft (SE) durch Verschmelzung oder durch Anteilstausch

# Europäische Hochschulschriften
Publications Universitaires Européennes
European University Studies

**Reihe V**
**Volks- und Betriebswirtschaft**

Série V Series V
Sciences économiques, gestion d'entreprise
Economics and Management

**Bd./Vol. 3044**

PETER LANG
Frankfurt am Main · Berlin · Bern · Bruxelles · New York · Oxford · Wien

Christine Ruhwinkel

# Gründung einer Europäischen Aktiengesellschaft (SE) durch Verschmelzung oder durch Anteilstausch

## Ein Steuerplanungsmodell zur Gründung einer SE durch Aktiengesellschaften aus Deutschland und Großbritannien

PETER LANG
Europäischer Verlag der Wissenschaften

**Bibliografische Information Der Deutschen Bibliothek**
Die Deutsche Bibliothek verzeichnet diese Publikation in der Deutschen Nationalbibliografie; detaillierte bibliografische Daten sind im Internet über <http://dnb.ddb.de> abrufbar.

Zugl.: Erlangen-Nürnberg, Univ., Diss., 2003

D 29 (n 2)
ISSN 0531-7339
ISBN 3-631-52157-X



www.peterlang.de

## Vorwort

Die vorliegende Arbeit habe ich während meiner Tätigkeit als Mitarbeiterin am Lehrstuhl für Betriebswirtschaftslehre, insbesondere Steuerlehre bei Herrn Professor Scheffler an der Friedrich-Alexander-Universität Erlangen-Nürnberg angefertigt.

Mein akademischer Lehrer, Herr Professor Scheffler, hat bereits im Laufe meines Studiums mein Interesse am Steuerrecht geweckt. Ich danke ihm nachdrücklich dafür, dass er den Fortgang dieser Arbeit stets durch seine intensive Betreuung begleitet hat.

Herrn Professor Reiß danke ich für die Übernahme des Koreferats.

Meinen Kollegen der verschiedenen Lehrstühle der Wirtschafts- und Sozialwissenschaftlichen Fakultät und Freunden verdanke ich eine unvergessliche Zeit in Nürnberg. Ausdrücklich möchte ich Herrn Dr. Christoph Götz und Herrn Dr. Jochen Peichl sowie Frau Gabriele Herbst und Frau Esther-Lea Limburg erwähnen.

Mein Freund Michael hat mich stets motiviert und mit größtem Einsatz unterstützt. Mein Vater hat es mir immer ermöglicht, alle meine angestrebten Ziele zu verwirklichen. Im Gedenken an meine verstorbene Mutter widme ich ihm diese Arbeit.

Nürnberg, im Dezember 2003 Christine Ruhwinkel

## Inhaltsübersicht

## V. Analyse und Auswertung der Ergebnisse

# Inhaltsverzeichnis

## V. Analyse und Auswertung der Ergebnisse

**Anhang**

## Abbildungsverzeichnis

## Tabellenverzeichnis

## Abkürzungsverzeichnis

| | |
|---|---|
| a. A. | anderer Auffassung |
| ABl. | Amtsblatt |
| Abs. | Absatz |
| AG | Aktiengesellschaft / Die Aktiengesellschaft (Zeitschrift) |
| AktG | Aktiengesetz |
| Anh. | Anhang |
| Art. | Artikel |
| AStG | Außensteuergesetz |
| Aufl. | Auflage |
| | |
| BB | Betriebs-Berater (Zeitschrift) |
| Bd. | Band |
| betr. | betreffend |
| BewG | Bewertungsgesetz |
| BFH | Bundesfinanzhof |
| BFH/NV | Sammlung amtlich nicht veröffentlichter Entscheidungen des Bundesfinanzhofs (Zeitschrift) |
| BFuP | Betriebswirtschaftliche Forschung und Praxis (Zeitschrift) |
| BGBl | Bundesgesetzblatt |
| BMF | Bundesministerium der Finanzen |
| BStBl | Bundessteuerblatt |
| BTR | British Tax Review (Zeitschrift) |
| Buchst. | Buchstabe |
| BR-Drs. | Bundesrats-Drucksache |
| bzw. | beziehungsweise |
| | |
| CA | Companies Act |
| CAA | Capital Allowances Act |
| CDFI | Cahiers De Droit Fiscal International |
| const. | konstant |
| Corp. | Corporation |
| | |
| DB | Der Betrieb (Zeitschrift) |
| DBA | Doppelbesteuerungsabkommen |
| DBW | Die Betriebswirtschaft (Zeitschrift) |
| d.h. | das heißt |
| DStR | Deutsches Steuerrecht (Zeitschrift) |
| DStZ | Deutsche Steuer-Zeitung (Zeitschrift) |

| | |
|---|---|
| DSWR | Datenverarbeitung, Steuer, Wirtschaft, Recht (Zeitschrift) |
| | |
| EC | European Community |
| EDV | elektronische Datenverarbeitung |
| EG | Europäische Gemeinschaft |
| EGV | EG-Vertrag |
| EL | Ergänzungslieferung |
| endg. | endgültig |
| EStG | Einkommensteuergesetz |
| ET | European Taxation (Zeitschrift) |
| EU | Europäische Union |
| EuGH | Europäischer Gerichtshof |
| EuGHE | Entscheidung des Europäischen Gerichtshofes |
| EuR | Europarecht (Zeitschrift) |
| EUV | EU-Vertrag |
| EuZW | Europäische Zeitschrift für Wirtschaftsrecht (Zeitschrift) |
| EWG | Europäische Wirtschaftsgemeinschaft |
| EWS | Europäisches Wirtschafts- und Steuerrecht (Zeitschrift) |
| | |
| FA | Finance Act |
| FB | Finanz-Betrieb (Zeitschrift) |
| FR | Finanz-Rundschau (Zeitschrift) |
| FRL | (Steuerliche) Fusionsrichtlinie |
| | |
| GB | Großbritannien |
| GewStG | Gewerbesteuergesetz |
| ggf. | gegebenenfalls |
| GmbH | Gesellschaft mit beschränkter Haftung |
| GmbHR | GmbH-Rundschau (Zeitschrift) |
| GrEStG | Grunderwerbsteuergesetz |
| | |
| HGB | Handelsgesetzbuch |
| Hrsg. | Herausgeber |
| | |
| IBFD | International Bureau of Fiscal Documentation |
| ICTA | Income Tax Act |
| i.d.F. | in der Fassung |
| i.d.R. | in der Regel |
| IDW | Institut der Wirtschaftsprüfer |

| | |
|---|---|
| IFA | International Fiscal Association |
| ifo | Institut für Wirtschaftsforschung |
| INF | Die Information über Steuer und Wirtschaft (Zeitschrift) |
| i.S.d. | im Sinne der / im Sinne des |
| IStR | Internationales Steuerrecht (Zeitschrift) |
| ITR | International Tax Review (Zeitschrift) |
| i.V.m. | in Verbindung mit |
| IWB | Internationale Wirtschafts-Briefe (Zeitschrift) |
| KStG | Körperschaftsteuergesetz |
| M & A | Mergers and Acquisitions |
| MTR | Mutter-Tochter-Richtlinie |
| NJW | Neue Juristische Wochenschrift (Zeitschrift) |
| Nr. | Nummer |
| NWB | Neue Wirtschafts-Briefe (Zeitschrift) |
| NZG | Neue Zeitschrift für Gesellschaftsrecht (Zeitschrift) |
| OECD | Organisation for Economic Cooperation and Development |
| OECD-MA | OECD-Musterabkommen |
| PLC | Public Limited Company |
| Ratsdok. | Ratsdokument |
| RIW | Recht der Internationalen Wirtschaft (Zeitschrift) |
| Rn. | Randnummer |
| Rs. | Rechtssache |
| Rz. | Randziffer |
| S. | Satz / Seite |
| SA | Stamp Act |
| S.A. | Société Anonyme |
| Sec. | Section |
| SE | Societas Europaea |
| SE-RL | Richtlinie zur Ergänzung des Statuts der Europäischen Gesellschaft hinsichtlich der Beteiligung der Arbeitnehmer |
| SE-VO | Verordnung über das Statut der Europäischen Gesellschaft |

| | |
|---|---|
| Sp. | Spalte |
| StÄndG | Steueränderungsgesetz |
| StB | Der Steuerberater (Zeitschrift) |
| Stbg | Die Steuerberatung (Zeitschrift) |
| StbJb | Steuerberater-Jahrbuch |
| StEntlG | Steuerentlastungsgesetz |
| StSenkG | Steuersenkungsgesetz |
| SteuerStud | Steuer & Studium (Zeitschrift) |
| StuB | Steuern und Bilanzen (Zeitschrift) |
| StuW | Steuer und Wirtschaft (Zeitschrift) |
| StVergAbG | Steuervergünstigungsabbaugesetz |
| StVergAbG-E | Entwurf eines Steuervergünstigungsabbaugesetzes |
| SWI | Steuer & Wirtschaft International (Zeitschrift) |
| TCGA | Taxation of Chargeable Gains Act |
| TPEU | Tax Planning International European Union Focus (Zeitschrift) |
| TPIR | Tax Planning International Review (Zeitschrift) |
| TPMA | Tax Planning International Mergers & Acquisitions (Zeitschrift) |
| Tz. | Textziffer |
| u.a. | und andere / unter anderem |
| UK | United Kingdom |
| UK-GAAP | United Kingdom Generally Accepted Accounting Principles |
| UmwG | Umwandlungsgesetz |
| UmwStG | Umwandlungssteuergesetz |
| UntStFG | Unternehmenssteuerfortentwicklungsgesetz |
| US | United States |
| UVR | Umsatzsteuer- und Verkehrsrundschau (Zeitschrift) |
| v. | vom |
| vgl. | vergleiche |
| Vol. | Volume |
| vs. | versus |
| WiSt | Wirtschaftswissenschaftliches Studium (Zeitschrift) |
| WISU | Das Wirtschaftsstudium (Zeitschrift) |
| WPg | Die Wirtschaftsprüfung (Zeitschrift) |

| | |
|---|---|
| z.B. | zum Beispiel |
| ZfB | Zeitschrift für Betriebswirtschaft (Zeitschrift) |
| ZfbF | Zeitschrift für betriebswirtschaftliche Forschung (Zeitschrift) |
| ZGR | Zeitschrift für Unternehmens- und Gesellschaftsrecht (Zeitschrift) |
| ZIP | Zeitschrift für Wirtschaftsrecht (Zeitschrift) |

## Symbolverzeichnis

| Symbol | Bezeichnung |
|---|---|
| **1. Indizes** | |
| AUS | Ausschüttung |
| DE | Deutschland |
| DE-AG | deutsche Aktiengesellschaft (Gründungsgesellschaft) |
| DE-BS | deutsche Betriebsstätte einer britischen SE |
| DE-SE | deutsche SE |
| DE-TKG | deutsche Tochterkapitalgesellschaft einer britischen SE |
| DIV | Dividende |
| ebg | einbringungsgeborene Anteile |
| ESt | Einkommensteuer |
| GewSt | Gewerbesteuer |
| GrESt | Grunderwerbsteuer |
| KSt | Körperschaftsteuer |
| IA,BWF | Inbound-Anteilstausch mit Buchwertfortführung |
| IA,TWA | Inbound-Anteilstausch mit Teilwertansatz |
| IV,BWF | Inbound-Verschmelzung mit Buchwertfortführung |
| j | Gestaltungsalternative innerhalb des Entscheidungsmodells (allgemein) |
| jur | deutsche juristische Person, die an einer Gründungsgesellschaft zu weniger als 10% beteiligt ist |
| -k | Periode t = -k |
| nat | deutsche natürliche Person, die an einer Gründungsgesellschaft zu weniger als 1% beteiligt ist |
| OA,TWA | Outbound-Anteilstausch mit Teilwertansatz |

| | |
|---|---|
| OV,BWF | Outbound-Verschmelzung mit Buchwertfortführung |
| OV,TWA | Outbound-Verschmelzung mit Teilwertansatz |
| StSt | Stempelsteuern |
| t | Betrachtungsperiode (allgemein) |
| THES | Thesaurierung |
| TW | Teilwert |
| UK | Großbritannien |
| UK-AG | britische Aktiengesellschaft (Gründungsgesellschaft) |
| UK-BS | britische Betriebsstätte einer deutschen SE |
| UK-SE | britische SE |
| UK-TKG | britische Tochterkapitalgesellschaft einer deutschen SE |
| v | Periode t = v |
| VE | Veräußerungserlös |

## 2. Basen

| | |
|---|---|
| AAV | Buchwert des abnutzbaren Anlagevermögens |
| aav | Buchwert des abnutzbaren Anlagevermögens (bezogen auf das Grundkapital) |
| AB(AAV) | planmäßige Abschreibungen des abnutzbaren Anlagevermögens |
| ab(aav) | planmäßige Abschreibungen des abnutzbaren Anlagevermögens (bezogen auf das Grundkapital) |
| $AB\left(AAV + GAV \cdot s_{GrESt}^{DE}\right)$ | planmäßige Abschreibungen des abnutzbaren Anlagevermögens und der auf das Grundvermögen entfallenden Grunderwerbsteuer |
| $ab\left(aav + gav \cdot s_{GrESt}^{DE}\right)$ | planmäßige Abschreibungen des abnutzbaren Anlagevermögens und der auf das Grundvermögen entfallenden Grunderwerbsteuer (bezogen auf das Grundkapital) |

| | |
|---|---|
| $AB(AAV + AST)$ | planmäßige Abschreibungen der Summe des abnutzbaren Anlagevermögens und des Anteils der stillen Reserven, der auf abnutzbare Wirtschaftsgüter entfällt |
| $ab(aav + ast)$ | planmäßige Abschreibungen der Summe des abnutzbaren Anlagevermögens und des Anteils der stillen Reserven, der auf abnutzbare Wirtschaftsgüter entfällt (bezogen auf das Grundkapital) |
| AE | Anteilseigner |
| AHB | Anrechnungshöchstbetrag |
| AK | Anschaffungskosten |
| AKT | Aktivvermögen |
| AST | Anteil der stillen Reserven, der auf abnutzbare Wirtschaftsgüter entfällt |
| ast | Anteil der stillen Reserven, der auf abnutzbare Wirtschaftsgüter entfällt (bezogen auf das Grundkapital) |
| AÜH | Anrechnungsüberhang |
| AV | Buchwert des Anlagevermögens |
| Bar | Barwert der Summe der Nettoliquiditätszuflüsse |
| BET(DE–AG) | Beteiligung einer SE an der DE-AG |
| BET(UK–PLC) | Beteiligung einer SE an der UK-PLC |
| BW | Buchwert |
| DIV | Dividende |
| ERT | Nettoertrag |
| EV | Endvermögen |
| G | steuerpflichtiger Gewinn |
| GAV | Einheitswert des Grundvermögens |
| gav | Einheitswert des Grundvermögens (bezogen auf das Grundkapital) |
| GK | Grundkapital |

| | |
|---|---|
| i | Kalkulationszinsfuß |
| NAAV | Buchwert des nicht abnutzbaren Anlagevermögens |
| naav | Buchwert des nicht abnutzbaren Anlagevermögens (bezogen auf das Grundkapital) |
| NAST | Anteil der stillen Reserven, der auf nicht abnutzbare Wirtschaftsgüter entfällt |
| nast | Anteil der stillen Reserven, der auf nicht abnutzbare Wirtschaftsgüter entfällt (bezogen auf das Grundkapital) |
| NZ | Nettoliquiditätszufluss |
| q | Diskontierungsfaktor |
| RL | offene Rücklagen |
| rl | offene Rücklagen (bezogen auf das Grundkapital) |
| S | Gesamtsteuerbelastung |
| s | Steuersatz |
| SP | sonstige Passiva |
| ST | stille Reserven |
| st | stille Reserven (bezogen auf das Grundkapital) |
| TRA | an das Stammhaus transferierbarer Gewinn einer Betriebsstätte |
| UV | Umlaufvermögen |
| ÜG | Übertragungsgewinn |
| VE | Veräußerungserlös |
| VG | Vergleichsgewinn vor Steuern |
| vg | Vergleichsgewinn vor Steuern (bezogen auf das Grundkapital) |
| VV | steuerlicher Verlustvortrag |
| vv | steuerlicher Verlustvortrag (bezogen auf das Grundkapital) |
| VW | Verkehrswert |

# I. Einführung

## 1. Problemstellung

Im Prozess der weltweiten Vernetzung von Unternehmenstätigkeiten setzen Unternehmen zur Erhaltung ihrer Wettbewerbsfähigkeit zunehmend auf grenzüberschreitende Unternehmenszusammenschlüsse.[1] Als eine Form von Unternehmenszusammenschlüssen wird häufig der Merger of Equals gewählt. Das Kennzeichen eines Merger of Equals liegt darin, dass sich bisher unverbundene und wirtschaftlich gleichberechtigte Partnern zusammenschließen.[2]

Deutschland und Großbritannien sind bedeutende Handelspartner, deren wirtschaftlichen Interessen und Verflechtungen kontinuierlich steigen.[3] Aus diesem Grund befasst sich die nachfolgende Untersuchung mit Zusammenschlüssen von Publikumsaktiengesellschaften aus diesen beiden Ländern.

Die Grundform eines Unternehmenszusammenschlusses stellt die Verschmelzung durch Gesamtrechtsnachfolge dar. Ein Unternehmen, das auf ein anderes Unternehmen verschmolzen wird, übernimmt in einem einheitlichen Vorgang alle Rechte und Pflichten des untergehenden Unternehmens.[4] Zum wirtschaftlich gleichen Ergebnis wie die Verschmelzung führt der Anteilstausch.[5] Beim Anteilstausch erfolgt die Einlage der Anteile im Gegensatz zur Verschmelzung nicht in einem einheitlichen Vorgang, sondern die Anteile der hingegebenen Kapitalgesellschaft wer-

---

1 Vgl. Mitteilung der Kommission der Europäischen Gemeinschaften an den Rat, das Europäische Parlament und den Wirtschafts- und Sozialausschuss: Ein Binnenmarkt ohne steuerliche Hindernisse (Strategie zur Schaffung einer konsolidierten Körperschaftsteuer-Bemessungsgrundlage für die grenzüberschreitende Unternehmenstätigkeit in der Europäischen Union), KOM (2001) 582 endg.: Ratsdok. 13365/01, in: BR-Drs. 971/01 vom 13. November 2001, S. 4.

2 Vgl. Decher, C. E., Rechtsfragen, 2000, S. 1209; Koch, C./Hofacker, K., FB 2000, S. 541-545.
Zu den bekanntesten grenzüberschreitenden Unternehmenszusammenschlüssen zählen z.B. der Zusammenschluss von Daimler Benz/Chrysler sowie von Deutscher Bank/Bankers Trust im Jahr 1998, der Zusammenschluss von Rhône Poulenc/Hoechst im Jahr 1999 sowie der Zusammenschluss von Vodafone Airtouch/Mannesmann im Jahr 2000; siehe hierzu z.B. Endres, D./Klingberg, D./Ditsch, S., ITR 2001, S. 32.

3 Vgl. Nieland, M./Scott, C., IStR 1997, S. 348.

4 Vgl. Heckschen, H., Verschmelzung, 1989, S. 5.

5 Vgl. Herzig, N./Förster, G., DB 1994, S. 2-3; Scheffler, W./Ruhwinkel, C., DSWR 2001, S. 293.

den einzeln gegen Anteile der übernehmenden Kapitalgesellschaft getauscht.[6]

Hinsichtlich der steuerlichen Behandlung dieser beiden Alternativen eines Unternehmenszusammenschlusses ergeben sich erhebliche Unterschiede. Die Begründung liegt darin, dass sich die Besteuerung auf den rechtlichen Aufbau eines Unternehmens und nicht auf seine wirtschaftliche Tätigkeit bezieht. In Deutschland und in Großbritannien ist es aus gesellschafts- und aus steuerrechtlicher Sicht auf nationaler Ebene möglich, einen Unternehmenszusammenschluss durch Verschmelzung oder durch Anteilstausch zu vollziehen. Hingegen sind grenzüberschreitende Unternehmenszusammenschlüsse in beiden Ländern aus gesellschafts- und steuerrechtlicher Perspektive derzeit nur eingeschränkt möglich, da sie grundsätzlich nur durch Anteilstausch durchgeführt werden können.[7]

Das Kernproblem grenzüberschreitender Transaktionen liegt darin, dass dem gesellschafts- und steuerrechtlichen Normengefüge der Länder ausschließlich der Gedanke nationaler Rechtsordnungen zugrunde liegt.[8] Die Begrenzung auf rein inländische Sachverhalte im nationalen Gesellschaftsrecht wird auf den steuerlichen Bereich übertragen, da die jeweiligen nationalen Steuerrechtsordnungen unmittelbar an die jeweils geltenden gesellschaftsrechtlichen Rahmenbedingungen anknüpfen: business goes global, taxes stay local.[9] Das internationale Gesellschaftsrecht und Steuerrecht sind nicht einheitlich kodifiziert, sondern sie basieren auf Rechtsgrundlagen, die in den einzelnen nationalen Rechtsordnungen mit verschiedenen Grundwertungen angesiedelt sind.[10]

Wegen der nationalen Ausrichtung des Gesellschaftsrechts fehlen in Deutschland und in Großbritannien die gesellschaftsrechtlichen Voraussetzungen für eine grenzüberschreitende Verschmelzung. Der Vorschlag einer Zehnten Gesellschaftsrechtlichen Richtlinie über die grenzüberschreitende Verschmelzung von Aktiengesellschaften[11] wurde wegen

---

6 Vgl. Buchheim, R., Europäische Aktiengesellschaft, 2001, S. 37; Kaminski, B., SteuerStud 1999, S. 256.

7 Vgl. Herzig, N./Dautzenberg, N./Heyeres, R., DB 1991, Beilage 12, S. 3-4; Kaminski, B., SteuerStud 1999, S. 255; Rödder, T., Anteilstausch, 2000, S. 495.

8 Siehe hierzu z.B. Bogenschütz, E., IStR 2000, S. 609; Raupach, A., StuW 2000, S. 355; Wiseberg, S. C./Zinn, M., ITR 2001, S. 13.

9 Vgl. Eggers, W., DStR 1996, S. 393.

10 Vgl. Radulescu, D. M., ifo Schnelldienst 2/2002, S. 12-13; Schaumburg, H., StuW 2000, S. 369; Sigloch, J., StuW 2000, S. 164-165.

11 Vgl. Kommission der EG, Vorschlag der Kommission vom 14. Dezember 1984 für eine Zehnte Richtlinie des Rates nach Artikel 54 Abs. 3 Buchstabe g des Vertrages über die grenzüberschreitende Verschmelzung von Aktiengesellschaften

fehlender Mitbestimmungsregelungen für die Arbeitnehmer noch nicht von den EU-Mitgliedstaaten umgesetzt.[12] Mit der Steuerlichen Fusionsrichtlinie (FRL)[13] sollen steuerliche Erleichterungen geschaffen werden, um grenzüberschreitende Umstrukturierungen innerhalb der EU ohne eine zusätzliche Steuerbelastung zu ermöglichen. Zu berücksichtigen ist dabei, dass aus gesellschaftsrechtlicher Sicht die Gesamtrechtsnachfolge Voraussetzung für die Anwendung der Steuerlichen Fusionsrichtlinie bei der Verschmelzung ist, Art. 2 Buchst. a FRL. Aufgrund der noch nicht vollzogenen gesellschaftsrechtlichen Umsetzung der grenzüberschreitenden Verschmelzung wurde die Steuerliche Fusionsrichtlinie in Deutschland und in Großbritannien daher lediglich für den Anteilstausch vollständig in nationales Recht transformiert, Art. 2 Buchst. d FRL.

Von entscheidender Bedeutung für den grenzüberschreitenden Zusammenschluss von EU-Aktiengesellschaften war die formale Anerkennung der Verordnung über das Statut einer Europäischen Aktiengesellschaft[14] sowie der Richtlinie über die Beteiligung der Arbeitnehmer in der Europäischen Aktiengesellschaft[15] durch den EU-Ministerrat im Dezember 2000.[16] Die Verordnung und die Richtlinie treten drei Jahre nach ihrem förmlichen Erlass am 8. Oktober 2004 in Kraft.[17]

---

(Internationale Fusionsrichtlinie), ABl. EG Nr. C 23 vom 25. Januar 1985, S. 11; siehe hierzu auch Ganske, J., DB 1985, S. 581-584.

12 Vgl. Thömmes, O., Besteuerung, 2002, S. 488.

13 Vgl. Richtlinie Nr. 90/434 vom 23. Juli 1990 über das gemeinsame Steuersystem für Fusionen, Spaltungen, die Einbringung von Unternehmensteilen und den Austausch von Anteilen, die Gesellschaften verschiedener Mitgliedstaaten betreffen (Steuerliche Fusionsrichtlinie, FRL), ABl. EG Nr. L 225 vom 20. August 1990, S. 1-5.

14 Vgl. Verordnung des Rates über das Statut der Europäischen Aktiengesellschaft vom 8. Oktober 2001 (SE-Verordnung, SE-VO), ABl. EG Nr. L 294 vom 10. November 2001, S. 1-21.

15 Vgl. Richtlinie Nr. 2001/86/EG des Rates vom 8. Oktober 2001 zur Ergänzung des Statuts der Europäischen Gesellschaft hinsichtlich der Beteiligung der Arbeitnehmer (SE-Richtlinie, SE-RL), ABl. EG Nr. L 294 vom 10. November 2001, S. 22-32.

16 Vgl. Brandt, U./Scheifele, M., DStR 2002, S. 547; Förster, G./Lange, C., DB 2002, S. 288; Herzig, N./Griemla, S., StuW 2002, S. 55; Schulz, A./Petersen, S., DStR 2002, S. 1508.
Die unerwartete Verabschiedung der SE-Verordnung sowie der SE-Richtlinie wird auch als das „Wunder von Nizza“ bezeichnet; siehe hierzu Hirte, H., NZG 2002, S. 1-2.

17 Vgl. Kallmeyer, H., BB 2003, S. I; Köhler, S., DStR 2002, S. 2158.

Die Europäische Aktiengesellschaft (SE) stellt eine supranationale Rechtsform mit der Eigenschaft dar, ein Unternehmen grenzüberschreitend mit einer einheitlichen Leitungsstruktur auf der Grundlage eines in der Europäischen Union einheitlichen Rechtsrahmens zu führen.[18] Aufgrund des Mehrstaatlichkeitsprinzips muss bei der Gründung einer Europäischen Aktiengesellschaft ein Bezug zu mindestens zwei unterschiedlichen EU-Mitgliedstaaten gegeben sein.[19] Zu den Gründungsmöglichkeiten der Europäischen Aktiengesellschaft zählen u.a. die Gründung durch grenzüberschreitende Verschmelzung und die Gründung einer Holding-SE durch grenzüberschreitenden Anteilstausch, Art. 2 Abs. 1 und 2 SE-VO. Da die SE-Verordnung in der Europäischen Union unmittelbar geltendes Recht darstellt, schafft die Rechtsform der Europäischen Aktiengesellschaft den gesellschaftsrechtlichen Rahmen für grenzüberschreitende Verschmelzungen in den Mitgliedstaaten.[20]

Die Gründung einer Europäischen Aktiengesellschaft durch Verschmelzung ist als Wegbereiter einer breit angelegten Regelung im europäischen Gesellschaftsrecht zur grenzüberschreitenden Verschmelzung von Kapitalgesellschaften anzusehen.[21] Aufgrund der SE-Richtlinie, die bezüglich der Beteiligung der Arbeitnehmer einen Kompromiss beinhaltet, besteht in Deutschland und in Großbritannien kein Hinderungsgrund mehr, die Zehnte Gesellschaftsrechtliche Richtlinie über die grenzüberschreitende Verschmelzung von Aktiengesellschaften[22] zu verabschieden und auch die Steuerliche Fusionsrichtlinie vollständig umzusetzen.[23]

---

18 Vgl. Förster, G./Lange, C., RIW 2002, S. 585.
Die offizielle Bezeichnung der Europäischen Aktiengesellschaft ist „Societas Europaea“ (kurz: SE).

19 Zum Mehrstaatlichkeitsprinzip siehe Hommelhoff, P., AG 2001, S. 286.

20 Vgl. Herzig, N./Griemla, S., StuW 2002, S. 56; Jahn, A./Herfs-Röttgen, E., DB 2001, S. 631; Wiesner, P. M., GmbHR 2001, S. R 461.

21 Beispielsweise haben sich die Unternehmen Rhône Poulenc und Hoechst im Rahmen des Aventis-Zusammenschlusses zu einer Umwandlung in eine SE bekannt, sobald dazu die rechtliche Möglichkeit besteht; siehe hierzu Hoffmann, J., NZG 1999, S. 1083.

22 Vgl. Dritte Richtlinie 78/855/EWG des Rates vom 9. Oktober 1978 gemäß Artikel 54 Absatz 3 Buchstabe g des Vertrages betreffend die Verschmelzung von Aktiengesellschaften (Verschmelzungsrichtlinie), ABl. EG Nr. L 295 vom 20. Oktober 1978, S. 36-43; siehe hierzu auch Thömmes, O., Besteuerung, 2002, S. 488 und S. 490.

23 Dies gilt ebenso für Belgien und Irland, die die grenzüberschreitende Verschmelzung gemäß Art. 2a FRL ebenfalls mit der Begründung des fehlenden gesellschaftsrechtlichen Rahmens noch nicht in das jeweilige nationale Recht transformiert haben.

Die Gründung einer Holding-SE erfolgt durch grenzüberschreitenden Anteilstausch. Diese Gründungsform schafft keinen neuen gesellschaftsrechtlichen Rahmen für grenzüberschreitende Unternehmenszusammenschlüsse in der Europäischen Union, sondern entspricht grundsätzlich dem Anteilstausch i.S.d. Art. 2 Buchst. d FRL.[24]

## 2. Gegenüberstellung der grenzüberschreitenden Verschmelzung und des grenzüberschreitenden Anteilstauschs

Die Verschmelzung (Fusion) ist definiert als ein Zusammenschluss von zwei oder mehreren rechtlich selbständigen Betrieben zu einer rechtlichen Einheit.[25] Bei der Verschmelzung übertragen eine oder mehrere Kapitalgesellschaften durch Gesamtrechtsnachfolge ihr gesamtes Aktiv- und Passivvermögen auf eine andere, bereits bestehende Kapitalgesellschaft (Verschmelzung durch Aufnahme) oder auf eine zu gründende Kapitalgesellschaft (Verschmelzung durch Neugründung).[26] Die übertragenden Kapitalgesellschaften gehen unter Auflösung ohne Abwicklung unter. Ihr rechtlicher Untergang erfolgt ohne Liquidation und führt dazu, dass die untergehenden Kapitalgesellschaften zu rechtlich unselbständigen Niederlassungen bzw. zu Teilbetrieben der übernehmenden Kapitalgesellschaft werden.[27] Die übernehmende Kapitalgesellschaft tritt zum Zeitpunkt der Verschmelzung in die Rechtsposition der übertragenden Kapitalgesellschaften ein.[28] Die bisherigen Anteilseigner der übertragenden Kapitalgesellschaften erhalten für ihre untergehenden Beteiligungen Anteile an der übernehmenden Kapitalgesellschaft.[29]

Eine grenzüberschreitende Verschmelzung liegt vor, wenn sich die an der Verschmelzung beteiligten Personen oder Gesellschaften oder die

---

24 Vgl. Thömmes, O., Besteuerung, 2002, S. 516.

25 Vgl. Pausenberger, E., Fusion, 1974, Spalte 1604.

26 Siehe hierzu auch Herzig, N./Dautzenberg, N./Heyeres, R., DB 1991, Beilage 12, S. 14; Jacobs, O. H., Unternehmensbesteuerung, 2002, S. 422; Leiderer, B., Umstrukturierungen, 1998, 19-23; Meyer, O., Besteuerung, 1995, S. 28; Ossadnik, W./Maus, S., DB 1995, S. 105; Rahier, G., Zusammenführung, 1999, S. 16; Reich, M., Grundriss, 2000, S. 15; Schikowsky, A./Beste, M.-O., SteuerStud 2001, S. 126; Schönwald, S., SteuerStud 2001, S. 358-359; Schulze zur Wiesche, D., WPg 2001, S. 503-504; Taylor, W., Generalbericht, 1992, S. 92-94; Thomas, G., NWB 2001, Fach 18, S. 3789.

27 Vgl. Becht, B., Fusion, 1996, S. 90; Rieble, V., ZIP 1997, S. 301.

28 Vgl. Schmitt, J./Hörtnagl, R./Stratz, R.-C., Umwandlungsgesetz, § 2 UmwG, Rn. 3-7.

29 Zusätzlich ist ggf. eine bare Zuzahlung von maximal 10% des Nennbetrags oder des rechnerischen Werts der gewährten Anteile möglich.

übertragenden Vermögenswerte in mindestens zwei unterschiedlichen Ländern befinden. Dieser grenzüberschreitende Bezug ist beim Zusammenschluss einer deutschen und einer britischen Aktiengesellschaften gegeben. Auf der Basis des Mehrstaatlichkeitsprinzips werden nachfolgend jedoch nur die Fälle betrachtet, in denen sich die übertragende und die übernehmende Aktiengesellschaft in unterschiedlichen Ländern befinden, und zwar die Hineinverschmelzung (Inbound-Fall) sowie die Herausverschmelzung (Outbound-Fall).[30] Im Inbound-Fall ist die übertragende Aktiengesellschaft in Großbritannien ansässig, während die übernehmende Aktiengesellschaft in Deutschland liegt. Umgekehrt handelt es sich im Outbound-Fall bei der übertragenden Aktiengesellschaft um eine deutsche Gesellschaft, während die übernehmende Aktiengesellschaft in Großbritannien ansässig ist.[31] In beiden Fallkonstellationen kann das übergehende Vermögen im Inland oder im Ausland belegen sein. Die Gesellschafter der beteiligten Kapitalgesellschaften können aus Sicht des jeweiligen Mitgliedstaats sowohl unbeschränkt als auch beschränkt steuerpflichtige Personen sein.[32] Nachfolgend werden jedoch ausschließlich die deutschen Anteilseigner der beteiligten Aktiengesellschaften betrachtet.

---

[30] Nicht betrachtet werden inländische Verschmelzungen mit Auslandsbezug sowie ausländische Verschmelzungen mit Inlandsbezug, bei denen sich die übertragende und die übernehmende Gesellschaft jeweils gleichzeitig in Deutschland oder in Großbritannien befinden. Die Auslandsberührung der ersten Fallgruppe ergibt sich durch die Beteiligung ausländischer Gesellschafter oder den Übergang auslandsbelegenen Vermögens. Bei der zweiten Fallgruppe wird der Inlandsbezug durch inländische Gesellschafter bzw. die Übertragung von Inlandsvermögen hergestellt; siehe hierzu Klingberg, D./van Lishaut, I., FR 1999, S. 1209-1227; Schaumburg, H., Grundlagen, 1997, S. 1-12.
Auch der Anwendungsbereich der Fusionsrichtlinie umfasst Gesellschaften aus zwei oder mehr Mitgliedstaaten, Art. 1 FRL.

[31] Die Kriterien für die Ansässigkeit in Deutschland und in Großbritannien richten sich nach dem jeweiligen Steuerrecht dieser Länder. Unter Ansässigkeit sind dabei die Voraussetzungen für die unbeschränkte Steuerpflicht zu verstehen. In Deutschland sind Kapitalgesellschaften ansässig, wenn sie ihre Geschäftsleitung oder ihren Sitz im Inland haben, § 1 Abs. 1 Nr. 1 KStG. In Großbritannien gilt eine im Vereinigten Königreich gegründete Gesellschaft für steuerliche Zwecke als dort ansässig, Sec. 66 Abs. 1 FA 1986. In der Untersuchung ist davon auszugehen, dass die Aktiengesellschaften die Voraussetzungen der Ansässigkeit erfüllen; siehe hierzu auch Widmann, S./Mayer, D., Umwandlungsrecht, 2002, Anhang 1: Anlage zu § 23 UmwStG, Rn. 17.

[32] Vgl. Bühler, C. B., Fusion, 2000, S. 49-50; Herzig, N./Förster, G., DB 1994, S. 1; Lange, T., Behandlung, 1994, S. 19; Leiderer, B., Umstrukturierungen, 1998, S. 23-28; Lennerz, U., Verschmelzung, 2001, S. 11-14; Meyer, O., Besteuerung, 1995, S. 38-39.

Im Gegensatz zur Verschmelzung erfolgt der Anteilstausch durch Einzelrechtsnachfolge. Beim Anteilstausch bringen die Anteilseigner der einzubringenden Kapitalgesellschaften mehrheitsvermittelnde Anteile[33] als Sacheinlage in eine bestehende oder in eine neu zu gründende Kapitalgesellschaft ein. Als Gegenleistung erhalten die Einbringenden Gesellschaftsrechte an der übernehmenden Kapitalgesellschaft.[34] Somit handelt es sich beim Anteilstausch um einen tauschähnlichen Vorgang, der darauf beruht, dass Anteile an einer Kapitalgesellschaft Gegenstand einer Einbringung sind.[35] Die als Gegenleistung für die Einbringung gewährten Anteile werden im Betriebsvermögen der übernehmenden Aktiengesellschaft gehalten (Anteilstausch mit einer bestehenden Aktiengesellschaft) oder durch eine Kapitalerhöhung neu geschaffen (Anteilstausch mit einer neu zu gründenden Aktiengesellschaft).[36] Im Gegensatz zur Verschmelzung werden die Anteile an die Einbringenden ausgegeben. Die Kapitalgesellschaften verlieren ihre Rechtspersönlichkeiten nicht und bestehen mit allen Rechten und Pflichten fort.[37]

Auf Basis des Mehrstaatlichkeitsprinzips ist der grenzüberschreitende Anteilstausch dadurch gekennzeichnet, dass sich die einzubringenden und die übernehmende Aktiengesellschaften in unterschiedlichen Ländern befinden. Im Inbound-Fall liegt die übernehmende Aktiengesellschaft in Deutschland. Im Outbound-Fall ist die übernehmende Aktien-

---

33 Mehrheitsvermittelnde Anteile an einer Kapitalgesellschaft liegen vor, wenn die aufnehmende Kapitalgesellschaft nach der Einbringung unmittelbar die Mehrheit der Stimmrechte, d.h. mehr als 50%, an der eingebrachten Gesellschaft hält; siehe hierzu BMF-Schreiben vom 25.03.1998 (Umwandlungssteuererlass), BStBl 1998 I, S. 268-344, Tz. 20.15 sowie Kantwill, W., SteuerStud 2002, S. 375; Wassermeyer, F., DStR 1992, S. 58.

34 Eine Zuzahlung bis zu 10% des Nennwerts oder des rechnerischen Werts der gewährten Anteile ist zulässig.

35 Vgl. Bogenschütz, E., IStR 2000, S. 611; Buchheim, R., Europäische Aktiengesellschaft, 2001, S. 41-42; Bühler, C. B., Fusion, 2000, S. 69-70; Herzig, N./Dautzenberg, N./Heyeres, R., DB 1991, Beilage 12, S. 15-16; Kaminski, B., SteuerStud 1999, S. 261; Kantwill, W., SteuerStud 2002, S. 384-385; Leiderer, B., Umstrukturierungen, 1998, S. 53; Schikowsky, A./Beste, M.-O., SteuerStud 2001, S. 126; Thiel, J., GmbHR 1994, S. 280.
Beim Anteilstausch durch Sacheinlage handelt es sich nicht um einen Tausch im schuldrechtlichen Sinn. Der Anteilstausch vollzieht sich vielmehr auf gesellschaftsrechtlicher Basis, d.h. dem Anteilstausch liegt die Gründung oder eine Kapitalerhöhung der übernehmenden Kapitalgesellschaft zugrunde; siehe hierzu, Bremer, S., Holdingstandort, 1996, S. 67.

36 Vgl. Kaminski, B., SteuerStud 1999, S. 261; Saß, G., DB 1990, S. 2342.

37 Siehe hierzu Bühler, C. B., Fusion, 1999, S. 66-67; Grotherr, S., BB 1992, S. 2259; Knobbe-Keuk, B., DStZ 1992, S. 675.

gesellschaft in Großbritannien ansässig. In beiden Fällen können die einbringenden Anteilseigner aus Sicht des jeweiligen Mitgliedstaats sowohl unbeschränkt als auch beschränkt steuerpflichtig sein.[38] Nachfolgend werden ausschließlich die deutschen Anteilseigner der deutschen und der britischen Aktiengesellschaften betrachtet.

Abbildung 1: Gegenüberstellung der grenzüberschreitenden Verschmelzung und des grenzüberschreitenden Anteilstauschs einer deutschen und einer britischen Aktiengesellschaft mit deutschen Anteilseignern

| Fall-konstellation | grenzüberschreitende Verschmelzung (Gesamtrechtsnachfolge) | grenzüberschreitender Anteilstausch (Einzelrechtsnachfolge) |
|---|---|---|
| Inbound-Fall | Eine britische Aktiengesellschaft überträgt ihr Vermögen auf eine deutsche Aktiengesellschaft. | Die deutschen Anteilseigner der britischen Aktiengesellschaft legen ihre Anteile in eine deutsche Aktiengesellschaft ein. |
| | Die britische Aktiengesellschaft geht unter Auflösung ohne Abwicklung unter. | Die britische Aktiengesellschaft besteht mit allen Rechten und Pflichten fort. |
| | Die deutschen Anteilseigner der britischen Aktiengesellschaft erhalten Anteile an der deutschen Aktiengesellschaft. | Die deutschen Anteilseigner erhalten Anteile an der deutschen Aktiengesellschaft. |
| Outbound-Fall | Eine deutsche Aktiengesellschaft überträgt ihr Vermögen auf eine britische Aktiengesellschaft. | Die deutschen Anteilseigner der deutschen Aktiengesellschaft legen ihre Anteile in eine britische Aktiengesellschaft ein. |
| | Die deutsche Aktiengesellschaft geht unter Auflösung ohne Abwicklung unter. | Die deutsche Aktiengesellschaft besteht mit allen Rechten und Pflichten fort. |
| | Die deutschen Anteilseigner der deutschen Aktiengesellschaft erhalten Anteile an der britischen Aktiengesellschaft. | Die deutschen Anteilseigner erhalten Anteile an der britischen Aktiengesellschaft. |

[38] Vgl. Rödder, T., Aspekte, 1997, S. 96-118; Thiel, J., Einbringung, 1993, S. 170.

## 3. Untersuchungsgegenstand und Untersuchungsziel

Gegenstand der Untersuchung ist die Gründung einer Europäischen Aktiengesellschaft durch einen grenzüberschreitenden Merger of Equals zwischen einer deutschen und einer britischen Publikumsaktiengesellschaft. Die Gründungsgesellschaften sind vor der Gründung der SE nicht miteinander verbunden. Gestaltungsalternativen für die SE-Gründung sind die grenzüberschreitende Verschmelzung und der grenzüberschreitende Anteilstausch im Inbound- und im Outbound-Fall. Neben den Gründungsgesellschaften werden ausschließlich die deutschen Anteilseigner der deutschen und der britischen Aktiengesellschaft betrachtet.

Für Zwecke dieser Untersuchung wird von einer Rechtslage ausgegangen, in der die SE-Verordnung und die SE-Richtlinie in allen Mitgliedstaaten der Europäischen Union bereits in Kraft getreten sind. Damit wird vorausgesetzt, dass in Deutschland und in Großbritannien neben den bereits bestehenden gesellschaftsrechtlichen Grundlagen des Anteilstauschs auch eine gesellschaftsrechtliche Regelung für grenzüberschreitende Verschmelzungen besteht. Die gesellschaftsrechtliche Erfassung der Alternativen zur Gründung einer Europäischen Aktiengesellschaft ist die Voraussetzung für deren steuerliche Analyse.

Zielsetzung der Untersuchung ist die Bestimmung derjenigen Alternative zur Gründung einer Europäischen Aktiengesellschaft, die auf Ebene der deutschen Anteilseigner aus steuerlicher Sicht den höchsten Barwert der Summe der Nettoliquiditätszuflüsse generiert. Die Bedeutung dieses Entscheidungskriteriums liegt darin, dass rationale Anteilseigner nur der Gründungsalternative zustimmen, die aus steuerlicher Sicht ihren Nettoliquiditätszufluss maximiert.

Zu diesem Zweck ist zu analysieren, zu welchen steuerlichen Konsequenzen die Gründungsalternativen grenzüberschreitende Verschmelzung und grenzüberschreitender Anteilstausch im Inbound- und im Outbound-Fall auf Ebene der deutschen und der britischen Gründungsgesellschaft sowie auf Ebene der deutschen Anteilseigner führen. In dieser steuerlichen Analyse werden die Steuerwirkungen ermittelt, die sich im Zeitpunkt der Gründung der Europäischen Aktiengesellschaft ergeben. Außerdem wird die Steuerbelastung berechnet, die im Rahmen der grenzüberschreitenden Unternehmenstätigkeit der Europäischen Aktiengesellschaft anfällt. Darüber hinaus werden die steuerlichen Konsequenzen ermittelt, die sich beim Verkauf der Beteiligung an der SE durch die deutschen Anteilseigner ergeben.

Systematisch ist die vorliegende Untersuchung in den Bereich der Steuerplanung (Steuerwirkungsanalyse und Steuergestaltung bzw. Steuerpolitik) einzuordnen.[39] In einem quantitativen Entscheidungsmodell wird untersucht, welche steuerlichen Regelungen in der konkret definierten Entscheidungssituation relevant sind und wie sich die Steuerrechtsnormen auf die einzelnen Gründungsalternativen auswirken.[40] Da die Identifikation der steuerlich günstigsten Gestaltungsalternative nur in Kenntnis der steuerlichen Wirkungen erfolgen kann, wird eine Steuerwirkungsanalyse der Gründungsalternativen auf Ebene der Gründungsgesellschaften und auf Ebene der deutschen Anteilseigner durchgeführt. Auf dieser Steuerwirkungsanalyse aufbauend wird anhand des Barwerts der Summe der Nettoliquiditätszuflüsse die aus Sicht der deutschen Anteilseigner steuerlich günstigste Gründungsform i.S.d. Steuerpolitik identifiziert.

## 4. Gang der Untersuchung

Die Untersuchung ist neben der Einführung in weitere vier Kapitel gegliedert. Im zweiten Kapitel werden die für die steuerliche Analyse notwendigen gesellschaftsrechtlichen Grundlagen eines grenzüberschreitenden Unternehmenszusammenschlusses in der Europäischen Union erarbeitet. Weil das Steuerrecht auf dem Gesellschaftsrecht aufbaut, ist die Schaffung einer gesellschaftsrechtlichen Grundlage notwendig, um die Steuerwirkungsanalyse der Gründungsalternativen einer Europäischen Aktiengesellschaft durchführen zu können.

Im dritten Kapitel wird als methodische Grundlage der internationalen Steuerplanung zur Gründung einer Europäischen Aktiengesellschaft ein quantitatives Entscheidungsmodell entwickelt, das auf den Grundelementen der präskriptiven Entscheidungstheorie basiert. Wegen des hohen Abstraktionsgrads des Grundmodells der Entscheidungstheorie sind die Grundelemente im Hinblick auf die Anforderungen der internationalen Steuerplanung zu modifizieren und in ein Phasenschema der Steuerplanung und der Steuergestaltung einzuordnen. Um eine methodische Grundlage für eine rationale Entscheidung im Rahmen der internationalen Steuerplanung zu schaffen, werden jeder Phase des Entscheidungs-

---

39 Zu den Hauptaufgaben der Betriebswirtschaftlichen Steuerlehre zählen die Steuerwirkungs- und Steuergestaltungslehre, die Steuernormenlehre sowie die Steuerrechtsgestaltungslehre; siehe hierzu Dziadkowski, D., Entwicklung, DB 1983, S. 2045-2050; Fischer, L./Schneeloch, D./Sigloch, J., DStR 1980, S. 699-705; Kußmaul, H., StuW 1995, S. 3-14; Rose, G., StbJb 1969/70, S. 31-70; Schneider, D., Steuerlehre, 1983, S. 21-37; Wagner, F. W., DB 1974, S. 393-398.

40 Vgl. Fischer, L./Schneeloch, D./Sigloch, J., DStR 1980, S. 700; Wagner, F. W./ Dirrigl, H., Steuerplanung, 1980, S. 2.

prozesses verschiedene Grundelemente der Entscheidungstheorie zugeordnet.

Im vierten Kapitel, dem Hauptteil der Untersuchung, erfolgt die Anwendung des quantitativen Entscheidungsmodells zur Identifikation der aus Sicht deutscher Anteilseigner steuerlich günstigsten Gestaltungsalternative zur Gründung einer Europäischen Aktiengesellschaft (Anwendungsfall). Dabei werden die Phasen Gestaltungsanreiz, Gestaltungsfindung, Steuerwirkungsanalyse sowie Entscheidungsfindung voneinander abgegrenzt. In der Phase Entscheidungsanreiz wird die Entscheidungssituation konstruiert und konkretisiert. Gleichzeitig werden das Zielsystem der deutschen Anteilseigner festgelegt und die Zielfunktion abgeleitet. Darauf aufbauend werden in der Phase Gestaltungsfindung die unterschiedlichen Alternativen zur Gründung einer Europäischen Aktiengesellschaft bestimmt, und es werden die steuerlich relevanten Umweltfaktoren abgegrenzt. Die Phase Steuerwirkungsanalyse umfasst die Analyse der steuerlichen Konsequenzen der verschiedenen Gestaltungsalternativen. Dazu werden die Barwerte der Summen aller Nettoliquiditätszuflüsse ermittelt, die auf Ebene der deutschen Anteilseigner durch die unterschiedlichen Gestaltungsalternativen induziert werden. In der Phase Entscheidungsfindung erfolgt auf der Basis einer Entscheidungsmatrix die Bestimmung der steuerlich günstigsten Gestaltungsalternative zur Gründung einer Europäischen Aktiengesellschaft.

Im fünften Kapitel werden die Ergebnisse analysiert und ausgewertet. Dazu werden die Ergebnisformeln der einzelnen Gründungsalternativen zusammengefasst und ihre Auswirkungen im Vergleich zur steuerlich günstigsten Gestaltungsalternative analysiert. Von den Ergebnisformeln ausgehend werden Einflussparameter abgeleitet und hinsichtlich ihres Einflusses auf die Vorteilhaftigkeit der unterschiedlichen Gestaltungsalternativen untersucht. Das Kapitel schließt mit die Untersuchung zusammenfassenden Thesen zur Gründung einer Europäischen Aktiengesellschaft durch Verschmelzung oder durch Anteilstausch.

Im Anhang sind die Berechnungsschemata für das der Untersuchung zugrunde liegende Zahlenbeispiel dargestellt.

## II. Zusammenhang zwischen dem Gesellschaftsrecht und dem Steuerrecht bei der Gründung einer Europäischen Aktiengesellschaft

Die steuerliche Analyse der Gründung einer Europäischen Aktiengesellschaft durch eine deutsche und eine britische Aktiengesellschaft setzt eine gesellschaftsrechtliche Grundlage voraus. Denn weil nur das, was gesellschaftsrechtlich möglich und somit gesetzlich zulässig ist, steuerliche Beachtung finden kann, ist es erforderlich, den Zusammenhang zwischen dem Gesellschaftsrecht und dem Steuerrecht bei der Gründung einer Europäischen Aktiengesellschaft zu erläutern.

In Abschnitt 1. wird der Einfluss des Europäischen Gemeinschaftsrechts auf die nationale Rechtsetzung dargelegt. Darauf aufbauend wird in Abschnitt 2. auf die gesellschaftsrechtliche Erfassung der grenzüberschreitenden Verschmelzung und des grenzüberschreitenden Anteilstauschs vor Inkrafttreten der SE-Verordnung und der SE-Richtlinie (SE-Statut) eingegangen. In Abschnitt 3. werden die gesellschaftsrechtlichen Grundlagen der Europäischen Aktiengesellschaft erläutert, und es werden die Möglichkeiten zur Gründung einer SE aufgezeigt. In Abschnitt 4. wird der Zusammenhang zwischen der Steuerlichen Fusionsrichtlinie und dem Gesellschaftsrecht dargelegt. Des Weiteren wird geprüft, ob die Europäische Aktiengesellschaft in den Anwendungsbereich der Steuerlichen Fusionsrichtlinie fällt.

### 1. Einfluss des Europäischen Gemeinschaftsrechts auf die nationale Rechtsetzung

Die Europäische Gemeinschaft stellt eine überstaatliche Rechtsgemeinschaft mit einer eigenen Rechtsordnung, dem Gemeinschaftsrecht, dar. Das Gemeinschaftsrecht ist nicht Bestandteil der Rechtssysteme der einzelnen Mitgliedstaaten, es wirkt jedoch aufgrund einer vertraglichen Rechtsübertragung auf die nationalen Rechtsordnungen der Mitgliedstaaten ein. Das Gemeinschaftsrecht verpflichtet die Mitgliedstaaten zur Umsetzung des Gemeinschaftsrechts in innerstaatliches Recht.[41] Obwohl die einzelnen Mitgliedstaaten der Europäischen Union hinsichtlich der Gesetzgebung in ihrem Land souverän sind, wird im Fall einer Kollision zwischen dem Gemeinschaftsrecht und dem nationalen Recht eines Mit-

---

41 Vgl. Laule, G., IStR 2001, S. 297-298; Voß, R., StuW 1992, S. 155-156.

gliedstaats der Gemeinschaftsrechtsordnung der Vorrang eingeräumt.[42] Dabei ist zwischen dem primären Gemeinschaftsrecht und dem sekundären Gemeinschaftsrecht zu unterscheiden. Das primäre Gemeinschaftsrecht stellt die Grundlage, den Rahmen sowie die Grenze der Rechtsetzung durch das Gemeinschaftsrecht dar.[43] Zur Setzung des Sekundärrechts sind spezielle Handlungsformen vorgesehen; zu diesen Rechtsakten zählen Verordnungen, Richtlinien, Entscheidungen, Empfehlungen und Stellungnahmen, Art. 249 EGV.[44] Verordnungen besitzen allgemeine Geltung. Sie sind in allen Teilen verbindlich und gelten unmittelbar in jedem Mitgliedstaat, d.h. ohne ein nationales Transformationsgesetz, Art. 249 Abs. 2 EGV. Aufgrund ihrer Rechtsnatur begründen Verordnungen wie ein nationales Gesetz unmittelbare Rechte und Pflichten des einzelnen Mitgliedstaats.[45] Im Gegensatz dazu sind Richtlinien in den Mitgliedstaaten nicht unmittelbar anwendbar, sondern sie müssen durch die Mitgliedstaaten umgesetzt werden, Art. 249 Abs. 3 EGV. Richtlinien sind nur hinsichtlich des zu erreichenden Ziels verbindlich; hinsichtlich der Form und der Mittel zur Ausführung von Richtlinien besitzen die Mitgliedstaaten eine eigene Entscheidungsfreiheit.[46] Der Grundsatz der Gemeinschaftstreue verpflichtet die Mitgliedstaaten, eine Richtlinie fristgemäß, richtig und vollständig in nationales Recht umzu-

---

[42] Vgl. Pieper, S., Wirtschaftsordnung, 1995, S. 107-108; Spetzler, W., DB 1993, S. 553; Tumpel, M., Harmonisierung, 1994, S. 4 und 8.
Der Vorrang des Gemeinschaftsrechts gilt auch dann, wenn das innerstaatliche Recht später erlassen wurde oder spezieller ist; siehe hierzu Jarass, H. D., NJW 1990, S. 2421.

[43] Das primäre Gemeinschaftsrecht beinhaltet das Recht der Gründungsverträge, und zwar den Vertrag zur Gründung der Europäischen Wirtschaftsgemeinschaft (EWG-Vertrag) sowie den Vertrag zur Gründung der Europäischen Gemeinschaft; siehe hierzu Arndt, H.-W., Europarecht, 2001, S. 63-64; Bleckmann, A., Europarecht, 1997, Rz. 526; Lenz, C. O./Erhard, R., Gemeinschaftsrecht, 1994, S. 60; Tumpel, M., Harmonisierung, 1994, S. 27.

[44] Vgl. App, M., SteuerStud 1994, S. 301; Geiger, R., EGV, 2000, Art. 249 EGV, Rz. 2.
Das sekundäre Gemeinschaftsrecht umfasst die von den Organen der Gemeinschaft aufgrund ihrer im EG-Vertrag vertraglich begründeten Rechtschöpfungsbefugnis erlassenen Rechtsakte; siehe hierzu Arndt, H.-W., Europarecht, 2001, S. 65-75; Lenz, C. O./Erhard, R., Gemeinschaftsrecht, 1994, S. 63.

[45] Vgl. Lenz, C. O./Erhard, R., Gemeinschaftsrecht, 1994, S. 64; Voß, R., StuW 1993, S. 157.

[46] Vgl. Geiger, R., EGV, 2000, Art. 249 EGV, Rz. 9; Hilf, M., EuR 1993, S. 5-6; Kraft, C., SteuerStud 1993, S. 434; Lawall, L., IStR 1998, S. 348-349; Lenz, C. O./Erhard, R., Gemeinschaftsrecht, 1994, S. 65; Scherzberg, A., Verordnung, 1991, S. 27-28; Voß, R., StuW 1993, S. 157.

setzen, Art. 5 Abs. 1, 2 i.V.m. Art. 249 Abs. 3 EGV.[47] Durch Entscheidungen werden Einzelfälle rechtsverbindlich geregelt. Eine Entscheidung ist für diejenigen Teile verbindlich, die sie bezeichnet, Art. 249 Abs. 4 EGV.[48] Empfehlungen und Stellungnahmen sind lediglich unverbindliche Äußerungen, die keine unmittelbaren Wirkungen in den Mitgliedstaaten entfalten.[49]

## 2. Gesellschaftsrechtliche Erfassung der grenzüberschreitenden Verschmelzung und des grenzüberschreitenden Anteilstauschs vor Verabschiedung des SE-Statuts

### 2.1. Fehlende gesellschaftsrechtliche Erfassung der grenzüberschreitenden Verschmelzung

#### 2.1.1. Derzeit geltendes EU-Gemeinschaftsrecht

Im derzeit geltenden EU-Gemeinschaftsrecht, d.h. vor Inkrafttreten des SE-Statuts am 8. Oktober 2004, ist die grenzüberschreitende Verschmelzung nicht erfasst. Zwar gibt es einen Entwurf einer Zehnten Gesellschaftsrechtlichen Richtlinie über die grenzüberschreitende Verschmelzung von Aktiengesellschaften, die Thematik der Arbeitnehmermitbestimmung wird hierin jedoch nicht berücksichtigt.[50] Mitgliedstaaten, in denen die Arbeitnehmer bereits über gesetzliche Mitbestimmungsrechte verfügen, brauchen daher diese Richtlinie trotz der Verpflichtung zur fristgerechten, richtigen und vollständigen Umsetzung in nationales

---

47 Vgl. Birkenfeld, W., StuW 1998, S. 57.
Eine Richtlinie ist nach der Rechtsprechung des Europäischen Gerichtshofs ausnahmsweise unmittelbar anwendbar, wenn sie inhaltlich hinreichend genau und von keinen weiteren Bedingungen abhängig ist. Als Beispiel ist die in der 6. Mehrwertsteuer-Richtlinie vorgeschriebene Umsatzsteuerfreiheit für Kreditvermittler zu nennen, die Deutschland nicht fristgerecht in nationales Recht umgesetzt hatte; siehe hierzu EuGH vom 19.01.1982, EuGHE 1982, S. 53-84.

48 Vgl. Lenz, C. O./Erhard, R., Gemeinschaftsrecht, 1994, S. 65.

49 Ihr Einfluss ist vielmehr indirekt, da sie als Vorbereitung späterer verbindlicher Rechtsakte die Rechtsentwicklung prägen oder als Auslegungshilfe bei der Anwendung des Gemeinschaftsrechts herangezogen werden; siehe hierzu Groß, W., EuZW 1994, S. 398; Lenz, C. O./Erhard, R., Gemeinschaftsrecht, 1994, S. 67; Tumpel, M., Harmonisierung, 1994, S. 29.

50 Vgl. Internationale Fusionsrichtlinie vom 14. Dezember 1984, ABl. EG Nr. C 23 vom 25. Januar 1985, S. 11.
Die Internationale Fusionsrichtlinie überträgt die Vorschriften der bereits verabschiedeten Verschmelzungsrichtlinie (Verschmelzungsrichtlinie, ABl. EG Nr. L 295 vom 20. Oktober 1978, S. 36-43) auf grenzüberschreitende Sachverhalte.

Recht (Art. 5 Abs. 1, 2 i.V.m. Art. 249 Abs. 3 EGV) nicht anzuwenden, wenn sich durch eine grenzüberschreitende Verschmelzung von Kapitalgesellschaften dieses Mitgliedstaats für die Arbeitnehmer eine Verminderung ihrer Rechte ergeben könnte.[51] Wegen der ungelösten Mitbestimmungsproblematik wurde die Internationale Fusionsrichtlinie noch nicht durch den Rat der EU verabschiedet, und sie stellt somit derzeit keine supranationale Rechtsgrundlage für eine grenzüberschreitende Verschmelzung dar.[52]

### 2.1.2. Derzeit geltendes deutsches und britisches Gesellschaftsrecht

Die grenzüberschreitende Verschmelzung ist im deutschen und im britischen Gesellschaftsrecht grundsätzlich nicht erfasst.[53] Das deutsche Umwandlungsrecht umfasst aufgrund der Regelung in § 1 Abs. 1 UmwG ausschließlich Verschmelzungen zwischen Rechtsträgern mit Sitz im Inland, § 2-§ 122 UmwG.[54] Aus der fehlenden gesellschaftsrechtlichen Regelung lässt sich kein nationales gesetzliches Verbot einer grenzüberschreitenden Verschmelzung ableiten.[55] Bei einer grenzüberschreitenden Verschmelzung durch Aufnahme könnte das deutsche Umwandlungsrecht anwendbar sein, wenn die übernehmende Gesellschaft ihren Verwaltungssitz in Deutschland hat.[56] In diesem Zusammenhang ergibt sich

---

[51] Vgl. Art. 1 Abs. 3 Internationale Fusionsrichtlinie sowie Meyer, O., Verschmelzung, 1995, S. 47.
Beispielsweise würden deutsche Aktiengesellschaften durch diesen Vorbehalt der Richtlinie vom deutschen Gesetzgeber aufgrund der strengen Mitbestimmungsregelungen von der Möglichkeit einer Verschmelzung mit einer ausländischen Aktiengesellschaft ausgeschlossen; siehe hierzu Eyles, U., Niederlassungsrecht, 1990, S. 221; Figge, J., Mitbestimmung, 1992, S. 159.

[52] Vgl. Becht, B., Fusion, 1996, S. 247-251; Herzig, N./Förster, G., DB 1994, S. 2; Leiderer, B., Umstrukturierungen, 1998, S. 111-112; Reik, A., Restrukturierungen, 2002, S. 262; Wiesner, P. M., EuZW 1995, S. 822.

[53] Vgl. Wollert-Elmendorff Deutsche Industrie-Treuhand GmbH (Hrsg.), Umsetzung, 1995, S. 34-35.

[54] Zu den Motiven des deutschen Gesetzgebers, ausdrücklich nur nationale Umwandlungen zu erfassen, siehe Großfeld, B., Umwandlungsrecht, 1997, S. 14; Neye, H.-W., Überblick, 1995, S. 7-8.

[55] Vgl. Meyer, O., Besteuerung, 1995, S. 39.

[56] Vgl. Bühler, C. B., Fusion, 1999, S. 110-11.
Hinzuweisen ist in diesem Zusammenhang auf die grenzüberschreitende Verschmelzung einer französischen mit einer deutschen Kapitalgesellschaft; siehe hierzu Kronke, H., ZGR 1994, S. 29; Rixen, S./Böttcher, R., GmbHR 1993, S. 572-575.

jedoch das Problem, dass eine Verschmelzung mit den Kernmerkmalen der Gesamtrechtsnachfolge sowie des Erlöschens der übertragenden Gesellschaft ohne Liquidation nur dann erfolgen kann, wenn der Gesetzgeber dies ausdrücklich anordnet.[57] Deshalb ist nach geltendem deutschem Gesellschaftsrecht eine grenzüberschreitende Verschmelzung durch Gesamtrechtsnachfolge derzeit grundsätzlich nicht möglich.[58]

Im britischen Gesellschaftsrecht werden grenzüberschreitende Verschmelzungen von Aktiengesellschaften nicht explizit erfasst.[59] Das bei der Verschmelzung anzuwendende Fusionsrecht für Kapitalgesellschaften ist durch die Transformation der Verschmelzungsrichtlinie[60] in das britische Gesellschaftsrecht in Sec. 425-Sec. 427A CA 1985 normiert.[61] Im britischen Gesellschaftsrecht beginnt eine Verschmelzung regelmäßig mit einer Anteilsübertragung, durch die die untergehende Gesellschaft in die gleiche Unternehmensgruppe wie die übernehmende Gesellschaft überführt wird. Anschließend werden einzelne Geschäftsbetriebe oder Vermögensgegenstände zwischen den beteiligten Gesellschaften innerhalb einer zu 100% gehaltenen Unternehmensgruppe übertragen.[62] Eine Vermögensübertragung findet in Großbritannien nur aufgrund einer gerichtlichen Anordnung statt (Sec. 425 CA 1985), da nur ein Gericht vom Abwicklungsverfahren der untergehenden Gesellschaft befreien kann.[63] Das nationale Fusionsrecht für Kapitalgesellschaften ist nicht bei grenzüberschreitenden Verschmelzungen anwendbar. Die Anwendung des nationalen britischen Fusionsrechts bedingt, dass die an der Verschmelzung beteiligten Kapitalgesellschaften durch den Companies Act erfasst werden. Die Voraussetzungen hierfür werden in Sec. 765-Sec. 767 ICTA 1988 geregelt. In Großbritannien nicht ansässige Kapitalgesellschaften werden hierbei explizit nicht berücksichtigt.[64] Zwar wird in Großbritannien unter sehr engen Restriktionen die gesellschaftsrechtliche Zulässigkeit einer grenzüberschreitenden Verschmelzung nicht mehr

---

57 Vgl. Buchheim, R., Europäische Aktiengesellschaft, 2001, S. 81.

58 Siehe hierzu auch Lutter, M., ZGR 1992, S. 450; Schaumburg, H., GmbHR 1996, S. 502.

59 Vgl. Tomsett, E. G., United Kingdom II, 2002, S. 38.

60 Vgl. Verschmelzungsrichtlinie, ABl. EG Nr. L 295 vom 20. Oktober 1978, S. 36-43.

61 Vgl. Bramwell, R./Hardwick, M./James, A. u.a., Taxation, 1999, Rz. 11-26; Templeman, C./Shepherd, C. (Hrsg.), Company Law, 1997, S. 287-290.

62 Vgl. Tomsett, E. G., United Kingdom I, 2002, Rz. 1-2.

63 Vgl. Grotherr, S., Überblick, 1997, S 165; Tomsett, E. G., United Kingdom II, 2002, S. 11-13.

64 Vgl. Tomsett, E. G., United Kingdom II, 2002, S. 39 und S. 101-105.

a priori ausgeschlossen. Voraussetzung aber ist, dass die Rechtsordnungen der beteiligten Länder eine grenzüberschreitende Verschmelzung zulassen.[65] Da die grenzüberschreitende Verschmelzung von Aktiengesellschaften im deutschen Gesellschaftsrecht grundsätzlich nicht geregelt ist, ist davon auszugehen, dass somit auch nach britischem Gesellschaftsrecht die grenzüberschreitende Verschmelzung einer deutschen und einer britischen Aktiengesellschaft durch Gesamtrechtsnachfolge grundsätzlich nicht möglich ist.

### 2.2. Gesellschaftsrechtliche Erfassung des grenzüberschreitenden Anteilstauschs

Die gesellschaftsrechtlichen Grundlagen eines Anteilstauschs sind die Regelungen zu Sacheinlagen bei nationalen und bei grenzüberschreitenden Transaktionen. Bei der Gründung einer neuen Kapitalgesellschaft (Anteilstausch mit einer neu zu gründenden Kapitalgesellschaft) gelten die Regelungen für Sacheinlagen. Bei der Übertragung von Anteilen auf eine bereits bestehende Kapitalgesellschaft (Anteilstausch mit einer bestehenden Kapitalgesellschaft) liegt gesellschaftsrechtlich eine Kapitalerhöhung durch Sacheinlage vor.[66]

Im Gegensatz zur grenzüberschreitenden Verschmelzung wird der grenzüberschreitende Anteilstausch im europäischen Gesellschaftsrecht erfasst. Die europarechtliche Regelung des Anteilstauschs erfolgt in der Zweiten Gesellschaftsrechtlichen Richtlinie (Kapitalrichtlinie).[67] In Deutschland wurde die Kapitalrichtlinie in das Aktiengesetz transformiert.[68] Der Anteilstausch von Aktiengesellschaften ist daher im deutschen Gesellschaftsrecht in § 27 AktG sowie in § 183, § 194 und § 205

---

65 Vgl. Bühler, C. B., Fusion, 1999, S. 125.

66 Vgl. Wijnen, W. F. G., Survey, 1995, S. 60.

67 Vgl. Zweite Richtlinie 77/917/EWG des Rates vom 13. Dezember 1976 zur Koordinierung der Schutzbestimmungen, die in den Mitgliedstaaten den Gesellschaften im Sinne des Artikels 58 Absatz 2 des Vertrages im Interesse der Gesellschafter sowie Dritter für die Gründung der Aktiengesellschaft sowie für die Erhaltung und Änderung ihres Kapitals vorgeschrieben sind, um diese Bestimmungen gleichwertig zu gestalten, ABl. EG Nr. L 026 vom 30. Januar 1977 S. 1-13, geändert durch Verordnung (EWG) Nr. 3308/80 vom 16. Dezember 1980, ABl. EG Nr. L 345 vom 20. Dezember 1980, S. 1 und Richtlinie 92/101/EWG vom 23. November 1992, ABl. EG Nr. L 347 vom 28. November 1992, S. 64-66.

68 Vgl. Gesetz zur Durchführung der Zweiten Richtlinie des Rates der Europäischen Gemeinschaften zur Koordinierung des Gesellschaftsrechts vom 13. Dezember 1978, BGBl 1978 I, S. 1959-1964; siehe hierzu Eyles, U., Niederlassungsrecht, 1990, S. 153-154; Jürgens, P., Stand, 1989, S. 34-35.

AktG geregelt.[69] Die Umsetzung der Kapitalrichtlinie in Großbritannien erfolgte im Companies Act 1985.[70] Die gesellschaftsrechtliche Grundlage des Anteilstauschs in Großbritannien sind Sec. 99 CA 1985 sowie Sec. 121, Sec. 123 und Sec. 212 CA 1985.[71]

## 3. Die Europäische Aktiengesellschaft

### 3.1. Gesellschaftsrechtliche Grundlagen der Europäischen Aktiengesellschaft

Die Europäische Aktiengesellschaft stellt eine supranationale Rechtsform dar, die grenzüberschreitend mit einer einheitlichen Leitungsstruktur (SE-Statut) auf der Grundlage eines in der Europäischen Union einheitlichen Rechtsrahmens geführt wird.[72] Das SE-Statut setzt sich aus der SE-Verordnung und der SE-Richtlinie zusammen. Die SE-Verordnung regelt einheitlich die wesentlichen Grundzüge des Gesellschaftsrechts der Europäischen Aktiengesellschaft. Als Verordnung ist das Statut ohne ein nationales Transformationsgesetz in allen Mitgliedstaaten unmittelbar anwendbar, Art. 249 Abs. 1 EGV.[73] Die SE-Richtlinie betrifft die verfahrensrechtlichen Rahmenbedingungen für die Beteiligung der Arbeitnehmer. Sie entfaltet in den einzelnen Mitgliedstaaten keine unmittelbare Rechtswirkung, sondern sie bedarf der ausführenden Gesetzgebung durch die nationalen Legislativen, Art. 249 Abs. 2, 3 EGV.[74]

---

69 Vgl. Umwandlungssteuererlass vom 25. März 1998, BStBl 1998 I, S. 268-344, Tz. 20.02; Jacobs, O. H., Unternehmensbesteuerung, 2002, S. 427; Lange, T., Behandlung, 1994, S. 21.

70 Vgl. Companies Act 1980 vom 1. Mai 1985; siehe hierzu Jürgens, P., Stand, 1989, S. 34-36.

71 Vgl. Hohloch, G., EU-Handbuch, 2001, Großbritannien, Rz. 135, 274-275.

72 Vgl. Buchheim, R., Europäische Aktiengesellschaft, 2001, S. 101; Bühler, C. B., Fusion, 1999, S. 90; Oppermann, T., Europarecht, 1999, Rz. 1246; Schulz, A./Eicker, K., Intertax 2001, S. 332.
Zur Entstehungsgeschichte der Europäischen Aktiengesellschaft siehe Heinze, M., ZGR 2002, S. 66-76; Lutter, M., BB 2002, S. 1-3; Nock, R. S., British Tax Review 1993, S. 115-117; Theisen, M. R./Wenz, M., Hintergründe, 2002, S. 1-50; Wenz, M., Societas Europaea, 1993, S. 10-17.

73 Hierzu zählen z.B. Rechtspersönlichkeit, Grundkapital, Sitzverlegung, Gründung, Aufbau, Jahresabschluss, Auflösung, Liquidation etc.
Zu den gesellschaftsrechtlichen Grundlagen der SE siehe ausführlich Jahn, A./Herfs-Röttgen, E., DB 2001, S. 631-634; Kersting, C., DB 2001, S. 2079-2086.

74 Siehe hierzu ausführlich Jahn, A./Herfs-Röttgen, E., DB 2001, S. 634-636; Köstler, R., Mitbestimmung, 2002, S. 301-331; Pluskat, S., DStR 2001, S. 1483-1490; Raiser, T., Europäische Aktiengesellschaft, 1993, S. 289-293.

Die Europäische Aktiengesellschaft ist eine Handelsgesellschaft in Form einer Kapitalgesellschaft, deren Kapital in Aktien zerlegt ist. Als juristische Person besitzt die Europäische Aktiengesellschaft eine eigene Rechtspersönlichkeit, die sie am Tag der Registereintragung erwirbt, Art. 16 Abs. 1 SE-VO.[75] Für das Kapital der Europäischen Aktiengesellschaft, die Kapitalaufbringung und -erhaltung sowie für Kapitalmaßnahmen und die Ausgabe von Wertpapieren finden die Vorschriften Anwendung, die für nationale Aktiengesellschaften in ihren jeweiligen Sitzstaaten gelten.[76]

Die Europäische Aktiengesellschaft unterliegt neben den Bestimmungen der SE-Verordnung den Rechtsvorschriften der einzelnen Mitgliedstaaten, die auf eine nach dem Recht ihres Sitzstaats gegründete Aktiengesellschaft Anwendung finden würden, sowie den Rechtsnormen, die die Mitgliedstaaten in Anwendung der speziell die Europäische Aktiengesellschaft betreffenden Gemeinschaftsmaßnahmen erlassen. Neben der SE-Verordnung ist eine ergänzende nationale Gesetzgebung der Mitgliedstaaten erforderlich. Die Gesetzgeber der Mitgliedstaaten sind verpflichtet, bis zum Inkrafttreten der SE-Verordnung Begleitgesetze für die Einführung der Europäischen Aktiengesellschaft vorzulegen.[77] Diese Rechtsvorschriften müssen – vorbehaltlich der Sonderbestimmungen der SE-Verordnung – mit den im Sitzstaat der Europäischen Aktiengesellschaft für Aktiengesellschaften maßgeblichen Regelungen übereinstimmen. Sofern die SE-Verordnung nicht spezielle Vorschriften enthält, wird die Europäische Aktiengesellschaft in jedem Mitgliedstaat wie eine Aktiengesellschaft behandelt, die nach dem Recht ihres Sitzstaats gegründet wurde.[78]

## 3.2. Möglichkeiten zur Gründung einer Europäischen Aktiengesellschaft

Da es für die Europäische Aktiengesellschaft innerhalb der Europäischen Gemeinschaft kein einheitliches Recht gibt, sondern die Europäische

---

75 Vgl. Kersting, C., DB 2001, S. 2079.

76 Vgl. Jahn, A./Herfs-Röttgen, E., DB 2001, S. 631.

77 Art. 9 Abs. 1 Buchst. c SE-VO verweist in Bezug auf die nicht oder nur teilweise durch die Verordnung geregelten Aspekte auf die in den Mitgliedstaaten geltenden Rechtsvorschriften; siehe hierzu Brandt, U./Scheifele, M., DStR 2002, S. 547-555; Bungert, H./Beier, C., EWS 2002, S. 1-12; Ebert, S., IWB 2002, Fach 11, Gruppe 3, S. 284-286; Lutter, M., BB 2002, S. 6.

78 Vgl. Jahn, A./Herfs-Röttgen, E., DB 2001, S. 632; Schulz, A./Eicker, K., Intertax 2001, S. 332-333.

Aktiengesellschaft sowohl durch Gemeinschaftsrecht als auch durch mitgliedstaatliches Recht geprägt wird, liegt der Vorteil der SE nicht in ihrer Rechtsform sondern in ihren Gründungsmöglichkeiten.[79]

Abbildung 2: Gründungsformen einer Europäischen Aktiengesellschaft[80]

| | |
|---|---|
| Gründungsformen einer Europäischen Aktiengesellschaft | grenzüberschreitende Verschmelzung, Art. 2 Abs. 1 SE-VO:<br>grenzüberschreitende Verschmelzung von bestehenden Aktiengesellschaften, sofern mindestens zwei von ihnen dem Recht verschiedener Mitgliedstaaten unterliegen |
| | Errichtung einer Holding-SE, Art. 2 Abs. 2 SE-VO:<br>grenzüberschreitende Gründung einer gemeinsamen Holding-SE durch Aktiengesellschaften und GmbHs, sofern mindestens zwei von ihnen dem Recht verschiedener Mitgliedstaaten unterliegen oder seit mindestens zwei Jahren eine dem Recht eines anderen Mitgliedstaats unterliegende Tochtergesellschaft oder eine Niederlassung in einem anderen Mitgliedstaat haben |
| | Gründung einer Tochter-SE, Art. 2 Abs. 3 SE-VO:<br>gemeinsame Gründung einer Tochter-SE durch Kapital- oder Personengesellschaften oder andere juristische Personen, sofern mindestens zwei von ihnen dem Recht verschiedener Mitgliedstaaten unterliegen oder seit mindestens zwei Jahren eine dem Recht eines anderen Mitgliedstaats unterliegende Tochtergesellschaft oder eine Zweigniederlassung haben |
| | Formwechsel, Art. 2 Abs. 4 SE-VO:<br>Formwechsel einer Aktiengesellschaft, die nach dem Recht eines Mitgliedstaats gegründet worden ist, und ihren Sitz sowie ihre Hauptverwaltung in der Gemeinschaft hat, wenn sie seit mindestens zwei Jahren eine dem Recht eines anderen Mitgliedstaats unterliegende Tochtergesellschaft hat |

Als Instrument zur Förderung grenzüberschreitender Umstrukturierungen und Kooperationen verfügt die Europäische Aktiengesellschaft über eine begrenzte Zahl von Gründungsmöglichkeiten.[81] Die Grundform einer Gesellschaftsgründung fehlt. Die Gründung einer Europäischen Aktiengesellschaft setzt vielmehr voraus, dass bereits bestehende Unternehmen

---

79 Vgl. Blanquet, F., ZGR 2002, S. 20-65; Wiesner, P. M., ZIP 2001, S. 397-398.

80 Vgl. Förster, G./Lange, C., DB 2002, S. 288-294; Herzig, N./Griemla, S., StuW 2002, S. 57-59; Neun, J., Gründung, 2002, S. 61; Schulz, A./Eicker, K., Intertax 2001, S. 334-336

81 Vgl. Kallmeyer, H., AG 1990, S. 104-105; Rödder, T., WPg 1991, S. 201; Sagasser, B./Swienty, C., DStR 1991, S. 1188-1189.

zusammengefasst werden und unter Beachtung des Mehrstaatlichkeitsprinzips ein grenzüberschreitender Bezug besteht.[82]

Für die nachfolgende Untersuchung sind lediglich die Gründung einer Europäischen Aktiengesellschaft durch Verschmelzung sowie die Gründung einer Holding-SE relevant.[83] Durch die Gründungsform „grenzüberschreitende Verschmelzung" wird durch die SE-Verordnung erstmals europaweit die gesellschaftsrechtliche Grundlage der grenzüberschreitenden Verschmelzung geschaffen.[84] Die SE-Verordnung nimmt Bezug auf die Verschmelzungsrichtlinie[85] und ermöglicht die Verschmelzung durch Aufnahme (Art. 3 Abs. 1 Verschmelzungsrichtlinie) oder durch Neugründung (Art. 4 Abs. 1 Verschmelzungsrichtlinie), Art. 17 Abs. 2 SE-VO. Bei der Verschmelzung durch Aufnahme erhält die übernehmende Gesellschaft die Form der Europäischen Aktiengesellschaft, Art. 29 Abs. 1 SE-VO. Das gesamte Aktiv- und Passivvermögen der übertragenden Gesellschaften geht auf die Europäische Aktiengesellschaft über, und die übertragenden Gesellschaften erlöschen. Erfolgt die Verschmelzung durch Gründung einer neuen Gesellschaft, erhält die neue Gesellschaft die Rechtsform einer Europäischen Aktiengesellschaft, Art. 29 Abs. 2 SE-VO. Voraussetzung für die Erfüllung des Mehrstaatlichkeitsprinzips ist, dass mindestens zwei Gesellschaften dem Recht verschiedener Mitgliedstaaten unterliegen.[86] Soweit ein Teilbereich der Verschmelzung nicht durch die SE-Verordnung geregelt wird, sind die Rechtsvorschriften des Sitzstaats der jeweiligen Gründungsgesellschaft anzuwenden, die mit der Verschmelzungsrichtlinie[87] in Einklang stehen und für die Verschmelzung nationaler Aktiengesellschaften gelten, Art. 18 SE-VO.[88]

---

[82] Vgl. Kessler, W./Dorfmüller, P., TPEU 2002, S. 4; Neun, J., Gründung, 2002, S. 61-64.
Zum Vollzug der Gründung der Europäischen Aktiengesellschaft siehe ausführlich Bungert, H./Beier, C., EWS 2002, S. 2-3; Kersting, C., DB 2001, S. 2079-2086.

[83] Die weiteren Gründungsmöglichkeiten einer Europäischen Aktiengesellschaft (Errichtung einer Tochter-SE und Formwechsel) sind für die nachfolgende Analyse nicht relevant, da ausschließlich die Verschmelzung und der Anteilstausch als Gestaltungsalternativen des grenzüberschreitenden Unternehmenszusammenschlusses Gegenstand der Untersuchung sind.

[84] Vgl. Neun, J., Gründung, 2002, S. 70; Thömmes, O., Besteuerung, 2002, S. 488.

[85] Vgl. Verschmelzungsrichtlinie, ABl. EG Nr. L 295 vom 20. Oktober 1978, S. 36-43.

[86] Vgl. Herzig, N./Griemla, S., StuW 2002, S. 57.

[87] Vgl. Verschmelzungsrichtlinie, ABl. EG Nr. L 295 vom 20. Oktober 1978, S. 36-43.

[88] Vgl. Schulz, A./Geismar, B., DStR 2001, S. 1080.

Die Gründung einer Holding-SE erfolgt auf der Basis eines Anteilstauschs durch Einzelrechtsnachfolge. Die Anteilseigner der Gründungsgesellschaften bringen ihre Anteile in eine dadurch neu zu gründende Holding-SE ein und erhalten dafür Anteile an der Holding-SE (Anteilstausch mit einer neu gegründeten Aktiengesellschaft).[89] Im Gegensatz zur Gründung durch Verschmelzung bleiben die Gründungsgesellschaften in ihrer ursprünglichen Form erhalten, Art. 32 Abs. 1 SE-VO. Gegenstand der Übertragung auf die zu gründende Holding-SE sind die Anteile an den Gründungsgesellschaften, wobei der Prozentsatz der Anteile, die auf die Holding-SE übertragen werden, für jede Gründungsgesellschaft mehr als 50% der durch die Anteile verliehenen Stimmrechte umfassen muss, Art. 32 Abs. 2 SE-VO.[90] Das Mehrstaatlichkeitsprinzip ist erfüllt, wenn mindestens zwei Gesellschaften dem Recht verschiedener Mitgliedstaaten unterliegen oder seit mindestens zwei Jahren eine dem Recht eines anderen Mitgliedstaats unterliegende Tochtergesellschaft oder eine Niederlassung in einem anderen Mitgliedstaat haben.[91]

Da der Anteilstausch im Gemeinschaftsrecht und im mitgliedstaatlichen Recht bereits durch die Regelungen für Sacheinlagen bzw. die Kapitalerhöhung durch Sacheinlage erfasst wird, ergibt sich durch die Gründung einer Holding-SE nach Art. 2 Abs. 2 SE-VO keine neue gesellschaftsrechtliche Grundlage für den Anteilstausch. Für die nachfolgende Untersuchung ist zu beachten, dass die Gründung einer Holding-SE nur durch den Anteilstausch mit einer neu gegründeten Gesellschaft möglich ist. Der Anteilstausch durch Aufnahme scheidet zur Gründung einer Holding-SE aus.

---

89 Vgl. Förster, G./Lange, C., DB 2002, S. 292.
90 Vgl. Thömmes, O., Besteuerung, 2002, S. 486-487.
91 Vgl. Herzig, N./Griemla, S., StuW 2002, S. 58.

# 4. Die Steuerliche Fusionsrichtlinie

## 4.1. Zusammenhang zwischen der Steuerlichen Fusionsrichtlinie und dem Gesellschaftsrecht

Die Steuerliche Fusionsrichtlinie[92] enthält keine gesellschaftsrechtlichen Vorgaben. Sie verfolgt das Ziel der Steuerneutralität, um Steuererleichterungen auf dem Gebiet der direkten Steuern für grenzüberschreitende Transaktionen[93] zwischen Gesellschaften zu schaffen, die nach dem Recht eines Mitgliedstaats gegründet wurden.[94] Die Vorschriften der Fusionsrichtlinie finden grundsätzlich nur Anwendung, wenn die grenzüberschreitende Transaktion selbst über eine gesellschaftsrechtliche Grundlage verfügt und diese Norm in den Anwendungsbereich der Richtlinie fällt.[95] Da die Gründung der SE durch grenzüberschreitende Verschmelzung und die Gründung einer Holding-SE durch grenzüberschreitenden Anteilstausch aufgrund des Mehrstaatlichkeitsprinzips einen transnationalen Bezug aufweisen, ist die Fusionsrichtlinie die zentrale steuerliche Rechtsgrundlage im Rahmen der nachfolgenden steuerlichen Analyse.[96]

Steuerneutralität im Sinne der Fusionsrichtlinie liegt vor, wenn durch die Gründung einer Europäischen Aktiengesellschaft keine zusätzlichen Steuern entstehen. Dabei gilt es, die zukünftige Besteuerung der stillen Reserven der Gründungsgesellschaften zu sichern, damit die beteiligten Mitgliedstaaten beim Vollzug der SE-Gründung keinen endgültigen

---

92 Vgl. Steuerliche Fusionsrichtlinie, ABl. EG Nr. L 225 vom 20. August 1990, S. 1-5.

93 Zu diesen Transaktionen zählen grenzüberschreitende Verschmelzungen, Spaltungen, Einbringungen von Unternehmensteilen sowie der Austausch von Anteilen, Art. 1, 2 FRL.

94 Vgl. Herzig, N./Dautzenberg, N., DB 1992, S. 1-2; Herzig, N./Dautzenberg, N., BFuP 1993, S. 477-478; Rödder, T., Aspekte, 1997, S. 97; Sarrazin, V., ZGR 1994, S. 67; Wijnen, W. F. G., Survey, 1995, S. 11; Wollert-Elmendorff Deutsche Industrie-Treuhand GmbH (Hrsg.), Umsetzung, 1995, S. 13.
Das in diesem Zusammenhang erforderliche Mehrstaatlichkeitsprinzip (Art. 1 FRL) bezieht sich auf die an der grenzüberschreitenden Transaktion beteiligten Kapitalgesellschaften, d.h. im Fall eines Anteilstauschs nicht auf die Ebene der einbringenden Gesellschafter, die sowohl natürliche als auch juristische Personen darstellen können, sondern auf die Ebene der Kapitalgesellschaften, deren Gesellschaftsrechte Gegenstand eines Anteilstauschs sind (einzubringende Kapitalgesellschaften); siehe hierzu Herzig, N./Griemla, S., StuW 2002, S. 59.

95 Vgl. Schmitt, J./Hörtnagl, R./Stratz, R.-C., Umwandlungsgesetz, 2001, § 1 UmwG, Rn. 6.

96 Vgl. Herzig, N./Griemla, S., StuW 2002, S. 59.

Steuerverlust erleiden.[97] Die Fusionsrichtlinie sieht die Steuerfreiheit bzw. den Besteuerungsaufschub nur für die aufgrund einer Fusion, Spaltung, Einbringung oder eines Anteilstauschs ausgelösten Ertragsteuern vor. Sie regelt nicht sonstige steuerliche Folgen einer von ihr erfassten Gestaltung, z.B. die deutsche Grunderwerbsteuer oder die britischen Stempelsteuern.[98]

Ungeachtet der bei der Verabschiedung der Fusionsrichtlinie noch fehlenden gesellschaftsrechtlichen Grundlagen für eine grenzüberschreitende Verschmelzung sieht die Fusionsrichtlinie keine Ausnahme bezüglich der Umsetzungspflicht sowie der Umsetzungsfrist der Mitgliedstaaten vor.[99] Für die zur Zeit des Inkrafttretens der Fusionsrichtlinie zwölf Mitgliedstaaten bestand die Verpflichtung, diese bis spätestens 31. Dezember 1991 in mitgliedstaatliches Recht umzusetzen, Art. 12 Abs. 1 FRL.[100] Obwohl die Mitgliedstaaten durch Gemeinschaftsrecht zur Transformation der Richtlinie in ihr jeweiliges nationales Steuerrecht verpflichtet sind (Art. 249 Abs. 3 EGV), wurde die Fusionsrichtlinie bisher nur bezüglich des grenzüberschreitenden Anteilstauschs sowie der

---

97 Vgl. Präambel der Steuerlichen Fusionsrichtlinie, ABl. EG Nr. L 225 vom 20. August 1990, S. 1-5; siehe hierzu ausführlich Carl, D., INF 1992, S. 317; Debatin, H., BB 1991, S. 948; Gerber, O., SteuerStud 1993, S. 477; Haritz, D./Homeister, J., FR 2001, S. 941; Herzig, N./Dautzenberg, N./Heyeres, R., DB 1991, Beilage 12, S. 4; Herzig, N./Förster, G., DB 1992, S. 911; Knobbe-Keuk, B., DB 1991, S. 299.

98 Vgl. Thömmes, O., Besteuerung, 2002, S. 513.

99 Vgl. Thömmes, O., Besteuerung, 2002, S. 500.
Dies gilt ebenso für den Anwendungsfall der grenzüberschreitenden Spaltung, auf den in der Analyse nicht eingegangen wird. Für die grenzüberschreitende Spaltung existiert nicht einmal ein Richtlinienvorschlag der Kommission. Die Sechste Gesellschaftsrechtliche Richtlinie 82/891/EWG des Rates vom 17. Dezember 1982 gemäß Artikel 54 Absatz 3 Buchstabe g) des Vertrages betreffend die Spaltung von Aktiengesellschaften, ABl. EG Nr. L 378 vom 31. Dezember 1982, S. 47-54 (Spaltungsrichtlinie), betrifft nur die Spaltung von Aktiengesellschaften auf nationaler Ebene.

100 Die später beigetretenen Mitgliedstaaten Finnland, Österreich und Schweden haben fristgerecht zum 1. Januar 1995 mit ihrem Beitritt zur EU die Steuerliche Fusionsrichtlinie in ihr nationales Recht umgesetzt; siehe hierzu Akte über die Bedingungen des Beitritts des Königreichs Norwegen, der Republik Österreich, der Republik Finnland und des Königreichs Schweden und die Anpassungen der die Europäische Union begründenden Verträge zur EU vom 24. Juni 1994, ABl. EG 1994 Nr. C 241 vom 29. August 1994, S. 22.

grenzüberschreitenden Einbringungen von allen Mitgliedstaaten einheitlich umgesetzt.[101]

Im Hinblick auf die grenzüberschreitende Verschmelzung haben Deutschland und Großbritannien die Fusionsrichtlinie bisher nicht in nationales Steuerrecht umgesetzt, und sie verstoßen daher seit dem 1. Januar 1992 gegen die Fusionsrichtlinie.[102] Bislang blieb dieser Verstoß ohne Sanktionen durch die EU-Kommission. In Deutschland wird die nur teilweise Umsetzung der Fusionsrichtlinie mit dem Fehlen einer gesellschaftsrechtlichen Grundlage für eine steuerneutrale grenzüberschreitende Verschmelzung begründet.[103] Auch in Großbritannien soll die Fusionsrichtlinie bezüglich der grenzüberschreitenden Verschmelzung erst dann umgesetzt werden, wenn hierfür gesellschaftsrechtliche Regelungen vorliegen.[104]

Diese Argumentation entfällt jedoch mit Inkrafttreten des SE-Statuts. Zwar gilt das SE-Statut zunächst nur für den Fall der Gründung einer SE. Es ist jedoch davon auszugehen, dass aufgrund des förmlichen Erlasses des SE-Statuts der Verabschiedung und der Umsetzung der Internationalen Fusionsrichtlinie[105] in den Mitgliedstaaten keine Hindernisse mehr entgegenstehen. Gleichzeitig ist zu berücksichtigen, dass der Europäische Gerichtshof im Fall der Nichtumsetzung oder bei einer nur unvollständigen Umsetzung in bestimmten Fällen die unmittelbare Anwend-

---

101 Dies gilt ebenso für den Anwendungsfall grenzüberschreitender Einbringungen von Unternehmensteilen, auf den in der Untersuchung nicht eingegangen wird.
Zur Umsetzung der Steuerlichen Fusionsrichtlinie in den Mitgliedstaaten siehe z.B. Coopers & Lybrand Europe (Hrsg.), EC Initiatives, 1992, S. 41-131; Narraina, L./Wassermeyer, F./Viegener, J. u.a., IWB 1993, Fach 10, International, Gruppe 2, S. 903-924; Saß, G., DB 1993, S. 1892-1898; Thömmes, O./Tomsett, E. G., EC Tax Review 1992, S. 228-240; Wijnen, W. F. G., Survey, 1995, S. 11-358.

102 Vgl. Thömmes, O., Besteuerung, 2002, S. 500-501.
Dies gilt ebenso für Belgien und Irland, die in der Untersuchung nicht analysiert werden. Außerdem wurde der Anwendungsfall der grenzüberschreitenden Spaltung, auf den in der Untersuchung nicht eingegangen wird, noch nicht im Steuerrecht dieser Länder erfasst.

103 Vgl. Eicker, K., Germany, 2002, Rz. 26-30 und Rz. 121; Hey, J., GmbHR 2001, S. 1001; Schaumburg, H., Steuerrecht, 1998, S. 1067-1068.

104 Vgl. Clayson, M., ET 1992, S. 370; Lurie, J., TPIR 1992, S. 11; Tomsett, E. G., United Kingdom II, 2002, S. 39.

105 Vgl. Internationale Fusionsrichtlinie vom 14. Dezember 1984, ABl. EG Nr. C 23 vom 25. Januar 1985, S. 11.

barkeit von Richtlinien gestattet.[106] Steuerpflichtige können sich gegenüber Behörden und Gerichten auf eine noch nicht bzw. nur unvollständig umgesetzte Richtlinie berufen, wenn die Richtlinie für den Einzelnen begünstigend wirkt, inhaltlich hinreichend genau erscheint und der Mitgliedstaat die fristgerechte Umsetzung nicht oder nur unvollständig vorgenommen hat.[107] Da die Fusionsrichtlinie hinreichend genau definiert ist und für den Einzelnen begünstigend wirkt, ist davon auszugehen, dass sich Steuerpflichtige gegenüber Behörden und Gerichten trotz der unvollständigen Umsetzung in einigen Mitgliedstaaten direkt auf die Bestimmungen der Fusionsrichtlinie berufen können.[108] Insbesondere im Hinblick auf den steuerlichen Standortwettbewerb mit anderen Staaten, die die steuerlichen Rahmenbedingungen für eine grenzüberschreitende Verschmelzung bereits geschaffen haben, ist es erforderlich, dass Deutschland und Großbritannien die Fusionsrichtlinie auch hinsichtlich der grenzüberschreitenden Verschmelzung umgehend in ihr jeweiliges nationales Steuerrecht transformieren.[109]

## 4.2. Anwendbarkeit der Steuerlichen Fusionsrichtlinie auf die Gründungsformen einer Europäischen Aktiengesellschaft

Um die aus der Fusionsrichtlinie resultierenden steuerlichen Konsequenzen der verschiedenen Gründungsmöglichkeiten der SE zu analysieren, ist zu untersuchen, ob die Gründung einer SE durch Verschmelzung und durch Anteilstausch in den Anwendungsbereich der Fusionsrichtlinie fallen.[110] Bei der Überprüfung der Anwendbarkeit der Fusionsrichtlinie wird abgestellt auf den sachlichen (Art. 2 FRL) und den persönlichen Anwendungsbereich der Fusionsrichtlinie (Art. 1, 3 FRL).[111]

Die Verschmelzung durch Aufnahme und die Verschmelzung durch Neugründung fallen in den sachlichen Anwendungsbereich der Fusions-

---

[106] Diese Auffassung vertritt der EuGH in ständiger Rechtsprechung seit der Entscheidung Spa S.A.C.E.; siehe hierzu EuGH vom 17.12.1970, EuGHE 1970 I, S. 1213-1231. Zwar haben sich anfänglich einige mitgliedstaatliche Gerichte gegen diese Entscheidung gewandt; siehe hierzu z.B. BFH vom 16.07.1981, BStBl 1981 II, S. 692-693. Diese Rechtsprechung wurde jedoch wiederholt vom EuGH bekräftigt und ist mittlerweile als allgemein akzeptiert anzusehen.

[107] Vgl. Lempenau, G., StBJb 1992/93, S. 264-265.

[108] Vgl. Thömmes, O., Besteuerung, 2002, S. 514-515.

[109] Vgl. Thömmes, O., Besteuerung, 2002, S. 501.
Dies gilt auch für Belgien und Irland sowie für den Anwendungsfall der grenzüberschreitenden Spaltung.

[110] Vgl. Herzig, N./Griemla, S., StuW 2002, S. 59.

[111] Vgl. Herzig, N./Dautzenberg, N./Heyeres, R., DB 1991, Beilage 12, S. 14-19.

richtlinie. Die Verschmelzung durch Aufnahme (Art. 17 Abs. 2 Buchst. a SE-VO) fällt unter Art. 2 Buchst. a 1. und 3. Spiegelstrich FRL. Die Verschmelzung durch Neugründung (Art. 17 Abs. 2 Buchst. b SE-VO) wird in Art. 2 Buchst. a 2. Spiegelstrich FRL erfasst.[112] Der Wert einer baren Zuzahlung als Gegenleistung darf bei der Verschmelzung 10% des Nennwerts bzw. des rechnerischen Werts der gewährten Anteile nicht übersteigen, Art. 2 Buchst. a und d FRL.[113] Hinsichtlich des persönlichen Anwendungsbereichs der Fusionsrichtlinie müssen die beteiligten Gesellschaften aus unterschiedlichen Mitgliedstaaten stammen (Art. 1 FRL)[114], die Rechtsform einer Kapitalgesellschaft besitzen und in den Mitgliedstaaten unbeschränkt steuerpflichtig sein (Art. 3 FRL).[115] Die möglichen Rechtsformen der Aktiengesellschaften der Mitgliedstaaten, die Gründungsgesellschaften der Europäischen Aktiengesellschaften darstellen können (Art. 2 Abs. 1 SE-VO), sind im Anhang 1 SE-VO aufgeführt. Sie stimmen überein mit den im Anhang der Fusionsrichtlinie aufgeführten Gesellschaften eines Mitgliedstaats, sodass die Voraussetzung des Art. 3 Buchst. a FRL für die an der Verschmelzung beteiligten Gesellschaften erfüllt ist. Dies gilt analog für die Rechtsform der SE. Diese ist zwar nicht im Anhang der Fusionsrichtlinie erfasst, dennoch ist die SE ebenfalls eine Gesellschaft i.S.d. Art. 3 Buchst. a FRL, da die Europäische Aktiengesellschaft den Rechtsvorschriften unterliegt, die auf eine nach dem Recht des Sitzstaats der SE gegründete Aktiengesellschaft Anwendung fänden, und auch als solche behandelt wird, Art. 9 Abs. 1 Buchst. c Nr. ii SE-VO i.V.m. Art. 10 SE-VO.[116] Zur Bestimmung der Ansässigkeit wird in den Mitgliedstaaten auf die Gründungstheorie und auf die Sitztheorie abgestellt. Für das auf die Europäische Aktiengesellschaft anwendbare Recht ist kraft Gemeinschaftsrechts die Sitztheorie vorgeschrieben, Art. 2 Abs. 1 SE-VO.[117] Da auch die Ansässigkeitsbestimmungen des OECD-Musterabkommens (Art. 4 Abs. 1 und Art. 4 Abs. 3

---

112 Vgl. Herzig, N./Griemla, S., StuW 2002, S. 59.

113 Vgl. Förster, J./Schollmeier, A., Harmonisierung, 1995, Rz. 8 und Rz. 15; Thömmes, O./Tomsett, E. G., EC Tax Review 1992, S. 228-229.

114 Diese Bedingung ist aufgrund des Mehrstaatlichkeitsprinzips stets erfüllt.

115 Vgl. Herzig, N./Dautzenberg, N./Heyeres, R., DB 1991, Beilage 12, S. 16-17.

116 Vgl. Herzig, N./Griemla, S., StuW 2002, S. 59.

117 Abzusehen ist von der Ausnahme, dass eine Gesellschaft unter der Voraussetzung, dass sie nach dem Recht eines Mitgliedstaats gegründet wurde, ihren Sitz in diesem Mitgliedstaat führt und mit der Wirtschaft eines Mitgliedstaats in tatsächlicher und dauerhafter Verbindung steht, bei der Verschmelzung nach Art. 2 Abs. 5 SE-VO teilnehmen kann, obwohl ihre Hauptverwaltung außerhalb der Europäischen Gemeinschaft liegt und sie daher keine Gesellschaft i.S.d. Art. 3 FRL darstellt, Art. 3 Buchst. b FRL i.V.m. Art. 4 Abs. 3 OECD-MA.

OECD-MA) auf diese Kriterien abstellen, sind die Gründungsgesellschaften auch nach dem OECD-Musterabkommen als in der Europäischen Gemeinschaft ansässig anzusehen, sodass die Ansässigkeitsvoraussetzungen der Fusionsrichtlinie durch die SE-Verordnung erfüllt werden.[118] Die Gründungsgesellschaften unterliegen zudem regelmäßig ohne Wahlmöglichkeit der Körperschaftsteuer des jeweiligen Mitgliedstaats, sodass den in Art. 3 Buchst. c FRL geforderten Eigenschaften entsprochen wird.[119]

Auch die Gründung einer Holding-SE fällt in den persönlichen Anwendungsbereich der Fusionsrichtlinie, da sowohl die nationalen Rechtsformen der Aktiengesellschaften als auch die Rechtsformen der Gesellschaften mit beschränkter Haftung im Anhang der Fusionsrichtlinie aufgeführt sind, an den in Art. 3 Buchst. a FRL angeknüpft wird.[120] Hinsichtlich des sachlichen Anwendungsbereichs der Fusionsrichtlinie gibt es keine vollständige Übereinstimmung zwischen der SE-Verordnung und der Fusionsrichtline. Die Fusionsrichtlinie erfasst nach Art. 2 Buchst. d FRL nur die Fälle, in denen die einzubringenden Gesellschaften und die übernehmende Gesellschaft aus zwei verschiedenen Mitgliedstaaten stammen.[121] Art. 2 Abs. 2 SE-VO setzt lediglich voraus, dass mindestens zwei der an der Gründung beteiligten Gesellschaften aus unterschiedlichen Mitgliedstaaten der EU stammen.[122] Es ist jedoch im Gegensatz zur Fusionsrichtlinie nicht erforderlich, dass die übernehmende Gesellschaft, d.h. die zu gründende Holding-SE, und die Gesellschaften, deren Gesellschaftsrechte Gegenstand der Einbringung sind, aus unterschiedlichen Mitgliedstaaten stammen. Nach der SE-Verordnung wird folglich auch ein ausschließlich nationaler Fall erfasst, bei dem sowohl die übernehmende SE als auch eine einbringende Kapitalgesellschaft aus dem gleichen Staat stammen, sofern an dem Gründungsvorgang zumindest eine weitere Gesellschaft aus einem anderen Mitgliedstaat beteiligt ist.[123] Die steuerlichen Folgen dieses ausschließlich nationalen Falls unterliegen nicht dem Anwendungsbereich der FRL, sondern sie richten sich

---

118 Vgl. Herzig, N./Griemla, S., StuW 2002, S. 59.

119 Vgl. Thömmes, O., Besteuerung, 2002, S. 502.

120 Vgl. Herzig, N./Griemla, S., StuW 2002, S. 60.

121 Vgl. Förster, J./Schollmeier, A., Harmonisierung, 1995, Rz. 15-16; Gerber, O., SteuerStud 1993, S. 479; Thiel, J., GmbHR 1994, S. 286.

122 Vgl. Förster, G./Lange, C., DB 2002, S. 292.

123 Bezogen auf den Betrachtungsgegenstand der Untersuchung erfasst die SE-VO sowohl den Inbound-Fall als auch den Outbound-Fall, d.h. die Gründung einer deutschen oder britischen Holding-SE durch eine deutsche und eine britische Aktiengesellschaft.

ausschließlich nach dem jeweiligen nationalen Steuerrecht des Mitgliedstaats, in dem die Anteilseigner der einzubringenden Gesellschaft unbeschränkt steuerpflichtig sind.[124]

Da im Rahmen der Untersuchung ausschließlich auf die deutschen Anteilseigner der deutschen und der britischen Gründungsgesellschaften abgestellt wird, ist bei der Einbringung von Anteilen an der deutschen Aktiengesellschaft in die in Deutschland ansässige SE (Inbound-Anteilstausch) somit ausschließlich auf das deutsche Steuerrecht abzustellen. Hierbei ergeben sich jedoch keine Unterschiede zu den Regelungen der Fusionsrichtlinie, die im Outbound-Fall anzuwenden sind. Denn der deutsche Gesetzgeber ist bei der Umsetzung der Fusionsrichtlinie in das deutsche Steuerrecht insoweit über die Vorgaben der Richtlinie hinaus gegangen, als auch bei der Einbringung einer Mehrheitsbeteiligung an einer unbeschränkt körperschaftsteuerpflichtigen Kapitalgesellschaft in eine andere unbeschränkt körperschaftsteuerpflichtige Kapitalgesellschaft Steuerneutralität im Sinne der Fusionsrichtlinie erreicht werden kann, § 20 Abs. 1 Satz 2 und § 23 Abs. 4 UmwStG.[125]

Im Ergebnis fällt somit die Gründung der Europäischen Aktiengesellschaft durch Verschmelzung und durch Anteilstausch grundsätzlich in den Anwendungsbereich der Fusionsrichtlinie, sodass für diese Gestaltungsalternativen die steuerlichen Erleichterungen der Fusionsrichtlinie beansprucht werden können. Eine Ausnahme besteht lediglich für die Neugründung einer Holding-SE im Inbound-Fall, wenn Anteile an einer deutschen Aktiengesellschaft in die in Deutschland ansässige SE durch deutsche Anteilseigner eingebracht werden. Auch in diesem Ausnahmefall lässt sich jedoch nach den Voraussetzungen des § 20 Abs. 1 Satz 2 bzw. § 23 Abs. 4 UmwStG Steuerneutralität i.S.d. Fusionsrichtlinie erreichen.

In der nachfolgenden Untersuchung wird von der vollständigen Transformation der Fusionsrichtlinie hinsichtlich der Anwendungsfälle Verschmelzung und Anteilstausch in das deutsche und in das britische Steuerrecht ausgegangen. Da bezüglich der tatsächlichen Umsetzung der Regelungen zur grenzüberschreitenden Verschmelzung nach Art. 2 Buchst. a FRL in Deutschland und in Großbritannien derzeit noch Unsicherheit besteht und kein entsprechendes mitgliedstaatliches Transformationsgesetz existiert, basiert die Steuerwirkungsanalyse der Gründung der SE durch Verschmelzung unmittelbar auf den Regelungsvor-

---

[124] Vgl. Thömmes, O., Besteuerung, 2002, S. 516.
[125] Vgl. Thömmes, O., Besteuerung, 2002, S. 516-517.

gaben der Fusionsrichtlinie. Bei der Steuerwirkungsanalyse der Gründung einer Holding-SE wird abgestellt auf die deutschen und die britischen Steuerrechtsnormen, die die Transformation der Fusionsrichtlinie in das jeweilige mitgliedstaatliche Steuerrecht enthalten.

## III. Methodische Grundlegung der internationalen Steuerplanung zur Gründung einer Europäischen Aktiengesellschaft

Die steuerliche Analyse der Alternativen zur Gründung einer Europäischen Aktiengesellschaft und die Identifikation der aus Sicht der deutschen Anteilseigner günstigsten Gestaltungsalternative erfolgt auf der Basis eines quantitativen Entscheidungsmodells. Im ersten Schritt wird auf die Bedeutung der Steuerplanung und der Steuergestaltung im Rahmen einer SE-Gründung eingegangen (Abschnitt 1.). Anschließend werden die methodischen Grundlagen entscheidungstheoretischer Modelle als Strukturierungshilfe der internationalen Steuerplanung behandelt (Abschnitt 2.). Wegen ihres hohen Abstraktionsgrades werden die Grundelemente der Entscheidungstheorie im Hinblick auf die Anforderungen der Steuerplanung in Abschnitt 3. modifiziert.

### 1. Bedeutung der Steuerplanung und der Steuergestaltung

Die Steuerplanung dient der Quantifizierung der Belastung vorgegebener Alternativen und der Unterstützung bei der Auswahl dieser Alternativen.[126] Die Notwendigkeit der steuerlichen Planung und Gestaltung ergibt sich aus der materiellen Gewichtigkeit der Besteuerung, die aus der Belastung mit unterschiedlichen, untereinander interdependenten Steuerarten resultiert.[127] Die Besteuerung beeinflusst die relative und absolute Vorteilhaftigkeit von Handlungsalternativen, sodass die Einbeziehung der Steuerwirkungen in die Unternehmensplanung entscheidungsrelevant ist.[128] Das Ergebnis dieser steuerlichen Planung ist in die betriebliche Gesamtplanung zu integrieren und als steuerliche Entscheidungsunterstützung den anderen Teilbereichen gegenüberzustellen.[129] Die Rangfolge der Alternativen aufgrund der Steuerplanung kann die Rangfolge, die sich ohne Berücksichtigung der Besteuerung ergibt, bestätigen oder in ihr Gegenteil verkehren. Wird aus nichtsteuerlichen Gründen eine ande-

---

[126] Vgl. Rödder, T., Gestaltungssuche, 1991, S. 8.
Zum Begriff der Steuerplanung siehe Herzig, N./Schiffers, J./Wawroschek, D., DSWR 1991, Sonderheft, S. 106; Kußmaul, H., StuW 1995, S. 3-14; Michels, R., Wahlrechte, 1982, S. 38; Rose, G., StbJb 1969/70, S. 31-70; Schneider, D., ZfbF 1967, S. 208; Siegel, T., Steuerwirkungen, 1982, S. 15; Wagner, F. W., DB 1974, S. 393-398.

[127] Vgl. Rose, G., Steuerplanung, 1989, Sp. 1867.

[128] Zur fehlenden Entscheidungsneutralität der Besteuerung siehe z.B. Treisch, C., SteuerStud 2000, S. 368-374; Wagner, F. W./Wissel, H., WiSt 1995, S. 65-70.

[129] Vgl. Kröner, M., DB 1984, S. 1409-1411; Rödder, T., BB 1988, Beilage 19, S. 4.

re Alternative durchgeführt, wird der steuerliche Vorteil offengelegt, auf den dabei verzichtet wird.[130]

Die Steuerplanung dient der steuerlichen Entscheidungsunterstützung. Sie beinhaltet die Steuerwirkungsanalyse, die die Wirkungen der Besteuerung auf betriebliche Dispositionen untersucht, und die Steuergestaltung (Steuerpolitik), die die Erkenntnisse der Steuerwirkungsanalyse im Hinblick auf eine zieloptimale Auswahl von Gestaltungsalternativen übernimmt.[131]

Abbildung 3: Steuerplanung als Entscheidungsunterstützung

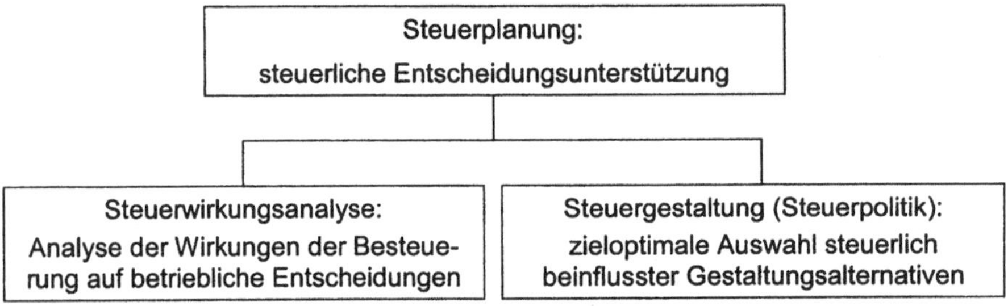


Für die Gründung einer Europäischen Aktiengesellschaft durch eine deutsche und eine britische Aktiengesellschaft ist ein steuerliches Entscheidungsfeld zu entwickeln, um aus steuerplanerischer Sicht einen Vergleich der Gründungsalternativen Verschmelzung und Anteilstausch durchführen zu können. Das Entscheidungsfeld umfasst die deutsche und die britische Gründungsgesellschaft sowie die deutschen Anteilseigner. Die unterschiedlichen Steuerbelastungen der Gründungsformen Verschmelzung und Anteilstausch werden in einem quantitativen Vorteilhaftigkeitsvergleich analysiert (Steuerwirkungsanalyse). Ohne einen fundierten Steuerbelastungsvergleich ist die Beurteilung der unterschiedlichen Gründungsalternativen nicht möglich. Durch die steuerliche Teilplanung wird zwar keine absolute Vorteilhaftigkeitsaussage hinsichtlich aller bei der Gründung einer Europäischen Aktiengesellschaft zwischen einer deutschen und einer britischen Aktiengesellschaft betriebswirtschaftlich relevanten Einflussfaktoren getroffen, der steuerplanerische Vorteilsvergleich ermöglicht es jedoch, eine Rangfolge der verschiedenen Gründungsformen aufzustellen. Es wird derjenige steuerliche Vorteil quantifiziert, den die steuerlich günstigste Alternative bietet (Steuerge-

[130] Vgl. Potthof, A., Finanzierung, 1998, S. 129.

[131] Vgl. Kiso, D., Entwurfkonzept, 1997, S. 10-11; Rödder, T., BB 1988, Beilage 19, S. 3.

staltung, Steuerpolitik). Ziel der Steuerplanung ist es somit, auf der Basis einer umfassenden Steuerwirkungsanalyse i.S.d. Steuerpolitik die steuerlich günstigste Gründungsform zu identifzieren.

# 2. Entscheidungstheoretische Modelle zur Strukturierung der internationalen Steuerplanung

## 2.1. Bedeutung entscheidungstheoretischer Modelle

Entscheidungstheoretische Modelle sind vereinfachte gedankliche Hilfskonstruktionen, die die Konsequenzen von unterschiedlichen Handlungsalternativen möglichst exakt strukturieren und systematisieren.[132] Die Herleitung einer entscheidungstheoretischen Methodik zum Vergleich der Gründung einer SE durch Verschmelzung oder durch Anteilstausch setzt an der präskriptiven Modellfunktion der Entscheidungstheorie an.[133] Es wird nicht untersucht, wie sich der Entscheidungsträger in einer Entscheidungssituation tatsächlich verhält (deskritpive Entscheidungstheorie),[134] und es werden keine Aussagen über eine rationale Entscheidungsfindung in hypothetischen Anwendungssituationen abgeleitet, ohne das tatsächliche menschliche Verhalten zu berücksichtigen (normative Entscheidungstheorie). Vielmehr wird eine Problemlösungsmethodik entwickelt, die auf allgemein akzeptierten Rationalitätsannahmen basiert sowie die subjektiven Einschätzungen und individuellen Präferenzen des Entscheidungsträgers berücksichtigt. Präskriptive Entscheidungsmodelle sind eine Synthese der deskriptiven und der normativen Modellfunktion.[135] Die Synthese liegt in der Verwendung von Modellen, die aus Elementen eines Entscheidungsproblems und den zwi-

---

132 Zum Modellbegriff aus betriebswirtschaftlicher Sicht siehe Bäuerle, P., ZfB 1989, S. 175-192; Mann, G., Modelle, 1991, S. 62.

133 Zur Systematisierung betriebswirtschaftlicher Modelle siehe Adam, D./Witte, T., WISU 1976, S. 1-5.
Die Begriffe normative und präskriptive Modellfunktion werden in der Literatur zum Teil synonym verwendet.

134 Zur deskriptiven Entscheidungstheorie siehe Bamberg, G./Coenenberg, A. G., Entscheidungslehre, 2002, S. 1-7; Bamberg, G./Trost, R., BFuP 1996, S. 642-643; Eisenführ, F./Weber, M., Entscheiden, 1999, S. 1-14; Grochla, E., ZfbF 1969, S. 386-389; Heinen, E., WiSt 1972, S. 3; Kieser, A., Ziele, 1999, S. 92; Laux, H., Entscheidungstheorie, 1998, S. 14-15; Sieben, G./Schildbach, T., Entscheidungstheorie, 1994, S. 3-4.

135 Präskriptive Entscheidungsmodelle stellen die vorherrschende Modellorientierung in den Wirtschaftswissenschaften dar; siehe hierzu Bretzke, W.-R., Problembezug, 1980, S. 16-17; Heinen, E., ZfB 1969, S. 209; Menges, G., Entscheidungsmodelle, 1972, S. 132-133.

schen ihnen bestehenden Beziehungen eine um Komplexität reduzierte Struktur schaffen, auf deren Basis eine rationale Problemlösung gefunden werden kann. Rationalität wird in diesem Zusammenhang durch die systematische Erfassung und Bewertung der Handlungsalternativen erreicht.[136]

Die Gründung einer Europäischen Aktiengesellschaft durch eine deutsche und eine britische Aktiengesellschaft stellt ein reales und komplexes Entscheidungsproblem dar, das hinsichtlich seiner steuerlichen Konsequenzen zu analysieren ist. Das Entscheidungsfeld wird gebildet durch die deutsche und die britische Gründungsgesellschaft sowie die deutschen Anteilseigner. Entscheidungsträger i.S.d. Entscheidungstheorie sind ausschließlich die deutschen Anteilseigner, denen die Entscheidung über die Auswahl der Alternative zur Gründung einer SE obliegt. Daher ist die Höhe der durch die unterschiedlichen Gründungsalternativen bedingten Nettoliquiditätszuflüsse auf Ebene der deutschen Anteilseigner das entscheidende Kriterium für die Auswahl der steuerlich günstigsten Gründungsform.[137]

## 2.2. Elemente des Grundmodells der Entscheidungstheorie

Die Komplexität eines Entscheidungsproblems beruht darauf, dass der Entscheidungsträger sich in einer Situation befindet, in der er eine nicht klar erkennbare und abgrenzbare Abweichung zwischen einem in der Realität vorgefundenen und einem erwünschten Zustand wahrnimmt, ohne dass er diese Zustandsdifferenz überwinden kann. Je mehr Elemente, Beziehungen und zeitliche Veränderungen zu berücksichtigen sind, desto größer ist die Komplexität des Problems.[138] Die Komplexität der Gründung einer Europäischen Aktiengesellschaft liegt darin, dass die daraus resultierenden Steuerwirkungen auf Ebene der Gründungsgesellschaften und auf Ebene der deutschen Anteilseigner nicht umfassend

---

[136] Vgl. Bamberg, G./Coenenberg, A. G., Entscheidungslehre, 2002, S. 2-3; Bamberg, G./Trost, R., BFuP 1996, S. 642; Brauchlin, E., Entscheidungsmethodik, 1995, S. 345; Bretzke, W.-R., Kriterien, 1978, S. 224; Eisenführ, F./Weber, M., Entscheiden, 1999, S. 1-14; Heinen, E., WiSt 1972, S. 3; Kieser, A., Ziele, 1999, S. 99; Langer, T./Weber, M., Entscheidungsanalyse, 1999, S. 34; Laux, H., Entscheidungstheorie, 1998, S. 15-18; Schiffers, J., Steuergestaltung, 1994, S. 611; Schneider, D., Entscheidungstheorie, 1995, S. 11-14; Sieben, G./Schildbach, T., Entscheidungstheorie, 1994, S. 1-3.

[137] Siehe hierzu auch Jacobs, O. H., Internationale, 2002, S. 1235.

[138] Zum Begriff der Komplexität siehe Konietzka, R., Entscheiden, 1981, S. 68-74; Teichmann, H., ZfbF 1972, S. 520.

und unmittelbar ersichtlich sind. Dies ist in der Menge der verschiedenen Sachverhalte begründet, an die die Besteuerung bei einer derartigen Transaktion anknüpft.

Die Komplexität eines Entscheidungsproblems lässt sich reduzieren, indem das Entscheidungsproblem im Rahmen der Modellbildung durch Dekomposition in Komponenten zerlegt wird, die jeweils einzeln modelliert werden können.[139] Zu diesen Komponenten zählen die Handlungsalternativen, zwischen denen der Entscheidungsträger wählen kann, die mit dem Ergebnis verknüpften Ziele und Präferenzen des Entscheidungsträgers, seine Erwartungen über die von ihm nicht zu beeinflussenden Umwelteinflüsse sowie die kombinierte Wirkung der Handlungsalternativen und Umwelteinflüsse auf das Ergebnis.[140] Diese Grundelemente werden im Grundmodell der Entscheidungstheorie erfasst. Das Grundmodell der Entscheidungstheorie ermöglicht eine formallogische Verknüpfung der Grundelemente einer Entscheidung und umfasst vier Kernelemente: das Zielsystem des Entscheidungsträgers, das Entscheidungsfeld, die Ergebnismatrix sowie die Entscheidungsmatrix.

Abbildung 4: Grundmodell der Entscheidungstheorie

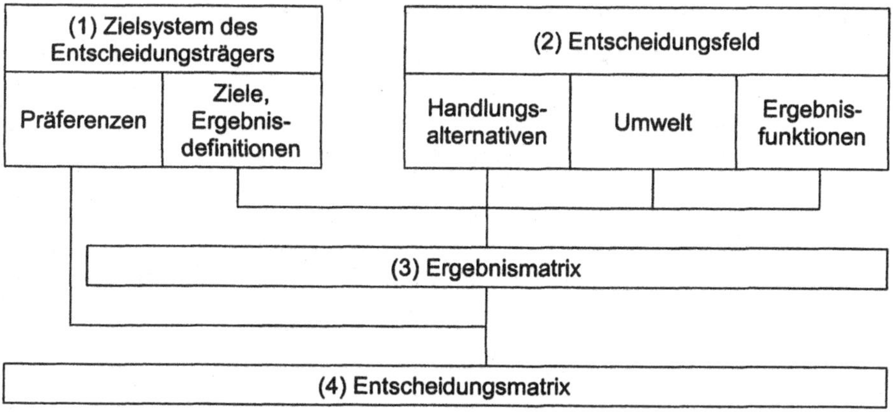


Quelle: Sieben, G./Schildbach, T., Entscheidungstheorie, 1994, S. 16

(1) Zielsystem: Das Zielsystem enthält Informationen darüber, welche Sachverhalte der Entscheidungsträger anstrebt (Ziele, Ergebnisdefinitio-

---

[139] Vgl. Eisenführ, F./Weber, M., Entscheiden, 1999, S. 9-10; Simon, H. A., DBW 1980, S. 338.

[140] Vgl. Grochla, E., ZfbF 1969, S. 386-389; Hax, H., ZfbF 1967, S. 749; Heinen, E., ZfB 1969, S. 214; Kosiol, E., ZfB 1967, S. 81-82.

nen) und wie er die Konsequenzen der Handlungsalternativen beurteilt (Präferenzen).[141] Als Ziel ist die Einstellung des Entscheidungsträgers (Präferenz) zu einem möglichen zukünftigen Zustand definiert, der sich vom derzeitigen (Ausgangs-)Zustand unterscheidet und als Endzustand bezeichnet wird.[142]

Die Ergebnisdefinitionen konkretisieren die vom Entscheidungsträger angestrebten Zielgrößen hinsichtlich ihrer Art und Höhe, ihres zeitlichen Anfalls und der Sicherheit. Das Artenmerkmal gibt die inhaltlichen Bestandteile der Zielformulierung an, das Höhenmerkmal bezieht sich auf das Zielausmaß. Das Zeitmerkmal verdeutlicht, zu welchem Zeitpunkt bzw. innerhalb welchen Zeitraums die Auswirkungen einer Handlungsalternative eintreten werden. Das Sicherheitsmerkmal erfasst die Bestimmtheit des Eintreffens einzelner Umweltzustände.[143]

Die Präferenzen des Entscheidungsträgers geben seine subjektiven Einstellungen wieder. In der präskriptiven Entscheidungstheorie ist sich der Entscheidungsträger über seine Präferenzen in Bezug auf die Gestaltungsalternativen im Voraus nicht schlüssig. Seine Präferenzen werden aus den Konsequenzen abgeleitet, die sich aus der Kombination der Handlungsalternativen mit den Umweltfaktoren ergeben.[144]

(2) Entscheidungsfeld: Das Entscheidungsfeld wird unterteilt in die Handlungsalternativen, die Umwelt und die Ergebnisfunktionen. Die Handlungsalternativen umfassen die Menge aller Gestaltungsmöglichkeiten, die von einem Entscheidungsträger zu einem bestimmten Zeitpunkt als zur Erfüllung seiner Ziele prinzipiell geeignet wahrgenommen werden und aus der eine Alternative im Entscheidungsprozess ausgewählt werden soll.[145] Der Aktionsraum muss mindestens zwei Handlungsalternativen enthalten, die sich gegenseitig ausschließen, damit der Entscheidungsträger eine rationale Auswahl treffen kann. Der Entscheidungsträger steht den Handlungsalternativen indifferent gegenüber. Es wird vorausgesetzt, dass der Entscheidungsträger alle Handlungsalternativen kennt.[146]

Die Umweltfaktoren umfassen die Gesamtheit der Bedingungen, die zwar die Konsequenzen der Handlungsalternativen beeinflussen, auf die

---

141 Vgl. Scheffler, W., WiSt 1992, S. 241.
142 Vgl. Bitz, M., Strukturierung, 1977, S. 80-81; Dinkelbach, W., DBW 1978, S. 52.
143 Vgl. Scheffler, W., Altersversorgung, 1990, S. 8-9.
144 Vgl. Eisenführ, F./Weber, M., Entscheiden, 1999, S. 31.
145 Vgl. Hauschildt, H., ZfbF 1983, S. 94; Koller, H., ZfB 1966, S. 98.
146 Vgl. Dinkelbach, W., DBW 1978, S. 52-53; Laux, H., Entscheidungstheorie, 1998, S. 20-21; Sieben, G./Schildbach, T., Entscheidungstheorie, 1994, S. 16-18.

der Entscheidungsträger selbst jedoch keinen unmittelbaren Einfluss ausüben kann. Sie sind vollständig zu erfassen und dabei so zu definieren, dass sie sich gegenseitig ausschließen. Im Entscheidungsmodell sind Annahmen darüber zu treffen, wie die Umweltfaktoren zukünftig wirken werden. Umweltsituationen können unter Sicherheit und unter Unsicherheit auftreten. Bei Sicherheit ist bei der Wahl einer Handlungsalternative auch deren Ergebnis bekannt. Hingegen können bei Unsicherheit mehrere Ergebnisausprägungen vorliegen.[147]

In den Ergebnisfunktionen wird jeder Kombination von Handlungsalternativen und Umweltfaktoren ein Ergebnis zugeordnet.[148] Durch die Ergebnisfunktionen werden die Ausgangswerte in ein Ergebnis transformiert. Hierbei wird eine vollständige Kenntnis der Gesetzmäßigkeiten vorausgesetzt, die die Auswirkungen der Handlungsalternativen bestimmen.[149]

(3) Ergebnismatrix: Zur Strukturierung der Einzelergebnisse werden die Auswirkungen der Handlungsalternativen auf die vom Entscheidungsträger angestrebten Ziele unter Berücksichtigung der Umweltfaktoren sowie der Präferenzen in einer zweidimensionalen Ergebnismatrix beschrieben.[150] Die Ergebnismatrix ist so aufgebaut, dass die möglichen Handlungsalternativen in den Zeilen erfasst und die Kombinationen der Umweltfaktoren in den Spalten ausgewiesen werden. Die Ergebnisse ergeben sich aus der Matrix selbst.[151] Durch das Aufstellen einer Ergebnismatrix wird das Entscheidungsproblem selbst noch nicht gelöst. Um die vorteilhafteste Handlungsalternative zu bestimmen, sind die ermittelten Ergebnisse anhand des Zielsystems des Entscheidungsträgers zu bewerten.[152]

(4) Entscheidungsmatrix: In der Entscheidungsmatrix werden die Ergebnisse über Nutzenkennzahlen in einen entscheidungsrelevanten Wert transformiert. Durch die Nutzenkennzahlen wird festgelegt, wie hoch der vom Ergebnis ausgelöste Nutzen für den Entscheidungsträger ist. Die

---

[147] Vgl. Bamberg, G./Coenenberg, A. G., Entscheidungslehre, 2002, S. 18-19; Eisenführ, F./Weber, M., Entscheiden, 1999, S. 20-21; Laux, H., Entscheidungstheorie, 1998, S. 21-23.

[148] Vgl. Sieben, G./Schildbach, T., Entscheidungstheorie, 1994, S. 20-21.

[149] Vgl. Fisch, R./Wolf, M. F., Handhabung, 1990, S. 17.

[150] Vgl. Scheffler, W., Altersversorgung, 1990, S. 10; Scheffler, W., WiSt 1992, S. 241.

[151] Vgl. Laux, H., Entscheidungstheorie, 1998, S. 35-37; Sieben, G./Schildbach, T., Entscheidungstheorie, 1994, S. 21-22.

[152] Vgl. Laux, H., Entscheidungstheorie, 1998, S. 35-37.

Nutzenkennzahlen werden in einer zweidimensionalen Entscheidungsmatrix abgebildet. Das Ergebnis mit der höchsten Nutzenkennzahl entspricht den Zielvorstellungen des Entscheidungsträgers am Besten und stellt aus entscheidungstheoretischer Sicht die rationale Wahl dar.[153]

## 3. Einordnung der Grundelemente der Entscheidungstheorie in ein Phasenschema der Steuerplanung und der Steuergestaltung

Aufgrund ihres hohen Abstraktionsgrades sind die Grundelemente der Entscheidungstheorie im Hinblick auf die Anforderungen der Steuerplanung zu modifizieren. Diese Anpassung der Grundelemente gewährleistet, dass die Entscheidungsfindung (Steuerpolitik) im Rahmen einer Steuerwirkungsanalyse auf einer rationalen Grundlage basiert.[154] Die Steuerplanung lässt sich auf der Basis eines Phasenschemas durchführen, dem die Elemente des Grundmodells der Entscheidungstheorie zuordnen sind. Nach dem Phasen-Theorem ist der Prozess der Entscheidungsfindung in verschiedene Phasen zu gliedern, die sukzessive aufeinander aufbauen.[155] Die einzelnen Phasen sind als Mittel der Reduzierung der Komplexität des Entscheidungsprozesses zu verstehen, damit der Prozess der Entscheidungsfindung rational abläuft.[156]

Ein derartiges Phasenschema wird oftmals als willkürlich erachtet, da es sich bei den sukzessiv aufeinander aufbauenden Entscheidungsphasen um ständige Vor- und Rückkoppelungsprozesse handelt, bei denen eine zeitliche Gliederung nicht existiert.[157] Empirisch wird diese strenge Phasen-Abfolge bei Entscheidungsprozessen widerlegt.[158] Unter der Voraussetzung, dass es sich bei dem Phasenschema lediglich um eine gedankliche Konstruktion handelt und umfangreiche Vor- und Rückkoppelungen zwischen den einzelnen Phasen möglich sind, lässt sich die Steuerplanung jedoch auf der Basis der Phaseneinteilung eines modellgestützten

---

153 Vgl. Bamberg, G./Coenenberg, A. G., Entscheidungslehre, 2002, S. 38; Eisenführ, F./Weber, M., Entscheiden, 1999, S. 36-37; Laux, G., Entscheidungstheorie, 1998, S. 35-37; Sieben, G./Schildbach, T., Entscheidungstheorie, 1994, S. 30-31.

154 Vgl. Brauchlin, E., Entscheidungsmethodik, 1995, S. 51; Mense, S., Gestaltungsunterstützung, 1999, S. 37.

155 Vgl. Hauschildt, J./Petersen, K., ZfbF 1987, S. 1043.
Zum Phasen-Theorem siehe Witte, E., ZfbF 1968, S. 581-599.

156 Vgl. Mense, S., Gestaltungsunterstützung, 1999, S. 41.

157 Vgl. Brauchlin, E., Entscheidungsmethodik, 1995, S. 36; Laux, H., Entscheidungstheorie, 1998, S. 12.

158 Vgl. Hauschildt, J./Petersen, K., ZfbF 1987, S. 1043-1062; Paulus, H.-J., Ziele, 1978, S. 299; Witte, E., ZfbF 1968, S. 625-647.

Entscheidungsprozesses durchführen. Der Vorteil des Phasenschemas besteht darin, die Prozesselemente zu strukturieren und einfach zu erklären sowie diese auf eine Vielzahl von Entscheidungsproblemen zu übertragen.[159] Dabei lassen sich den verschiedenen Phasen jeweils bestimmte Elemente des Grundmodells der Entscheidungstheorie zuordnen. Im Rahmen der Steuerplanung und der Steuergestaltung sind die nachstehenden Phasen zu unterscheiden.[160]

Abbildung 5: Einordnung der Grundelemente der Entscheidungstheorie in das Phasenschema der Steuerplanung und der Steuergestaltung

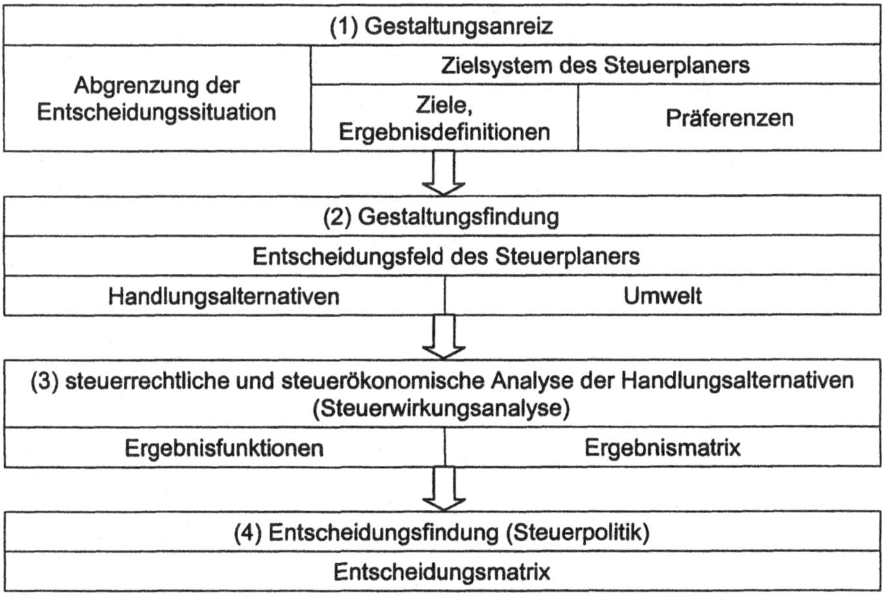


(1) Gestaltungsanreiz: Für die Steuerplanung ist zunächst eine Problemerkennung erforderlich, die eine Analyse der Ausgangssituation voraussetzt (Ist-Feststellung). Durch die Abgrenzung der Entscheidungssituation wird das Entscheidungsfeld abgesteckt, auf das sich die Steuerplanung bezieht.[161] Außerdem muss der Entscheidungsträger sein subjekti-

---

[159] Vgl. Hauschildt, J./Petersen, K., ZfbF 1987, S. 1060.

[160] Vgl. Höhn, E., StuW 1977, S. 173-174; Marettek, A., BFuP 1970, S. 19-31; Paulus, H.-J., 1978, Ziele, S. 155-158; Rödder, T., BB 1988, Beilage 19, S. 3-4.

[161] Vgl. Bretzke, W.-R., Kriterien, 1978, S, 219; Bretzke, W.-R., Problembezug, 1980, S. 33-35; Eul-Bischoff, M., Problemstrukturierung, 1987, S. 38-39; Fisch, R./Wolf, M. F., Handhabung, 1990, S. 12-13; Herrmann, H.-J., ZfB 1993, S. 668; Liebl, F., Simulation, 1995, S. 113; Rödder, T., BB 1988, Beilage 19, S. 3, 8.

ves Zielsystem festlegen (Soll-Feststellung).[162] Das Zielsystem des Entscheidungsträgers dient als Richtschnur für die Erarbeitung adäquater Problemlösungen. Außerdem stellt es den Bewertungsmaßstab dar, anhand dessen aus der Menge der Handlungsalternativen eine konkrete Alternative ausgewählt wird.[163] Die Grundlage des individuellen Zielsystems des Entscheidungsträgers stellen seine Denkstrukturen sowie sein Informationsstand im Zeitpunkt der Festlegung des Zielsystems dar; die Elemente des Zielsystems sind folglich subjektiv.[164] Zu berücksichtigen ist in diesem Zusammenhang, dass zwischen den Zielvorstellungen und den Handlungsalternativen Interdependenzen bestehen. Eine Handlungsalternative führt grundsätzlich zu Konsequenzen, denen der Entscheidungsträger nicht indifferent gegenübersteht. Folglich sind bei der Zielformulierung alle Elemente des Entscheidungsfelds zu berücksichtigen, die einen Einfluss auf die Handlungsalternative ausüben oder von dieser beeinflusst werden.[165] Die Problemerkennungsphase (Gestaltungsanreiz) schließt mit der konkreten Formulierung der Ergebnisdefinition.

(2) Gestaltungsfindung: In dieser Phase sind die steuerlichen Gestaltungsalternativen zu ermitteln und festzulegen. In Abhängigkeit von der abgegrenzten Problemstellung werden Handlungsalternativen entwickelt und durch Vorselektionen auf die Anzahl der weiter zu untersuchenden Gestaltungsalternativen reduziert.[166] Zusätzlich sind die Umweltfaktoren festzulegen, auf die der Entscheidungsträger zwar keinen Einfluss ausüben kann, die jedoch die Konsequenzen der steuerlichen Gestaltungsalternativen bestimmen. Im Rahmen der internationalen Steuerplanung sind nationale und internationale Steuerrechtsnormen die primären Umweltfaktoren, denn aus ihrer Rechtsanwendung ergeben sich die unterschiedlichen Steuerwirkungen der Handlungsalternativen.[167]

(3) Steuerrechtliche und steuerökonomische Analyse der Handlungsalternativen (Steuerwirkungsanalyse): Diese Phase bestimmt den Hauptteil des Steuerplanungsprozesses. Die ermittelten Handlungsalternativen sind zunächst einer umfassenden Steuerwirkungsanalyse zu unterzie-

---

[162] Vgl. Höhn, E., StuW 1977, S. 173; Rödder, T., BB 1988, Beilage 19, S. 3.

[163] Vgl. Kahle, E., Problemlösungsverhalten, 1973, S. 55; Mag, W., WiSt 1976, S. 50; Zangenmeister, C., Grundlagen, 1975, S. 67.

[164] Vgl. Gratz, K., Grundprobleme, 1982, S. 1; Kusch, C., Unternehmensnachfolge, 2001, S. 22.

[165] Vgl. Scheffler, W., Altersversorgung, 1990, S. 16-17.

[166] Vgl. Paulus, H.-J., Ziele, 1978, S. 161-164.

[167] Vgl. Höhn, E., StuW 1977, S. 172.

hen.[168] Der Phase der steuerrechtlichen und der steuerökonomischen Analyse der Handlungsalternativen sind die Grundelemente Ergebnisfunktionen und Ergebnismatrix zuzuordnen. In den Ergebnisfunktionen werden die Steuerwirkungen der einzelnen Handlungsalternativen erfasst, d.h. die Ausgangswerte werden in ein Ergebnis transformiert. Das Aufstellen der Ergebnismatrix strukturiert die unterschiedlichen steuerlichen Konsequenzen und fasst die Ergebnisfunktionen zusammen.

(4) Entscheidungsfindung (Steuerpolitik): Auf der Grundlage der Steuerwirkungsanalyse erfolgt die Auswahl der aus steuerlicher Sicht günstigsten Handlungsalternative (Steuerpolitik). Der Entscheidungsträger beurteilt die Ergebnisfunktionen anhand seiner individuellen Zielfunktion und Präferenzen, und er trifft aus entscheidungstheoretischer Sicht eine rationale Wahl für die Handlungsalternative, die seinen Zielvorstellungen am Besten entspricht. Die Zusammenführung der Ergebnisse der Steuerwirkungsanalyse mit den Präferenzen des Entscheidungsträgers erfolgt in der Entscheidungsmatrix.

Im Anschluss an die Entscheidung können weitere Phasen unterschieden werden, und zwar die Entscheidungsausführung und die Kontrolle.[169] Beide Phasen werden im Folgenden jedoch nicht berücksichtigt.

---

[168] Vgl. Rödder, T., BB 1988, Beilage 19, S. 3.
[169] Vgl. Rödder, T., BB 1988, Beilage 19, S. 4.

# IV. Modellanwendung

Die Auswahl der Gründungsalternativen einer Europäischen Aktiengesellschaft, die auf Ebene der deutschen Anteilseigner zum höchsten Nettoliquiditätszufluss führt, basiert auf den Phasen Gestaltungsanreiz, Gestaltungsfindung, Steuerwirkungsanalyse und Entscheidungsfindung. In der Phase Gestaltungsanreiz (Abschnitt 1.) erfolgt die Konstruktion und die Konkretisierung der Entscheidungssituation, und es wird das Zielsystem der deutschen Anteilseigner bestimmt. In der Phase Gestaltungsfindung (Abschnitt 2.) werden die Gestaltungsalternativen festgelegt und die Umweltfaktoren abgegrenzt. In den Abschnitten 3. – 6. wird die Steuerwirkungsanalyse der verschiedenen Gestaltungsalternativen zur Gründung einer Europäischen Aktiengesellschaft durchgeführt. In Abschnitt 7. erfolgt die Entscheidungsfindung auf der Basis einer Entscheidungsmatrix.

## 1. Gestaltungsanreiz

### 1.1. Abgrenzung der Entscheidungssituation

#### 1.1.1. Anforderungen an die Konstruktion einer Entscheidungssituation

Die Abgrenzung der Entscheidungssituation zum Zweck der Steuerplanung erfolgt in sachlicher und in zeitlicher Hinsicht durch Selektion aus der Realität. Es werden nicht alle Merkmale der Realität dargestellt, sondern nur die im Hinblick auf die Entscheidungssituation als entscheidungsrelevant erachteten Größen berücksichtigt.[170] Bei der Abgrenzung der Entscheidungssituation im Rahmen der Modellbildung wird keine bestehende Struktur abgebildet, sondern es wird eine Entscheidungssituation konstruiert (konstruktivistisches Modellverständnis).[171] In sachlicher Hinsicht ist abzugrenzen, welche Daten explizit im steuerlichen Vergleichsmodell zu berücksichtigen sind und welche Aspekte durch Pauschalannahmen ersetzt oder konstant gehalten werden können.[172] Die zeitliche Abgrenzung bestimmt den Zeitrahmen des Modellumfangs. Zu berücksichtigen ist der gesamte Zeitraum, in dem die Auswirkungen der

---

170 Vgl. Grochla, E., ZfbF 1969, S. 384-385; Hax, H., ZfbF 1967, S. 751; Heinhold, M., DBW 1989, S. 689-708; Heyden, C. v. d., Wahlrechte, 1981, S. 32; Kern, W., ZfbF 1962, S. 168, 177; Liebl, F., Simulation, 1995, S. 119; Mann, G., Modelle, 1991, S. 62; Schneider, D., Investition, 1992, S. 68.

171 Vgl. Eul-Bischoff, M., Problemstrukturierung, 1987, S. 36, S. 39-40, S. 49; Herrmann, H.-J., ZfB 1993, S. 665; Rümmele, P., Abgrenzung, 1998, S. 6.

172 Vgl. Mag, W., ZfbF 1971, S. 808.

innerhalb des Modells getroffenen Entscheidungen erfassbar und bewertbar sind, um ihre unterschiedlichen steuerlichen Auswirkungen vergleichen und beurteilen zu können.[173] Um alle entscheidungsrelevanten Steuerwirkungen zu erfassen, beginnt der Planungszeitraum mit dem Zeitpunkt der Durchführung einer steuerlich relevanten Handlungsalternative und endet mit dem Zeitpunkt, ab dem durch die Handlungsalternative keine unterschiedlichen steuerlichen Folgen mehr induziert werden.[174] Der Anwendungsfall weist somit einen dynamischen Charakter auf.[175] Da Steuerzahlungen i.d.R. auf Jahresermittlungen zurückzuführen sind, wird der Planungszeitraum in einjährige Planperioden eingeteilt.[176]

### 1.1.2. Konstruktion der Entscheidungssituation: Gründung einer Europäischen Aktiengesellschaft durch einen grenzüberschreitenden Merger of Equals zwischen einer deutschen und einer britischen Aktiengesellschaft

Zwei unverbundene Publikumsaktiengesellschaften gründen am 31.12.00 (t = 0) eine Europäische Aktiengesellschaft durch einen grenzüberschreitenden Merger of Equals. Eine Gründungsgesellschaft hat ihren Sitz in Deutschland (DE-AG), die andere Gründungsgesellschaft ist in Großbritannien ansässig (UK-PLC). Die Gründungsgesellschaften sind in ihrem Ansässigkeitsstaat unbeschränkt steuerpflichtig und besitzen keine Betriebsstätten oder Tochterkapitalgesellschaften. Vor der Gründung der SE bestehen zwischen der deutschen und der britischen Gründungsgesellschaft keine gegenseitigen Ansprüche, Verbindlichkeiten oder Rückstellungen.

Der Sitz der zu gründenden SE befindet sich entweder in Deutschland (Inbound-Fall) oder in Großbritannien (Outbound-Fall). Die Gründung der SE erfolgt durch eine grenzüberschreitende Verschmelzung oder einen grenzüberschreitenden Anteilstausch. Am 31.12.00 wird die SE in das deutsche oder das britische Handelsregister eingetragen. Die SE wird in einem nach dem Gesamtbild der wirtschaftlichen Verhältnisse der Gründungsgesellschaften vergleichbaren Umfang fortgeführt. Auf Ebene der

---

173 Vgl. Heinhold, M., DBW 1989, S. 695; Hilke, W., Planungszeitraum, 1980, S. 104; Schneeloch, D., Besteuerung, 2002, S. 7; Teichmann, H., ZfB 1975, S. 299-305.

174 Vgl. Schneeloch, D., Besteuerung, 2002, S. 7.

175 Dynamische Modelle stellen den Zeitablauf durch miteinander verbundene Zeitreihen oder Zeitfunktionen dar; siehe hierzu Adam, D./Witte, T., WISU 1976, S. 3; Kern, W., DBW 1992, S. 45-51; Mellwig, W., ZfbF 1980, S. 24; Schiffers, J., Steuergestaltung, 1994, S. 214-216.

176 Vgl. Kiso, D., Entwurfkonzept, 1997, S. 28.

SE findet nach ihrer Gründung kein wesentlicher Anteilsinhaberwechsel, d.h. kein Wechsel von mehr als 50% der Anteilseigner, statt.

Die Gründungsgesellschaften DE-AG und UK-PLC haben ausschließlich deutsche Anteilseigner. Die deutschen Anteilseigner sind vor der Gründung der Europäischen Aktiengesellschaft entweder an der DE-AG ($AE^{DE-AG}$) oder an der UK-PLC ($AE^{UK-PLC}$) beteiligt. Sie halten jedoch nicht zur gleichen Zeit Anteile an beiden Aktiengesellschaften. Die deutschen Anteilseigner haben ihre Beteiligungen vor der Gründung der SE im Zeitpunkt t = -k (01.01.-k) erworben. Sie werden ihre Anteile nach der Gründung der SE im Zeitpunkt t = v (01.01.v) veräußern. Die Gruppe der Anteilseigner setzt sich zu gleichen Anteilen aus natürlichen Personen und aus juristischen Personen zusammen. Die natürlichen Personen verfügen jeweils über eine Beteiligungsquote von weniger als 1% und halten ihre Beteiligung im Privatvermögen ($AE^{nat}$). Die juristischen Personen besitzen Streubesitzdividenden, d.h. ihre Beteiligungsquote liegt unter 10% ($AE^{jur}$).[177] Es sind somit vier Gesellschaftergruppen zu unterscheiden:

Abbildung 6: Abgrenzung der in der Entscheidungssituation zu berücksichtigenden Gesellschaftergruppen

| steuerlich relevante Merkmalsausprägungen der deutschen Anteilseigner | Beteiligung an einer der Gründungsgesellschaften |
|---|---|
| natürliche Personen ($AE^{nat}$) | Anteilseigner der DE-AG ($AE^{nat,DE-AG}$) |
| | Anteilseigner der UK-PLC ($AE^{nat,UK-PLC}$) |
| juristische Personen ($AE^{jur}$) | Anteilseigner der DE-AG ($AE^{jur,DE-AG}$) |
| | Anteilseigner der UK-PLC ($AE^{jur,UK-PLC}$) |

Es wird unterstellt, dass die Gründungsgesellschaften und die neu gegründete SE ihre Gewinne nach Steuern jeweils vollständig an die Anteilseigner ausschütten. Die deutschen Anteilseigner haben keine weiteren Einkünfte. Der Zusammenhang zwischen der Gründung der SE

---

177 Im Anwendungsfall handelt es sich bei den Anteilen der deutschen Anteilseigner nicht um einbringungsgeborene Anteile.

durch die deutsche und die britische Aktiengesellschaft sowie dem Kauf und dem Verkauf der Beteiligung durch die deutschen Anteilseigner lässt sich durch einen Zeitstrahl verdeutlichen.

Abbildung 7: Zusammenhang zwischen der Gründung der SE sowie dem Kauf und dem Verkauf der Beteiligung durch die deutschen Anteilseigner

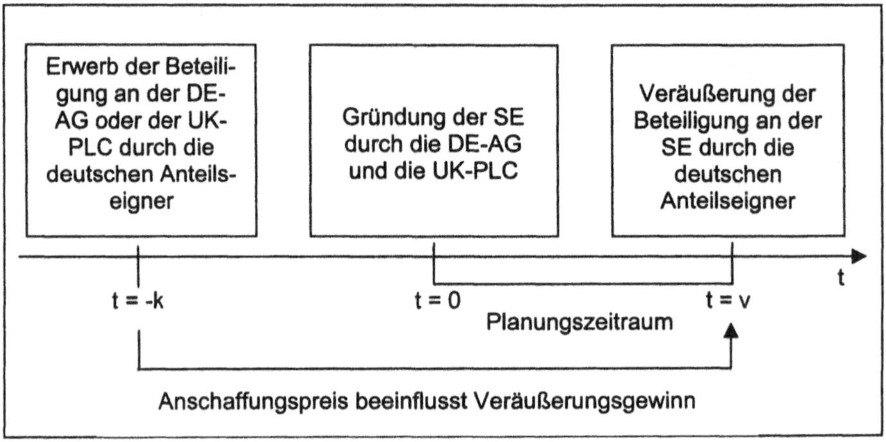


Der Planungszeitraum umfasst den Zeitraum, innerhalb dessen die ertrag- und verkehrsteuerlichen Auswirkungen der Gründungsalternativen zu berücksichtigen sind. Der Planungszeitraum beginnt mit dem Vollzug der Gründung der SE am 31.12.00 (t = 0) und endet mit dem Zeitpunkt, zu dem die deutschen Anteilseigner ihre Anteile an der SE veräußern (31.12.v, t = v). Im Planungszeitraum sind die steuerlich relevanten Effekte zu beachten, die sich aus dem Erwerb der Beteiligung an der DE-AG bzw. der UK-PLC durch die deutschen Anteilseigner vor Beginn des Planungszeitraums im Zeitpunkt t = -k (01.01.-k) ergeben. Innerhalb des Planungszeitraums werden die anzuwendenden deutschen und britischen Steuerrechtsnormen als konstant vorausgesetzt. Die Ausgangslage vor Gründung der SE ergibt sich wie folgt:

Abbildung 8: Darstellung der Ausgangslage vor Gründung der SE

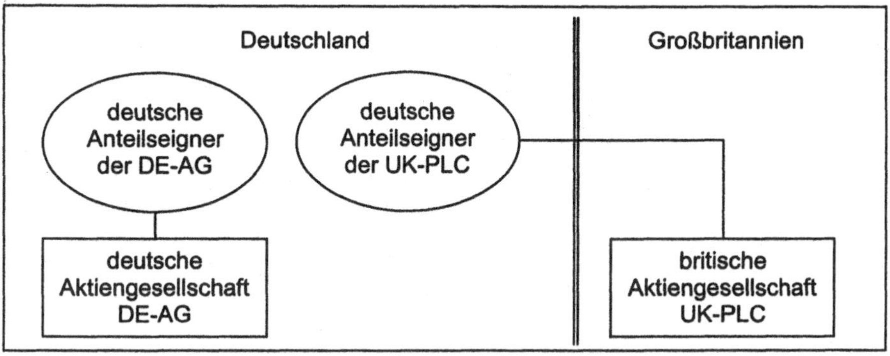


Zur Ermittlung der steuerlichen Konsequenzen der Gründungsalternativen einer SE werden die Bilanzen[178] der DE-AG und der UK-PLC mit den Positionen Anlagevermögen ($AV_t$), Umlaufvermögen ($UV_t$), Grundkapital ($GK_t$), offene Rücklagen ($RL_t$) und sonstige Passiva ($SP_t$) analysiert. Um die Vergleichbarkeit der Handlungsalternativen herzustellen, wird unterstellt, dass die einzelnen Bilanzpositionen der DE-AG und der UK-PLC übereinstimmen. Es gilt:

(1.1.2.1.) $$AV_t^{DE-AG} = AV_t^{UK-PLC} = AV_t$$

$$UV_t^{DE-AG} = UV_t^{UK-PLC} = UV_t$$

---

178 Zwar wird in Großbritannien grundsätzlich eine Trennung zwischen der Ermittlung des steuerlichen Gewinns und des handelsbilanziellen Gewinns vorgenommen. Im Gegensatz zu Deutschland, wo über das Maßgeblichkeitsprinzip ein enger Bezug zwischen der Handels- und der Steuerbilanz besteht, stellt der handelsrechtliche Gewinn in Großbritannien lediglich eine rechnerische Ausgangsgröße dar, die im Rahmen einer umfangreichen Mehr-oder-Weniger-Rechnung durch eine Vielzahl abweichender steuerlicher Regelungen modifiziert wird; siehe hierzu Eberhartinger, E., IStR 1997, S. 279-285; Eisolt, D., DB 1986, S. 1237; Göbes, C., Unternehmensbesteuerung, 1996, S. 37-41; Marflow, A., Unternehmensbesteuerung, 1994, S. 112-116; Pagan, J. C., BTR 1992, S. 75-81; Spengel, C., IStR 2003, S. 30.
Der Untersuchung liegt jedoch das Bilanzsteuerrecht im engeren Sinne zugrunde, das die Gewinnermittlung für steuerliche Zwecke als zentralen Regelungsgegenstand des Bilanzsteuerrechts ansieht. Insofern wird auch in Großbritannien von einer Steuerbilanz i.S.d. „tax accounting" als Oberbegriff der steuerlichen Gewinnermittlung ausgegangen; siehe hierzu auch Reusch, K. M., Bilanzsteuerrecht, 2002, S. 5-7.

$$GK_t^{DE-AG} = GK_t^{UK-PLC} = GK_t$$

$$RL_t^{DE-AG} = RL_t^{UK-PLC} = RL_t$$

$$SP_t^{DE-AG} = SP_t^{UK-PLC} = SP_t$$

Abbildung 9: Bilanz der Gründungsgesellschaften in Periode t

| Bilanz der Gründungsgesellschaften in Periode t | |
|---|---|
| Anlagevermögen ($AV_t$)<br>Umlaufvermögen ($UV_t$) | Grundkapital ($GK_t$)<br>offene Rücklagen ($RL_t$)<br>sonstige Passiva ($SP_t$) |
| $AV_t + UV_t$ | $GK_t + RL_t + SP_t$ |

Wenn die Gründungsgesellschaften von den in der Vergangenheit entstandenen Verlusten für steuerliche Zwecke Teile dieser Verluste noch nicht verrechnen konnten, ist ein steuerlicher Verlustvortrag in Höhe von $VV_t^{DE-AG}$ bzw. $VV_t^{UK-PLC}$ zu berücksichtigen. In Deutschland ergibt sich der Verlustvortrag nach § 8 Abs. 1 KStG i.V.m. § 10d EStG, § 10a GewStG. In Großbritannien liegt ein Verlustvortrag nach Sec. 393 ICTA 1988 vor. Ein steuerlicher Verlustrücktrag wird in den Anwendungsfall nicht mit einbezogen. Da die Verlustvorträge der Höhe nach stets übereinstimmen, gilt:

(1.1.2.2.) $$VV_t^{DE-AG} = VV_t^{UK-PLC} = VV_t$$

Das Grundkapital der DE-AG ($GK_t^{DE-AG}$) und der UK-PLC ($GK_t^{UK-PLC}$) bleibt innerhalb des Planungszeitraums konstant. Damit sich in der nachfolgenden steuerlichen Analyse alle Bilanzpositionen bzw. Untersuchungsparameter ins Verhältnis zum Grundkapital setzen und als Variablen des Grundkapitals darstellen lassen, gilt:

(1.1.2.3.) $$GK_t^{DE-AG} = GK_t^{UK-PLC} = GK = const.$$

Das Aktivvermögen der Gründungsgesellschaften setzt sich aus dem Buchwert des Anlagevermögens ($AV_t$) und dem Umlaufvermögen ($UV_t$) zusammen. Im Anlagevermögen sind abnutzbare und nicht abnutzbare Wirtschaftsgüter enthalten. Das Verhältnis zwischen dem abnutzbaren ($AAV_t$) und dem nicht abnutzbaren Anlagevermögen ($NAAV_t$) ist im Planungszeitraum konstant. Die Anteile werden bestimmt nach ihrem Verhältnis zum Grundkapital. Da diese Anteile auf Ebene der DE-AG und der UK-PLC übereinstimmen, gilt:[179]

(1.1.2.4.) $AAV_t^{DE-AG} = AAV_t^{UK-PLC} = AAV_t$ mit: $aav_t = \frac{AAV_t}{GK}$

$NAAV_t^{DE-AG} = NAAV_t^{UK-PLC} = NAAV_t$ mit: $naav_t = \frac{NAAV_t}{GK}$

unter der Bedingung, dass $AAV_t + NAAV_t = AV_t$

Das Umlaufvermögen der Gründungsgesellschaften ist innerhalb des Planungszeitraums konstant. Es setzt sich zusammen aus liquiden Mitteln, Forderungen, kurzfristigen Finanzanlagen und sonstigen Vermögensgegenständen.

Im Anwendungsfall erfolgen die planmäßigen Abschreibungen des abnutzbaren Anlagevermögens ($AB(AAV)_t$) in Deutschland und in Großbritannien degressiv.[180] Mit dieser vereinfachenden Durchschnittsbetrachtung ist keine wesentliche Einschränkung der Analyseergebnisse verbunden, da die strukturellen steuerlichen Konsequenzen der Abschreibungen in Deutschland und in Großbritannien erfasst werden. Dies gilt insbesondere auch deshalb, da empirische Ergebnisse belegen, dass sowohl deutsche als auch britische Unternehmen steuerrechtlich nach Möglichkeit degressiv abschreiben.[181] In Deutschland beträgt der maximal zulässige Degressionssatz 20%, § 7 Abs. 2 Satz 2 EStG i.V.m. § 8 Abs. 1 KStG. Es gilt:

(1.1.2.5.) $AB(AAV)_t^{DE-AG} = AAV_t \cdot 0{,}2$

mit: $ab(aav)_t^{DE-AG} = \frac{AB(AAV)_t^{DE-AG}}{GK} = aav_t \cdot 0{,}2$

---

[179] Absolute Werte sind im Folgenden jeweils durch Großbuchstaben, die in Relation zum Grundkapital ausgedrückten Anteile jeweils durch Kleinbuchstaben gekennzeichnet.

[180] Zwar werden beispielsweise Industrie- und sonstige Wirtschaftsgebäude in Deutschland und in Großbritannien linear abgeschrieben; siehe hierzu Göbes, C., Unternehmensbesteuerung, 1996, S. 128.
Außerdem können auch bewegliche Wirtschaftsgüter in Deutschland steuerlich nach der linearen oder der degressiven Methode abgeschrieben werden, § 7 Abs. 2 Satz 1 EStG i.V.m. § 8 Abs. 1 KStG. Unter bestimmten Voraussetzungen kann auch eine leistungsabhängige Abschreibung zur Anwendung kommen; siehe hierzu z. B. Schmidt, L., Einkommensteuergesetz, 2002, § 7 EStG, Rz. 121.

[181] Vgl. Göbes, C., Unternehmensbesteuerung, 1996, S. 126; Perlitz, M./Küpper, H./ Löbler, H., ZGR 1989, S. 17-49.

In Großbritannien erfolgen die planmäßigen Abschreibungen durch degressive Poolabschreibungen. Der Abschreibungspool ermittelt sich aus der Summe der Restbuchwerte der abnutzbaren Wirtschaftsgüter zu Beginn eines Wirtschaftsjahres zuzüglich der Poolzugänge und abzüglich der Poolabgänge während des Wirtschaftsjahres. Der degressive Abschreibungssatz beträgt 25% vom Restbuchwert, Sec. 24 Abs. 2 Buchst. a (i) CAA 1990.[182] Die planmäßigen Abschreibungen sind wie folgt zu erfassen:

(1.1.2.6.) $$AB(AAV)_t^{UK-PLC} = AAV_t \cdot 0{,}25$$

$$\text{mit: } ab(aav)_t^{UK-PLC} = \frac{AB(AAV)_t^{UK-PLC}}{GK} = aav_t \cdot 0{,}25$$

Für Zwecke der Grunderwerbsteuer ist in Deutschland der Bedarfswert des Grundvermögens zu bestimmen. Das Grundvermögen setzt sich aus abnutzbarem und nicht abnutzbarem Anlagevermögen (Gebäude bzw. Grund und Boden) zusammen ($GAV_t^{DE-AG}$). Es gilt:

(1.1.2.7.) $$gav_t^{DE-AG} = \frac{GAV_t^{DE-AG}}{GK}$$

$$\text{unter der Bedingung, dass } GAV_t^{DE-AG} \leq AAV_t + NAAV_t$$

Im Anlagevermögen der DE-AG und der UK-PLC sind stille Reserven ($ST_t$) enthalten, die im Planungszeitraum übereinstimmen. In den stillen Reserven sind die Differenz zwischen den Verkehrswerten und den Buchwerten der bilanzierten Wirtschaftsgüter sowie die Verkehrswerte der nicht bilanzierten Wirtschaftsgüter enthalten. Außerdem zählt der Geschäfts- oder Firmenwert zu den stillen Reserven. Der Teilwert des Anlagevermögens der Gründungsgesellschaften beträgt $AV_t^{DE-AG,TW}$ bzw. $AV_t^{UK-PLC,TW}$. Folglich gilt:

(1.1.2.8.) $$ST_t^{DE-AG} = ST_t^{UK-PLC} = ST_t \qquad \text{mit: } st_t = \frac{ST_t}{GK}, \text{ sodass}$$

---

[182] Zur Poolabschreibung in Großbritannien siehe Bramwell, R./Hardwick, M./James, A. u.a., Taxation, 1999, Rz. 5-09; Göbes, C., Unternehmensbesteuerung, 1996, S. 121-131; Gordon, P. D./Gray, S. J., United Kingdom, 1994, S. 54; Higginbottom, L., TPIR 2002, S. 10; Maier-Frischmuth, M., StuB 2003, S. 10-11; Spengel, C., IStR 2003, S. 30.

(1.1.2.9.) $AV_t^{DE-AG,TW} = AV_t^{UK-PLC,TW} = AV_t^{TW}$

$$\text{mit: } AV_t^{TW} = AV_t + ST_t$$

$$AV_t^{TW} = (aav_t + naav_t + st_t) \cdot GK$$

Die stillen Reserven setzen sich bei den Gründungsgesellschaften übereinstimmend aus einem abnutzbaren ($AST_t$) und einem nicht abnutzbaren Anteil ($NAST_t$) zusammen.[183] Es wird unterstellt, dass diese Anteile jeweils mit den Anteilen des abnutzbaren bzw. nicht abnutzbaren Anlagevermögens am gesamten Anlagevermögen übereinstimmen. Das Verhältnis zwischen den abnutzbaren und den nicht abnutzbaren stillen Reserven ist im Planungszeitraum konstant. Somit gilt:

(1.1.2.10.) $AST_t^{DE-AG} = AST_t^{UK-PLC} = AST_t$ mit: $ast_t = \frac{AST_t}{GK}$

$$NAST_t^{DE-AG} = NAST_t^{UK-PLC} = NAST_t \quad \text{mit:} \quad nast_t = \frac{NAST_t}{GK}$$

unter der Bedingung, dass

$$(ast_t + nast_t) \cdot GK = ST_t \quad \text{sowie}$$

$$\frac{AST_t}{ST_t} = \frac{AAV_t}{AV_t} \quad \text{und} \quad \frac{NAST_t}{ST_t} = \frac{NAAV_t}{AV_t}$$

In den offenen Rücklagen ($RL_t$) sind die durch Thesaurierung gebildeten Gewinnrücklagen der Gründungsgesellschaften ausgewiesen. Es gilt:

(1.1.2.11.) $RL_t^{DE-AG} = RL_t^{UK-PLC} = RL_t$ mit: $rl_t = \frac{RL_t}{GK}$

In den sonstigen Passiva ($SP_t$) sind Posten i.S.d. Art. 5 FRL enthalten. Entscheidend ist hierbei, dass es sich um Passivposten handelt, die sich bei ihrer erstmaligen Bildung bzw. einer späteren Erhöhung steuermindernd, d.h. aufwandswirksam, auf die Einkommensermittlung der jeweili-

---

183 Beim Anteil der abnutzbaren stillen Reserven erfolgt für die Berechnung der planmäßigen Abschreibungen keine zusätzliche Differenzierung zwischen der Differenz der Verkehrswerte und der Buchwerte der bilanzierten Wirtschaftsgüter sowie dem Geschäfts- oder Firmenwert. Die Begründung für diese Modellannahme liegt darin, dass Abschreibungen, die auf die abnutzbaren stillen Reserven erfolgen, lediglich im Rahmen der Outbound-Verschmelzung mit Teilwertansatz auf Ebene der deutschen Betriebsstätte zu berücksichtigen sind.

gen Gründungsgesellschaft auswirken.[184] Innerhalb des Planungszeitraums sind die sonstigen Passiva konstant.

Die Gewinnermittlung basiert auf einem vorläufigen Vergleichsgewinn vor Steuern ($VG_t$), der in einer Periode t erzielt wird. Dem Anwendungsfall ist ausschließlich der Gewinnfall zugrunde gelegt. Der Vergleichsgewinn vor Steuern ist im Betrachtungszeitraum konstant. Somit gilt:

$$(1.1.2.12.) \quad VG_t^{DE-AG} = VG_t^{UK-PLC} = VG = \text{const.} \qquad \text{mit:} \quad vg = \frac{VG}{GK}$$

Die Bemessungsgrundlage für die Besteuerung in Deutschland und in Großbritannien ist der steuerpflichtige Gewinn einer Periode t ($G_t$). Der steuerpflichtige Gewinn errechnet sich aus der Differenz zwischen dem vorläufigen Vergleichsgewinn sowie den planmäßigen Abschreibungen und dem steuerlichen Verlustvortrag einer Periode t. Für den steuerlichen Verlustvortrag gilt:

$$(1.1.2.13.) \quad VV_t^{DE-AG} = VV_t^{UK-PLC} = VV_t \qquad \text{mit:} \quad vv_t = \frac{VV_t}{GK}$$

In Deutschland ist der steuerliche Verlustvortrag innerhalb derselben Einkunftsart auf die Hälfte der Einkünfte beschränkt, § 8 Abs. 1 KStG i.V.m. § 10d Abs. 2 Satz 2 EStG. Da die DE-AG als Gewerbebetrieb kraft Rechtsform nur Einkünfte aus Gewerbebetrieb erzielt, kann bei der Ermittlung des steuerpflichtigen Gewinns der DE-AG der steuerliche Verlustvortrag nur bis zur Hälfte der Einkünfte aus Gewerbebetrieb geltend gemacht werden. Der Verlustvortrag ist zeitlich unbegrenzt.[185] Für die Ermittlung des steuerpflichtigen Gewinns gilt:

$$(1.1.2.14.) \quad G_t^{DE-AG} = \max\left\{0; \left(vg - ab(aav)_t^{DE-AG} - vv_t^{DE-AG}\right) \cdot GK\right\}$$

unter den Bedingungen, dass

$$vv_t^{DE-AG} \leq \frac{1}{2} \cdot \left(vg - ab(aav)_t^{DE-AG}\right) \text{ sowie}$$

$$\text{wenn: } \left(vg - ab(aav)_t^{DE-AG}\right) \cdot GK < 0$$

$$\text{dann: } \left\{-\left(vg - ab(aav)_t^{DE-AG}\right) + vv_t^{DE-AG}\right\} \cdot GK = vv_{t+1}^{DE-AG} \cdot GK$$

In Großbritannien ist ein zeitlich unbegrenzter Verlustvortrag unter der materiellen Einschränkung einer ausschließlichen Verrechnung mit ge-

---

[184] Siehe hierzu auch Thömmes, O., Besteuerung, 2002, S. 508-509.

[185] Zur Verlustverrechnung in Deutschland siehe Herzig, N./Wagner, T., DStR 2003, S. 225-227.

werblichen Einkünften (trading income) erlaubt, Sec. 393 Abs. 1 ICTA 1988.[186] Es gilt:

(1.1.2.15.) $$G_t^{UK-PLC} = \max\left\{0; \left(vg - ab(aav)_t^{UK-PLC} - vv_t^{UK-PLC}\right) \cdot GK\right\}$$

unter der Bedingung:

$$\text{wenn: } \left(vg - ab(aav)_t^{UK-PLC} - vv_t^{UK-PLC}\right) < 0$$

$$\text{dann: } \left\{-\left(vg - ab(aav)_t^{UK-PLC}\right) + vv_t^{UK-PLC}\right\} \cdot GK = vv_{t+1}^{UK-PLC} \cdot GK$$

### 1.1.3. Ermittlung der Buchwerte und der Verkehrswerte der Gründungsgesellschaften

Aus den Bilanzen der DE-AG und der UK-PLC lassen sich die Buchwerte der deutschen ($BW_t^{DE-AG}$) und der britischen Aktiengesellschaft ($BW_t^{UK-PLC}$)[187] ableiten, die sich aus der Zusammenfassung des Grundkapitals und der offenen Rücklagen ergeben.[188] Es gilt:

(1.1.3.1.) $$BW_t^{DE-AG} = BW_t^{UK-PLC} = BW_t$$

$$\text{mit: } BW_t = GK + RL_t = \left(1 + rl_t\right) \cdot GK$$

Der Verkehrswert der Vermögen der DE-AG ($VW_t^{DE-AG}$) und der UK-PLC ($VW_t^{UK-PLC}$) setzt sich aus dem Buchwert der bilanzierten Wirtschaftsgüter und den stillen Reserven zusammen. Daraus ergibt sich:

---

[186] Zur Verlustverrechnung in Großbritannien siehe Bramwell, R./Hardwick, M./James, A. u.a., Taxation, 1999, Rz. 7-01 bis 7-24; Göbes, C., Unternehmensbesteuerung, 1996, S. 156-159.

[187] Der steuerliche Wert der Wirtschaftsgüter, die in der Steuerbilanz der UK-PLC ausgewiesen sind ($BW_t^{UK-PLC}$), entspricht dem handelsbilanziellen Buchwert, der sich in Deutschland aufgrund der Anknüpfung der steuerlichen Gewinnermittlung an die Handelsbilanz ergibt. Da in Großbritannien im Gegensatz zu Deutschland die steuerliche Gewinnermittlung nicht an die Handelsbilanz anknüpft, entspricht der steuerliche Wert dem Wert, der für die Ermittlung des Einkommens, Gewinns oder Verlustes oder von Wertsteigerungen zugrunde gelegt worden wäre, wenn die übertragende britische Aktiengesellschaft ihre Aktiva und Passiva unabhängig von dem grenzüberschreitenden Zusammenschluss in t = 0 veräußert hätte, Art. 4 Abs. 1 FRL; siehe hierzu auch Tomsett, E. G., Impact, 2002, S. 24.
In der Untersuchung wird die Bezeichnung vereinheitlicht, und es wird nur der Begriff Buchwert verwendet.

[188] Vgl. Scheffler, W., StuW 2001, S. 297.

(1.1.3.2.) $VW_t^{DE-AG} = VW_t^{UK-PLC} = VW_t$

$$\text{mit: } VW_t^{DE,AG} = BW_t^{DE,AG} + ST_t^{DE,AG} \text{ bzw.}$$

$$VW_t = GK + RL_t + ST_t = \left(1 + rl_t + st_t\right) \cdot GK$$

Es wird unterstellt, dass sich die Anschaffungskosten einer Beteiligung aus dem Buchwert des bilanzierten Vermögens und den stillen Reserven (Erwerberfall) einer Gesellschaft zusammensetzen.[189] Die Anschaffungskosten der Anteile der deutschen Anteilseigner an der DE-AG ($AK_{-k}^{DE-AG}$) bzw. der UK-PLC ($AK_{-k}^{UK-PLC}$) bemessen sich nach dem Verkehrswert der deutschen oder der britischen Gründungsgesellschaft ($VW_{-k}^{DE-AG}$ bzw. $VW_{-k}^{UK-PLC}$) im Zeitpunkt t = -k.

Beim Kauf von Anteilen einer in Großbritannien ansässigen Kapitalgesellschaft fallen nach britischem Recht Stempelsteuern in Höhe von 0,5% des Werts der Gegenleistung an, Sec. 55 FA 1963.[190] Um eine Vergleichbarkeit hinsichtlich der Anschaffungskosten der Anteile an den Gründungsgesellschaften zu erreichen, werden die Stempelsteuern, die in t = -k beim Kauf der Beteiligung an der UK-PLC angefallen sind, im Anwendungsfall nicht berücksichtigt.

Aufgrund der Annahme, dass die Verkehrswerte der Gründungsgesellschaften in t = -k übereinstimmen, ist bei der Bestimmung der Anschaffungskosten lediglich nach dem rechtlichen Status der deutschen Anteilseigner zu differenzieren:

---

189 Der Erwerberfall ist dadurch gekennzeichnet, dass die deutschen Anteilseigner die Anteile an der DE-AG bzw. der UK-PLC entgeltlich erwerben und mit dem Kaufpreis offene Rücklagen und stille Reserven vergüten. Im Gegensatz zum Erwerberfall übernehmen die deutschen Anteilseigner im Gründerfall die Anteile an der DE-AG bzw. der UK-PLC bei Gründung der jeweiligen Aktiengesellschaft. Dies bedeutet, dass offene Rücklagen und stille Reserven auf Ebene des betrachteten Unternehmens erst in dem Zeitraum gebildet werden, innerhalb dessen die inländischen Anteilseigner die Beteiligungen in ihrem Besitz haben; siehe hierzu auch Scheffler, W., StuW 2001, S. 296.
Da die DE-AG und die UK-PLC Publikumsaktiengesellschaften sind, wird im Rahmen der Untersuchung nur auf den Erwerberfall eingegangen.

190 Siehe hierzu z.B. Bramwell, R./Hardwick, M./James, A. u.a., Taxation, 1999, Rz. 30-01; Debatin, H./Wassermeyer, F. (Hrsg.), Doppelbesteuerung, 2002, Anhang Großbritannien, Rz. 62; Tiley, J./Collison, D., UK Tax Guide, 2000, Rz. 62:08.

(1.1.3.3.) wenn deutsche Anteilseigner = $AE^{nat,DE-AG}$ und $AE^{nat,UK-PLC}$, dann

$$AK_{-k}^{nat,DE-AG} = AK_{-k}^{nat,UK-PLC} = AK_{-k}^{nat}$$

(1.1.3.4.) wenn deutsche Anteilseigner = $AE^{jur,DE-AG}$ und $AE^{jur,UK-PLC}$, dann

$$AK_{-k}^{jur,DE-AG} = AK_{-k}^{jur,UK-PLC} = AK_{-k}^{jur}$$

(1.1.3.5.) $AK_{-k}^{nat} = AK_{-k}^{jur} = AK_{-k}$

Wird zur Berechnung der Verkehrswerte der Gründungsgesellschaften auf Gleichung (1.1.3.2.) abgestellt, gilt:

(1.1.3.6.) $AK_{-k} = GK + RL_{-k} + ST_{-k}$

$$AK_{-k} = \left(1 + rl_{-k} + st_{-k}\right) \cdot GK$$

## 1.1.4. Konkretisierung der Entscheidungssituation durch ein Zahlenbeispiel (Anwendungsfall)

Die Entscheidungssituation wird durch ein Zahlenbeispiel konkretisiert, anhand dessen die Steuerwirkungen der unterschiedlichen Gründungsalternativen quantifizierbar sind. Dazu werden folgende Annahmen getroffen:

Der Planungszeitraum beginnt am 31.12.00 (t = 0, Vollzug des grenzüberschreitenden Zusammenschlusses) und endet am 31.12.04, nachdem die Gewinnausschüttungen auch für die Periode t = 4 erfolgt sind (t = v = 4, Verkauf der Beteiligung an der SE durch die deutschen Anteilseigner).[191]

Der Kalkulationszinsfuß beträgt i = 10%.

Das Grundkapital beträgt 250.[192]

Die Anteilseigner haben ihre Beteiligung an der DE-AG oder der UK-PLC am 01.01.-03 (t = -k = -3) zum Preis von 1.275 erworben. Es gilt:

---

[191] Es wird unterstellt, dass die Gewinnausschüttungen periodengerecht erfolgen.

[192] Auf eine konkrete Bezeichnung von Geldeinheiten wird aus Darstellungsgründen verzichtet.

(1.1.4.1.) $AK_{-k} = GK + RL_{-k} + ST_{-k} = (1 + rl_{-k} + st_{-k}) \cdot GK$

$$AK_{-3} = 250 + 400 + 625 = (1 + 1{,}60 + 2{,}50) \cdot 250 = 1.275$$

$$\text{mit: } RL_{-k} = 400 \quad \text{und} \quad rl_{-k} = \frac{400}{250} = 1{,}60$$

$$ST_{-k} = 625 \quad \text{und} \quad st_{-k} = \frac{625}{250} = 2{,}50$$

In t = 0 gilt:

(1.1.4.2.) $AV_0 = 600$ mit: $AAV_0 = 480$ und $NAAV_0 = 120$

$$UV_0 = 400$$

$$RL_0 = 450$$

$$SP_0 = 300$$

Abbildung 10: Bilanz der Gründungsgesellschaften in t = 0

| Bilanz der Gründungsgesellschaften in t = 0 | | | |
|---|---|---|---|
| Anlagevermögen ($AV_0$)<br>mit: $AAV_0 = 480$<br>$NAAV_0 = 120$ | 600 | Grundkapital (GK) | 250 |
| Umlaufvermögen ($UV_0$) | 400 | offene Rücklagen ($RL_0$) | 450 |
| | | sonstige Passiva ($SP_0$) | 300 |
| $AV_0 + UV_0$ | 1.000 | $GK + RL_0 + SP_0$ | 1.000 |

Aus den Bilanzen der Gründungsgesellschaften in t = 0 lassen sich folgende Zusammenhänge ableiten:

(1.1.4.3.) $aav_0 = \frac{AAV_0}{GK} = \frac{480}{250} = 1{,}92$ sowie $naav_0 = \frac{NAAV_0}{GK} = \frac{120}{250} = 0{,}48$

$$rl_0 = \frac{RL_0}{GK} = \frac{450}{250} = 1{,}80$$

Der Bedarfswert des Grundvermögens der DE-AG für Zwecke der Grunderwerbsteuer beträgt 200, es gilt:

(1.1.4.4.) $gav_0^{DE-AG} = \frac{GAV_0^{DE-AG}}{GK} = \frac{200}{250} = 0{,}80$

Die Gründungsgesellschaften weisen in t = 0 einen steuerlichen Verlustvortrag ($VV_t$) in Höhe von 100 auf, es gilt:

(1.1.4.5.) $vv_0 = \frac{VV_0}{GK} = \frac{100}{250} = 0{,}40$

In t = 0 betragen die stillen Reserven der Gründungsgesellschaften 1.000, es gilt:

(1.1.4.6.) $st_0 = \frac{ST_0}{GK} = \frac{1.000}{250} = 4$

(1.1.4.7.) weil: $\frac{AST_t}{ST_t} = \frac{AAV_t}{AV_t}$ und $\frac{NAST_t}{ST_t} = \frac{NAAV_t}{AV_t}$

$$AST_0 = \frac{AAV_0}{AV_0} \cdot ST_0 = \frac{480}{600} \cdot 1.000 = 800$$

$$ast_0 = \frac{AST_0}{GK} = \frac{800}{250} = 3{,}20$$

$$NAST_0 = \frac{NAAV_0}{AV_0} \cdot ST_0 = \frac{120}{600} \cdot 1.000 = 200$$

$$nast_0 = \frac{NAST_0}{GK} = \frac{200}{250} = 0{,}80$$

In t = 4 betragen die stillen Reserven der Gründungsgesellschaften 1.750, es gilt:

(1.1.4.8.) $st_4 = \frac{ST_4}{GK} = \frac{1.750}{250} = 7$

In jeder Planungsperiode t beträgt der vorläufige Vergleichsgewinn (VG) der SE und ihrer Betriebsstätte bzw. Tochterkapitalgesellschaften in Deutschland und in Großbritannien 500. Es gilt:

(1.1.4.9.) $vg = \frac{VG}{GK} = \frac{500}{250} = 2$

## 1.2. Zielsystem der deutschen Anteilseigner bei der Gründung einer SE durch einen grenzüberschreitenden Merger of Equals

### 1.2.1. Festlegung der Zielart sowie Zielbestimmung

Im Rahmen der Steuerplanung werden primär quantitative Ziele verfolgt, da die Wirkungen der Besteuerung vorrangig monetärer Art sind.[193] Bei einem begrenzten Planungszeitraum sind als monetäre Ziele das Vermögens-, das Entnahme- und das Wohlstandsstreben zu benennen.[194] Wird die Vermögensmaximierung der Anteilseigner am Ende des Planungshorizonts angestrebt, geschieht dies unter der Annahme, dass ihr Konsum im Voraus festgelegt ist. Dagegen wird bei einem Streben nach Konsummaximierung von einem vorgegebenen Endvermögen ausgegangen, und die Entnahmen für Konsumzwecke werden in den einzelnen Perioden maximiert. Bei dem Ziel der Wohlstandsmaximierung werden die voneinander unabhängigen Größen Vermögen und Konsum maximiert. Bei dieser Zielsetzung sind sowohl das Endvermögen als auch der Konsum variabel.[195]

Die internationale Steuerplanung ist auf eine abgegrenzte Entscheidungssituation mit einer bekannten Zahl von Gestaltungsalternativen und einem abgegrenzten Planungszeitraum beschränkt, da die Steuerpolitik als eine der betrieblichen Teilpolitiken in die gesamte Unternehmenspolitik eingebunden ist.[196] In einem derartigen Partialmodell ist als monetäres Ziel auf die Endvermögensmaximierung der Anteilseigner abzustellen, da die Höhe der Konsumentnahmen als davon unabhängig vorgegeben wird.[197] Hingegen kann das Ziel Konsummaximierung nur bei einer Gesamtbetrachtung befolgt werden. Die Begründung liegt darin, dass eine Maximierung der Entnahmen zu Konsumzwecken nicht immer als optimal anzusehen ist, da diese Mittel gegebenenfalls auch in anderen Unternehmensteilen eingesetzt werden können.[198] Dies gilt ebenso für das Ziel der Wohlstandsmaximierung, da hier das Vermögen und der Konsum optimiert werden sollen.

Im Rahmen des monetären Ziels Endvermögensmaximierung sind finanzwirtschaftliche Restriktionen zu beachten, und zwar insbesondere die Erhaltung der Zahlungsfähigkeit der betrachteten Unternehmen und

---

193 Vgl. Rümmele, P., Abgrenzung, 1998, S. 7.
194 Vgl. Rahier, G., Zusammenführung, 1999, S. 55.
195 Vgl. Moxter, A., ZfbF 1964, S. 6-35; Heigl, A./Melcher, G.-H., Steuerpolitik, 1974, S. 11.
196 Vgl. Kröner, M., DB 1984, S. 1410-1414; Mann, G., WiSt 1973, S. 116.
197 Vgl. Rümmele, P., Abgrenzung, 1998, S. 7; Wurster, H.-J., DB 1985, S. 2644.
198 Vgl. Wurster, H.-J., DB 1985, S. 2644-2645.

der betreffenden Anteilseigner zu jedem Zeitpunkt des Planungszeitraums.[199] Hinsichtlich der Steuerwirkungen einer Gestaltungsalternative ist zudem zu prüfen, ob die Zahlungsfähigkeit gefährdet ist. Werden die finanzwirtschaftlichen Restriktionen verletzt, ist eine Gestaltungsalternative unabhängig davon abzulehnen, ob die Gestaltung ohne Verletzung dieser Restriktion als vorteilhaft angesehen werden kann.[200]

Gleichzeitig sind auch die qualitativen Zielvorstellungen der Entscheidungsträger im Rahmen der internationalen Steuerplanung zu berücksichtigen. Zu nennen sind insbesondere das steuerliche Legalitätsstreben, eine ausreichende Sicherheit im Hinblick auf die Anerkennung der steuerlichen Gestaltung sowie die Erhaltung der steuerlichen Flexibilität.[201] Diese qualitativen Zielvorstellungen entziehen sich weitgehend einer allgemeinen Darstellung und sind somit kaum vergleichbar.[202] Außerdem besteht zwischen quantitativen und qualitativen Ziele häufig eine komplementäre Beziehung, da die Realisation quantifizierbarer Ziele häufig der Realisation der nicht monetärer Ziele dient.[203] Im Anwendungsfall finden die qualitativen Zielvorstellungen daher keine Berücksichtigung, sodass nachfolgend nur das monetäre Ziel Endvermögensmaximierung verfolgt wird.[204]

### 1.2.2. Ergebnisdefinition der deutschen Anteilseigner

Bei der Analyse der unterschiedlichen Gestaltungsalternativen zur Gründung einer Europäischen Aktiengesellschaft durch die DE-AG und die UK-PLC wird im Rahmen der internationalen Steuerplanung auf das monetäre Oberziel Endvermögensmaximierung der deutschen Anteilseigner abgestellt. Bestehen j Gestaltungsmöglichkeiten, ist im Rahmen eines Vorteilhaftigkeitsvergleichs mit dem Ziel der Endvermögensmaximierung

---

[199] Vgl. Melcher, G.-H., DB 1971, S. 110; Okraß, J., BFuP 1973, S. 495; Potthof, A., Finanzierung, 1998, S. 129; Wollseiffen, G. F., Steuerplanung, 1998, S. 67. Als weitere finanzwirtschaftliche Restriktion ist der Ausweis eines Mindestgewinns zur Erhaltung der Kreditwürdigkeit zu nennen. Diese Restriktion ist vorwiegend relevant für juristische Personen und impliziert die Geltung einer Einheitsbilanz bzw. einen Durchgriff auf die Steuerbilanz wegen des Maßgeblichkeitsprinzips; siehe hierzu z. B. Paulus, H.-J., Ziele, 1978, S. 66.

[200] Vgl. Rahier, G., Zusammenführung, 1999, S. 48; Schiffers, J., Steuergestaltung, 1994, S. 67.

[201] Vgl. Wacker, W. H., Steuerplanung, 1979, S. 313.

[202] Vgl. Kruschwitz, L., Investitionsrechnung, 1995, S. 23.

[203] Vgl. Karsten, J., Steuerplanung, 1988, S. 34.

[204] Vgl. Potthof, A., Finanzierung, 1998, S. 131; Rahier, G., Zusammenführung, 1999, S. 54-55; Schiffers, J., Steuergestaltung, 1994, S. 69-70.

das jeweilige Endvermögen ($EV^j$) der deutschen Anteilseigner zu vergleichen, das ihnen durch die Wahl einer Gestaltungsalternative zukommt. Ein rationaler Entscheidungsträger wählt die Gestaltungsalternative mit dem höchsten Endvermögen:

(1.2.2.1.) $EV^j(AE) \rightarrow \text{Max!}$ mit: $j = 1, 2, ..., n$

Das Endvermögen wird bestimmt durch die Differenz der Summe der aufgezinsten Einzahlungen und der Summe der aufgezinsten Auszahlungen, die die deutschen Anteilseigner innerhalb des Planungszeitraums von t = 0 (Zeitpunkt der Gründung der SE) bis t = v (Zeitpunkt der Veräußerung der Anteile an der SE durch die deutschen Anteilseigner) empfangen (Endwertmethode). Äquivalent zur Endwertmethode ist die Kapitalwertmethode zu sehen, bei der die Ein- und Auszahlungsströme, die innerhalb des Planungszeitraums anfallen, mit Hilfe eines einheitlichen Kalkulationszinsfußes auf den Beginn des Planungszeitraums t = 0 abgezinst werden (Diskontierungsmodell).[205] Der Kapitalwert ist definiert als die Summe aller diskontierten zukünftigen Zahlungen unter Berücksichtigung der Anfangszahlung. Eine Gestaltungsalternative ist im Rahmen der Kapitalwertmethode wirtschaftlich, wenn sie einen nicht negativen Kapitalwert aufweist. Von mehreren sich gegenseitig ausschließenden Alternativen ist diejenige auszuwählen, die den höchsten nicht negativen Kapitalwert aufweist. Ohne Berücksichtigung der Anfangszahlung ergibt sich definitionsgemäß der Barwert einer Zahlungsreihe.[206]

Für die steuerliche Analyse der verschiedenen Möglichkeiten zur Gründung einer SE wird nachfolgend auf ein Barwertmodell zur Erfassung der durch die Gründungsmöglichkeiten induzierten unterschiedlichen Ein- und Auszahlungen auf Ebene der deutschen Anteilseigner abgestellt. Die Begründung liegt darin, dass sich durch ein Barwertmodell die steuerlichen Wirkungen der Gestaltungsalternativen bezogen auf den Zeitpunkt der Gründung der SE quantifizieren lassen.[207] Die Anfangszahlung, die die deutschen Anteilseigner beim Erwerb der Beteiligung an den Gründungsgesellschaften in t = -k entrichten, wird nicht in die Berechnung der Steuerwirkungen einbezogen. Dies ist dadurch begründet, dass der Planungszeitraum der Entscheidungssituation mit der Gründung der SE durch die DE-AG und die UK-PLC in t = 0 beginnt. Die Anfangszahlung für den Erwerb der Beteiligung an den Gründungsgesellschaften

---

205 Vgl. Baan, W., DB 1980, S. 700; Gerke, W./Bank, M., Finanzierung, 1998, S. 16; Schneider, D., Investition, 1992, S. 81.

206 Vgl. Gerke, W./Bank, M., Finanzierung, 2003, S. 17-19.

207 Siehe hierzu auch Schiffers, J., Steuergestaltung, 1994, S. 170.

durch die deutschen Anteilseigner ist nicht entscheidungsrelevant, da sie vor Beginn des Planungszeitraums in t = -k stattfindet. Die sich hieraus ergebenden Implikationen für den Verkauf der Beteiligung an der SE werden bei der Ermittlung des Veräußerungspreises in t = v berücksichtigt. Als Vorteilhaftigkeitskriterium wird auf den Barwert auf Ebene der deutschen Anteilseigner abgestellt. Aus Gleichung (1.2.2.1.) ergibt sich:

(1.2.2.2.) $$Bar_0^j(AE) \rightarrow Max! \qquad \text{mit: } j = 1, 2, \ldots, n$$

Die durch eine Gestaltungsalternative induzierten unterschiedlichen Einzahlungen und Auszahlungen, die in einer Periode t auf Ebene der deutschen Anteilseigner anfallen, werden als Nettoliquiditätszufluss einer Gestaltungsalternative in einer Periode t erfasst ($NZ_t^j$). Im Rahmen des Barwertmodells werden die unterschiedlichen Nettoliquiditätszuflüsse mit einem Kalkulationszinsfuß auf den Beginn des Planungszeitraums (t = 0) diskontiert. Für die steuerplanerische Analyse wird von einem im Zeitablauf konstanten Kalkulationszinsfuß ausgegangen. Dieser Kalkulationszinsfuß ist ein sogenannter Mischzinssatz, der zwischen einem realistischen Soll- und Habenzinssatz angesiedelt ist ($i_t$).[208] Unter Berücksichtigung der Besteuerung ($s_t$) auf diesen Mischzinssatz gleichen sich Abweichungen zwischen dem Soll- und dem Habenzinssatz an.[209]

Der Barwert einer Gestaltungsalternative lässt sich als Summe der innerhalb des Planungszeitraums angefallenen diskontierten Nettoliquiditätszuflüsse erfassen. Bei rationalem Handeln wählen die Entscheidungsträger die Gründungsalternative $_j$ aus, die den höchsten Nettoliquiditätszufluss generiert. Es gilt:

(1.2.2.3.) $$Bar_0^j(AE) = \sum_{t=0}^{v} NZ_t^j \cdot q_t(AE)^{-t} \rightarrow Max!$$

$$\text{mit: } q_t(AE) = 1 + \left(i_t \cdot \left\{1 - s_t(AE)\right\}\right)$$

Die Ergebnisdefinition der deutschen Anteilseigner ist aus dem allgemeinen Barwertmodell der Gleichung (1.2.2.3.) abzuleiten. Dazu ist auf die steuerlich bedingten Nettoliquiditätszuflüsse abzustellen, die durch die unterschiedlichen Gestaltungsalternativen zur Gründung einer SE induziert werden. Im Einzelnen handelt es sich hierbei um die steuerlich be-

---

208 Vgl. Grob, H. L., WISU 1984, S. 16-23; Schneeloch, D., Besteuerung, 2002, S. 66 und S. 96-98.

209 Vgl. Schneeloch, D., Besteuerung, 2002, S. 66 und S. 96-98.
Zur Berücksichtigung des Einflusses der Besteuerung auf den Kalkulationszinsfuß siehe z.B. Haberstock, L., ZfbF 1970, S. 510-515.

dingten Nettoliquiditätswirkungen, die beim Vollzug der Gründung der SE in t = 0 entstehen (Teil ❶). Des Weiteren ist die Summe der Nettoliquiditätszuflüsse zu ermitteln, die im Rahmen der grenzüberschreitenden Geschäftstätigkeit der SE in t = 1 bis t = v anfallen (Teil ❷). Abschließend ist auf die Nettoliquiditätswirkungen abzustellen, die sich beim Verkauf der Anteile an der SE durch die deutschen Anteilseigner in t = v ergeben (Teil ❸). Als Ergebnisdefinition gilt:

(1.2.2.4.) $$\underbrace{Bar_0^j(AE) = NZ_0^j(AE)}_{❶} + \underbrace{\sum_{t=1}^{v} \left\{ \begin{matrix} NZ_t^j(AE) \\ \cdot\, q_t(AE)^{-t} \end{matrix} \right\}}_{❷} + \underbrace{NZ_v^j \cdot q_t(AE)^{-v}}_{❸} \rightarrow \text{Max!}$$

$$\text{mit: } q_t(AE) = 1 + \left(i_t \cdot \{1 - s_t(AE)\}\right)$$

### 1.2.3. Ergebnisdefinition bei homogenen Gesellschaftergruppen

Im Anwendungsfall besteht die Gruppe der deutschen Anteilseigner aus den vier Gesellschaftergruppen $AE^{nat,DE\text{-}AG}$, $AE^{jur,DE\text{-}AG}$, $AE^{nat,UK\text{-}PLC}$ und $AE^{jur,UK\text{-}PLC}$.[210] Die Gesellschaftergruppen verfolgen das gleiche monetäre Ziel der Barwertmaximierung der durch eine Gestaltungsalternative j induzierten Summe der Nettoliquiditätszuflüsse. Auf Ebene der natürlichen und juristischen Personen werden unabhängig davon, ob sie ursprünglich an der DE-AG oder an der UK-PLC beteiligt waren, durch die Gestaltungsalternativen unterschiedliche Besteuerungsfolgen ausgelöst.[211] Als Ergebnisdefinition ist daher nicht der Wert der aggregierten Steuerwirkungen der deutschen Anteilseigner insgesamt abzuleiten. Vielmehr sind in Abhängigkeit davon, ob die deutschen Anteilseigner natürliche oder juristische Personen sind, zwei gesonderte Ergebnisdefinitionen aufzustellen, die jeweils die Steuerwirkungen für ihre Anteilseignergruppe erfasst. Die individuell getrennte Darstellung erfolgt in der Weise, dass sich in beiden Ergebnisdefinitionen der durch die Gestaltungsalternativen ausgelöste Barwert des Nettoliquiditätszuflusses ausdrückt. Auf der Grundlage der beiden Ergebnisdefinitionen wird in Abhängigkeit vom steuerlichen Statut der deutschen Anteilseigner die jeweils günstigste steuerliche Gestaltungsalternative ausgewählt.[212] Es gilt:

---

210 Siehe hierzu Abschnitt 1.1.1., Abbildung 6, S. 85.

211 Siehe hierzu auch Rahier, G., Zusammenführung, 1999, S. 56-57; Schiffers, J., Steuergestaltung, 1994, S. 72.

212 Vgl. Rahier, G., Zusammenführung, 1999, S. 57.

(1.2.3.1.) wenn deutsche Anteilseigner = $AE^{nat,DE-AG}$ und $AE^{nat,UK-PLC}$, dann

$$Bar_0^{nat(j)} = NZ_0^{nat(j)} + \sum_{t=1}^{v} \left\{ \begin{matrix} NZ_t^{nat(j)} \\ \cdot \left(q_t^{nat}\right)^{-t} \end{matrix} \right\} + \left\{ \begin{matrix} NZ_v^{nat(j)} \\ \cdot \left(q_v^{nat}\right)^{-v} \end{matrix} \right\} \rightarrow \text{Max!}$$

$$\text{mit: } q_t^{nat} = 1 + \left(i_t \cdot \left\{1 - s_t^{nat}\right\}\right)$$

(1.2.3.2.) wenn deutsche Anteilseigner = $AE^{jur,DE-AG}$ und $AE^{jur,UK-PLC}$, dann

$$Bar_0^{jur(j)} = NZ_0^{jur(j)} + \sum_{t=1}^{v} \left\{ \begin{matrix} NZ_t^{jur(j)} \\ \cdot \left(q_t^{jur}\right)^{-t} \end{matrix} \right\} + \left\{ \begin{matrix} NZ_v^{jur(j)} \\ \cdot \left(q_v^{jur}\right)^{-v} \end{matrix} \right\} \rightarrow \text{Max!}$$

$$\text{mit: } q_t^{jur} = 1 + \left(i_t \cdot \left\{1 - s_t^{jur}\right\}\right)$$

## 1.3. Bestimmung der Präferenzen der deutschen Anteilseigner

Um eine eindeutige und objektiv nachprüfbare Vorteilhaftigkeitsaussage im Rahmen der Steuerplanung zu treffen, sind die Präferenzen der Entscheidungsträger zu erfassen. Die Präferenzen dienen dazu, die Konsequenzen der Gestaltungsalternativen anhand eines einheitlichen Maßstabs, der Nutzengröße, zu messen.[213] Dabei sind Arten-, Höhen-, Zeit- und Sicherheitspräferenz zu unterscheiden.

Die Artenpräferenz ist erforderlich, wenn der Entscheidungsträger gleichzeitig mehrere Zielgrößen anstrebt, die zumindest teilweise konfliktär sind. Sie ermöglicht es, die unterschiedlichen Zielgrößen in eine Rangskala einzuordnen.[214] Im Anwendungsfall ist das Zielsystem der deutschen Anteilseigner eindimensional, da lediglich auf die Maximierung des Barwerts der Summe der Nettoliquiditätszuflüsse abgestellt wird. Die Artenpräferenz ist somit nicht zu berücksichtigen.

Die Höhenpräferenz legt eine Vorschrift über das angestrebte Maß der Ergebnisdefinition fest. Da als Konsequenzen der Gestaltungsalternativen und der Umweltfaktoren steuerlich induzierte Nettoliquiditätszuflüsse in unterschiedlicher Höhe zu erwarten sind, ist die Berücksichtigung der Höhenpräferenz erforderlich.[215]

---

[213] Vgl. Scheffler, W., WiSt 1992, S. 243.
[214] Vgl. Kern, W., WISU 1972, S. 361.
[215] Vgl. Sieben, G./Schildbach, T., Entscheidungstheorie, 1994, S. 25.

Durch die Zeitpräferenz wird die Vorteilhaftigkeit einer Gestaltungsalternative in Abhängigkeit vom zeitlichen Eintreffen eines Ergebnisses angezeigt.[216] Da die Zeit als Kontinuum verläuft, beinhaltet ein dynamisches Vergleichsmodell innerhalb des Planungszeitraums unendlich viele diskrete Punkte, anhand derer die Zeitpräferenz überprüft werden kann. Dabei sind zwei extreme Ausprägungsformen der Zeitpräferenz zu unterscheiden. Entweder muss ein Ziel zu jedem denkbaren Planungszeitpunkt oder zu einem bestimmten Zeitpunkt innerhalb des Planungszeitraums erfüllt sein.[217] Da die Ergebnisdefinition monetär ist, werden die zu unterschiedlichen Zeitpunkten anfallenden Ergebnisse über die Diskontierung zu einem einheitlichen Zeitpunkt t zusammengeführt.[218] Bei der Gründung der SE durch die DE-AG und die UK-PLC werden die steuerlichen Konsequenzen der Gründungsalternativen auf den Zeitpunkt der Gründung der SE (t = 0) abgezinst.

Die Sicherheitspräferenz begründet die Beurteilung der Sicherheit des Eintritts eines Ereignisses durch die Entscheidungsträger.[219] Die bei steuerlichen Entscheidungen auftretenden Unsicherheiten betreffen insbesondere den der Entscheidung zugrunde liegenden Sachverhalt sowie das zugrunde liegende Steuerrecht.[220] Der Sachverhalt unterliegt aufgrund der zwingend erforderlichen Prognose zukunftsbezogener Daten zwangsläufig einer Unsicherheit. Diese ungewissen Daten wirken sich in allen Handlungsalternativen gleich aus, sodass sie für den Belastungsvergleich ohne Bedeutung sind. Im Hinblick auf die der Untersuchung zugrunde liegenden nationalen und internationalen Steuerrechtsnormen wird unterstellt, dass sich die Steuerfunktion im Zeitablauf nicht ändert (deterministisches Entscheidungsfeld).[221] Die Sicherheitspräferenz des Entscheidungsträgers ist im Anwendungsfall daher nicht zu berücksichtigen.[222]

---

216 Vgl. Sieben, G./Schildbach, T., Entscheidungstheorie, 1994, S. 27.
217 Vgl. Kusch, C., Unternehmensnachfolge, 2001, S. 25.
218 Vgl. Sieben, G./Schildbach, T., Entscheidungstheorie, 1994, S. 27.
219 Vgl. Bamberg, G./Coenenberg, A. G., Entscheidungslehre, 2002, S. 29-30; Sieben, G./Schildbach, T., Entscheidungstheorie, 1994, S. 25-30.
220 Vgl. Michels, R., Wahlrechte, 1982, S. 138; Rose, G., StbJb 1979/80, S. 82.
221 Vgl. Siegel, T., BFuP 1972, S. 65-66.
222 Modelle zur Steuerplanung sind deterministische Modelle und vernachlässigen weitgehend den Unsicherheitsaspekt; siehe hierzu Kiso, D., Entwurfkonzept, 1997, S. 26-27.

# 2. Gestaltungsfindung

## 2.1. Festlegung der Handlungsalternativen

### 2.1.1. Anforderungen an die Bestimmung der Handlungsalternativen

Die Handlungsalternativen des Grundmodells der Entscheidungstheorie werden im Rahmen der internationalen Steuerplanung als steuerliche Aktionsparameter bezeichnet.[223] Diese Parameter müssen geeignet sein, den Zeitpunkt und/oder die Höhe der Steuerzahlungen zu beeinflussen.[224] Zu den steuerlichen Aktionsparametern zählen die Ausübung steuerlicher Wahlrechte, die Ausnutzung von Ermessensspielräumen sowie Sachverhaltsgestaltungen. Steuerliche Wahlrechte räumen den Steuerpflichtigen bei einem gegebenen Sachverhalt die Möglichkeit ein, zwischen zwei oder mehreren verschiedenen Rechtsfolgen zu wählen.[225] Ermessensspielräume sind Wahlrechte, die zwar nicht ausdrücklich gesetzlich vorgesehen sind, die sich jedoch aufgrund unbestimmter Rechtsbegriffe oder einer ungeklärten Rechtslage faktisch ergeben.[226] Steuerlich orientierte Sachverhaltsgestaltungen gehen über die reine Anwendung der von der Gesetzgebung, Rechtsprechung oder Verwaltungspraxis eingeräumten Wahlrechte hinaus. Vielmehr werden steuerpolitisch motivierte Aktivitäten durchgeführt, um eine steuerliche Besserstellung zu erreichen bzw. hierfür die Voraussetzungen zu schaffen.[227] Die steuerliche Sachverhaltsgestaltung besteht somit in der Tatbestandsverwirklichung selbst und unterscheidet sich von der Ausübung steuerlicher Wahlrechte und Ermessensspielräume, die voraussetzen, dass bereits ein entsprechender Sachverhalt verwirklicht ist.[228]

---

223 Vgl. Mann, G., WiSt 1973, S. 114.
Zur Definition steuerlicher Aktionsparameter siehe Kröner, M., DB 1984, S. 1409; Rödder, T., BB 1988, Beilage 19, S. 5.

224 Vgl. Wollseiffen, G. F., Steuerplanung, 1998, S. 16-17.

225 Zu den steuerlichen Wahlrechten siehe Dieckmann, K., Steuerbilanzpolitik, 1972, S. 19; Schneeloch, D., Besteuerung, 2002, S. 3.

226 Zu den Ermessensspielräumen siehe Rödder, T., BB 1988, Beilage 19, S. 5; Schneeloch, D., Besteuerung, 2002, S. 3.

227 Teilweise werden die Sachverhaltsgestaltungen ausdrücklich nicht den steuerlichen Aktionsparametern zugeordnet. Es wird argumentiert, dass es sich bei der Sachverhaltsgestaltung nicht um ein steuerpolitisches Instrument handelt, da Gestaltungsalternativen lediglich unterschiedliche steuerliche Konsequenzen aufweisen; siehe hierzu Mann, G., WiSt 1973, S. 114; Schneeloch, D., Besteuerung, 2002, S. 3.

228 Vgl. Rahier, G., Zusammenführung, 1999, S. 52.

Im Anwendungsfall stellt die Auswahl der steuerlich günstigsten Gestaltungsalternative den primären steuerlichen Aktionsparameter dar. Da die Entscheidung über die Gründungsform einer SE noch zu treffen ist, besteht die Möglichkeit, auf die Gestaltung des ökonomischen Sachverhalts Einfluss zu nehmen.

### 2.1.2. Gestaltungsalternativen bei der Gründung einer SE durch einen grenzüberschreitenden Merger of Equals

Zur Konkretisierung der Entscheidungssituation werden als Gründungsalternativen der SE die grenzüberschreitende Verschmelzung oder der grenzüberschreitende Anteilstausch jeweils im Inbound- oder im Outbound-Fall vorgegeben.

Die Gründung einer Europäischen Aktiengesellschaft durch Verschmelzung kann durch Aufnahme oder durch Neugründung erfolgen, Art. 17 Abs. 2 SE-VO.[229] Verschmelzungen durch Neugründung finden im Vergleich zu Verschmelzungen durch Aufnahme seltener statt. Da bei einer Verschmelzung durch Neugründung die Gründungsgesellschaften untergehen, ergeben sich daraus mehrere Verschmelzungsvorgänge, die jeweils mit hohen Kosten verbundenen sind.[230]

Bei einer Verschmelzung durch Aufnahme bleibt eine der Gründungsgesellschaften erhalten und übernimmt die Rechtsform der SE, sodass nur ein Verschmelzungsvorgang erforderlich ist. Daher ergibt sich aus steuerlicher Sicht bei der Verschmelzung durch Neugründung eine höhere Gesamtsteuerbelastung als bei der Verschmelzung durch Aufnahme. Im Anwendungsfall wird deshalb ausschließlich auf die Verschmelzung durch Aufnahme abgestellt.

Im Gegensatz zur Gründung einer SE durch Verschmelzung erfolgt die Gründung einer Holding-SE ausschließlich durch Anteilstausch mit einer neu gegründeten SE, Art. 32 Abs. 1 SE-VO.[231]

Die steuerliche Berücksichtigung der Gründungsalternativen grenzüberschreitende Verschmelzung und grenzüberschreitender Anteilstausch erfolgt in der Steuerlichen Fusionsrichtlinie.[232] Die grenzüberschreitende

---

229 Siehe hierzu Kapitel II.3.2., S. 60.

230 Vgl. Kallmeyer, H., Umwandlungsgesetz, 2001, § 36 UmwG, Rz. 2; Lenz, T., GmbHR 2001, S 717.

231 Siehe hierzu Kapitel II.3.2., S. 61.

232 Vgl. Steuerliche Fusionsrichtlinie, ABl. EG Nr. L 225 vom 20. August 1990, S. 1-5.

Verschmelzung ist in Art. 2 Buchst. a FRL erfasst und gemäß Art. 4 Abs. 1 FRL steuerneutral durchzuführen. Steuerneutralität wird dadurch erreicht, dass das Vermögen der untergehenden Aktiengesellschaft zum Buchwert auf die übernehmende Aktiengesellschaft als neue Eigentümerin übergeht.[233] Auf Ebene der untergehenden Aktiengesellschaft entsteht im Zeitpunkt der Verschmelzung sowohl im Inbound- wie im Outbound-Fall kein steuerpflichtiger Veräußerungsgewinn. In Abweichung vom allgemeinen Grundprinzip der Steuerneutralität sieht die Fusionsrichtlinie zusätzlich vor, dass die Mitgliedstaaten den Steuerpflichtigen bei der Verschmelzung ein Wahlrecht zur Realisierung der stillen Reserven gewähren dürfen, Art. 4 Abs. 3, Art. 8 Abs. 3 FRL. Das Einräumen dieses Wahlrechts ist nicht zwingend. Die jeweilige Ausgestaltung erfolgt nach dem Recht der einzelnen Mitgliedstaaten.[234] Voraussetzung hierfür ist, dass ein derartiges Wahlrecht im nationalen Steuerrecht des Sitzstaats der untergehenden Aktiengesellschaft bereits kodifiziert ist, Art. 8 Abs. 3 FRL.[235]

In Deutschland darf eine übertragende Gesellschaft nach § 11 Abs. 1 UmwStG in ihrer Schlussbilanz die übertragenen Wirtschaftsgüter entweder mit ihrem Buchwert, mit dem Teilwert oder einem Zwischenwert bewerten.[236] In Großbritannien ist nur die Buchwertfortführung zulässig, Art. 139 TCGA 1992. Bei der Vermögensübertragung durch Verschmelzung („amalgation") nach Art. 139 TCGA 1992 wird von der Fiktion ausgegangen, dass die gezahlte Gegenleistung bei der untergehenden Gesellschaft weder zu einem Gewinn noch zu einem Verlust führt, sodass die fortgeschriebenen Anschaffungskosten des Vermögens der untergehenden Gesellschaft auf das übernehmende Unternehmen übergehen.[237] Dies hat zur Konsequenz, dass im Anwendungsfall bei der Gestaltungsalternative Inbound-Verschmelzung nur die Buchwertfortführung zu betrachten ist, da es für die untergehende Gesellschaft nach britischem Recht nicht möglich ist, einen höheren Wertansatz zu wählen. Die untergehende deutsche Aktiengesellschaft hat dagegen das Wahlrecht, die übertragenen Wirtschaftsgüter in ihrer Schlussbilanz entweder mit dem

---

233 Vgl. Krebs, H.-J., BB 1990, S. 1947; Saß, G., DB 1990, S. 2341.
Es sind allerdings auch äquivalente Techniken erlaubt, denn die Fusionsrichtlinie schreibt zwar Steuerneutralität vor, überlässt den Mitgliedstaaten jedoch die Methode zur Umsetzung dieses Ziels (Art. 249 Abs. 3 EGV); siehe hierzu ausführlich Herzig, N./Dautzenberg, N./Heyeres, R., DB 1991, Beilage 12, S. 5.

234 Vgl. Herzig, N./Dautzenberg, N./Heyeres, R., DB 1991, Beilage 12, S. 13-14.

235 Vgl. Meyer, O., Besteuerung, 1995, S. 67.

236 Vgl. Jacobs, O. H., Unternehmensbesteuerung, 2002, S. 422-423.

237 Vgl. Bramwell, R./Hardwick, M./James, A. u.a., Taxation, 1999, Rz. 28-02.

Buchwert, dem Teilwert oder mit einem Zwischenwert ansetzen. Bei der Gestaltungsalternative Outbound-Verschmelzung sind somit die Buchwertfortführung und der Teilwertansatz zu betrachten.[238]

Auch bei der Gestaltungsalternative grenzüberschreitender Anteilstausch sind grundsätzlich die Ausprägungen Buchwertfortführung und Teilwertansatz möglich. Das Doppelbesteuerungsabkommen zwischen Deutschland und Großbritannien weist das Besteuerungsrecht für die Gewinne aus der Veräußerung von Anteilen an einer Kapitalgesellschaft dem Wohnsitzstaat der Anteilseigner zu, Art. 8 Abs. 2 DBA Deutschland-Großbritannien.[239] Da die einbringenden Gesellschafter in Deutschland ansässig sind, ist beim Anteilstausch ausschließlich auf die deutsche Steuerrechtsordnung und die Umsetzung der Steuerlichen Fusionsrichtlinie in das deutsche Steuerrecht abzustellen. Die Rechtsgrundlagen der Buchwertfortführung beim Anteilstausch finden sich in § 20 Abs. 1 Satz 2 und § 23 Abs. 4 UmwStG. Beide Rechtsnormen gewähren der übernehmenden Kapitalgesellschaft das Wahlrecht, die eingebrachten Anteile entweder mit dem Buchwert, dem Teilwert oder einem Zwischenwert anzusetzen.[240] Da § 20 Abs. 1 Satz 2 UmwStG voraussetzt, dass die übernehmende Kapitalgesellschaft unbeschränkt steuerpflichtig ist, ist diese Norm nur im Fall des Inbound-Anteilstauschs anwendbar. § 23 Abs. 4 UmwStG setzt dagegen lediglich voraus, dass die einzubringende und die übernehmende Gesellschaft EU-Kapitalgesellschaften sind. Diese Rechtsnorm ist daher sowohl beim Inbound- als auch beim Outbound-Anteilstausch anwendbar.[241] Zu beachten ist in diesem Zusammenhang, dass die einbringenden Gesellschafter nach beiden Rechtsnormen an den Wertansatz der übernehmenden Gesellschaft gebunden sind

---

238 Im Folgenden wird auf den Ansatz eines Zwischenwerts nicht eingegangen.

239 Vgl. Abkommen zwischen der Bundesrepublik Deutschland und dem Vereinigten Königreich Großbritannien und Nordirland zur Vermeidung der Doppelbesteuerung und zur Verhinderung der Steuerverkürzung vom 26. November 1964 (DBA Deutschland-Großbritannien), BStBl 1966 III, S. 729-744, in der Fassung des Revisionsprotokolls vom 23. März 1970, BStBl 1971 I, S. 140-143.

240 Im Gegensatz zum Anteilstausch liegt das Wertansatzwahlrecht bei der Verschmelzung bei der übertragenden Kapitalgesellschaft.

241 Vgl. Bärtels, H.-C., IStR 1999, S. 462-464; Kantwill, W., SteuerStud 2002, S. 384-386; Schikowsky, A./Beste, M.-O., SteuerStud 2001, S. 125-129; Thömmes, O., Besteuerung, 2002, S. 519.
Zum Verhältnis des § 20 Abs. 1 Satz 2 und des § 23 Abs. 4 UmwStG beim Inbound-Anteilstausch siehe Kapitel IV.5.2.1.2.2., S. 203-205.

(Buchwertverknüpfung).[242] Im Anwendungsfall können die einbringenden deutschen Anteilseigner die Buchwertfortführung nur erreichen, wenn die übernehmende SE die Buchwerte der Anteile an der erworbenen Aktiengesellschaft fortführt. Den einbringenden Gesellschaftern ist zwingend vorgeschrieben, dass sie den von der erwerbenden Aktiengesellschaft für die erworbenen Anteile gewählten Buchwertansatz als Veräußerungspreis und als Anschaffungskosten übernehmen müssen.[243] Aus dieser Wertverknüpfung folgt eine Verdoppelung stiller Reserven, da die vor der Anteilseinbringung vorhandenen stillen Reserven in den neu erworbenen Anteilen auf Ebene der einbringenden Anteilseigner steuerlich ebenso verhaftet sind wie in den übertragenen Anteilen auf Ebene der erwerbenden SE.[244]

Beim Inbound-Anteilstausch sind die einbringenden Gesellschafter und die übernehmende SE in Deutschland ansässig, sodass die Buchwertverknüpfung problemlos durchgeführt werden kann. Beim Outbound-Anteilstausch dagegen ist die Buchwertverknüpfung aufgrund der Unterschiede in der deutschen und der britischen Steuerrechtsordnung nicht möglich. In Großbritannien gibt es im Zeitpunkt des Anteilstauschs keinen steuerlichen Wertansatz im Sinne eines Buchwerts für die eingebrachte Beteiligung bei der übernehmenden Gesellschaft, da die steuerliche Gewinnermittlung weitgehend unabhängig von der handelsrechtlichen Rechnungslegung ist.[245] Vielmehr gelten die als Gegenleistung im Rahmen des Anteilstauschs erhaltenen Anteile nach britischem Steuer-

---

242 Vgl. Förster, G./Dautzenberg, N., DB 1993, S. 645; Grotherr, S., BB 1992, S. 2261; Jacobs, O. H., Internationale, 2002, S. 1131; Kantwill, W., SteuerStud 2002, S. 482.

243 Vgl. Förster, G./Dautzenberg, N., DB 1993, S. 645; Grotherr, S., BB 1992, S. 2260-2261.

244 Hintergrund dieser Vorschrift ist es, dass es den inländischen Gesellschaftern unmöglich gemacht werden soll, durch die Aufstockung des Wertansatzes der Anteile an der erwerbenden Gesellschaft ohne gleichzeitige Aufdeckung eines Einbringungsgewinns einen steuerfreien Gewinn aus der Weiterveräußerung der eingebrachten Anteile durch die erwerbende Gesellschaft zu erzielen; siehe hierzu Herzig, N./Dautzenberg, N., DB 1993, S. 648; Jacobs, O. H., Internationale, 2002, S. 1134.

245 Vgl. Bogenschütz, E./Wright, K., ITR 2001, S. 24.
Erst im Fall einer späteren Veräußerung der eingebrachten Beteiligung durch die übernehmende Gesellschaft sind die Anschaffungskosten der Beteiligung relevant, um diese nach einer inflationsbezogenen Indexierung zur Ermittlung des zu besteuernden Veräußerungsgewinns („capital gains") dem dann erzielten Veräußerungspreis gegenüberzustellen; siehe hierzu Thömmes, O., IWB 1992, Fach 5, Deutschland, Gruppe 1, S. 1331-1332.

recht als zu einer dem Verkehrswert entsprechenden Leistung erworben, Sec. 17 Abs. 1 TCGA 1992.[246] Da den Tatbestandserfordernissen der Buchwertverknüpfung des § 23 Abs. 4 UmwStG beim Outbound-Anteilstausch somit nicht entsprochen wird, ist die Buchwertfortführung bei dieser Gestaltungsalternative nicht möglich.[247]

Aufgrund des Bewertungswahlrechts nach § 20 Abs. 2 Satz 1 und § 23 Abs. 4 UmwStG ist dagegen ein Teilwertansatz beim Inbound- und beim Outbound-Anteilstausch möglich.

Beim Teilwertansatz sind darüber hinaus die allgemeinen steuerlichen Grundsätze zum Tausch anwendbar. Zwar liegt beim Anteilstausch durch die offene Sacheinlage von Anteilen an einer Kapitalgesellschaft in eine andere Kapitalgesellschaft gegen Gewährung von Gesellschaftsrechten ein gesellschaftsrechtlicher Vorgang vor;[248] die allgemeinen steuerlichen Grundsätze zum Tausch sind jedoch nicht nur auf ein schuldrechtliches Tauschgeschäft von Beteiligungsrechten zwischen voneinander unabhängigen Gesellschaften anwendbar, sondern auch auf gesellschaftsrechtliche Einbringungsvorgänge.[249] Der tauschähnliche Vorgang des Anteilstauschs löst als Veräußerungsgeschäft auf Ebene der einbringenden Anteilseigner grundsätzlich eine Gewinnrealisierung bezüglich der in den eingebrachten Anteilen enthaltenen stillen Reserven aus.[250] Im Anwendungsfall ergeben sich hierdurch keine unterschiedlichen steuerlichen Konsequenzen gegenüber der Einbringung nach § 20

---

[246] Vgl. Widmann, S./Mayer, D., Umwandlungsrecht, 2002, § 23 UmwStG, Rz. 237.

[247] Vgl. Bärtels, H.-C., IStR 1999, S. 463.
Da eine grenzüberschreitende Buchwertverknüpfung nach Großbritannien nicht möglich ist, konnte im Fall Vodafone Airtouch/Mannesmann der Anteilstausch nicht zu Buchwerten vorgenommen werden; siehe hierzu Rödder, T., Anteilstausch, 2000, S. 501.

[248] Vgl. Grotherr, S., BB 1992, S. 2259; Wassermeyer, F., DStR 1992, S. 59.

[249] Vgl. Grotherr, S., BB 1992, S. 2259; Rödder, T., IStR 1994, S. 257-258; Stein, V./Becker, J. D., IWB 1998, Fach 10, International, Gruppe 2, S. 1359-1360.

[250] Vgl. Thömmes, O., Besteuerung, 2002, S. 518; Wassermeyer, F., DB 1990, S. 856-857.
Eine Abweichung ergab sich nach dem sogenannten Tauschgutachten des BFH vom 16.12.1958 in den Situationen, in denen bei wirtschaftlicher Betrachtungsweise eine Wert-, Art- und Funktionsgleichheit der hingegebenen und der vorhandenen Anteile vorhanden war (BFH vom 16.12.1958, BStBl 1959 III, S. 30; BMF vom 9. Februar 1998, S. 163). Aufgrund des § 6 Abs. 6 EStG ist es jedoch nicht möglich, unter den Voraussetzungen des Tauschgutachtens einen erfolgsneutralen Anteilstausch durchzuführen; siehe hierzu z.B. Bärtels, H.-C., IStR 1999, S. 462-464; Dautel, R., BB 2002, S. 1844-1845; Herzig, N., Ende, 2000, S. 393-412.

Abs. 2 Satz 1 und § 23 Abs. 4 UmwStG. Die Begründung liegt darin, dass der steuerpflichtige Veräußerungsgewinn beim Tausch mit dem Veräußerungsgewinn im Rahmen der Einbringung übereinstimmt und in Abhängigkeit davon, ob die deutschen Anteilseigner natürliche oder juristische Personen sind, nach den allgemeinen Grundsätzen steuerlich erfasst wird. Im Folgenden wird im Rahmen des Anteilstauschs mit Teilwertansatz daher lediglich die Einbringung nach § 20 Abs. 2 Satz 1 und § 23 Abs. 4 UmwStG analysiert.[251]

Zusammenfassend sind zur Gründung einer Europäischen Aktiengesellschaft durch eine deutsche und eine britische Aktiengesellschaft sechs untersuchungsrelevante Gestaltungsalternativen zu betrachten. Der Teilwertansatz im Rahmen der Inbound-Verschmelzung und die Buchwertfortführung beim Outbound-Anteilstausch sind nicht möglich.

Abbildung 11: Darstellung der Gestaltungsalternativen im Anwendungsfall

| Gestaltungsalternative | Rechtsnorm |
|---|---|
| Inbound-Verschmelzung mit Buchwertfortführung | Art. 4 Abs. 1 FRL |
| Outbound-Verschmelzung mit Buchwertfortführung | Art. 4 Abs. 1 FRL |
| Outbound-Verschmelzung mit Teilwertansatz | Art. 4 Abs. 3, Art. 3 FRL i.V.m. § 11 Abs. 1 UmwStG |
| Inbound-Anteilstausch mit Buchwertfortführung | § 20 Abs. 2 Satz 1, § 23 Abs. 4 UmwStG |
| Inbound-Anteilstausch mit Teilwertansatz | § 20 Abs. 2 Satz 1, § 23 Abs. 4 UmwStG |
| Outbound-Anteilstausch mit Teilwertansatz | § 23 Abs. 4 UmwStG |

[251] Beim gesellschaftsrechtlichen Einbringungsvorgang nach § 23 Abs. 4 UmwStG ergeben sich gegenüber einem schuldrechtlichen Tauschgeschäft keine Einschränkungen aufgrund der Behaltefrist von sieben Jahren nach § 26 Abs. 2 UmwStG. Die siebenjährige Sperrfrist ist lediglich beim Outbound-Anteilstausch mit Buchwertfortführung relevant; diese Gestaltungsalternative ist im Anwendungsfall aber nicht durchführbar.

## 2.2. Abgrenzung der Umweltfaktoren

### 2.2.1. Anforderungen an die Konkretisierung der Umweltfaktoren

Die Konsequenzen der Gestaltungsalternativen werden beeinflusst durch Umweltfaktoren, die die Entscheidungsträger nicht verändern können.[252] Bei der Steuerplanung der Gründung einer Europäischen Aktiengesellschaft durch die DE-AG und die UK-PLC ist auf die nationalen und die internationalen Steuerrechtsnormen abzustellen. Primärer Umweltfaktor sind die der Analyse der Gestaltungsalternativen zugrunde liegenden deutschen und britischen Steuerrechtsordnungen sowie die Fusionsrichtlinie, denn die Steuerwirkungen der Handlungsalternativen ergeben sich aus deren Rechtsanwendung.[253]

### 2.2.2. Umweltfaktoren bei der Gründung einer SE durch einen grenzüberschreitenden Merger of Equals

Da aus steuerplanerischer Sicht die an der SE-Gründung beteiligten Aktiengesellschaften DE-AG und UK-PLC sowie die deutschen Anteilseigner das Entscheidungsfeld bilden, sind die auf Unternehmensebene anfallenden Steuerarten ebenso zu erfassen wie die auf Anteilseignerebene zu berücksichtigenden Steuerarten. In die Analyse werden die im Rahmen eines grenzüberschreitenden Unternehmenszusammenschlusses zu berücksichtigenden Ertragsteuern sowie die deutsche Grunderwerbsteuer und die britischen Stempelsteuern als Verkehrsteuern einbezogen. Außerdem sind die Vorgaben der Fusionsrichtlinie einzuhalten. Kirchensteuern und der Solidaritätszuschlag, Freibeträge und Pauschbeträge bleiben aus Vereinfachungsgründen unberücksichtigt. Es ist abgestellt auf den Rechtsstand 2004. Für die Analysen werden die nachfolgend angeführten Steuersätze benötigt.[254]

(2.2.2.1.) Besteuerung von Gewinnen auf Ebene einer deutschen Aktiengesellschaft mit deutscher Gewerbesteuer (Hebesatz = 400%) und Körperschaftsteuer in Höhe von 25% (DE-AG, $AE^{jur}$):

$$s_{THES}^{DE} = s_{GewSt}^{DE} \cdot \left(1 - s_{KSt}^{DE}\right) + s_{KSt}^{DE}$$

---

252 Vgl. Kusch, C., Unternehmensnachfolge, 2001, S. 31.

253 Vgl. Höhn, E., StuW 1977, S. 172.

254 Zur Berechnung der kombinierten Steuersätze siehe Scheffler, W., StuW 2001, S. 296-297; Tillich, P., BB 2002, S. 1515-1521.

mit: $s_{KSt}^{DE} = 25\%$ und $s_{GewSt}^{DE} = \frac{400}{2000 + 400} = 16{,}67\%$

$$s_{THES}^{DE} = 0{,}1667 \cdot (1 - 0{,}25) + 0{,}25 = 37{,}5\%$$

(2.2.2.2.) Besteuerung von Gewinnen auf Ebene einer britischen Aktiengesellschaft (UK-PLC) mit britischer Körperschaftsteuer:[255]

$$s_{KSt}^{UK} = 30\%$$

(2.2.2.3.) Besteuerung von natürlichen Personen mit dem Spitzensteuersatz der Einkommensteuer in Höhe von 47%, § 32a Abs.1 Satz 2 EStG:

$$s_{ESt}^{DE} = 47\%$$

(2.2.2.4.) Besteuerung einer natürlichen Personen bei Veräußerungsgewinnen von Anteilen an Kapitalgesellschaften unter Berücksichtigung des Sondertarifs in Höhe von 15%, § 23 Abs. 1 Satz 1 Nr. 2 EStG i.V.m. § 22 Nr. 2, § 32a Abs. 7 EStG:[256]

$$s_{nat,VE}^{DE} = 15\%$$

(2.2.2.5.) Grunderwerbsteuer auf Ebene der DE-AG, § 1, § 11 Abs. 1 GrEStG:

$$s_{GrESt}^{DE} = 3{,}5\%$$

(2.2.2.6.) Stempelsteuern in Großbritannien, Schedule 13, Part I, § 7 FA 1999:[257]

$$s_{StSt}^{UK} = 0{,}5\%$$

---

[255] Es wird der Körperschaftsteuersatz für Gewinne über 1,5 Mio. britische Pfund zugrunde gelegt; siehe hierzu Geiger, U., IWB 2002, Fach 5, Großbritannien, Gruppe 2, S. 397; International Bureau of Fiscal Documentation, C Vereinigtes Königreich, Rz. 95; Müssener, I., Großbritannien, 2002, Rn. 225-228.

[256] Siehe hierzu z.B. Jacobs, O. H./Schreiber, U./Spengel, C. u.a., DB 2003, S. 522-523; Korezkij, L., SteuerStud 2003, S. 119-121; Watrin, C./Lühn, M., DB 2003, S. 168-173.

[257] Siehe hierzu z.B. Grotherr, S., IWB 1996, Fach 10, International, Gruppe 2, S. 1178; Stein, V./Becker, J. D., GmbHR 2003, S. 89; Tiley, J./Collison, D., UK Tax Guide 2000, Rz. 61:04.

## 3. Steuerwirkungsanalyse der SE-Gründung durch Inbound-Verschmelzung

Nach der Darstellung der Struktur der Inbound-Verschmelzung in Abschnitt 3.1. erfolgt in Abschnitt 3.2. die ertrag- und verkehrsteuerliche Wirkungsanalyse. Im Rahmen der Steuerwirkungsanalyse ist nach folgenden steuerlich relevanten Sachverhalten zu differenzieren:[258]

- Vollzug der Inbound-Verschmelzung
- grenzüberschreitende Unternehmenstätigkeit der deutschen SE
- Anteilsveräußerung durch die deutschen Anteilseigner.

Konfusionsgewinne fallen weder bei der DE-AG noch bei der UK-PLC an. Diese entstehen durch den Fortfall gegenseitiger Ansprüche, Verbindlichkeiten oder Rückstellungen im Rahmen der Vermögensvereinigung bei der Verschmelzung, wenn die Forderungen, Verbindlichkeiten oder Rückstellungen in unterschiedlicher Höhe bilanziert gewesen sind.[259] Da im Anwendungsfall zwischen den Gründungsgesellschaften vor der Gründung der Europäischen Aktiengesellschaft weder gegenseitige Ansprüche noch Verbindlichkeiten oder Rückstellungen bestanden, sind keine Konfusionsgewinne zu berücksichtigen.

### 3.1. Struktur der Inbound-Verschmelzung

Bei der Gründung einer Europäischen Aktiengesellschaft durch Inbound-Verschmelzung überträgt die britische Aktiengesellschaft (UK-PLC) ihr Vermögen auf die übernehmende deutsche Aktiengesellschaft, die die Rechtsform einer SE (DE-SE) erhält. Die ehemalige UK-PLC geht unter Auflösung ohne Abwicklung unter und wird zur Betriebsstätte der DE-SE (UK-BS). Die Anteilseigner der UK-PLC erhalten zum Ausgleich für ihre untergehende Beteiligung Anteile an der DE-SE. Der Status der Anteilseigner der deutschen Aktiengesellschaft ändert sich nicht.

---

[258] Das Berechnungsschema der Gestaltungsalternative Inbound-Verschmelzung mit Buchwertfortführung ist in Anhang 1 enthalten, S. 319-322.

[259] Vgl. Tumpel, M., Harmonisierung, 1994, S. 179.

Abbildung 12: Struktur der Inbound-Verschmelzung

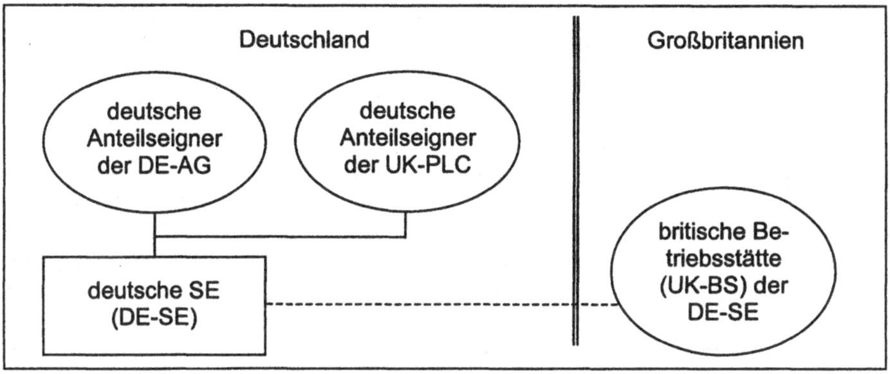


## 3.2. Inbound-Verschmelzung mit Buchwertfortführung

### 3.2.1. Vollzug der Inbound-Verschmelzung

Im Rahmen der Steuerwirkungsanalyse sind drei Ebenen zu unterscheiden:

- Ebene der übertragenden britischen Aktiengesellschaft (UK-PLC)
- Ebene der übernehmenden deutschen SE (DE-SE)
- Ebene der deutschen Anteilseigner.

#### 3.2.1.1. Ebene der übertragenden britischen Aktiengesellschaft

Auf Ebene der übertragenden UK-PLC wird die Steuerneutralität durch den Aufschub der Besteuerung der stillen Reserven bis zu ihrer tatsächlichen Realisierung erreicht. Nach Art. 4 Abs. 1 FRL darf die Übertragung des Vermögens der UK-PLC auf die Betriebsstätte der übernehmenden DE-SE keine Besteuerung der in den Vermögenswerten enthalten stillen Reserven auslösen. Da Großbritannien beim Vollzug der grenzüberschreitenden Verschmelzung in $t = 0$ auf sein Besteuerungsrecht verzichtet, geht das Vermögen der untergehenden UK-PLC zum Buchwert auf die Betriebsstätte der übernehmenden deutschen DE-SE über.[260] Auf Ebene der UK-PLC entsteht in $t = 0$ somit kein steuerpflichtiger Veräußerungsgewinn.[261]

---

[260] Vgl. Krebs, H.-J., BB 1990, S. 1947; Saß, G., DB 1990, S. 2341.
In $t = 0$ beträgt der Buchwert der UK-PLC 700; siehe hierzu Berechnung (1.1.3.1.), S. 93 und Abbildung 10, S. 96.

[261] Vgl. Thömmes, O., Besteuerung, 2002, S. 503.

Die übertragenen Vermögenswerte verbleiben in einer rechtlich unselbständigen Betriebsstätte der DE-SE in Großbritannien (UK-BS, Betriebsstättenbedingung)[262], damit die Steuerverhaftung der stillen Reserven in Großbritannien sichergestellt ist (Steuerverhaftungsbedingung). Die Wirtschaftsgüter tragen zum steuerlichen Ergebnis der UK-BS in Großbritannien bei, der sie zugerechnet werden.[263] Dies bedeutet, dass das Vermögen der UK-PLC nur rechtlich auf die deutsche SE übergeht; körperlich verbleiben die Wirtschaftsgüter sowie die damit zusammenhängenden stillen Reserven in Großbritannien.[264] Somit wird ein Steueranspruch für den bisher berechtigten Staat, d.h. für Großbritannien, gesichert. Nach dem zwischen Deutschland und Großbritannien abgeschlossenen Doppelbesteuerungsabkommen bleibt einem Staat das Besteuerungsrecht über diese Vermögenswerte erhalten, wenn sie dort eine Betriebsstätte bilden, Art. 3 Abs. 1, Art. 8 Abs. 2 DBA Deutschland-Großbritannien. Soweit die Wirtschaftsgüter der UK-BS in Großbritannien zuzurechnen sind, wird auf die Besteuerung der stillen Reserven nicht verzichtet, aber die Steuerpflicht geht auf die deutsche SE über.[265] Die übertragenen Wirtschaftsgüter unterliegen erst bei der Veräußerung an einen Dritten, bei Auflösung der Betriebsstätte oder zum Zeitpunkt der

---

[262] Da die Fusionsrichtlinie selbst den Begriff der Betriebsstätte nicht definiert, muss es sich um eine Betriebsstätte im DBA-rechtlichen Sinne handeln. Sofern der nationale Betriebsstätten-Begriff des Staats der übertragenden Gesellschaft von dem in dem DBA mit dem Staat der aufnehmenden Gesellschaft verwendeten Begriff der Betriebsstätte abweicht, kommt es stets auf den Begriff nach dem DBA an; siehe hierzu Loyens Lefebvre Rädler (Hrsg.), Merger Directive, 1993, S. 14; Meyer, O., Besteuerung, 1995, S. 67.
Zum Betriebsstättenbegriff im Doppelbesteuerungsabkommen zwischen Deutschland und Großbritannien siehe Art. 2 Abs. 1 Buchst. I DBA Deutschland-Großbritannien; siehe hierzu auch Debatin, H./Wassermeyer, F. (Hrsg.), Doppelbesteuerung, Großbritannien Art. II, Rz. 27-53.

[263] Vgl. Altheim, M., IStR 1993, S. 407, Tomsett, E. G., Impact, 2002, S. 24.
Die Teilbetriebsbedingung, die besagt, dass nur ganze Betriebe oder Teilbetriebe, aber keine einzelnen Wirtschaftsgüter im Rahmen einer grenzüberschreitenden Umstrukturierung übertragen werden dürfen, ist zu vernachlässigen. Im Rahmen der Verschmelzung ist sie immer erfüllt, da sich zwei vollständige Unternehmen zusammenschließen. Zum Begriff des Teilbetriebs in der Fusionsrichtlinie siehe z.B. Menner, S./Broer, F., DB 2002, S. 815-818; Strobl-Haarmann, E., Teilbetrieb, 2000, S. 553-565; Thömmes, O., Teilbetriebsbegriff, 2000, S. 583-606.

[264] Vgl. Thömmes, O., Besteuerung, 2002, S. 506.

[265] Vgl. Altheim, M., IStR 1993, S. 406-407; Herzig, N./Griemla, S., StuW 2002, S. 63.

Liquidation der DE-SE der (Nach-)Versteuerung in Großbritannien.[266] Der Verzicht auf die Besteuerung der stillen Reserven führt zu dem Ergebnis, dass bei der Inbound-Verschmelzung die Gewinne der UK-BS in zukünftigen Perioden höher ausfallen werden, weil die zukünftigen Abschreibungen aufgrund des Verzicht des Ansatzes der stillen Reserven niedriger und die zukünftigen Veräußerungsgewinne höher sein werden.[267]

Voraussetzung für die Aufrechterhaltung der Besteuerungsansprüche von Großbritannien ist, dass die übernehmende DE-SE die neuen Abschreibungen sowie die späteren Wertsteigerungen bzw. Wertminderungen der übertragenen Vermögenswerte so berechnet, wie die übertragende Gesellschaft sie ohne die Verschmelzung berechnet hätte, Art. 4 Abs. 2 FRL.[268] Im Anwendungsfall werden daher die Abschreibungen bei der UK-BS nach dem Vollzug der Verschmelzung nach der Poolabschreibung mit einem Degressionssatz von 25% berechnet, obwohl nach deutschem Recht der Höchstsatz im Rahmen der degressiven Abschreibung 20% beträgt, § 8 Abs. 1 KStG i.V.m. § 7 Abs. 2 Satz 2 EStG.

Ebenso wie die stillen Reserven des Aktivvermögens dürfen die von der UK-PLC steuerfrei bzw. teilweise steuerfrei gebildeten Rückstellungen und Rücklagen ohne Auflösungszwang auf Ebene der Betriebsstätte der übernehmenden DE-SE fortgeführt werden, wenn die zugrunde liegenden Voraussetzungen in der aus der übertragenden Aktiengesellschaft entstandenen Betriebsstätte im jeweiligen ausländischen Mitgliedstaat erfüllt bleiben, Art. 5 FRL.[269] Im Anwendungsfall werden die in den sonstigen Passiva enthaltenen Posten ohne Auflösungszwang fortgeführt.

Des Weiteren haben die Mitgliedstaaten die Übernahme von Verlustvorträgen der übertragenden Gesellschaft durch die Betriebsstätte der übernehmenden Gesellschaft zu gestatten, falls ein solches Übertragungsrecht auch bei Verschmelzungen zwischen Gesellschaften dessel-

---

266 Vgl. Thömmes, O., Besteuerung, 2002, S. 503.

267 Vgl. Herzig, N./Dautzenberg, N./Heyeres, R., DB 1991, Beilage 12, S. 5.
Das Betriebsstättenprinzip ist zwar das tragende Element des Lösungskonzepts der Fusionsrichtlinie, stellt jedoch gleichzeitig auch eine Schwachstelle dar. Trotz der allgemeinen Anerkennung des Betriebsstättenprinzips in den einzelnen EU-Mitgliedstaaten ist die Betriebsstättenbesteuerung insbesondere in Hinblick auf vielfältige Fragen der Gewinnabgrenzung zwischen der Betriebsstätte und dem Stammhaus verbunden; siehe hierzu auch Thömmes, O., Besteuerung, 2002, S. 485.
Probleme der Gewinnabgrenzung zwischen dem Stammhaus und seiner Betriebsstätte werden im Rahmen dieser Untersuchung nicht behandelt.

268 Vgl. Förster, G./Lange, C., DB 2002, S. 290; Saß, G., DB 1990, S. 2341.

269 Vgl. Becht, B., Fusion, 1996, S. 154.

ben Mitgliedstaats besteht, Art. 6 FRL.[270] Die vorhandenen nationalen Vorschriften sind folglich auf die Übernahme der Verlustvorträge durch die Betriebsstätten der übernehmenden Aktiengesellschaft auszudehnen.[271] Im Ergebnis soll eine Gleichbehandlung nationaler und transnationaler Vorgänge hinsichtlich der Verlustverrechnungsmöglichkeiten gewährleistet werden.[272] In Großbritannien sind Verlustvorträge der untergehenden Gesellschaft grundsätzlich im Zuge der Verschmelzung übertragbar und mit zukünftigen Gewinnen verrechenbar, Sec. 343 i.V.m. Sec. 393 ICTA 1988.[273] Solange der bisherige Geschäftsbetrieb in unveränderter Form weitergeführt wird, können die übertragenen Verluste zeitlich unbeschränkt vorgetragen und mit zukünftigen Gewinnen aus diesem Geschäftsbetrieb verrechnet werden. Allerdings sind die Begrenzungen für die zukünftige Verrechenbarkeit übertragener Verlustvorträge zu beachten, um einen Mantelkauf zu verhindern. Die Verrechenbarkeit der Gewinne mit dem übertragenen Verlustvortrag wird beschränkt, wenn sich innerhalb eines Zeitraums von drei Jahren nach der Verschmelzung gleichzeitig die Besitzverhältnisse an der Gesellschaft ändern[274] und größere Veränderungen hinsichtlich der Natur oder der Ausübung des Betriebs entstehen[275], Sec. 768, 768A und 769 ICTA 1988.[276]

---

[270] Vgl. Thömmes, O., WPg 1990, S. 477; Tumpel, M., Harmonisierung, 1994, S. 180.

[271] Vgl. Saß, G., DB 1990, S. 2341; Thömmes, O., Wpg 1990, S. 477; Thömmes, O./Tomsett, E. G., EC Tax Review 1992, S. 229.

[272] Vgl. Herzig, N./Dautzenberg, N./Heyeres, R., DB 1991, Beilage 12, S. 10.

[273] Vgl. Grotherr, IWB 1996, Fach 10, International, Gruppe 2, S. 1170; Melville, A., Taxation, 2003, S. 188; Nightingale, K., Taxation, 2002, 461-471.

[274] Siehe hierzu Saunders, G. (Hrsg.), Tax 1, 2000, Rz. 6.7; Widmann, S./Mayer, D., Umwandlungsrecht, 2002, Anh. 3: Großbritannien, Rz. GB 84.
Ein wesentlicher Anteilsinhaberwechsel i.S.d. Sec. 768A ICTA 1988 liegt vor, wenn eine einzelne Person mehr als die Hälfte des Grundkapitals einer Gesellschaft erwirbt oder zwei oder mehrere Personen jeweils eine Beteiligung von mindestens 5% des Grundkapitals erwerben und die Beteiligungen zusammen mehr als die Hälfte des Grundkapitals der Gesellschaft ausmachen oder zwei oder mehrere Personen jeweils eine Beteiligung am Grundkapital der Gesellschaft erwerben und die Beteiligungen zusammen mehr als die Hälfte des Grundkapitals ausmachen und bei der Berechnung Beteiligungen unter 5% nicht berücksichtigt werden.

[275] Siehe hierzu Tomsett, E. G., United Kingdom II, 2002, S. 50-51; Widmann, S./Mayer, D., Umwandlungsrecht, 2002, Anh. 3: Großbritannien, Rz. GB 85.
Nach Sec. 768 Abs. 4 ICTA 1988 liegt eine größere Veränderung der Natur oder der Ausübung des Betriebs bei größeren Veränderungen bezüglich der gehandelten Waren oder der angebotenen Dienstleistungen bzw. größeren Veränderungen hinsichtlich der Kundschaft, Vertriebskanäle oder Absatzgebiete vor.

Im Anwendungsfall tritt nach dem Vollzug der Verschmelzung weder eine wesentliche Veränderung der Besitzverhältnisse ein, d.h. es findet kein wesentlicher Anteilsinhaberwechsel auf Ebene der DE-SE statt, noch kommt es zu einer wesentlichen Veränderung hinsichtlich der Natur oder der Ausübung des Betriebs. Der Verlustvortrag der UK-PLC ($VV_0^{UK-PLC}$) kann daher mit den zukünftigen Gewinnen der UK-BS verrechnet werden. Es gilt:

(3.2.1.1.1.) $VV_0^{UK-PLC} \rightarrow VV_0^{UK-BS(IV,BWF)}$

In der Schlussbilanz der untergehenden UK-PLC werden die übergehenden Vermögenswerte der UK-PLC mit dem Buchwert angesetzt. Allgemein und konkret anhand des Zahlenbeispiels gilt:

Abbildung 13: Schlussbilanz der UK-PLC zum 31.12.00 (Inbound-Verschmelzung mit Buchwertfortführung)

| Schlussbilanz der UK-PLC zum 31.12.00 (Inbound-Verschmelzung mit Buchwertfortführung) | | | |
|---|---|---|---|
| Aktivvermögen ($AKT_0^{UK-PLC}$)<br>mit: $AAV_0^{UK-PLC} = 480$<br>$NAAV_0^{UK-PLC} = 120$ | 600 | Grundkapital ($GK$) | 250 |
| Umlaufvermögen ($UV_0^{UK-PLC}$) | 400 | offene Rücklagen ($RL_0^{UK-PLC}$) | 450 |
| | | sonstige Passiva ($SP_0^{UK-PLC}$) | 300 |
| $AV_0^{UK-PLC} + UV_0^{UK-PLC}$ | 1.000 | $GK + RL_0^{UK-PLC} + SP_0^{UK-PLC}$ | 1.000 |

### 3.2.1.2. Ebene der übernehmenden deutschen SE

Bei der übernehmenden deutschen SE können beim Vollzug der Inbound-Verschmelzung Verkehrsteuern anfallen und ertragsteuerliche Wirkungen auftreten.

---

276 Vgl. Hardwick, M., TPMA 2002, S. 21; McCabe, S./Stevenson, R., IWB 2001, Fach 5, Großbritannien, Gruppe 2, S. 374; McCabe, S./Stevenson, R., Großbritannien, 2002, S. 127-128; Rosenbach, G., ITR 2001, S. 8; Tomsett, E. G., United Kingdom I, 2002, Rz. 53; Tomsett, E. G., United Kingdom II, 2002, S. 50-51.

#### 3.2.1.2.1. Verkehrsteuern

Die Fusionsrichtlinie sieht bei der Buchwertfortführung eine Steuerfreiheit bzw. einen Besteuerungsaufschub nur für Ertragsteuern vor. Hingegen werden von der Fusionsrichtlinie keine sonstigen steuerlichen Folgen, z.B. die britischen Stempelsteuern, erfasst.[277] Die sonstigen Steuerfolgen der Gründung einer SE durch Verschmelzung richten sich somit ausschließlich nach dem nationalen Steuerrecht des Mitgliedstaats, in dem die übertragende Gründungsgesellschaft ansässig ist. Da die untergehende UK-PLC ihren Sitz in Großbritannien hat, ist im Anwendungsfall auf das britische Steuerrecht abzustellen.

In Großbritannien werden grundsätzlich auf alle Übertragungen von Vermögensgegenständen, die in Großbritannien belegen sind, Stempelsteuern erhoben, sofern die Übertragung durch eine Urkunde („instrument") erfolgt.[278] Im Rahmen einer Verschmelzung können Stempelsteuern grundsätzlich auf die Übertragung von Anteilen an Kapitalgesellschaften mit Sitz in Großbritannien, von in Großbritannien belegenem Grundbesitz und Gebäuden sowie auf die Übertragung des Geschäfts- oder Firmenwertes anfallen, sofern die Transaktion nicht ausdrücklich von der Besteuerung befreit ist.[279] Für die Inbound-Verschmelzung kann in Großbritannien eine Befreiung von der Stempelsteuer geltend gemacht werden, da die Verschmelzung nach Art. 2 Buchst. a FRL im britischen Gesellschaftsrecht in Art. 425-427 CA 1995 geregelt wird.[280] Hiernach erfolgt die Übertragung aller Aktiva und Passiva der untergehenden Gesellschaft auf die übernehmende Gesellschaft in Form einer gerichtlichen Anordnung und nicht durch eine Urkunde.[281] Aufgrund der fehlenden Urkunde fallen bei der Inbound-Verschmelzung keine Stempelsteuern an.[282]

---

277 Vgl. Thömmes, O., Besteuerung, 2002, S. 513.

278 Vgl. Widmann, S./Mayer, D., Umwandlungsrecht, 2002, Anh. 3: Großbritannien, Rz. GB 43.

279 Vgl. McCabe, S./Stevenson, R., Großbritannien, 2002, S. 128-129; Tomsett, E. G., United Kingdom II, 2002, S. 69-70; Widmann, S./Mayer, D., Umwandlungsrecht, 2002, Anh. 3: Großbritannien, Rz. GB 112.

280 Siehe hierzu Kapitel II.2.1.2., S. 14.

281 Vgl. Widmann, S./Mayer, D., Umwandlungsrecht, 2002, Anh. 3: Großbritannien, Rz. GB 22 und 116.

282 Vgl. Bramwell, R./Hardwick, M./James, A. u.a., Taxation, 1999, Rz. 30-07; Hardwick, M., TPMA 2002, S. 20; Tomsett, E. G., United Kingdom II, 2002, S. 72.

### 3.2.1.2.2. Ertragsteuern

Die übernehmende deutsche DE-AG erhält bei der Inbound-Verschmelzung die Rechtsform einer SE. Die SE-Verordnung enthält keine eigenen Bestimmungen zur Besteuerung, sondern verweist auf das nationale Recht des Sitzstaats der SE, Art. 9 Abs. 1 Buchst. c ii) SE-VO.[283] Wenn in der Fusionsrichtlinie in Teilbereichen auf das mitgliedstaatliche Recht abgestellt wird (z. B. Art. 6 FRL), ist das deutsche Steuerrecht anzuwenden, da die DE-SE in Deutschland ansässig ist.

Die DE-SE hat die übertragenen Vermögenswerte mit den gleichen Werten zu bewerten wie in der Schlussbilanz der UK-PLC. Deshalb ist die Fortführung der Buchwerte der UK-PLC für die DE-SE verbindlich. Es gilt:

(3.2.1.2.2.1.) $AV_0^{UK-PLC} \rightarrow AV_0^{UK-BS(IV,BWF)}$

$UV_0^{UK-PLC} \rightarrow UV_0^{UK-BS(IV,BWF)}$

$SP_0^{UK-PLC} \rightarrow SP_0^{UK-BS(IV,BWF)}$

Die stillen Reserven der UK-PLC gehen ebenfalls auf die DE-BS über. Es gilt:

(3.2.1.2.2.2.) $ST_0^{UK-PLC} \rightarrow ST_0^{UK-BS(IV,BWF)}$

Der Vollzug der Verschmelzung ist für die übernehmende DE-SE ertragsteuerneutral. Es entstehen weder ein steuerpflichtiger Übernahmegewinn noch ein Übernahmefolgegewinn. Ein Übernahmegewinn ergibt sich aus der Differenz zwischen dem Wert des übernommenen Vermögens und der untergehenden Beteiligung an der aufnehmenden Gründungsgesellschaft.[284] Ein Übernahmegewinn fällt bei der DE-SE nicht an, da die DE-AG vor der Gründung der SE nicht an der UK-PLC beteiligt war. Ein Übernahmefolgegewinn kann auf Ebene der DE-SE entstehen, wenn beim Vollzug der Verschmelzung die bislang zwischen den Gründungsgesellschaften bestehenden Forderungen und Verbindlichkeiten erlöschen und diese Forderungen und Verbindlichkeiten vor der Verschmelzung in Deutschland und in Großbritannien unterschiedlich bilanziert worden sind.[285] Entsprechend dem Sachverhalt bestehen vor der

---

283 Vgl. Förster, G./Lange, C., DB 2002, S. 288.

284 Vgl. Herzig, N./Dautzenberg, N./Heyeres, R., DB 1991, Beilage 12, S. 10; Jacobs, O. H., Unternehmensbesteuerung, 2002, S. 424.

285 Vgl. Herzig, N./Griemla, S., StuW 2002, S. 69; Schönwald, S., SteuerStud 2001, S. 361.

Gründung der SE zwischen den Gründungsgesellschaften jedoch keine gegenseitigen Ansprüche, Verbindlichkeiten oder Rückstellungen.

Durch die Wertverknüpfung mit der Schlussbilanz der UK-PLC ist die Besteuerung der in den übertragenen Wirtschaftsgütern enthaltenen stillen Reserven auf Ebene der UK-BS in Großbritannien gesichert. Da die Betriebsstätte aufgrund der fehlenden rechtlichen Selbständigkeit die Voraussetzungen der persönlichen Steuerpflicht nicht erfüllt, ist die DE-SE das Steuersubjekt der Betriebsstätteneinkünfte. Die DE-SE ist mit ihren Betriebsstätteneinkünften in Großbritannien somit beschränkt steuerpflichtig, Art. 3 Abs. 1 DBA Deutschland-Großbritannien.[286] Aufgrund des Diskriminierungsverbots gelten für die Berechnung des Betriebsstättenerfolgs die gleichen Gewinnermittlungsvorschriften wie für in Großbritannien ansässige Unternehmen (Art. 20 Abs. 3 DBA Deutschland-Großbritannien).[287] Auf Ebene der UK-BS tritt die DE-SE auch hinsichtlich der Rückstellungen und Rücklagen, die unter vollständiger oder teilweiser Steuerbefreiung von der UK-PLC gebildet wurden, in die steuerliche Rechtsstellung, Art. 5 FRL.[288]

Hinsichtlich des Verlustvortrags der DE-AG ($VV_0^{DE-AG}$) sind auf Ebene der übernehmenden DE-SE die Einschränkungen nach § 8 Abs. 4 KStG und § 10a Satz 4 GewStG zu beachten. Die Fortführung des Verlustvortrags durch die DE-SE ist nur dann weiterhin möglich, wenn die DE-SE nach der Verschmelzung wirtschaftlich und rechtlich mit der Kapitalgesellschaft identisch ist, bei der der Verlust entstanden ist. Die wirtschaftliche Identität wird insbesondere dann verneint, wenn mehr als die Hälfte der Anteile übertragen wird und die übernehmende DE-SE ihren Geschäftsbetrieb mit überwiegend neuem Betriebsvermögen fortführt.[289]

Zur Ermittlung der Höhe der Anteile, die die Anteilseigner der untergehenden UK-PLC erhalten, ist das Umtauschverhältnis zu ermitteln. Dieses gibt das Verhältnis der Anteile, die die Anteilseigner der untergehenden UK-PLC an der übernehmenden DE-SE erhalten, zum bisherigen

---

[286] Vgl. Meyer, O., Besteuerung, 1995, S. 64-65.
Eine Ausnahme gilt für Betriebsstätten von Luft- und Schifffahrtsunternehmen, denn hier darf ausnahmsweise der Wohnsitzstaat und nicht der Betriebsstättenstaat das Besteuerungsrecht in Anspruch nehmen; siehe hierzu Thömmes, O., Besteuerung, 2002, S. 506-507.

[287] Vgl. Scheffler, W., Besteuerung, 2002, S. 192.

[288] Vgl. Thömmes, O., Besteuerung, 2002, S. 507-508.

[289] Vgl. Djanani, C./Brähler, G./Zölch, S., BB 2000, S. 1497; Dötsch, E., DStZ 2003, S. 25; Düll, A./Fuhrmann, G., DStR 2000, S. 1168; Eckstein, H.-M., TPIR 2002, S. 9; Neumann, R./Neu, N., GmbHR 2003, S. 74; Neyer, W., BB 2002, S. 754.

Grundkapital der DE-SE an. Die Beteiligung der Anteilseigner der UK-PLC muss vor und nach dem Vollzug der Verschmelzung den gleichen Wert aufweisen.[290] Da die Verkehrswerte der UK-PLC und der DE-AG übereinstimmen, ergibt sich zwischen den Gründungsgesellschaften ein Umtauschverhältnis von 1:1. Es gilt:

(3.2.1.2.2.3.) $$\text{Umtauschverhältnis} = \frac{VW_0^{UK-PLC}}{VW_0^{DE-AG}} = \frac{1}{1}$$

Auf der Basis dieses Umtauschverhältnisses ist zur Durchführung der Verschmelzung in t = 0 das Grundkapital der aufnehmenden DE-SE zu erhöhen, d.h. das Grundkapital der DE-SE ist zu verdoppeln $(2 \cdot GK)$.[291] Das bisherige Grundkapital des Fallbeispiels in Höhe von 250 wird somit auf $2 \cdot GK = 500$ erhöht. Der Nennwert der Beteiligung der deutschen Anteilseigner ändert sich durch die Kapitalerhöhung nicht. Die Begründung liegt darin, dass sich die Beteiligungsquote der natürlichen und der juristischen Personen aufgrund der Kapitalerhöhung halbiert. Im Anwendungsfall erhalten die ehemaligen Anteilseigner der UK-PLC folglich 50% der Anteile der DE-SE. Somit wird nicht mehr als die Hälfte der Anteile der aufnehmenden DE-SE an neue Anteilseigner übertragen.

Darüber hinaus kommt es beim Vollzug der Verschmelzung nicht zu einer Zuführung überwiegend neuen Betriebsvermögens auf Ebene der übernehmenden DE-SE. Diese Zuführung liegt vor, wenn das Aktivvermögen der untergehenden UK-PLC den Bestand des vorhandenen Aktivvermögens der DE-SE übersteigt.[292] Im Rahmen der Verschmelzung werden die Buchwerte der UK-PLC bei der DE-SE fortgeführt. Der Buchwert des Aktivvermögens der UK-PLC stimmt überein mit dem Buchwert des Aktivvermögens der übernehmenden DE-SE. Der Verlustvortrag der DE-AG wird somit bei der DE-SE weitergeführt $(VV_0^{DE-SE(IV,BWF)})$. Bei der Verschmelzung tritt kein Verlust der wirtschaftlichen Identität der übernehmenden Kapitalgesellschaft nach § 8 Abs. 4 KStG ein. Dies gilt auch für Zwecke der Gewerbesteuer, § 10a Satz 4 GewStG. Es gilt:

---

290 Vgl. Schönwald, S., SteuerStud 2001, S. 359.

291 Vgl. Fußbroich, P., DStR 2002, S. 701-702; Scheffler, W./Ruhwinkel, C., DSWR 2001, S. 294.

292 Vgl. BFH vom 08.08.2001, DStR 2001, S. 1974; BMF vom 16. April 1999, BStBl 1999 I, S. 455, Tz. 9 sowie Frey, J./Weißgerber, A., GmbHR 2002, S. 135-143; Frotscher, G., DStR 2002, S. 10-16; Neyer, W., BB 2002, S. 754-758; Roser, F., GmbHR 2001, S. 1153-1155.

(3.2.1.2.2.4.) $VV_0^{DE-AG} \rightarrow VV_0^{DE-SE(IV,BWF)}$

Durch die Fortschreibung der Buchwerte der übertragenen Vermögenswerte der UK-PLC in der deutschen Betriebsstätte in Großbritannien (UK-BS) entsteht in der Bilanz der übernehmenden DE-SE nach der Verschmelzung ein Verschmelzungsgewinn. Dieser ergibt sich aus der Differenz der Höhe der Anteile, die die ehemaligen Anteilseigner der UK-PLC an der DE-SE erhalten, und dem Buchwert des übernommenen Vermögens der UK-PLC. Es gilt:

(3.2.1.2.2.5.) $\text{Verschmelzungsgewinn} = BW_0^{UK-PLC} - \text{Kapitalerhöhung}$

da Umtauschverhältnis 1:1, gilt:

$\text{Kapitalerhöhung} = 1 \cdot GK$, sodass

$\text{Verschmelzungsgewinn} = (250 + 450) - 250 = 450$

Der Verschmelzungsgewinn der übernehmenden DE-SE stimmt beim Merger of Equals mit der Höhe der offenen Rücklagen in t = 0 überein und ist in die offenen Rücklagen der DE-SE einzustellen.[293] Allgemein und unter Berücksichtigung des Zahlenbeispiels gilt für die Gründungsbilanz der DE-SE nach dem Vollzug der Verschmelzung in t = 0 zusammenfassend wie folgt dar:

[293] Vgl. Scheffler, W./Ruhwinkel, C., DSWR 2001, S. 292; Schönwald, S., SteuerStud 2001, S. 359.

Abbildung 14: Gründungsbilanz der DE-SE zum 31.12.00 (Inbound-Verschmelzung mit Buchwertfortführung)

| Gründungsbilanz der DE-SE zum 31.12.00 (Inbound-Verschmelzung mit Buchwertfortführung) | | | |
|---|---|---|---|
| $AV_0^{DE-SE(IV,BWF)}$, mit: <br> mit: <br> $AAV_0^{DE-SE(IV,BWF)} = 480 + 480$ <br> $NAAV_0^{DE-SE(IV,BWF)} = 120 + 120$ | 1.200 | GK + Kapitalerhöhung $= 250 + 250$ | 500 |
| Umlaufvermögen ($UV_0^{DE-SE(IV,BWF)}$) $= 400 + 400$ | 800 | offene Rücklagen + Verschmelzungsgewinn ($RL_0^{DE-SE(IV,BWF)}$) $= 450 + 450$ | 900 |
| | | $SP_0^{DE-SE(IV,BWF)} = 300 + 300$ | 600 |
| $AV_0^{DE-SE(IV,BWF)}$ $+ UV_0^{DE-SE(IV,BWF)}$ | 2.000 | $2 \cdot GK + RL_0^{DE-SE(IV,BWF)}$ $+ SP_0^{DE-SE(IV,BWF)}$ | 2.000 |

### 3.2.1.3. Ebene der deutschen Anteilseigner

Die Gruppe der deutschen Anteilseigner setzt sich zusammen aus den ehemaligen Anteilseignern der UK-PLC und den Anteilseignern der DE-AG.

Ziel der Fusionsrichtlinie ist es, auch auf Ebene der Anteilseigner der übertragenden Kapitalgesellschaft beim Tausch der Anteile an der untergehenden Aktiengesellschaft gegen die Anteile an der aufnehmenden Aktiengesellschaft Steuerneutralität zu erreichen.[294] Zwar werden der Untergang der Beteiligung an der übertragenden Gesellschaft und der Erwerb der Anteile an der übernehmenden Gesellschaft aus steuerlicher Sicht als Veräußerungsgeschäft angesehen; es darf jedoch keine Besteuerung dieses Veräußerungsgewinns ausgelöst werden, Art. 8 Abs. 1 FRL. Voraussetzung dafür ist, dass die Anteilseigner den neu erworbenen Anteilen keinen höheren steuerlichen Wert beimessen als den Anteilen an der untergehenden Aktiengesellschaft, Art. 8 Abs. 2 Satz 1

---

[294] Vgl. Herzig, N./Dautzenberg, N./Heyeres, R., DB 1991, Beilage 12, S. 11.

FRL.[295] Technisch wird die Steuerneutralität in der Weise umgesetzt, dass die Gesellschafter der untergehenden UK-PLC zur Vermeidung eines Veräußerungsgewinns die Anteile an der DE-SE mit den Anschaffungskosten der Anteile an der UK-PLC bewerten (Buchwertfortführung).

Die Anschaffungskosten der Beteiligung an der UK-PLC im Zeitpunkt t = -k werden auf die Anteile an der DE-SE in t = 0 übertragen, sodass sich die Anschaffungskosten der Beteiligung an der DE-SE nicht nach dem Verkehrswert der DE-SE in t = 0 bemessen. Die Beteiligung der deutschen Anteilseigner muss vor und nach dem Vollzug der Verschmelzung den gleichen Wert aufweisen. Da die Beteiligungsquote der deutschen Anteilseigner der ehemaligen UK-PLC an der übernehmenden DE-SE 50% beträgt, gilt in t = 0:[296]

(3.2.1.3.1.) $AK_{-k}^{UK-PLC} \rightarrow \frac{1}{2} \cdot AK_{0}^{DE-SE(IV,BWF)}$, wobei

$$AK_{-k}^{UK-PLC} = \frac{1}{2} \cdot AK_{0}^{DE-SE(IV,BWF)} = \frac{1}{2} \cdot (1 + rl_{-k} + st_{-k}) \cdot 2 \cdot GK$$

$$\frac{1}{2} \cdot AK_{0}^{DE-SE(IV,BWF)} = \frac{1}{2} \cdot (1 + 1{,}60 + 2{,}50) \cdot 2 \cdot 250 = 1.275$$

Durch das bei den Anteilseignern geltende Wohnsitzstaatprinzip wird sichergestellt, dass die Anteile an der DE-SE ($AK_{0}^{DE-SE(IV,BWF)}$) in dieselbe Steuerhoheit fallen wie die Anteile an der UK-PLC, die die Anteilseigner vor der Verschmelzung gehalten haben ($AK_{-k}^{UK-PLC}$), Art. 8 Abs. 3 DBA Deutschland-Großbritannien.[297] Daher bleibt Deutschland als Wohnsitzstaat Steuergläubiger der Anteilseigner. Es tritt kein Verlust an Besteuerungssubstanz in Deutschland ein. Die Besteuerung des Veräußerungsgewinns wird auf den Zeitpunkt der Anteilsveräußerung verschoben.[298] In diesem Zusammenhang erlaubt es die Fusionsrichtlinie ausdrücklich, dass die neu erworbenen Anteile in gleicher Weise besteuert werden wie die ursprünglichen Anteile. In Art. 8 Abs. 2 FRL wird nicht nur die Buch-

---

295 Vgl. Altheim, M., IStR 1993, S. 407; Knobbe-Keuk, B., DB 1991, S. 299; Schulz, A./Geismar, B., DStR 2001, S. 1083; Staringer, C., IStR 2000, S. 510; Thömmes, O., WPg 1990, S. 477; Thömmes, O./Tomsett, E. G., EC Tax Review 1992, S. 229.

296 Die Anschaffungskosten sind unabhängig vom steuerlichen Statut der deutschen Anteilseigner; siehe hierzu Berechnung (1.1.3.5.), S. 46.

297 Vgl. Förster, G./Lange, C., RIW 2002, S. 588; Scheffler, W., Besteuerung, 2002, S. 217.

298 Vgl. Altheim, M., IStR 1993, S. 407; Grotherr, S., BB 1992, S. 2261; Herzig, N./Dautzenberg, N./Heyeres, R., DB 1991, Beilage 12, S. 11.

wertfortführung vorgeschrieben, sondern es wird allgemein kodifiziert, dass eine spätere Besteuerung der als Gegenleistung erhaltenen Anteile in gleicher Weise wie vor ihrem Erwerb erfolgen soll. Sinkt die Beteiligungsquote der Anteilseigner im Rahmen des Vollzugs der Verschmelzung ab, ist die Steuerverhaftung durch eine mitgliedstaatliche gesetzliche Vorschrift zu sichern.[299] Im Anwendungsfall verringert sich die Beteiligungsquote der deutschen Anteilseigner der ehemaligen UK-PLC um die Hälfte. Diese hälftige Verringerung der Beteiligungsquote ist aus ertragsteuerlicher Sicht weder für die natürlichen noch für die juristischen Personen relevant, da in den Anwendungsfall natürliche Personen mit einer Beteiligungsquote von weniger als 1% und juristische Personen mit Streubesitzanteilen einbezogen sind. Die Verringerung der Beteiligungsquote führt nicht zu einer Veränderung des Statuts der Anteile.

Sind die deutschen Anteilseigner an der DE-AG beteiligt, ergeben sich beim Vollzug der Inbound-Verschmelzung keine unmittelbaren Steuerwirkungen. Zwar erhält die DE-AG die Rechtsform einer SE, der Status der Anteile bleibt jedoch erhalten. Die hälftige Verringerung der Beteiligungsquote der deutschen Anteilseigner ist aus ertragsteuerlicher Sicht nicht relevant, da sich bei den natürlichen und juristische Personen keine Änderung der Steuerverhaftung ihrer Beteiligung ergibt. Es gilt:

(3.2.1.3.2.) $AK_{-k}^{DE-AG} \rightarrow \frac{1}{2} \cdot AK_{0}^{DE-SE(IV,BWF)}$, wobei

$$AK_{-3}^{DE-AG} = \frac{1}{2} \cdot AK_{0}^{DE-SE(IV,BWF)} = \frac{1}{2} \cdot (1 + 1{,}6 + 2{,}5) \cdot 2 \cdot 250 = 1.275$$

## 3.2.2. Grenzüberschreitende Unternehmenstätigkeit der deutschen SE

Der Betrachtungszeitraum der grenzüberschreitenden Unternehmenstätigkeit der deutschen SE umfasst die Perioden t = 1 bis t = v = 4. Zur Erfassung der Steuerwirkungen sind drei Ebenen zu unterscheiden:

---

299 Vgl. Herzig, N./Dautzenberg, N./Heyeres, R., DB 1991, Beilage 12, S. 11.
So sind spätere Veräußerungsgewinne auch dann steuerpflichtig, wenn eine natürliche Person vor der Verschmelzung zu mindestens 1% an einer untergehenden Kapitalgesellschaft beteiligt war und ihre Beteiligungsquote nach dem Vollzug der Verschmelzung unter 1% liegt, d.h. aus der steuerverhafteten Beteiligung i.S.d. § 17 EStG wird eine nicht steuerverhaftete Beteiligung, § 13 Abs. 2 Satz 3 UmwStG; siehe hierzu Jacobs, O. H., Besteuerung, 2002, S. 426.

- Ebene der britischen Betriebsstätte (UK-BS)
- Ebene der deutschen SE (DE-SE)
- Ebene der deutschen Anteilseigner.

#### 3.2.2.1. Ebene der britischen Betriebsstätte

Nach dem Betriebsstättenprinzip ist die DE-SE mit den Gewinnen der UK-BS in Großbritannien beschränkt steuerpflichtig, Art. 3 Abs. 1 DBA Deutschland-Großbritannien.[300] Die Besteuerung der Gewinne der UK-BS in Großbritannien richtet sich nach der Rechtsform des deutschen Stammhauses.[301] Da die DE-SE eine Kapitalgesellschaft ist, erstreckt sich das Besteuerungsrecht Großbritanniens auf die Körperschaftsteuer der UK-BS.[302] Gewerbesteuer oder vergleichbare Steuern werden in Großbritannien nicht erhoben.[303] Zur Bestimmung des Gewinns, der von der UK-BS in den Perioden t = 1 bis t = 4 an die DE-SE transferiert wird, sind drei Rechenschritte erforderlich:

- Bestimmung des steuerpflichtigen Gewinns der UK-BS ($G_t^{UK-BS(IV,BWF)}$)
- Ermittlung der Ertragsteuerbelastung der Gewinne der UK-BS ($S_t^{UK-BS(IV,BWF)}$)
- Berechnung des transferierbaren Gewinns der UK-BS nach Steuern ($TRA_t^{UK-BS(IV,BWF)}$).

Allgemein und konkret anhand des Zahlenbeispiels werden die Rechenschritte für die Periode t = 1 durchgeführt. Die Ergebnisse für die Perioden t = 1 bis t = 4 werden in einer Tabelle zusammengefasst.

(1) Im ersten Schritt ist der steuerpflichtige Gewinn der UK-BS als Bemessungsgrundlage der britischen Körperschaftsteuer zu bestimmen ($G_t^{UK-BS(IV,BWF)}$). Da beim Vollzug der Verschmelzung bei der UK-BS die Buchwerte der ehemaligen UK-PLC fortgeführt werden, sind die planmäßigen Abschreibungen so zu erfassen, wie die UK-PLC sie ohne die Verschmelzung angesetzt hätte. Es gilt:[304]

---

[300] Vgl. Scheffler, W., Besteuerung, 2002, S. 173.

[301] Vgl. Neu, N./Schiffers, J., GmbHR 2001, S. 1006.

[302] Vgl. Grotherr, S., SteuerStud 2001, S. 187; Kußmaul, H./Schäfer, R., StuB 2002, S. 277.

[303] Vgl. Baker & McKenzie (Hrsg.), Tax Burden, 2001, S. 41.

[304] Alle Berechnungen werden mathematisch exakt durchgeführt. In den Darstellungen sind die Ergebnisse kaufmännisch auf zwei Nachkommastellen gerundet.

$$(3.2.2.1.1.)\quad ab(aav)_t^{UK-BS(IV,BWF)} = aav_t^{UK-BS(IV,BWF)} \cdot 0{,}25$$

$$ab(aav)_1^{UK-BS(IV,BWF)} = 1{,}92 \cdot 0{,}25 = 0{,}48$$

Der steuerliche Verlustvortrag der UK-PLC kann durch die UK-BS fortgeführt werden ($VV_t^{UK-BS(IV,BWF)}$) und mindert die steuerpflichtige Bemessungsgrundlage, Sec. 343 i.V.m. Sec. 768, 768A und 769 ICTA 1988.[305] Es gilt:

$$(3.2.2.1.2.)\quad vv_1^{UK-BS(IV,BWF)} = \frac{100}{250} = 0{,}40$$

Unter Berücksichtigung des vorläufigen Vergleichsgewinns der UK-BS (VG) ergibt sich in t = 1 allgemein und konkret anhand des Zahlenbeispiels folgendes zu versteuerndes Einkommen als steuerpflichtige Bemessungsgrundlage:

$$(3.2.2.1.3.)\quad G_t^{UK-BS(IV,BWF)} = \max\left\{0\,;\left(\begin{matrix} vg - ab(aav)_t^{UK-BS(IV,BWF)} \\ - vv_t^{UK-BS(IV,BWF)} \end{matrix}\right) \cdot GK\right\}$$

$$G_1^{UK-BS(IV,BWF)} = \max\left\{0\,;(2 - 0{,}48 - 0{,}40) \cdot 250\right\} = 280$$

(2) Im zweiten Schritt ist aus dem Produkt der steuerpflichtigen Bemessungsgrundlage und des britischen Körperschaftsteuersatzes ($s_{KSt}^{UK}$) die Ertragsteuerbelastung der Gewinne der UK-BS in Großbritannien ($S_t^{UK-BS(IV,BWF)}$) zu ermitteln:

$$(3.2.2.1.4.)\quad S_t^{UK-BS(IV,BWF)} = \left(\max\left\{0\,;\left(\begin{matrix} vg - ab(aav)_t^{UK-BS(IV,BWF)} \\ - vv_t^{UK-BS(IV,BWF)} \end{matrix}\right) \cdot GK\right\}\right) \cdot s_{KSt}^{UK}$$

$$S_1^{UK-BS(IV,BWF)} = \left(\max\left\{0\,;(2 - 0{,}48 - 0{,}40) \cdot 250\right\}\right) \cdot 0{,}3$$

$$S_1^{UK-BS(IV,BWF)} = 280 \cdot 0{,}3 = 84$$

(3) Im dritten Schritt ist der transferierbare Gewinn der UK-BS zu errechnen ($TRA_t^{UK-BS(IV,BWF)}$). Dieser ergibt sich in einer Periode t durch Abzug der planmäßigen Abschreibungen und der Ertragsteuern vom vorläufigen Vergleichsgewinn der Periode t. Es gilt:

---

305 Siehe hierzu Berechnung (3.2.1.1.1.), S. 119.

$$(3.2.2.1.5.)\quad TRA_t^{UK-BS(IV,BWF)} = \max\left\{\begin{matrix} 0\,;\left(vg - ab(aav)_t^{UK-BS(IV,BWF)}\right)\cdot GK \\ - S_t^{UK-BS(IV,BWF)} \end{matrix}\right\}$$

$$TRA_1^{UK-BS(IV,BWF)} = \max\{0\,;(2-0{,}48)\cdot 250 - 84\} = 296$$

In t = 1 wird auf Ebene der UK-BS ein Gewinn nach Steuern in Höhe von 296 erwirtschaftet, der an die deutsche DE-SE weitergeleitet wird. Die Berechnungsergebnisse für t = 1 bis t = 4 sind in der nachfolgenden Tabelle zusammengefasst:

Tabelle 1: Ermittlung des an die DE-SE transferierbaren Gewinns der UK-BS in den Perioden t = 1 bis t = 4 (Inbound-Verschmelzung, Buchwertfortführung)

| Periode (t) | $ab(aav)_t^{UK-BS(IV,BWF)}$ (3.2.2.1.1.) | $vv_t^{UK-BS(IV,BWF)}$ (3.2.2.1.2.) | $G_t^{UK-BS(IV,BWF)}$ (3.2.2.1.3.) | $S_t^{UK-BS(IV,BWF)}$ (3.2.2.1.4.) | $TRA_t^{UK-BS(IV,BWF)}$ (3.2.2.1.5.) |
|---|---|---|---|---|---|
| t = 1 | 0,48 | 0,40 | 280 | 84 | 296 |
| t = 2 | 0,36 | 0 | 410 | 123 | 287 |
| t = 3 | 0,27 | 0 | 432,50 | 129,75 | 302,75 |
| t = 4 | 0,20 | 0 | 449,38 | 134,81 | 314,56 |

### 3.2.2.2. Ebene der deutschen SE

Die deutsche DE-SE ist in Deutschland mit ihrem Welteinkommen unbeschränkt steuerpflichtig, § 1 Abs. 1 Nr. 1 KStG. Das Welteinkommen setzt sich in einer Periode t aus den Gewinnen zusammen, die die DE-SE selbst erzielt, und den in Großbritannien von der UK-BS erzielten Gewinnen. Um die Höhe der Dividende zu bestimmen, die die DE-SE an ihre deutschen Anteilseigner ausschütten kann ($DIV_t^{DE-SE(IV,BWF)}$), sind drei Rechenschritte erforderlich:

- Bestimmung des steuerpflichtigen Gewinns der DE-SE ($G_t^{DE-SE(IV,BWF)}$)
- Ermittlung der Ertragsteuerbelastung der DE-SE in Deutschland ($S_t^{DE-SE(IV,BWF)}$)
- Berechnung der Dividende der DE-SE ($DIV_t^{DE-SE(IV,BWF)}$).

Diese Rechenschritte werden allgemein und konkret anhand des Zahlenbeispiels für die Periode t = 1 erläutert. Die Ergebnisse für die Perioden t = 1 bis t = 4 werden in einer Tabelle zusammengefasst.

(1) Die Gewinne der UK-BS ( $TRA_t^{UK-BS(IV,BWF)}$ ) werden unmittelbar dem deutschen Stammhaus zugerechnet (Einheitsprinzip). Die internationale Doppelbesteuerung dieser Gewinne wird nach dem Betriebsstättenprinzip durch Freistellung im Wohnsitzstaat der DE-SE vermieden, Art. 3 Abs. 1 i.V.m. Art. 18 Abs. 2 DBA Deutschland-Großbritannien.[306] Diese Freistellung gilt auch für die Ermittlung des Gewerbeertrags für Zwecke der Gewerbesteuer, da die Gewerbesteuer in den Anwendungsbereich des DBA Deutschland-Großbritannien einbezogen wird, Art. 1 Abs. 1 Buchst. a. Da Deutschland somit kein Besteuerungsrecht für die britischen Betriebsstättengewinne zusteht, bedarf es weder einer Kürzung nach § 9 Nr. 3 GewStG noch eines Rückgriffs auf den Inlandscharakter der Gewerbesteuer (§ 2 Abs. 1 GewStG). Die Besteuerung der britischen Betriebsstättengewinne bestimmt sich ausschließlich nach den in Großbritannien geltenden Verhältnissen.[307] In die Bemessungsgrundlage der DE-SE geht in einer Periode t nur der in Deutschland erzielte vorläufige Vergleichsgewinn ( $VG^{DE-SE(IV,BWF)}$ ) ein, der um die auf Ebene der DE-SE angefallenen planmäßigen Abschreibungen vermindert wird ( $AB(aav)_t^{DE-SE(IV,BWF)}$ ). Die planmäßigen Abschreibungen sind so zu erfassen, wie die DE-AG sie ohne die Verschmelzung angesetzt hätte. Der steuerliche Verlustvortrag der DE-AG wird von der DE-SE fortgeführt ( $VV_t^{DE-SE(IV,BWF)}$ ), § 8 Abs. 4 KStG, §10a GewStG.[308] Dabei ist allerdings zu beachten, dass der steuerliche Verlustvortrag innerhalb derselben Einkunftsart zeitlich unbegrenzt auf die Hälfte der Einkünfte beschränkt ist, § 10d Abs. 2 Satz 2 EStG, § 8 Abs. 1 KStG.[309] Es gilt:

(3.2.2.2.1.) $$G_t^{DE-SE(IV,BWF)} = \max\left\{0 ; \begin{pmatrix} vg - ab(aav)_t^{DE-SE(IV,BWF)} \\ - vv_t^{DE-SE(IV,BWF)} \end{pmatrix} \cdot GK\right\}$$

unter der Bedingung, dass

$$vv_t^{DE-SE(IV,BWF)} \cdot GK \leq \frac{1}{2} \cdot \left(vg - ab(aav)_t^{DE-SE(IV,BWF)}\right) \cdot GK \text{ sowie}$$

$$\text{wenn: } \left(vg - ab(aav)_t^{DE-SE(IV,BWF)}\right) \cdot GK < 0$$

---

306 Vgl. Kußmaul, H./Schäfer, R., StuB 2002, S. 277.
307 Vgl. Scheffler, W., Besteuerung, 2002, S. 193-194.
308 Siehe hierzu Berechnung (3.2.1.2.2.4.), S. 124.
309 Siehe hierzu Abschnitt 1.1.2., S. 92.

$$\text{dann: } \left\{ \begin{array}{l} -\left(vg - ab(aav)_t^{DE-SE(IV,BWF)}\right) \\ + vv_t^{DE-SE(IV,BWF)} \end{array} \right\} \cdot GK = vv_{t+1}^{DE-SE(IV,BWF)} \cdot GK$$

Die planmäßigen Abschreibungen der DE-SE sind wie folgt zu berücksichtigen:

$$(3.2.2.2.2.) \quad ab(aav)_t^{DE-SE(IV,BWF)} = aav_t^{DE-SE(IV,BWF)} \cdot 0{,}2$$

$$ab(aav)_1^{DE-SE(IV,BWF)} = 1{,}92 \cdot 0{,}2 = 0{,}38$$

In t = 1 beträgt der steuerliche Verlustvortrag 100. Es gilt:

$$(3.2.2.2.3.) \quad vv_1^{DE-SE(IV,BWF)} = \frac{100}{250} = 0{,}40 \text{, wobei}$$

$$vv_1^{DE-SE(IV,BWF)} \cdot GK \leq \frac{1}{2} \cdot \left(vg - ab(aav)_1^{DE-SE(IV,BWF)}\right) \cdot GK$$

$$0{,}40 \cdot GK \leq \frac{1}{2} \cdot (2 - 0{,}38) \cdot GK$$

Da der steuerliche Verlustvortrag der DE-SE die Hälfte der Einkünfte aus Gewerbebetrieb nicht übersteigt, ist er in t = 1 in vollem Umfang zu berücksichtigen:

$$(3.2.2.2.4.) \quad G_1^{DE-SE(IV,BWF)} = \max\{0; (2 - 0{,}38 - 0{,}40) \cdot 250\} = 304$$

(2) Die Ertragsteuerbelastung der DE-SE ist das Produkt des zu versteuernden Einkommens und des kombinierten Ertragsteuersatzes ($s_{THES}^{DE}$), der die Körperschaftsteuer und Gewerbesteuer erfasst. Es gilt:

$$(3.2.2.2.5.) \quad S_t^{DE-SE(IV,BWF)} = \left( \max \left\{ \begin{array}{l} 0; \left( \begin{array}{l} vg - ab(aav)_t^{DE-SE(IV,BWF)} \\ - vv_t^{DE-SE(IV,BWF)} \end{array} \right) \\ \cdot GK \end{array} \right\} \right) \cdot s_{THES}^{DE}$$

$$S_1^{DE-SE(IV,BWF)} = (\max\{0; (2 - 0{,}38 - 0{,}40) \cdot 250\}) \cdot 0{,}375$$

$$S_1^{DE-SE(IV,BWF)} = 304 \cdot 0{,}375 = 114$$

(3) Die ausschüttungsfähige Dividende der DE-SE ergibt sich aufgrund ihres in Deutschland erwirtschafteten Nettoertrags ($ERT_t^{DE-SE(IV,BWF)}$) sowie des transferierten Gewinns der UK-BS ($TRA_t^{UK-BS(IV,BWF)}$). Der Nettoertrag der DE-SE errechnet sich aus dem vorläufigen Vergleichs-

gewinn abzüglich der planmäßigen Abschreibungen und der Ertragsteuern. Es gilt:

$$(3.2.2.2.6.)\quad ERT_t^{DE-SE(IV,BWF)} = \max\left\{\begin{matrix} 0\,;\left(vg - ab(aav)_t^{DE-SE(IV,BWF)}\right)\cdot GK \\ - S_t^{DE-SE(IV,BWF)} \end{matrix}\right\}$$

$$ERT_1^{DE-SE(IV,BWF)} = \max\{0\,;(2-0{,}38)\cdot 250 - 114\} = 290$$

Daraus ergibt sich folgende Dividende:

$$(3.2.2.2.7.)\quad DIV_t^{DE-SE(IV,BWF)} = ERT_t^{DE-SE(IV,BWF)} + TRA_t^{UK-BS(IV,BWF)}$$

$$DIV_1^{DE-SE(IV,BWF)} = 290 + 296 = 586$$

In Periode t = 1 schüttet die DE-SE eine Dividende von 586 aus. Für die Perioden t = 1 bis t = 4 ergeben sich folgende Werte:

Tabelle 2: Ermittlung des Nettoertrags der DE-SE in den Perioden t = 1 bis t = 4 (Inbound-Verschmelzung, Buchwertfortführung)

| Periode (t) | $ab(aav)_t^{DE-SE(IV,BWF)}$ (3.2.2.2.2.) | $vv_t^{DE-SE(IV,BWF)}$ (3.2.2.2.3.) | $G_t^{DE-SE(IV,BWF)}$ (3.2.2.2.4.) | $S_t^{DE-SE(IV,BWF)}$ (3.2.2.2.5.) | $ERT_t^{DE-SE(IV,BWF)}$ (3.2.2.2.6.) |
|---|---|---|---|---|---|
| t = 1 | 0,38 | 0,40 | 304 | 114 | 290 |
| t = 2 | 0,31 | 0 | 423,20 | 158,70 | 264,50 |
| t = 3 | 0,25 | 0 | 438,56 | 164,46 | 274,10 |
| t = 4 | 0,20 | 0 | 450,85 | 169,07 | 281,78 |

Tabelle 3: Dividende der DE-SE in den Perioden t = 1 bis t = 4 (Inbound-Verschmelzung, Buchwertfortführung)

| Periode (t) | $TRA_t^{UK-BS(IV,BWF)}$ (3.2.2.1.5.) | $ERT_t^{DE-SE(IV,BWF)}$ (3.2.2.2.6.) | $DIV_t^{DE-SE(IV,BWF)}$ (3.2.2.2.7.) |
|---|---|---|---|
| t = 1 | 296 | 290 | 586 |
| t = 2 | 287 | 264,50 | 551,50 |
| t = 3 | 302,75 | 274,10 | 576,85 |
| t = 4 | 314,56 | 281,78 | 596,34 |

### 3.2.2.3. Ebene der deutschen Anteilseigner

Auf Ebene der deutschen Anteilseigner der DE-SE ergeben sich unterschiedliche Steuerwirkungen in Abhängigkeit davon, ob sie natürliche oder juristische Personen sind. Jede Gesellschaftergruppe erhält 50% der Dividende der DE-SE.[310]

Die Ertragsteuerwirkungen, die sich bei den deutschen Anteilseignern in t = 1 bis t = 4 durch den Erhalt der Dividende ergeben, werden allgemein und konkret anhand des Zahlenbeispiels für die Periode t = 1 erläutert. Die Ergebnisse für die Perioden t = 1 bis t = 4 werden in einer Tabelle zusammengefasst.

Bei natürlichen Personen als Anteilseigner unterliegt die Hälfte der Dividende nach dem Halbeinkünfteverfahren als Einkünfte aus Kapitalvermögen der Einkommensteuer, § 20 Abs. 1 Satz 1 i.V.m. § 3 Nr. 40 EStG. Dabei ist es unerheblich, ob die Dividende aus dem Inland oder aus dem Ausland stammt.[311] Es gilt:

(3.2.2.3.1.) $$S_t^{nat,DIV(IV,BWF)} = \frac{1}{2} \cdot \left( \frac{1}{2} \cdot DIV_t^{DE-SE(IV,BWF)} \right) \cdot s_{ESt}^{DE}$$

$$S_1^{nat,DIV(IV,BWF)} = \frac{1}{4} \cdot 586 \cdot 0{,}47 = 68{,}86$$

Nach Abzug der Ertragsteuern von der Dividende ergibt sich folgender Nettozufluss:

(3.2.2.3.2.) $$NZ_t^{nat,DIV(IV,BWF)} = \frac{1}{2} \cdot DIV_t^{DE-SE(IV,BWF)} - S_t^{nat,DIV(IV,BWF)}$$

$$NZ_1^{nat,DIV(IV,BWF)} = \frac{1}{2} \cdot 586 - 68{,}86 = 224{,}15$$

Juristische Personen als Anteilseigner können inländische und ausländische Dividenden nach dem Dividendenprivileg zwar steuerfrei vereinnahmen, § 8b Abs. 1 KStG.[312] Über die Anknüpfung der Gewerbesteuer an die Einkünfte aus Gewerbebetrieb sind die Dividenden zunächst nicht in der Ausgangsgröße zur Ermittlung des Gewerbeertrags der juristischen Personen enthalten, § 7 GewStG i.V.m. § 8b Abs. 1 KStG.[313] Da die juristischen Personen über Streubesitzdividenden verfügen, unterlie-

---

310 Siehe hierzu Abschnitt 3.2.1.3, S. 126-127.

311 Vgl. Förster, G., WPg 2001, S. 1235-1237; Haase F. F., SteuerStud 2002, S. 201-204; Herzig, N., WPg 2001, S. 256-258; Pelka, J., StuW 2000, S. 391.

312 Durch die Dividendenfreistellung soll vermieden werden, dass Gewinne, die bereits der definitiven Körperschaftsteuer auf Ebene der ausschüttenden Kapitalgesellschaft unterworfen wurden, noch einmal mit Körperschaftsteuer belastet werden; siehe hierzu Dörner, B. M., INF 2000, S. 548; Herzig, N., WPg 2001, S. 254; Korth, H.-M., DSWR 2000, S. 324.

313 Vgl. Jacobs, D., DStR 2001, S. 809; van Lishaut, I., StuW 2000, S. 191.

gen ihre Beteiligungserträge aber aufgrund der Hinzurechnung nach § 8 Nr. 5 GewStG der Gewerbesteuer.[314] Es gilt:

$$(3.2.2.3.3.)\quad S_t^{jur,DIV(IV,BWF)} = \frac{1}{2} \cdot DIV_t^{DE-SE(IV,BWF)} \cdot s_{GewSt}^{DE}$$

$$S_1^{jur,DIV(IV,BWF)} = \frac{1}{2} \cdot 586 \cdot 0{,}1667 = 48{,}84$$

Nach Abzug der Gewerbesteuer ergibt sich folgender Nettozufluss:

$$(3.2.2.3.4.)\quad NZ_t^{jur,DIV(IV,BWF)} = \frac{1}{2} \cdot DIV_t^{DE-SE(IV,BWF)} - S_t^{jur,DIV(IV,BWF)}$$

$$NZ_1^{jur,DIV(IV,BWF)} = \frac{1}{2} \cdot 586 - 48{,}84 = 244{,}16$$

Der Nettozufluss der deutschen Anteilseigner in den Perioden t = 1 bis t = 4 ergibt sich aus der nachstehenden Tabelle:

Tabelle 4: Ermittlung des Nettozuflusses aus der Dividende der DE-SE bei den deutschen Anteilseignern in den Perioden t = 1 bis t = 4 (Inbound-Verschmelzung, Buchwertfortführung)

| Periode (t) | $S_t^{nat,DIV(IV,BWF)}$ (3.2.2.3.1.) | $NZ_t^{nat,DIV(IV,BWF)}$ (3.2.2.3.2.) | $S_t^{jur,DIV(IV,BWF)}$ (3.2.2.3.3.) | $NZ_t^{jur,DIV(IV,BWF)}$ (3.2.2.3.4.) |
|---|---|---|---|---|
| t = 1 | 68,86 | 224,15 | 48,84 | 244,16 |
| t = 2 | 64,80 | 210,95 | 45,97 | 229,78 |
| t = 3 | 67,78 | 220,65 | 48,08 | 240,34 |
| t = 4 | 70,07 | 228,10 | 49,71 | 248,47 |

### 3.2.2.4. Zusammenfassung der Steuerwirkungen der grenzüberschreitenden Unternehmenstätigkeit der deutschen SE

Die Steuerwirkungen, die sich im Rahmen der grenzüberschreitenden Unternehmenstätigkeit der DE-SE ergeben, sind für natürliche und für juristische Personen getrennt auszuweisen. Die Dividende, die die DE-SE in einer Periode t ausschüttet ($DIV_t^{DE-SE(IV,BWF)}$), ist die Summe des Gewinntransfers der UK-BS ($TRA_t^{UK-BS(IV,BWF)}$) und des Ertrags der DE-SE ($ERT_t^{DE-SE(IV,BWF)}$) in der Periode t.[315] Es gilt:

---

[314] Vgl. Haas, W., DB 2002, S. 549; Scheffler, W., Ertragsteuern, 2003, S. 230-234; Schwedhelm, R./Olbing, K./Binnewies, B., GmbHR 2002, S. 1160-1162.

[315] Siehe hierzu Berechnung (3.2.2.2.7.), S. 133.

(3.2.2.4.1.) wenn deutsche Anteilseigner = $AE^{nat,DE-AG}$ und $AE^{nat,UK-PLC}$, dann

$$NZ_t^{nat,DIV(IV,BWF)} = \frac{1}{2} \cdot \begin{pmatrix} TRA_t^{UK-BS(IV,BWF)} \\ + ERT_t^{DE-SE(IV,BWF)} \end{pmatrix} - \frac{1}{2} \cdot \frac{1}{2} \cdot s_{ESt}^{DE} \cdot \begin{pmatrix} TRA_t^{UK-BS(IV,BWF)} \\ + ERT_t^{DE-SE(IV,BWF)} \end{pmatrix}$$

➊ ➋

(3.2.2.4.2.) wenn deutsche Anteilseigner = $AE^{jur,DE-AG}$ und $AE^{jur,UK-PLC}$, dann

$$NZ_t^{jur,DIV(IV,BWF)} = \frac{1}{2} \cdot \begin{pmatrix} TRA_t^{UK-BS(IV,BWF)} \\ + ERT_t^{DE-SE(IV,BWF)} \end{pmatrix} - \frac{1}{2} \cdot s_{GewSt}^{DE} \cdot \begin{pmatrix} TRA_t^{UK-BS(IV,BWF)} \\ + ERT_t^{DE-SE(IV,BWF)} \end{pmatrix}$$

➊ ➋

Teil ➊ der Berechnungsformeln gibt jeweils die Dividende an, die die deutschen Anteilseigner unter Berücksichtigung ihrer Beteiligungsquote von jeweils 50% von der DE-SE empfangen. Die Steuerbelastungen werden in Teil ➋ der Berechnungsformeln erfasst. Zusammengefasst gilt:

(3.2.2.4.3.) $$NZ_t^{nat,DIV(IV,BWF)} = \begin{pmatrix} TRA_t^{UK-BS(IV,BWF)} \\ + ERT_t^{DE-SE(IV,BWF)} \end{pmatrix} \cdot \frac{1 - \frac{1}{2} \cdot s_{ESt}^{DE}}{2}$$

(3.2.2.4.4.) $$NZ_t^{jur,DIV(IV,BWF)} = \begin{pmatrix} TRA_t^{UK-BS(IV,BWF)} \\ + ERT_t^{DE-SE(IV,BWF)} \end{pmatrix} \cdot \frac{1 - s_{GewSt}^{DE}}{2}$$

Setzt man für $TRA_t^{UK-BS(IV,BWF)}$ Gleichung (3.2.2.1.5.) und für $ERT_t^{DE-SE(IV,BWF)}$ Gleichung (3.2.2.2.6.) in die Gleichungen (3.2.2.4.3.) sowie (3.2.2.4.4.) ein, gilt:

(3.2.2.4.5.)

$$NZ_t^{nat,DIV(IV,BWF)} = \left\{ \begin{matrix} \max\left(0 ; \left\{ \begin{matrix} \left(vg - ab(aav)_t^{UK-BS(IV,BWF)}\right) \cdot GK \\ - S_t^{UK-BS(IV,BWF)} \end{matrix} \right\}\right) \\ + \max\left(0 ; \left\{ \begin{matrix} \left(vg - ab(aav)_t^{DE-SE(IV,BWF)}\right) \cdot GK \\ - S_t^{DE-SE(IV,BWF)} \end{matrix} \right\}\right) \end{matrix} \right\} \cdot \frac{1 - \frac{1}{2} \cdot s_{ESt}^{DE}}{2}$$

$$NZ_t^{nat,DIV(IV,BWF)} = \left\{ \begin{aligned} & \max\left(0 ; \left\{ \begin{aligned} & \left(1 - s_{KSt}^{UK}\right) \\ & \cdot \left(vg - ab(aav)_t^{UK-BS(IV,BWF)}\right) \\ & + s_{KSt}^{UK} \cdot vv_t^{UK-BS(IV,BWF)} \end{aligned} \right\}\right) \\ & + \max\left(0 ; \left\{ \begin{aligned} & \left(1 - s_{THES}^{DE}\right) \\ & \cdot \left(vg - ab(aav)_t^{DE-SE(IV,BWF)}\right) \\ & + s_{THES}^{DE} \cdot vv_t^{DE-SE(IV,BWF)} \end{aligned} \right\}\right) \end{aligned} \right\} \cdot \frac{\left(1 - \frac{1}{2} \cdot s_{ESt}^{DE}\right) \cdot GK}{2}$$

(3.2.2.4.6.)

$$NZ_t^{jur,DIV(IV,BWF)} = \left\{ \begin{aligned} & \max\left(0 ; \left\{ \begin{aligned} & \left(vg - ab(aav)_t^{UK-BS(IV,BWF)}\right) \cdot GK \\ & - S_t^{UK-BS(IV,BWF)} \end{aligned} \right\}\right) \\ & + \max\left(0 ; \left\{ \begin{aligned} & \left(vg - ab(aav)_t^{DE-SE(IV,BWF)}\right) \cdot GK \\ & - S_t^{DE-SE(IV,BWF)} \end{aligned} \right\}\right) \end{aligned} \right\} \cdot \frac{1 - s_{GewSt}^{DE}}{2}$$

$$NZ_t^{jur,DIV(IV,BWF)} = \left\{ \begin{aligned} & \max\left(0 ; \left\{ \begin{aligned} & \left(1 - s_{KSt}^{UK}\right) \\ & \cdot \left(vg - ab(aav)_t^{UK-BS(IV,BWF)}\right) \\ & + s_{KSt}^{UK} \cdot vv_t^{UK-BS(IV,BWF)} \end{aligned} \right\}\right) \\ & + \max\left(0 ; \left\{ \begin{aligned} & \left(1 - s_{THES}^{DE}\right) \\ & \cdot \left(vg - ab(aav)_t^{DE-SE(IV,BWF)}\right) \\ & + s_{THES}^{DE} \cdot vv_t^{DE-SE(IV,BWF)} \end{aligned} \right\}\right) \end{aligned} \right\} \cdot \frac{\left(1 - s_{GewSt}^{DE}\right) \cdot GK}{2}$$

### 3.2.3. Veräußerung der Anteile an der deutschen SE durch die deutschen Anteilseigner

Der Gewinn aus der Veräußerung der Anteile an der DE-SE durch die deutschen Anteilseigner im Zeitpunkt t = v ($VE_v^{DE-SE(IV,BWF)}$) ergibt sich aus der Differenz der Anschaffungskosten der Beteiligung und dem Verkehrswert der DE-SE im Verkaufszeitpunkt t = v. Zur Ermittlung der Anschaffungskosten der natürlichen und der juristischen Personen ist auf den Preis abzustellen, den sie im Zeitpunkt t = -k für den Erwerb ihrer Beteiligung entrichtet haben ($AK_{-k}$). Die Begründung liegt darin, dass beim Vollzug der Verschmelzung in t = 0 die ursprünglichen Anschaffungskosten aus dem Zeitpunkt t = -k unter der Voraussetzung, dass die Beteiligung vor und nach dem Vollzug der Verschmelzung den gleichen Wert aufweist, auf die neuen Anteile an der DE-SE in t = 0 übertragen werden.[316] Es gilt:

$$(3.2.3.1.) \qquad AK_{-k}^{DE-AG} = AK_{-k}^{UK-PLC} = AK_{-k}$$

$$AK_{-k} = \frac{1}{2} \cdot (1 + rl_{-k} + st_{-k}) \cdot 2 \cdot GK$$

$$AK_{-3} = \frac{1}{2} \cdot AK_0^{DE-SE(IV,BWF)} = 1.275$$

Der Verkehrswert der DE-SE in t = v ($VW_v^{DE-SE(IV,BWF)}$) ergibt sich aus der Summe des Grundkapitals, der offenen Rücklagen und der stillen Reserven. Da die DE-SE ihre Gewinne im Betrachtungszeitraum von t = 1 bis t = 4 vollständig an die deutschen Anteilseigner ausschüttet, entsprechen die Rücklagen im Zeitpunkt t = v den Rücklagen in t = 0. Allgemein und konkret anhand des Zahlenbeispiels gilt:

$$(3.2.3.2.) \qquad VW_v^{DE-SE(IV,BWF)} = \left(2 + rl_v^{DE-SE(IV,BWF)} + st_v^{DE-SE(IV,BWF)}\right) \cdot GK$$

$$\text{mit: } rl_v^{DE-SE(IV,BWF)} \cdot GK = 2 \cdot rl_0 \cdot GK = 3{,}60 \cdot GK \text{ und}$$

$$st_v^{DE-SE(IV,BWF)} \cdot GK = 2 \cdot st_v \cdot GK = 14 \cdot GK \text{, sodass}$$

$$(3.2.3.3.) \qquad VW_v^{DE-SE(IV,BWF)} = (1 + rl_0 + st_v) \cdot 2 \cdot GK$$

$$VW_4^{DE-SE(IV,BWF)} = (1 + 1{,}80 + 7) \cdot 2 \cdot 250 = 4.900$$

Bei der Ermittlung des Veräußerungsgewinns der deutschen Anteilseigner ist zu berücksichtigen, dass sich beim Vollzug der Verschmelzung die Beteiligungsquote der deutschen Anteilseigner der ursprünglichen Gründungsgesellschaften DE-AG und UK-PLC auf jeweils 50% an der DE-SE halbiert hat. Es gilt:

$$(3.2.3.4.) \qquad VE_v^{DE-SE(IV,BWF)} = \frac{1}{2} \cdot \left(VW_v^{DE-SE(IV,BWF)} - AK_0^{DE-SE(IV,BWF)}\right)$$

Setzt man die Gleichungen (3.2.3.3.) und (3.2.3.1.) in Gleichung (3.2.3.4.) ein, gilt:

[316] Siehe hierzu Abschnitt 3.2.1.3., S. 125-127.

$$(3.2.3.5.)\quad VE_v^{DE-SE(IV,BWF)} = \frac{1}{2} \cdot \left\{ \left(1 + rl_0 + st_v\right) \cdot 2 \cdot GK - \left(1 + rl_{-k} + st_{-k}\right) \cdot 2 \cdot GK \right\}$$

$$VE_v^{DE-SE(IV,BWF)} = \left\{ \left(rl_0 - rl_{-k}\right) + \left(st_v - st_{-k}\right) \right\} \cdot GK$$

$$VE_4^{DE-SE(IV,BWF)} = (0{,}20 + 4{,}50) \cdot 250 = 1.175$$

Bei der Besteuerung von Veräußerungsgewinnen gilt das Wohnsitzstaatprinzip, Art. 8 Abs. 3 DBA Deutschland-Großbritannien.[317] Bei natürlichen Personen als Anteilseigner unterliegen die Gewinne aus der Veräußerung von Anteilen an einer inländischen oder ausländischen Kapitalgesellschaft aufgrund des Halbeinkünfteverfahrens nur zur Hälfte der Besteuerung, § 3 Nr. 40 i.V.m. § 3c Abs. 2 EStG.[318] Da die natürlichen Personen im Anwendungsfall eine Beteiligungsquote von weniger als 1% halten, unterliegt der hälftige Veräußerungsgewinn einem einkommensteuerlichen Sondertarif in Höhe von 15% ($s_{nat,VE}^{DE}$), § 22 Nr. 2, § 23 Abs. 1 Satz 1 Nr. 2, § 32a Abs. 7 EStG.[319] Es gilt:

$$(3.2.3.6.)\quad S_v^{nat,VE(IV,BWF)} = \frac{1}{2} \cdot VE_v^{DE-SE(IV,BWF)} \cdot s_{nat,VE}^{DE}$$

$$S_4^{nat,VE(IV,BWF)} = \frac{1}{2} \cdot 1.175 \cdot 0{,}15 = 88{,}13$$

Auf Ebene der natürlichen Personen verbleibt nach Abzug der Ertragsteuern folgender Liquiditätszufluss:

$$(3.2.3.7.)\quad NZ_v^{nat,VE(IV,BWF)} = VE_v^{DE-SE(IV,BWF)} - S_v^{nat,VE}$$

$$NZ_4^{nat,VE(IV,BWF)} = 1.175 - 88{,}13 = 1.086{,}88$$

Bei juristischen Personen als Anteilseigner sind die Gewinne aus der Veräußerung von Anteilen an einer in- oder ausländischen Kapitalgesellschaft grundsätzlich steuerfrei, § 8b Abs. 2 KStG, § 7 GewStG.[320] Der Nettozufluss der juristischen Person entspricht somit dem Veräußerungsgewinn:

$$(3.2.3.8.)\quad NZ_4^{jur,VE(IV,BWF)} = VE_4^{DE-SE(IV,BWF)} = 1.175$$

---

[317] Vgl. Debatin, H./Wassermeyer, F. (Hrsg.), Doppelbesteuerung, 2002, Großbritannien Art. VIII, Rz. 65.

[318] Vgl. Funk, T. E., BB 2002, S. 1236; Herzig, N., WPg 2001, S. 263.

[319] Siehe hierzu z.B. Korezkij, L., SteuerStud 2003, S. 119-121; Watrin, C./Lühn, M., DB 2003, S. 168-173.

Die Steuerwirkungen, die bei der Veräußerung der Beteiligung an der DE-SE durch die deutschen Anteilseigner anfallen, lassen sich zusammenfassen, indem Gleichung (3.2.3.5.) in die Gleichungen (3.2.3.7.) und (3.2.3.8.) eingesetzt wird. Es gilt:

$$(3.2.3.9.)\quad NZ_v^{nat,VE(IV,BWF)} = \underbrace{\{(rl_0 - rl_{-k}) + (st_v - st_{-k})\}\cdot GK}_{\text{❶}} - \underbrace{S_v^{nat,VE(IV,BWF)}}_{\text{❷}}$$

$$(3.2.3.10.)\quad NZ_v^{jur,VE(IV,BWF)} = \underbrace{\{(rl_0 - rl_{-k}) + (st_v - st_{-k})\}\cdot GK}_{\text{❶}}$$

Teil ❶ der Berechnungsformel gibt den Veräußerungsgewinn an, den die deutschen Anteilseigner unter Berücksichtigung ihrer Beteiligungsquote von jeweils 50% aus der Veräußerung ihrer Beteiligung an der DE-SE in t = v erzielen. Die Steuerbelastungen der natürlichen Personen werden in Teil ❷ der Berechnungsformel erfasst. Für natürliche Personen gilt zusammenfassend:

$$(3.2.3.11.)\quad NZ_v^{nat,VE(IV,BWF)} = \{(rl_0 - rl_{-k}) + (st_v - st_{-k})\}\cdot\left(1 - \frac{1}{2}\cdot s_{ESt,VE}^{DE}\right)\cdot GK$$

## 3.2.4. Ergebnisfunktion der Inbound-Verschmelzung mit Buchwertfortführung bei den deutschen Anteilseignern

Der Nettozufluss, den die deutschen Anteilseigner durch die Gestaltungsalternative Inbound-Verschmelzung mit Buchwertfortführung erzielen, wird in einer Ergebnisfunktion ausgewiesen. Diese transformiert die im Rahmen der Steuerwirkungsanalyse ermittelten Werte in ein Ergebnis. Der Nettozufluss, den die deutschen Anteilseigner im Planungszeitraum von t =0 bis t =v erzielt haben, wird dabei auf den Beginn des Planungszeitraums t = 0 abgezinst. Für die natürlichen und die juristischen Personen ist jeweils eine gesonderte Ergebnisfunktion aufzustellen.

Beim Vollzug der Gründung der SE in t = 0 haben sich auf Ebene der deutschen Anteilseigner keine steuerlich bedingten Liquiditätswirkungen ergeben. Der Barwert der Summe der Nettoliquiditätszuflüsse der Gestaltungsalternative Inbound-Verschmelzung mit Buchwertfortführung ergibt sich somit aus den Perioden t = 1 bis t = 4. Allgemein und unter besonderer Berücksichtigung des Fallbeispiels gilt:

---

320 Vgl. Förster, G., Stbg 2001, S. 666-669; Rödder, T./Wochinger, P., FR 2001, S. 1253-1254; Romswinkel, M., GmbHR 2002, S. 1059-1062; Seibt, C. H., DStR 2000, S. 2067-2069; van Lishaut, I./Förster, G., GmbHR 2001, S. 1122-1123.

(3.2.4.1.) wenn deutsche Anteilseigner = $AE^{nat,DE-AG}$ und $AE^{nat,UK-PLC}$, dann

$$Bar_0^{nat(IV,BWF)} = 0 + \sum_{t=1}^{v} NZ_t^{nat,DIV(IV,BWF)} \cdot \left(q_t^{nat}\right)^{-t} + NZ_v^{nat,VE(IV,BWF)} \cdot \left(q_t^{nat}\right)^{-v}$$

mit: $q_t^{nat} = 1 + 0{,}1 \cdot (1 - 0{,}47)$, sodass

$$Bar_0^{nat(IV,BWF)} = 0 + (212{,}86 + 190{,}25 + 188{,}98 + 185{,}53) + 884{,}03$$

$$Bar_0^{nat(IV,BWF)} = 0 + 777{,}62 + 884{,}03 = 1.661{,}65$$

(3.2.4.2.) wenn deutsche Anteilseigner = $AE^{jur,DE-AG}$ und $AE^{jur,UK-PLC}$, dann

$$Bar_0^{jur(IV,BWF)} = 0 + \sum_{t=1}^{v} NZ_t^{jur,DIV(IV,BWF)} \cdot \left(q_t^{jur}\right)^{-t} + NZ_v^{jur,VE(IV,BWF)} \cdot \left(q_t^{jur}\right)^{-v}$$

mit: $q_t^{jur} = 1 + 0{,}1 \cdot (1 - 0{,}375)$, sodass

$$Bar_0^{jur(IV,BWF)} = 0 + (229{,}79 + 203{,}54 + 200{,}38 + 194{,}96) + 921{,}98$$

$$Bar_0^{jur(IV,BWF)} = 0 + 828{,}68 + 921{,}98 = 1.750{,}66$$

### 3.2.5. Übertragung der Einzelergebnisse in die Ergebnismatrix

Die Ergebnisse der einzelnen Gestaltungsalternativen werden sukzessive in einer Ergebnismatrix erfasst. In den Zeilen der Ergebnismatrix sind die sechs möglichen Alternativen zur Gründung einer Europäischen Aktiengesellschaft abgebildet. In den einzelnen Feldern der Spalten „natürliche Personen" und „juristische Personen" wird der jeweils ermittelte Barwert der Summe der Nettoliquiditätszuflüsse ausgewiesen.

Für die Inbound-Verschmelzung mit Buchwertfortführung ergeben sich die in der Matrix dargestellten Barwerte der Summe der Nettoliquiditätszuflüsse.

Tabelle 5: Barwerte der Summen der Nettoliquiditätszuflüsse auf Ebene der deutschen Anteilseigner (Inbound-Verschmelzung, Buchwertfortführung)

| Gestaltungsalternative | Barwert der Summe der Nettoliquiditätszuflüsse | |
|---|---|---|
| | $AE^{nat}$ | $AE^{jur}$ |
| Inbound-Verschmelzung (Buchwertfortführung) | 1.661,65 | 1.750,66 |
| Outbound-Verschmelzung (Buchwertfortführung) | Kapitel II.4.2.5., S. 173 | Kapitel II.4.2.5., S. 173 |
| Outbound-Verschmelzung (Teilwertansatz) | Kapitel II.4.3.5., S. 196 | Kapitel II.4.3.5., S. 196 |
| Inbound-Anteilstausch (Buchwertfortführung) | Kapitel II.5.2.5., S. 222 | Kapitel II.5.2.5., S. 222 |
| Inbound-Anteilstausch (Teilwertansatz) | Kapitel II.5.3.5., S. 239 | Kapitel II.5.3.5., S. 239 |
| Outbound-Anteilstausch (Teilwertansatz) | Kapitel II.6.2.5., S. 262 | Kapitel II.6.2.5., S. 262 |

# 4. Steuerwirkungsanalyse der SE-Gründung durch Outbound-Verschmelzung

In Abschnitt 4.1. wird die Struktur der Outbound-Verschmelzung erläutert. Bei der Steuerwirkungsanalyse ist danach zu unterscheiden, ob beim Vollzug der Outbound-Verschmelzung von der übernehmenden Aktiengesellschaft (UK-SE) die Buchwerte der untergehenden Aktiengesellschaft (DE-AG) fortgeführt werden (Buchwertfortführung) oder ein höherer Wertansatz gewählt wird (Teilwertansatz). Die ertrag- und verkehrsteuerliche Wirkungsanalyse für die Outbound-Verschmelzung wird in Abschnitt 4.2. mit Buchwertfortführung und in Abschnitt 4.3. bei Ansatz des Teilwertes durchgeführt.

Im Rahmen der Steuerwirkungsanalyse ist nach folgenden steuerlich relevanten Sachverhalten zu differenzieren:[321]
- Vollzug der Outbound-Verschmelzung
- grenzüberschreitende Unternehmenstätigkeit der britischen SE
- Anteilsveräußerung durch die deutschen Anteilseigner.

## 4.1. Struktur der Outbound-Verschmelzung

Die Outbound-Verschmelzung erfolgt spiegelbildlich zur Inbound-Verschmelzung durch Aufnahme. Die deutsche Aktiengesellschaft (DE-AG) überträgt ihr Vermögen durch Gesamtrechtsnachfolge auf die britische Aktiengesellschaft und wird zu deren Betriebsstätte (DE-BS). Die UK-PLC übernimmt die Rechtsform einer SE (UK-SE). Die Anteilseigner der DE-AG erhalten zum Ausgleich für ihre untergehenden Beteiligungen Anteile an der UK-SE. Der Status der deutschen Anteilseigner der UK-PLC ändert sich nicht, wenn die UK-PLC die Rechtsform UK-SE annimmt.

---

[321] Die Berrechnungsschemata der Gestaltungsalternativen Outbound-Verschmelzung mit Buchwertfortführung und Outbound-Verschmelzung mit Teilwertansatz sind in Anhang 2 und Anhang 3 enthalten, S. 323-326 und S. 327-331.

Abbildung 15: Struktur der Outbound-Verschmelzung

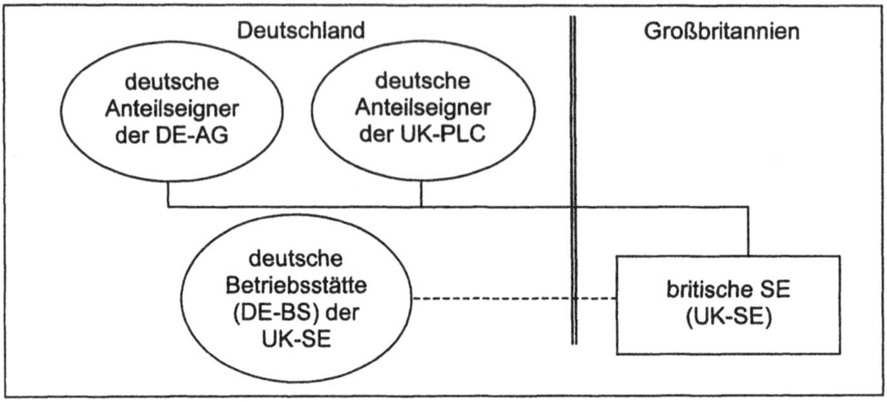


## 4.2. Outbound-Verschmelzung mit Buchwertfortführung

### 4.2.1. Vollzug der Outbound-Verschmelzung

Im Rahmen der Steuerwirkungsanalyse sind drei Ebenen zu unterscheiden:

- Ebene der übertragenden deutschen Aktiengesellschaft (DE-AG)
- Ebene der übernehmenden britischen SE (UK-SE)
- Ebene der deutschen Anteilseigner.

#### 4.2.1.1. Ebene der übertragenden deutschen Aktiengesellschaft

Die in den übertragenen Wirtschaftsgütern enthaltenen stillen Reserven werden auf Ebene der untergehenden DE-AG in t = 0 nicht aufgelöst, Art. 4 Abs. 1 FRL. Indem Deutschland als Ansässigkeitsstaat der übertragenden DE-AG beim Vollzug der Verschmelzung auf sein Besteuerungsrecht verzichtet, wird verhindert, dass der Vermögensübergang von der übertragenden auf die übernehmende Aktiengesellschaft wie eine steuerpflichtige Veräußerung behandelt wird. Das Vermögen der untergehenden DE-AG geht zum Buchwert auf die UK-SE als neue Eigentümerin über.[322] Die in Deutschland zurückgebliebenen Wirtschaftsgüter der DE-AG bilden eine steuerliche Betriebsstätte der aufnehmenden UK-SE (DE-BS). Ein steuerpflichtiger Veräußerungsgewinn fällt im Zeitpunkt t = 0 auf Ebene der DE-AG nicht an. Auf die Besteuerung der stillen Reserven der übertragenen Vermögenswerte wird nicht verzichtet. Die

---

322 In t = 0 beträgt der Buchwert der DE-AG 700; siehe hierzu Berechnung (1.1.3.1.), S. 93 und Abbildung 10, S. 96.

Steuerpflicht geht auf die übernehmende britische SE über. Wenn die übertragenen Wirtschaftsgüter auf Ebene der DE-BS weiterhin zum steuerlichen Ergebnis in Deutschland beitragen, wird der Steueranspruch Deutschlands gewahrt, da Deutschland nach Art. 3 Abs. 1, Art. 8 Abs. 2 DBA Deutschland-Großbritannien das Besteuerungsrecht für die Vermögenswerte zusteht, die in einer Betriebsstätte steuerverhaftet sind.[323]

Die neuen Abschreibungen sowie die späteren Wertsteigerungen bzw. Wertminderungen der übertragenen Vermögenswerte sind von der UK-SE so zu berechnen, wie die DE-AG sie ohne die Verschmelzung berechnet hätte, Art. 4 Abs. 2 FRL. Daher wird auf Ebene der DE-BS eine degressive Abschreibung mit einem Degressionssatz von 20% vorgenommen, obwohl das britische Recht die Poolabschreibung mit einem Degressionssatz von 25% vorsieht, Sec. 24 Abs. 2 Buchst. a (i) CA 1990.

Die steuerfrei oder teilweise steuerfrei gebildeten Rückstellungen und Rücklagen der DE-AG dürfen ohne Auflösungszwang in der DE-BS der britischen SE fortgeführt werden, wenn die Voraussetzungen dazu weiterhin erfüllt bleiben, Art. 5 FRL. Da die UK-SE in die Rechte und Pflichten der übertragenden deutschen Aktiengesellschaft eintritt, bleiben die Rückstellungen und Rücklagen vollständig erhalten.

In Abhängigkeit von der Ausgestaltung des mitgliedstaatlichen Steuerrechts gestattet Art. 6 FRL im Hinblick auf innerstaatliche Verschmelzungen die Übernahme der Verlustvorträge der DE-AG durch die DE-BS.[324] In Deutschland kann der Verlustvortrag einer übertragenden Kapitalgesellschaft durch eine übernehmende Kapitalgesellschaft nur fortgeführt werden, wenn die Gesellschaft, die den Verlust verursacht hat, in den folgenden fünf Jahren über den Verschmelzungsstichtag hinaus in einem nach dem Gesamtbild der wirtschaftlichen Verhältnisse vergleichbaren Umfang fortgeführt wird, § 12 Abs. 3, § 19 Abs. 2 Satz 1 UmwStG.[325] Im Anwendungsfall wird die übernehmende SE nach dem Vollzug der Verschmelzung in Bezug auf die wirtschaftlichen Verhältnisse in vergleichbarem Umfang zur untergehenden DE-AG fortgeführt. Der Verlustvortrag der DE-AG geht daher beim Vollzug der Verschmelzung in t = 0 nicht unter und kann in den nachfolgenden Perioden durch die DE-BS der britischen SE steuerlich genutzt werden. Es gilt:

---

[323] Siehe hierzu auch Thömmes, O., Besteuerung, 2002, S. 504.

[324] Vgl. Bezzina, J., ET 2002, S. 57-71.

[325] Vgl. Djanani, C./Brähler, G./Zölch, S., BB 2000, S. 1497-1498; Düll, A./Fuhrmann, G., DStR 2000, S. 1168-1169; Fußbroich, P., DStR 2002, S. 703-704.

(4.2.1.1.1.) $VV_0^{DE-AG} \rightarrow VV_0^{DE-BS(OV,BWF)}$

In der Schlussbilanz der untergehenden DE-AG werden die übergehenden Vermögenswerte der DE-AG mit dem Buchwert angesetzt. Allgemein und konkret anhand des Zahlenbeispiels gilt:

Abbildung 16: Schlussbilanz der DE-AG zum 31.12.00 (Outbound-Verschmelzung mit Buchwertfortführung)

| Schlussbilanz der DE-AG zum 31.12.00 (Outbound-Verschmelzung mit Buchwertfortführung) | | | |
|---|---|---|---|
| Aktivvermögen ( $AKT_0^{DE-AG}$ )<br>mit: $AAV_0^{DE-AG} = 480$<br>$NAAV_0^{DE-AG} = 120$ | 600 | Grundkapital ( GK ) | 250 |
| Umlaufvermögen ( $UV_0^{DE-AG}$ ) | 400 | offene Rücklagen ( $RL_0^{DE-AG}$ ) | 450 |
| | | sonstige Passiva ( $SP_0^{DE-AG}$ ) | 300 |
| $AV_0^{DE-AG} + UV_0^{DE-AG}$ | 1.000 | $GK + RL_0^{DE-AG} + SP_0^{DE-AG}$ | 1.000 |

### 4.2.1.2. Ebene der übernehmenden britischen SE

Bei der übernehmenden britischen SE ergeben sich bei der Outbound-Verschmelzung verkehrsteuerliche und ertragsteuerliche Konsequenzen.

#### 4.2.1.2.1. Verkehrsteuern

Soweit das Eigentum an Grundstücken aus dem Vermögen des übertragenden Rechtsträgers auf den übernehmenden Rechtsträger übergeht, unterliegt die Verschmelzung in Deutschland nach § 1 Abs. 1 Nr. 3 GrEStG der Grunderwerbsteuer.[326] Da bei der Verschmelzung der übertragende Rechtsträger untergeht, schuldet der übernehmende Rechtsträger die Grunderwerbsteuer, § 13 GrEStG.[327] Bei der Verschmelzung bemisst sich die Grunderwerbsteuer nach dem Wert des Grundstücks,

---

[326] Vgl. Fischer, P./Sack, H.-J., Grunderwerbsteuer, 2002, § 1 GrEStG, Rz. 529; Halaczinsky, R., NWB 1999, Fach 8, S. 1425.
Siehe hierzu auch BFH vom 28.07.1970, BStBl 1978 II, S. 818; BFH vom 18.07.1979, BStBl 1979 II, S. 683; BFH vom 16.02.1994, BStBl 1994 II, S. 866.

[327] Vgl. Fischer, P./Sack, H.-J., Grunderwerbsteuer, 2002, § 13 GrEStG, Rz. 21 und Rz. 66; Götz, H., GmbHR 1998, S. 350; Schmitt, J./Hörtnagl, R./Stratz, R.-C., Umwandlungsgesetz, 2001, § 3 UmwStG, Rz. 102.

§ 8 Abs. 2 Satz 1 Nr. 2 GrEStG i.V.m. § 138 Abs. 2, 3 BewG.[328] Der Wert des Grundstücks wird im Rahmen einer Bedarfsbewertung ermittelt.[329]

Da die DE-AG beim Vollzug der Outbound-Verschmelzung ihr Vermögen auf die aufnehmende UK-SE überträgt, geht auch das Eigentum am deutschen Grundvermögen der DE-AG ($GAV_t^{DE-AG}$) auf den britischen Rechtsträger über. Die DE-AG geht beim Vollzug der Verschmelzung unter, sodass die UK-SE Steuerschuldnerin der Grunderwerbsteuer ist. Die Grunderwerbsteuer entsteht bei der Gründung der SE durch Verschmelzung durch Aufnahme mit der Eintragung der aufnehmenden SE in das zuständige Register nach § 16 SE-VO.[330] Im Anwendungsfall erfolgt die Eintragung in das zuständige britische Register am 31.12.00. Die Grunderwerbsteuer fällt daher in der Periode t = 0 an. Es gilt:

(4.2.1.2.1.1.) $S_0^{UK-SE(OV,BWF)} = gav_0 \cdot GK \cdot s_{GrESt}^{DE}$

$$S_0^{UK-SE(OV,BWF)} = 0{,}80 \cdot 250 \cdot 0{,}035 = 7$$

Die Grunderwerbsteuer zählt zu den objektbezogenen Kosten, die i.S.d. allgemeinen Regelungen des Steuerrechts Anschaffungs- bzw. Anschaffungsnebenkosten sind.[331] Nach britischem Recht ist die Grunderwerbsteuer auf Ebene der übernehmenden UK-SE als Anschaffungskosten der übernommenen Grundstücke der DE-AG zu aktivieren.[332] Hieraus resultiert die Konsequenz, dass die Grunderwerbsteuer auf Ebene der übernehmenden UK-SE beim Vollzug der Verschmelzung erfolgsneutral erfasst wird. Der Erhöhung des Werts der übernommenen Grundstücke durch die Aktivierung der Grunderwerbsteuer als Anschaf-

---

328 Hierbei gelten die gleichen Bewertungsregeln wie für die Erbschaft- und Schenkungsteuer, § 138-§ 150 BewG; siehe hierzu Fischer, P./Sack, H.-J., Grunderwerbsteuer, 2002, § 8 GrEStG, Rz. 44; Götz, H., GmbHR 1998, S. 350; Scheffler, W., Ertragsteuern, 2003, S. 307-308; Widmann, S./Mayer, D., Umwandlungsrecht, Anh. 12, Grunderwerbsteuer, Rz. 51-52.

329 Zur verfahrensrechtlichen Einordnung der Bedarfsbewertung siehe auch Scheffler, W., Steuerbilanz, 2002, S. 385-386.

330 Siehe hierzu auch BFH vom 16.02.1994, BStBl 1994 II, S. 866 sowie Fischer, P./Sack, H.-J., Grunderwerbsteuer, 2002, § 1 GrEStG, Rz. 563; Haritz, D./Benkert, M., Umwandlungssteuergesetz, 2000, § 11 UmwStG, Rn. 1; Ott, H., INF 1996, S. 582; Widmann, S./Mayer, D., Umwandlungsrecht, Anh. 12, Grunderwerbsteuer, Rz. 41.

331 Zur Erfassung der Grunderwerbsteuer als Anschaffungsnebenkosten siehe Scheffler, W., Steuerbilanz, 2002, S. 159; Schmitt, J./Hörtnagl, R./Stratz, R.-C., Umwandlungsgesetz 2001, § 3 UmwStG, Rz. 102.

332 Siehe hierzu Davies, M./Paterson, R./Wilson, A., UK GAAP, 1997, S. 720.

fungskosten steht der Abgang liquider Mittel in Höhe der zu zahlenden Grunderwerbsteuer gegenüber.

#### 4.2.1.2.2. Ertragsteuern

Bei der Outbound-Verschmelzung erhält die übernehmende UK-PLC die Rechtsform einer SE. Da die SE-Verordnung zur Besteuerung der SE auf das nationale Recht des Sitzstaats der SE verweist ( Art. 9 Abs. 1 Buchst. c ii) SE-VO), ist hinsichtlich der ertragsteuerlichen Konsequenzen bei der übernehmenden SE das britische Steuerrecht anzuwenden, da die UK-SE in Großbritannien ansässig ist.

Beim Vollzug der Outbound-Verschmelzung ergeben sich bei der UK-SE keine ertragsteuerlichen Wirkungen. Durch die Wertverknüpfung mit der Schlussbilanz der DE-AG wird die Besteuerung der in den übertragenen Wirtschaftsgütern enthaltenen stillen Reserven auf Ebene der DE-BS in Deutschland gesichert. Es gilt:

(4.2.1.2.2.1.) $AV_0^{DE-AG} \rightarrow AV_0^{DE-BS(OV,BWF)}$

$UV_0^{DE-AG} \rightarrow UV_0^{DE-BS(OV,BWF)}$

$SP_0^{DE-AG} \rightarrow SP_0^{DE-BS(OV,BWF)}$

Die stillen Reserven der DE-AG gehen ebenfalls auf die DE-BS über. Es gilt:

(4.2.1.2.2.2.) $ST_0^{DE-AG} \rightarrow ST_0^{DE-BS(OV,BWF)}$

Mit den Einkünften der Betriebsstätte ist die UK-SE aufgrund des Betriebsstättenprinzips (Art. 3 Abs. 1 DBA Deutschland-Großbritannien) in Deutschland beschränkt steuerpflichtig. Die UK-SE tritt in die steuerliche Rechtsstellung der deutschen Aktiengesellschaft ein und kann Abschreibungspläne, Bewertungsabschläge sowie steuerfreie Rücklagen der DE-AG fortführen. Ebenso ist eine Anrechnung von Besitzzeiten der übertragenen Wirtschaftsgüter möglich.

Der steuerliche Verlustvortrag der UK-PLC bleibt bei der UK-SE in Großbritannien ohne zeitliche Begrenzung weiterhin steuerlich verrechenbar, wenn es innerhalb von drei Jahren nicht zu einer Änderung der Besitzverhältnisse kommt und die übernehmende Gesellschaft nach der Verschmelzung mit demselben Unternehmenszweck fortgeführt wird, Art. 6 FRL i.V.m. Sec. 393 Abs. 1, Sec. 768, 768A und 769 ICTA

1988.[333] Um zu beurteilen, ob beim Vollzug der Outbound-Verschmelzung eine Änderung der Besitzverhältnisse auf Ebene der übernehmenden UK-SE auftritt, ist auf das Umtauschverhältnis zur Ausgabe von Anteilen an die Anteilseigner der ehemaligen DE-AG abzustellen. Da die Verkehrswerte der UK-PLC und der DE-AG übereinstimmen, ergibt sich zwischen den Gründungsgesellschaften ein Umtauschverhältnis von 1:1.[334] Die deutschen Anteilseigner, die vor der Gründung der SE zu 100% an der DE-AG beteiligt waren, sind nach der Verschmelzung somit zu 50% an der UK-SE beteiligt. Dies gilt ebenso für die Anteilseigner der übernehmenden UK-SE. Im Anwendungsfall kommt es beim Vollzug der Verschmelzung folglich nicht zu einer Änderung der Besitzverhältnisse i.S.d. Sec. 768A ICTA 1988 auf Ebene der UK-SE. Die Begründung liegt darin, dass die neu erworbenen Beteiligungen der ehemaligen Anteilseigner der DE-AG nicht mehr als 50% des Grundkapitals der UK-SE, sondern exakt 50% ausmachen. Außerdem tritt keine größere Veränderung bezüglich der Natur oder der Ausübung des Betriebs i. S. d. Sec. 768 Abs. 4 ICTA ein. Der Verlustvortrag der UK-PLC bleibt auf Ebene der UK-SE weiterhin für steuerliche Zwecke verrechenbar. Es gilt:

(4.2.1.2.2.3.) $VV_0^{UK-PLC} \rightarrow VV_0^{UK-SE(OV,BWF)}$

Die Fortschreibung der Buchwerte der Vermögenswerte der DE-AG in der DE-BS bedingt, dass in der Bilanz der übernehmenden UK-SE beim Vollzug der Verschmelzung ein Verschmelzungsgewinn entsteht.[335] Dieser entspricht der Differenz der Höhe der Anteile, die die Anteilseigner der untergehenden DE-AG an der UK-SE erhalten, sowie dem Buchwert des übernommenen Vermögens der DE-AG. Es gilt:

(4.2.1.2.2.4.) $\text{Verschmelzungsgewinn} = BW_0^{DE-AG} - \text{Kapitalerhöhung}$

$$\text{Verschmelzungsgewinn} = (250 + 450) - 250 = 450$$

Der Verschmelzungsgewinn ist in die offenen Rücklagen der UK-SE einzustellen, die sich in $t = 0$ aus den Rücklagen der UK-PLC ($RL_0^{UK-PLC}$) und dem Verschmelzungsgewinn zusammensetzen. Da die von der UK-SE zu entrichtende Grunderwerbsteuer erfolgsneutral als Anschaffungsnebenkosten aktiviert wird, verändert sich die Höhe der Rücklagen nicht um die Höhe der Grunderwerbsteuer. Die Begründung liegt darin, dass

---

333 Vgl. Grotherr, S., Überblick, 1997, S. 168; Tomsett, E. G., United Kingdom II, 2002, S. 51-53; Widmann, S./Mayer, D., Umwandlungsrecht, Anh. 3, Großbritannien, Rz. GB 83.

334 Siehe hierzu Berechnung 3.2.1.2.2.3., S. 123.

335 Siehe hierzu Berechnung 3.2.1.2.2.5., S. 124.

der Erhöhung des Aktivvermögens um die Grunderwerbsteuer ein Abgang liquider Mittel in Höhe der zu zahlenden Grunderwerbsteuer gegenübersteht. Allgemein und unter besonderer Berücksichtigung des Zahlenbeispiels stellt sich die Gründungsbilanz der UK-SE in t = 0 wie folgt dar:

Abbildung 17: Gründungsbilanz der UK-SE zum 31.12.00 (Outbound-Verschmelzung mit Buchwertfortführung)

| Gründungsbilanz der UK-SE zum 31.12.00 (Outbound-Verschmelzung mit Buchwertfortführung) | | | |
|---|---|---|---|
| $AV_0^{UK-SE(OV,BWF)}$, mit: $AAV_0^{UK-SE(OV,BWF)} = 480 + 480 + 7$ $NAAV_0^{UK-SE(OV,BWF)} = 120 + 120$ | 1.207 | GK + Kapitalerhöhung $= 250 + 250$ | 500 |
| Umlaufvermögen $(UV_0^{UK-SE(OV,BWF)})$ $= 400 + 400 - 7$ | 793 | offene Rücklagen + Verschmelzungsgewinn $(RL_0^{UK-SE(OV,BWF)})$ $= 450 + 450$ | 900 |
| | | $SP_0^{UK-SE(OV,BWF)} = 300 + 300$ | 600 |
| $AV_0^{UK-SE(OV,BWF)} + UV_0^{UK-SE(OV,BWF)}$ | 2.000 | $2 \cdot GK + RL_0^{UK-SE(OV,BWF)} + SP_0^{UK-SE(OV,BWF)}$ | 2.000 |

### 4.2.1.3. Ebene der deutschen Anteilseigner

Die Gruppe der deutschen Anteilseigner setzt sich zusammen aus den ehemaligen Anteilseignern der DE-AG und den Anteilseignern der UK-PLC.

Die Ausgabe von Anteilen der übernehmenden Gesellschaft an die ehemaligen Anteilseigner der untergehenden Gesellschaft beim Vollzug der Verschmelzung wird in Großbritannien ertragsteuerlich als Ausschüttung gewertet, wenn es sich nicht um eine Kapitalrückzahlung handelt oder die ausgegebenen Anteile als Gegenleistung für die empfangenen Vermögenswerte anzusehen sind, Sec. 209 Abs. 2b ICTA 1988.[336] Eine der-

[336] Vgl. Grotherr, S., Überblick, 1997, S. 168; Tomsett, E. G., United Kingdom II, 2002, S. 47-48.

artige Ausschüttung ist nach britischem Recht auf Ebene der ehemaligen Anteilseigner der untergehenden Gesellschaft als Dividende steuerpflichtig.[337] Zwar stellen im Rahmen einer Liquidation einer Gesellschaft vorgenommene anteilsmäßige Ausschüttungen nach Art. 209 Abs. 1 ICTA 1988 keine Ausschüttungen in diesem Sinne dar.[338] Eine Verschmelzung nach Art. 427 CA 1985, bei der die übertragene Gesellschaft ohne Abwicklung aufgelöst und ihr gesamtes Vermögen gegen Gewährung von Anteilen an der übernehmenden Gesellschaft zu Gunsten der ehemaligen Anteilseigner der übertragenden Gesellschaft auf die übernehmende Gesellschaft übertragen wird, ist jedoch grundsätzlich als Ausschüttung an die Anteilseigner der übertragenden Gesellschaft anzusehen, da die Gesellschaft nicht liquidiert wird und die Ausnahmeregelung in Sec. 209 Abs. 1 ICTA 1988 somit keine Anwendung findet.[339] Die Ausgabe von Anteilen an die Anteilseigner der DE-AG erfolgt nach britischem Recht jedoch in vollem Umfang als Gegenleistung für die empfangenen Vermögenswerte und ist daher nicht als Ausschüttung zu erfassen.[340] Im Anwendungsfall unterliegt die Ausgabe von Anteilen an der UK-SE an die ehemaligen Anteilseigner der DE-AG somit nicht der britischen Besteuerung.

Der Tausch der Anteile an der untergehenden DE-AG gegen Anteile an der aufnehmenden UK-SE löst auf Ebene der ehemaligen Anteilseigner der DE-AG keine Besteuerung aus, obwohl nach allgemeinen steuerlichen Grundsätzen der Tausch als Veräußerung eingestuft wird, Art. 8 Abs. 1 FRL.[341] Die Voraussetzung dafür ist, dass die Gesellschafter den

---

337 Vgl. Tomsett, E. G. United Kingdom II, 2002, S. 47-48.

338 Vgl. Widmann, S./Mayer, D., Umwandlungsrecht, 2002, Anh. 3: Großbritannien, Rz. GB 74-75.

339 Vgl. Bramwell, R./Hardwick, M./James, A. u.a., Taxation, 1999, Rz. 11-26; Tomsett, E. G. United Kingdom I, 2002, Rz. 58.

340 Vgl. Hardwick, M., TPMA 2002, S. 21.
Die Begründung liegt darin, dass Verschmelzungen in Großbritannien gesellschaftsrechtlich in der Weise erfolgen, dass zunächst die Anteile an der untergehenden Gesellschaft (Zielgesellschaft) zu 100% auf die übernehmende Gesellschaft übergehen und anschließend die Zielgesellschaft ihr Vermögen durch Gesamtrechtsnachfolge auf die übernehmende Gesellschaft überträgt. Die übernehmende Gesellschaft gibt als Gegenleistung für die untergehende Beteiligung an der Zielgesellschaft neue Anteile an die ehemaligen Anteilseigner der Zielgesellschaft aus; siehe hierzu auch Widmann, S./Mayer, D., Umwandlungsrecht, 2002, Anh. 3: Großbritannien, Rz. GB 16.

341 Zur Ermittlung der Anschaffungskosten der Beteiligung an der untergehenden Gesellschaft im Rahmen der Inbound-Verschmelzung mit Buchwertfortführung siehe Berechnung (3.2.1.3.1.), S. 126.

neu erworbenen Anteilen keinen höheren steuerlichen Wert beimessen als den Anteilen an der untergehenden DE-AG, Art. 8 Abs. 2 Satz 1 FRL. Somit bemessen sich die Anschaffungskosten der neuen Beteiligung an der UK-SE nicht nach dem Verkehrswert der UK-SE in t = 0, sondern nach den Anschaffungskosten, die für die ursprüngliche Beteiligung an der DE-AG in t = -k entrichtet wurden. Dabei ist zu beachten, dass sich die Beteiligungsquote der deutschen Anteilseigner der ehemaligen DE-AG auf 50% an der UK-SE halbiert hat. Da die Beteiligung der deutschen Anteilseigner der ehemaligen DE-AG unabhängig davon, ob sie natürliche oder juristische Personen sind, vor und nach der Verschmelzung den gleichen Wert aufweisen muss, gilt in t = 0:

(4.2.1.3.1.) $AK_{-k}^{DE-AG} \rightarrow \frac{1}{2} \cdot AK_0^{UK-SE(OV,BWF)}$, wobei

$$AK_{-k}^{DE-AG} = \frac{1}{2} \cdot AK_0^{UK-SE(OV,BWF)} = \frac{1}{2} \cdot \left(1 + rl_{-k} + st_{-k}\right) \cdot 2 \cdot GK$$

$$\frac{1}{2} \cdot AK_0^{UK-SE(OV,BWF)} = \frac{1}{2} \cdot \left(1 + 1{,}60 + 2{,}50\right) \cdot 2 \cdot 250 = 1.275$$

Durch die Wertverknüpfung zwischen den bisherigen und den neuen Anteilen wird auf Ebene der deutschen Anteilseigner der übertragenden DE-AG eine Gewinnrealisierung verhindert. Durch die Fortführung der Anschaffungskosten der hingegebenen Anteile bei den neuen Anteilen entsteht kein steuerpflichtiger Veräußerungsgewinn. Da in Deutschland das Wohnsitzstaatprinzip gilt (Art. 8 Abs. 3 DBA Deutschland-Großbritannien), bleibt Deutschland als Wohnsitzstaat der deutschen Anteilseigner der Steuergläubiger. Die Besteuerung des Veräußerungsgewinns wird auf den Zeitpunkt der Anteilsveräußerung verschoben.

Sind die deutschen Anteilseigner an der übernehmenden britischen UK-PLC beteiligt, ergeben sich keine unmittelbaren Steuerwirkungen. Die britische UK-PLC erhält beim Vollzug der Outbound-Verschmelzung die Rechtsform einer SE. Außerdem hat sich die Beteiligungsquote der deutschen Anteilseigner der britischen Gesellschaft aufgrund der Kapitalerhöhung beim Vollzug der Verschmelzung halbiert. Der Status der Anteile der deutschen Gesellschafter bleibt erhalten, sodass unabhängig von den steuerlich relevanten Merkmalsausprägungen der Anteilseigner kein Veräußerungsgewinn anfällt. Allgemein und konkret anhand des Zahlenbeispiels gilt:

$$(4.2.1.3.2.)\quad AK_{-k}^{UK-PLC} \rightarrow \frac{1}{2} \cdot AK_0^{UK-SE(OV,BWF)}\text{, wobei}$$

$$AK_{-k}^{UK-PLC} = \frac{1}{2} \cdot AK_0^{UK-SE(OV,BWF)} = \frac{1}{2} \cdot \left(1 + rl_{-k} + st_{-k}\right) \cdot 2 \cdot GK = 1.275$$

## 4.2.2. Grenzüberschreitende Unternehmenstätigkeit der britischen SE

Der Betrachtungszeitraum der grenzüberschreitenden Unternehmenstätigkeit der britischen SE umfasst die Perioden t = 1 bis t = v = 4. Zur Ermittlung der Steuerwirkungen sind drei Ebenen zu unterscheiden:

- Ebene der deutschen Betriebsstätte (DE-BS)
- Ebene der britischen SE (UK-SE)
- Ebene der deutschen Anteilseigner.

### 4.2.2.1. Ebene der deutschen Betriebsstätte

Nach dem Betriebsstättenprinzip des Art. 3 Abs. 1 DBA Deutschland-Großbritannien werden Unternehmensgewinne in dem Staat besteuert, in dem das Unternehmen eine Betriebsstätte hat. Die UK-SE ist somit mit den Gewinnen der DE-BS in Deutschland beschränkt steuerpflichtig, Art. 3 Abs. 1, 3 DBA Deutschland-Großbritannien, und unterliegt der Körperschaftsteuer und der Gewerbesteuer, § 2 Nr. 1 KStG i.V.m. § 49 Abs. 1 Nr. 2 Buchst. a EStG, § 2 Abs. 1 GewStG.[342]

Der Gewinn, der von der DE-BS in den Perioden t = 1 bis t = 4 an die UK-SE transferiert wird, entspricht dem Nettoertrag, den die DE-SE bei der Inbound-Verschmelzung erwirtschaftet.[343] Die Begründung liegt darin, dass bei der Ermittlung des steuerpflichtigen Einkommens der DE-SE im Inbound-Fall aufgrund der Freistellungsmethode ausschließlich die in Deutschland erwirtschafteten Gewinne erfasst werden, und die planmäßigen degressiven Abschreibungen auf Ebene der DE-BS so berechnet werden, wie die DE-AG sie ohne die Verschmelzung angesetzt hätte (Degressionssatz 20%). Darüber hinaus wird der steuerpflichtige Gewinn der DE-BS in t = 1 wie im Inbound-Fall um einen steuerlichen Verlustvortrag in Höhe von 100 gemindert. Es gilt:

---

342 Vgl. Karrenbrock, H., SteuerStud 2001, S. 409; Maier-Frischmuth, M., StuB 2001, S. 586-587.

343 Siehe hierzu Abschnitt 3.2.2.2., S. 130-133.

(4.2.2.1.1.) $ab(aav)_t^{DE-BS(OV,BWF)} = ab(aav)_t^{DE-SE(IV,BWF)}$

(4.2.2.1.2.) $vv_t^{DE-BS(OV,BWF)} = vv_t^{DE-SE(IV,BWF)}$

(4.2.2.1.3.) $G_t^{DE-BS(OV,BWF)} = G_t^{DE-SE(IV,BWF)}$

(4.2.2.1.4.) $S_t^{DE-BS(OV,BWF)} = S_t^{DE-SE(IV,BWF)}$

(4.2.2.1.5.) $TRA_t^{DE-BS(OV,BWF)} = ERT_t^{DE-SE(IV,BWF)}$

In der Periode t = 1 wird von der DE-BS ein Gewinn in Höhe von 290 an die britische UK-SE weitergeleitet. Die Berechnungsergebnisse für die Perioden t = 1 bis t = 4 sind in der nachfolgenden Tabelle zusammengefasst.

Tabelle 6: Ermittlung des an die UK-SE transferierbaren Gewinns der DE-BS in den Perioden t = 1 bis t = 4 (Outbound-Verschmelzung, Buchwertfortführung)

| Periode (t) | $ab(aav)_t^{DE-BS(OV,BWF)}$ (4.2.2.1.1.) = (3.2.2.2.2.) | $vv_t^{DE-BS(OV,BWF)}$ (4.2.2.1.2.) = (3.2.2.2.3.) | $G_t^{DE-BS(OV,BWF)}$ (4.2.2.1.3.) = (3.2.2.2.4.) | $S_t^{DE-BS(OV,BWF)}$ (4.2.2.1.4.) = (3.2.2.2.5.) | $TRA_t^{DE-BS(OV,BWF)}$ (4.2.2.1.5.) = (3.2.2.2.6.) |
|---|---|---|---|---|---|
| t = 1 | 0,38 | 0,40 | 304 | 114 | 290 |
| t = 2 | 0,31 | 0 | 423,20 | 158,70 | 264,50 |
| t = 3 | 0,25 | 0 | 438,56 | 164,46 | 274,10 |
| t = 4 | 0,20 | 0 | 450,85 | 169,07 | 281,78 |

### 4.2.2.2. Ebene der britischen SE

Zur Erfassung der Steuerwirkungen, die im Rahmen der grenzüberschreitenden Unternehmenstätigkeit bei der UK-SE auftreten, sind drei Rechenschritte durchzuführen, die allgemein und konkret anhand des Zahlenbeispiels für die Periode t = 1 erläutert werden. Die Ergebnisse für die Perioden t = 1 bis t = 4 werden in einer Tabelle zusammengefasst:

- Bestimmung des steuerpflichtigen Gewinns der UK-SE ($G_t^{UK-SE(OV,BWF)}$)
- Ermittlung der Ertragsteuerbelastung der UK-SE ($S_t^{UK-SE(OV,BWF)}$)
- Berechnung der Dividende der UK-SE ($DIV_t^{UK-SE(OV,BWF)}$).

(1) Die UK-SE ist in Großbritannien mit ihrem Welteinkommen unbeschränkt steuerpflichtig, Sec. 9 ICTA 1988.[344] Dieses setzt sich zusammen aus den in Deutschland von der DE-BS erzielten Gewinnen und den Gewinnen, die die UK-SE in Großbritannien erzielt. Die Gewinne der DE-BS, die an die UK-SE transferiert werden ($TRA_t^{DE-BS(OV,BWF)}$), wurden bereits in Deutschland besteuert. Eine internationale Doppelbesteuerung der Betriebsstättengewinne wird in Großbritannien durch Anrechnung der ausländischen Steuerbelastung auf die britische Steuerbelastung vermieden.[345] Die Voraussetzung für die Anrechnung ist, dass die im Ausland gezahlte Steuer (underlying tax) mit der britischen Körperschaftsteuer vergleichbar ist, Sec. 799 Abs. 1 ICTA 1988. Zu den anrechnungsfähigen ausländischen Steuern zählen grundsätzlich alle gewinnabhängigen Steuern, die auf den Betriebsstättengewinnen lasten.[346] Nach Art. 18 Abs. 1 Satz 2 i.V.m. Art. 1 Abs. 1a DBA Deutschland-Großbritannien sind die deutsche Körperschaftsteuer und die Gewerbesteuer derartige anrechnungsfähige Steuern.[347] Der Höhe nach ist die Steueranrechnung in Großbritannien auf die Höhe der anteilig auf die betreffenden Einkünfte entfallenden britischen Körperschaftsteuer begrenzt, Sec. 796 Abs. 3, Sec. 797 Abs. 1 ICTA 1988.[348] Allgemein und konkret anhand des Zahlenbeispiels gilt:

(4.2.2.2.1.) $$AHB_t^{UK-SE(OV,BWF)} = G_t^{DE-BS(OV,BWF)} \cdot s_{KSt}^{UK}$$

$$AHB_1^{UK-SE(OV,BWF)} = 304 \cdot 0{,}3 = 91{,}20$$

Da die deutsche Ertragsteuerbelastung ($s_{THES}^{DE} = 0{,}375$) die britische Körperschaftsteuer ($s_{KSt}^{UK} = 0{,}3$) übersteigt, führt die Steueranrechnung wirtschaftlich zu denselben Steuerwirkungen wie eine Freistellung. Allerdings kommt es bei der UK-SE zu einem Anrechnungsüberhang

344 Vgl. Geiger, U., IWB 2002, Fach 5, Großbritannien, Gruppe 2, S. 1095; Widmann, S./Mayer, D., Umwandlungsrecht, 2002, Anh. 3: Großbritannien, Rz. GB 28-GB 29.

345 Vgl. Bramwell, R./Hardwick, M./James, A. u.a., Taxation, 1999, Rz. 17-01; Kessler, W., Euro-Holding, 1996, S. 113-115.

346 Vgl. Tiley, J./Collison, D., UK Tax Guide, 2000, Rz. 36:16.

347 Vgl. Debatin, H./Wassermeyer, F. (Hrsg.), Doppelbesteuerung, 2002, Großbritannien Art. XVIII Rz. 10 und 26; Tiley, J./Collison, D., UK Tax Guide, 2000, Rz. 36:27.

348 Vgl. Geiger, U., IWB 2002, Fach 5, Großbritannien, Gruppe 2, S. 400; Kessler, W., Euro-Holding, 1996, S. 140 und 146; Tiley, J./Collison, D., UK Tax Guide, 2000, Rz. 36:31-36:35.

($AÜH_t^{UK-SE(OV,BWF)}$), der für die UK-SE definitiv ist, weil der Überschuss an anrechenbaren Steuern weder vor- noch zurückgetragen werden kann.[349] Es gilt:

$$(4.2.2.2.2.)\quad AÜH_t^{UK-SE(OV,BWF)} = S_t^{DE-BS(OV,BWF)} - AHB_t^{UK-SE(OV,BWF)}$$

$$AÜH_1^{UK-SE(OV,BWF)} = 114 - 91{,}20 = 22{,}80$$

Bei der Anrechnungsmethode wird zur Berechnung der körperschaftsteuerpflichtigen Bemessungsgrundlage vom Welteinkommen der UK-SE ausgegangen, dem die Summe der in Deutschland und Großbritannien erzielten Einkünfte der UK-SE zugrunde liegt. Zur Vermeidung einer internationalen Doppelbesteuerung werden die in Deutschland auf die Betriebsstätteneinkünfte entrichteten Steuern in Großbritannien von der tariflichen Körperschaftsteuer abgezogen.[350]

Die planmäßigen Abschreibungen der UK-SE sind bei der Gewinnermittlung grundsätzlich so zu berücksichtigen, wie die UK-PLC sie ohne die Verschmelzung angesetzt hätte. In diesem Zusammenhang ist zu berücksichtigen, dass die von der UK-SE in $t = 0$ entrichtete Grunderwerbsteuer als Anschaffungskosten des übertragenen Grundvermögens aktiviert wird. Zwar entfällt die Grunderwerbsteuer sowohl auf nicht abnutzbare (Grund und Boden) als auch auf abnutzbare Bestandteile (Gebäude). Die Abschreibungsbasis im Rahmen der planmäßigen Abschreibungen wird jedoch nur insoweit erhöht, als die Grunderwerbsteuer auf die abnutzbaren Bestandteile entfällt. Um die Erfolgswirksamkeit der Grunderwerbsteuer vollständig zu erfassen, wird im Anwendungsfall davon ausgegangen, dass die in $t = 0$ von der UK-SE zu entrichtende Grunderwerbsteuer in vollem Umfang die Abschreibungsbasis des abnutzbaren Anlagevermögens der UK-SE erhöht. Es gilt:

$$(4.2.2.2.3.)\quad ab\left(aav + gav \cdot s_{GrESt}^{DE}\right)_t^{UK-SE(OV,BWF)} = \left(aav_t + gav_t \cdot s_{GrESt}^{DE}\right) \cdot 0{,}25$$

$$ab\left(aav + gav \cdot s_{GrESt}^{DE}\right)_1^{UK-SE(OV,BWF)} = \left(1{,}92 + 0{,}80 \cdot 0{,}035\right) \cdot 0{,}25 = 0{,}49$$

---

349 Vgl. Bramwell, R./Hardwick, M./James, A. u.a., Taxation, 1999, Rz. 17-10 bis 17-11; Teixeira, G./Williams, D., Intertax 1995, S. 579; Tomsett, E. G., United Kingdom, 1992, S. 593.
Der Anrechnungsüberhang ist im Anwendungsfall nicht entscheidungsrelevant und wird im Folgenden nicht weiter berücksichtigt.

350 Vgl. Jacobs, O. H., Internationale, 2002, S. 73-74; Scheffler, W., Ausübung, 2003, S. 107.

Der steuerliche Verlustvortrag der UK-PLC wird ohne zeitliche und betragsmäßige Begrenzung von der UK-SE fortgeführt, Sec. 343, 393 ICTA 1988.[351] Es gilt:

(4.2.2.2.4.) $$vv_1^{UK-SE(IV,BWF)} = \frac{100}{250} = 0{,}40$$

In t = 1 ergibt sich allgemein und konkret anhand des Zahlenbeispiels folgender körperschaftsteuerpflichtiger Gewinn der UK-SE:

(4.2.2.2.5.)

$$G_t^{UK-SE(OV,BWF)} = \max\left\{\begin{matrix} 0\,;\max\left\{0\,;\left(\begin{matrix} vg \\ -\,ab\left(aav + gav \cdot s_{GrESt}^{DE}\right)_t^{UK-SE\,(OV,BWF)} \\ -\,vv_t^{UK-SE(OV,BWF)} \end{matrix}\right)\cdot GK\right\} \\ +\,G_t^{DE-BS\,(OV,BWF)} \end{matrix}\right\}$$

$$G_1^{UK-SE(OV,BWF)} = \max\left\{0\,;\max\left\{0\,;(2-0{,}49-0{,}40)\cdot 250\right\}+304\right\}$$

$$G_1^{UK-SE(OV,BWF)} = \max\left\{0\,;278{,}25+304\right\} = 582{,}25$$

(2) Bei Anwendung der Anrechnungsmethode zur Vermeidung einer internationalen Doppelbesteuerung ergibt sich die Ertragsteuerbelastung der UK-SE aus dem Produkt des körperschaftsteuerpflichtigen Gewinns und des britischen Körperschaftsteuersatzes abzüglich der in Deutschland auf die Betriebsstätteneinkünfte entrichteten Steuern. Da bei der Ermittlung der britischen Körperschaftsteuer maximal der Anrechnungshöchstbetrag abgezogen werden darf, kommt es faktisch zu einer Freistellung der deutschen Betriebsstätteneinkünfte in Großbritannien. Es gilt:

(4.2.2.2.6.) $$S_t^{UK-SE(OV,BWF)} = \max\left\{\begin{matrix} 0\,;\left(G_t^{UK-SE(OV,BWF)}\cdot s_{THES}^{UK}\right) \\ -\,AHB_t^{UK-SE(OV,BWF)} \end{matrix}\right\}$$

$$S_1^{UK-SE(OV,BWF)} = \max\left\{0\,;(582{,}25\cdot 0{,}3)-91{,}20\right\} = 83{,}48$$

(3) Der Nettoertrag der UK-SE in einer Periode t ergibt sich aus dem Vergleichsgewinn abzüglich der planmäßigen Abschreibungen und der Ertragsteuern der jeweiligen Periode. Allgemein und konkret anhand des Zahlenbeispiels gilt:

---

[351] Siehe hierzu Berechnung (4.2.1.2.2.3.), S. 149.

(4.2.2.2.7.)

$$ERT_t^{UK-SE(OV,BWF)} = \max \left\{ \begin{array}{l} 0; \begin{pmatrix} vg \\ -ab\left(aav + gav \cdot s_{GrESt}^{DE}\right)_t^{UK-SE(OV,BWF)} \end{pmatrix} \cdot GK \\ -S_t^{UK-SE(OV,BWF)} \end{array} \right\}$$

$$ERT_1^{UK-SE(OV,BWF)} = \max \{0; (2-0{,}49) \cdot 250 - 83{,}48\} = 294{,}78$$

Für die Berechnungsergebnisse der Perioden t = 1 bis t = 4 sind in der nachfolgenden Tabelle zusammengefasst.

Tabelle 7: Ermittlung des Nettoertrags der UK-SE in den Perioden t = 1 bis t = 4 (Outbound-Verschmelzung, Buchwertfortführung)

| Periode (t) | $ab\begin{pmatrix} aav + \\ gav \cdot \\ s_{GrESt}^{DE} \end{pmatrix}_t^{UK-SE(OV,BWF)}$ (4.2.2.2.3.) | $vv_t^{UK-SE(OV,BWF)}$ (4.2.2.2.4.) | $G_t^{UK-SE(OV,BWF)}$ (4.2.2.2.5.) | $S_t^{UK-SE(OV,BWF)}$ (4.2.2.2.6.) | $ERT_t^{UK-SE(OV,BWF)}$ (4.2.2.2.7.) |
|---|---|---|---|---|---|
| t = 1 | 0,49 | 0,40 | 278,25 | 83,48 | 294,78 |
| t = 2 | 0,37 | 0 | 408,69 | 122,61 | 286,08 |
| t = 3 | 0,27 | 0 | 431,52 | 129,45 | 302,06 |
| t = 4 | 0,21 | 0 | 448,64 | 134,59 | 314,05 |

Die ausschüttungsfähige Dividende der UK-SE ergibt sich aufgrund ihres in Großbritannien erwirtschafteten Nettoertrags ($ERT_t^{UK-SE(OV,BWF)}$) sowie des transferierten Gewinns der DE-BS ($TRA_t^{DE-BS(OV,BWF)}$). Es gilt:

(4.2.2.2.8.) $$DIV_t^{UK-SE(OV,BWF)} = ERT_t^{UK-SE(OV,BWF)} + TRA_t^{DE-BS(OV,BWF)}$$

$$DIV_1^{UK-SE(OV,BWF)} = 294{,}78 + 290 = 584{,}78$$

Für die Perioden t = 1 bis t = 4 ergeben sich folgende Werte:

Tabelle 8: Dividende der UK-SE in den Perioden t = 1 bis t = 4 (Outbound-Verschmelzung, Buchwertfortführung)

| Periode (t) | $TRA_t^{DE-BS(OV,BWF)}$ (4.2.2.1.5.) = (3.2.2.2.6.) | $ERT_t^{UK-SE(OV,BWF)}$ (4.2.2.2.7.) | $DIV_t^{UK-SE(OV,BWF)}$ (4.2.2.2.8.) |
|---|---|---|---|
| t = 1 | 290 | 294,78 | 584,78 |
| t = 2 | 264,50 | 286,08 | 550,58 |
| t = 3 | 274,10 | 302,06 | 576,16 |
| t = 4 | 281,78 | 314,05 | 595,83 |

### 4.2.2.3. Ebene der deutschen Anteilseigner

Handelt es sich bei den deutschen Anteilseignern um natürliche Personen, ergeben sich im Outbound-Fall im Vergleich zur Inbound-Verschmelzung keine unterschiedlichen Steuerwirkungen. Die Begründung liegt darin, dass die empfangenen Dividenden, unabhängig davon, ob sie aus dem Inland oder aus dem Ausland stammen, bei natürlichen Personen aufgrund des Halbeinkünfteverfahrens nur zur Hälfte der Besteuerung unterliegen.[352] Da die deutschen Anteilseigner der ehemaligen Gründungsgesellschaften aufgrund der Kapitalerhöhung beim Vollzug der Verschmelzung zu jeweils 50% an der UK-SE beteiligt sind, empfangen sie jeweils 50% der ausgeschütteten Dividende der UK-SE.[353] Es gilt:

(4.2.2.3.1.) wenn deutsche Anteilseigner = $AE^{nat,DE-AG}$ und $AE^{nat,UK-PLC}$, dann

$$S_t^{nat,DIV(OV,BWF)} = \frac{1}{2} \cdot \left( \frac{1}{2} \cdot DIV_t^{UK-SE(OV,BWF)} \right) \cdot s_{ESt}^{DE}$$

$$S_1^{nat,DIV(OV,BWF)} = \frac{1}{4} \cdot 584{,}78 \cdot 0{,}47 = 68{,}71, \text{ sodass}$$

(4.2.2.3.2.) $$NZ_t^{nat,DIV(OV,BWF)} = \frac{1}{2} \cdot DIV_t^{UK-SE(OV,BWF)} - S_t^{nat,DIV(OV,BWF)}$$

$$NZ_1^{nat,DIV(OV,BWF)} = \frac{1}{2} \cdot 584{,}78 - 68{,}71 = 223{,}68$$

---

352 Siehe hierzu Abschnitt 3.2.2.3., S. 134.
353 Siehe hierzu Abschnitt 4.2.1.2.2., S. 149.

Bei juristischen Personen als deutsche Anteilseigner ergeben sich im Gegensatz zu den natürlichen Personen unterschiedliche steuerliche Konsequenzen in Abhängigkeit davon, ob die empfangenen Dividenden aus dem Inland oder aus dem Ausland stammen. Die Dividende der in Großbritannien ansässigen UK-SE kann eine beschränkte Steuerpflicht in Großbritannien und eine unbeschränkte Steuerpflicht in Deutschland, dem Wohnsitzstaat der deutschen Anteilseigner, auslösen.

In Großbritannien sind die juristischen Personen nicht beschränkt steuerpflichtig. Die Begründung liegt darin, dass nach britischem Recht bei Ausschüttungen innerhalb Großbritanniens und bei Ausschüttungen in das Ausland keine Quellensteuern erhoben werden.[354] Großbritannien besitzt zwar nach Art. 6 Abs. 1 DBA Deutschland-Großbritannien das Recht zur Erhebung einer Quellenbesteuerung bis zu 15%; nach britischem Recht wird das Besteuerungsrecht aber nicht ausgeübt.[355]

In Deutschland sind die juristischen Personen mit ihrem Welteinkommen unbeschränkt steuerpflichtig, § 1 Abs. 1 Nr. 1 KStG. Im Welteinkommen werden auch die Dividenden erfasst, die die deutschen Anteilseigner von der britischen UK-SE empfangen. Nach dem deutschen Dividendenprivileg werden die Gewinnausschüttungen der UK-SE auf Ebene der juristischen Personen unabhängig von einer Mindestbeteiligungsquote und einer Mindestbehaltefrist sowie ohne Bestehen einer Aktivitätsklausel von der Besteuerung freigestellt, § 8b Abs. 1 KStG, § 7 GewStG.[356] Das deutsche Dividendenprivileg geht über den Anwendungsbereich des DBA-Schachtelprivilegs hinaus. Die Freistellung der britischen Dividendeneinkünfte im Rahmen der unbeschränkten Steuerpflicht der juristischen Personen in Deutschland nach Art. 18 Abs. 2 Buchst. a DBA Deutschland-Großbritannien setzt voraus, dass die juristischen Personen zu mindestens 25% an der UK-SE beteiligt sind.[357] Im Anwendungsfall wird die Voraussetzung einer Mindestbeteiligungsquote von 25% des DBA-Schachtelprivilegs nicht erfüllt, da die deutschen juristischen Personen lediglich über Streubesitzdividenden verfügen. Als Rechtsgrundlage der Freistellung der empfangenen Dividende der UK-SE dienen jedoch sowohl das deutsche Dividendenprivileg als auch das DBA-

---

354 Vgl. International Bureau of Fiscal Documentation (Hrsg.), Vereinigtes Königreich, 2002, Rz. 112; Müller, K., Verwirklichung, 2001, S. 83; Müssener, I., Großbritannien, 2002, Rz. 182.

355 Siehe hierzu Debatin, H./Wassermeyer, F. (Hrsg.), Doppelbesteuerung, 2002, Art. VI Großbritannien, Rz. 18 und 20.

356 Vgl. Scheffler, W., Besteuerung, 2002, S. 215-219.

357 Vgl. Debatin, H./Wassermeyer, F. (Hrsg.), Doppelbesteuerung, 2002, Art. XVIII Großbritannien, Rz. 40.

Schachtelprivileg. In dem Bereich, in dem die Freistellung nach § 8b Abs. 1 KStG weitergehender ist als Art. 18 Abs. 2 Buchst. a DBA Deutschland-Großbritannien, besitzt Deutschland aus abkommensrechtlicher Sicht zwar das Besteuerungsrecht, aufgrund nationaler Regelungen wird dieses Besteuerungsrecht jedoch nicht ausgeübt.[358] Über das Dividendenprivileg bzw. das DBA-Schachtelprivileg werden die Vorgaben der Mutter-Tochter-Richtlinie (MTR) erfüllt.[359] Danach ist vorgesehen, dass im Wohnsitzstaat des Anteilseigners für die Dividenden einer Tochterkapitalgesellschaft, die in einem anderen EU-Staat ansässig ist, auf Ebene der Mutterkapitalgesellschaft eine Freistellung oder eine indirekte Anrechnung zu gewähren ist, wenn die Voraussetzungen einer Mindestbeteiligungsquote von 25% und einer zweijährigen Mindestbehaltefrist erfüllt sind, Art. 4 MTR.[360] Die Dividendenfreistellung auf Ebene der juristischen Personen wird de facto auf 95% der Dividende der UK-SE beschränkt. Die Begründung liegt darin, dass 5% der steuerfreien Dividende der UK-SE als Betriebsausgaben gelten, die mit diesen Einnahmen in unmittelbarem wirtschaftlichen Zusammenhang stehen, § 8b Abs. 5 KStG.[361] Diese dürfen nach § 3c Abs. 1 EStG i.V.m. § 8 Abs. 1 KStG nicht als Betriebsausgaben abgezogen werden, sodass ein Betrag in Höhe von 5% der steuerfreien britischen Dividenden auf Ebene der deutschen Anteilseigner der Körperschaftsteuer und der Gewerbesteuer unterliegt.[362] Die pauschalierte Berücksichtigung der eigenen Aufwendungen des Gesellschafters ist mit der Mutter-Tochter-Richtlinie vereinbar, da in Art. 4 Abs. 2 MTR eine entsprechende Regelung enthalten ist.[363] Eine Hinzurechnungsbesteuerung unterbleibt, da Gewinnaus-

---

358 Vgl. Scheffler, W., Besteuerung, 2002, S. 216.

359 Vgl. Richtlinie Nr. 90/435 vom 23. Juli 1990 über das gemeinsame Steuersystem der Mutter- und Tochtergesellschaften verschiedener Mitgliedstaaten (Mutter-Tochter-Richtlinie, MTR), ABl. EG Nr. L 225 vom 20. August 1990, S. 6, berichtigt durch ABl. EG Nr. L 266, S. 20.

360 Zur Mutter-Tochter-Richtlinie siehe Esser, R., RIW 1992, S. 293-297; Herzig, N./Dautzenberg, N., DB 1992, S. 1-7; International Bureau of Fiscal Documentation, ET 1992, S. 130-178; Kellersmann, D./Treisch, C., Unternehmensbesteuerung, 2002, S. 208-219; Saß, G., DB 1990, S. 2340-2346; Scheffler, W., Besteuerung, 2002, S. 144-146.

361 Vgl. Mandler, U., SteuerStud 2003, S. 95-96.

362 Vgl. Deumeland, A./Schoss, N.-P., Ausland, 2000, S. 65; Grotherr, S., SteuerStud 2001, S. 187-188; Köhler, S., DStR 2000, S. 1850; Schönwald, S., SteuerStud 2002, S. 138-139.

363 Vgl. Scheffler, W., Besteuerung, 2002, S. 217.
Es ist allerdings noch nicht geklärt, ob die im deutschen Recht vorgesehene Differenzierung zwischen Beteiligungen an einer inländischen und einer ausländischen Kapitalgesellschaft EU-rechtlich zulässig ist. Aufgrund gegenläufiger Ef-

schüttungen von Kapitalgesellschaften als aktive Einkünfte gelten, § 8 Abs. 1 Nr. 8 AStG.[364]

Darüber hinaus sind die gewerbesteuerlichen Effekte der Beteiligung an der UK-SE auf Ebene der juristischen Personen zu berücksichtigen. Da die deutschen Anteilseigner im Anwendungsfall über Streubesitzdividenden verfügen, erhöhen die Dividenden der UK-SE in vollem Umfang den Gewerbeertrag der juristischen Personen. Die Steuerbefreiung nach dem Dividendenprivileg (§ 8b Abs. 1 KStG, § 7 GewStG) wird für Zwecke der Gewerbesteuer aufgrund der Hinzurechnung nach § 8 Nr. 5 GewStG neutralisiert. Somit gehen die britischen Dividenden zu 100% in den Gewerbeertrag der juristischen Personen ein. In Höhe von 5% sind die Dividenden aufgrund des Dividendenprivilegs in der Ausgangsgröße zur Ermittlung des Gewerbeertrags enthalten; zu 95% werden sie dem Gewerbeertrag aufgrund § 8 Nr. 5 GewStG hinzugerechnet.[365]

Auf Ebene der juristischen Personen unterliegen die empfangenen britischen Dividenden somit in vollem Umfang der Gewerbesteuer. Darüber hinaus sind 5% der Dividenden der UK-SE unter Berücksichtigung der Abzugsfähigkeit der Gewerbesteuer als Betriebsausgabe körperschaftsteuerpflichtig. Da der Abzug der Gewerbesteuer als Betriebsausgabe ($\frac{1}{2} \cdot DIV_t^{UK-SE(OV,BWF)} \cdot s_{GewSt}^{DE}$) nach § 4 Abs. 4 EStG i.V.m. § 8 Abs. 1 KStG die körperschaftsteuerpflichtigen Einkünfte aus der Dividende der UK-SE ($\frac{1}{2} \cdot DIV_t^{UK-SE(OV,BWF)} \cdot 0{,}05$) übersteigt und die juristischen Personen keine weiteren Einkünfte erzielen, entsteht in jeder Periode t auf Ebene der deutschen Anteilseigner ein steuerlicher Verlustvortrag für die Periode t+1 ($VV_{t+1}^{jur,DIV(OV,BWF)}$). Es gilt:

---

fekte lässt sich nicht eindeutig festlegen, welche Beteiligung benachteiligt wird; siehe hierzu Maiterth, R., DBW 2002, S. 171-172 und S. 174-176; Schmidt, L./Hageböke, J., IStR 2002, S. 150-157.

364 Vgl. Lieber, B., FR 2002, S. 144; Maier-Frischmuth, M., IStR 2001, S. 642-644. Siehe hierzu auch Kudert, S./Nabialek, J., IStR 2001, S. 107.

365 Vgl. Grotherr, S., SteuerStud 2001, S. 187-190; Kußmaul, H./Schäfer, R., StuB 2002, S. 277-279; Neu, N./Schiffers, J., GmbHR 2001, S. 1008.

(4.2.2.3.3.) wenn deutsche Anteilseigner = $AE^{jur,DE-AG}$ und $AE^{jur,UK-PLC}$, dann

$$S_t^{jur,DIV(OV,BWF)} = \left(\frac{1}{2} \cdot DIV_t^{UK-SE(OV,BWF)} \cdot s_{GewSt}^{DE}\right) + \left(\max\left\{\begin{array}{l} 0; \\ \frac{1}{2} \cdot DIV_t^{UK-SE\,(OV,BWF)} \cdot \left(0{,}05 - s_{GewSt}^{DE}\right) \\ - VV_t^{jur,DIV\,(OV,BWF)} \end{array}\right\} \cdot s_{KSt}^{DE}\right)$$

❶ ❷

$$VV_{t+1}^{jur,DIV(OV,BWF)} = -\left\{\frac{1}{2} \cdot DIV_t^{UK-SE\,(OV,BWF)} \cdot \left(0{,}05 - s_{GewSt}^{DE}\right)\right\} + VV_t^{jur,DIV\,(OV,BWF)}$$

❸

Teil ❶ der Berechnungsformel gibt die Belastung der empfangenen Dividenden mit Gewerbesteuer an unter Berücksichtigung der Beteiligungsquote der juristischen Personen von 50%. In Teil ❷ der Berechnungsformel wird die Belastung der Dividende mit Körperschaftsteuer angegeben. Hierbei ist zu berücksichtigen, dass sich der steuerliche Verlustvortrag (Teil ❸ der Berechnungsformel) der juristischen Personen innerhalb des Betrachtungszeitraums sukzessive erhöht. Die Begründung liegt darin, dass in jeder Periode t ein neuer Verlustvortrag in Höhe des Betrags ($\frac{1}{2} \cdot DIV_t^{UK-SE(OV,BWF)} \cdot \left(0{,}05 - s_{GewSt}^{DE}\right)$) generiert wird. Da die juristischen Personen im Anwendungsfall neben den Dividenden der UK-PLC keine weiteren Einkünfte erzielen, können die steuerlichen Verlustvorträge nicht interperiodisch verrechnet werden. Hieraus resultiert die Konsequenz, dass zusätzlich zum Verlustvortrag der Vorperiode stets ein weiterer Verlustvortrag generiert wird. Die Steuerbelastung der juristischen Personen in einer Periode t entspricht somit stets der Belastung der empfangenen Dividenden der UK-SE mit Gewerbesteuer.

Im Anwendungsfall ist in t = 1 auf Ebene der juristischen Personen kein steuerlicher Verlustvortrag zu berücksichtigen. Allgemein und konkret anhand des Zahlenbeispiels gilt somit für t = 1:

(4.2.2.3.4.)

$$S_1^{jur,DIV(OV,BWF)} = \left( \frac{1}{2} \cdot DIV_1^{UK-SE(OV,BWF)} \cdot s_{GewSt}^{DE} \right) + \left( \max \left\{ 0; \frac{1}{2} \cdot DIV_1^{UK-SE(OV,BWF)} \cdot \left(0{,}05 - s_{GewSt}^{DE}\right) \right\} \cdot s_{KSt}^{DE} \right)$$

$$S_1^{jur,DIV(OV,BWF)} = \frac{1}{2} \cdot 584{,}78 \cdot 0{,}1667 + 0 = 48{,}74$$

$$VV_2^{jur,DIV(OV,BWF)} = -\left\{ \frac{1}{2} \cdot 584{,}78 \cdot \left(0{,}05 - 0{,}1667\right) \right\} + 0 = 34{,}12$$

In einer Periode t ergibt sich allgemein und konkret anhand des Zahlenbeispiels bei den juristischen Personen folgender Nettoliquiditätszufluss:

(4.2.2.3.5.) $$NZ_t^{jur,DIV(OV,BWF)} = \frac{1}{2} \cdot DIV_t^{UK-SE(OV,BWF)} - S_t^{jur,DIV(OV,BWF)}$$

$$NZ_1^{jur,DIV(OV,BWF)} = \frac{1}{2} \cdot 584{,}78 - 48{,}74 = 243{,}65$$

Der Nettozufluss, den die deutschen Anteilseigner in den Perioden t = 1 bis t = 4 aus der Dividende der UK-SE erzielen, wird in der nachfolgenden Tabelle in Abhängigkeit davon, ob sie natürliche oder juristische Personen sind, zusammengefasst. In Spalte 6 wird der Verlustvortrag der juristischen Personen ausgewiesen, der im Rahmen der Besteuerung der empfangenen Dividende generiert wird.

Tabelle 9: Ermittlung des Nettozuflusses aus der Dividende der UK-SE bei den deutschen Anteilseignern in den Perioden t = 1 bis t = 4 (Outbound-Verschmelzung, Buchwertfortführung)

| Periode (t) | $S_t^{nat,DIV(OV,BWF)}$ (4.2.2.3.1.) | $NZ_t^{nat,DIV(OV,BWF)}$ (4.2.2.3.2.) | $S_t^{jur,DIV(OV,BWF)}$ (4.2.2.3.4.) | $NZ_t^{jur,DIV(OV,BWF)}$ (4.2.2.3.5.) | $VV_{t+1}^{jur,DIV(OV,BWF)}$ (4.2.2.3.4.) |
|---|---|---|---|---|---|
| t = 1 | 68,71 | 223,68 | 48,74 | 243,65 | 34,12 |
| t = 2 | 64,69 | 210,60 | 45,89 | 229,40 | 66,25 |
| t = 3 | 67,70 | 220,38 | 48,02 | 240,06 | 99,87 |
| t = 4 | 70,01 | 227,90 | 49,66 | 248,25 | 134,63 |

### 4.2.2.4. Zusammenfassung der Steuerwirkungen der grenzüberschreitenden Unternehmenstätigkeit der britischen SE

In Abhängigkeit davon, ob die deutschen Anteilseigner natürliche oder juristische Personen sind, ergeben sich im Rahmen der grenzüberschreitenden Unternehmenstätigkeit unterschiedliche steuerliche Konsequenzen. Die Dividende der UK-SE in einer Periode t ($DIV_t^{UK-SE(OV,BWF)}$) ist die Summe des Gewinntransfers der DE-BS ($TRA_t^{DE-BS(OV,BWF)}$) und des Ertrags der UK-SE ($ERT_t^{UK-SE(OV,BWF)}$) in der Periode t.[366] Es gilt:

(4.2.2.4.1.)

wenn deutsche Anteilseigner = $AE^{nat,DE-AG}$ und $AE^{nat,UK-PLC}$, dann

$$NZ_t^{nat,DIV(OV,BWF)} = \underbrace{\frac{1}{2}\cdot\left(\begin{array}{c} TRA_t^{DE-BS(OV,BWF)} \\ +\,ERT_t^{UK-SE(OV,BWF)} \end{array}\right)}_{❶} - \underbrace{\frac{1}{2}\cdot\left(\begin{array}{c} TRA_t^{DE-BS(OV,BWF)} \\ +\,ERT_t^{UK-SE(OV,BWF)} \end{array}\right)\cdot\frac{1}{2}\cdot s_{ESt}^{DE}}_{❷}$$

(4.2.2.4.2.)

wenn deutsche Anteilseigner = $AE^{jur,DE-AG}$ und $AE^{jur,UK-PLC}$, dann

$$NZ_t^{jur,DIV(OV,BWF)} = \underbrace{\frac{1}{2}\cdot\left(\begin{array}{c} TRA_t^{DE-BS(OV,BWF)} \\ +\,ERT_t^{UK-SE(OV,BWF)} \end{array}\right)}_{❶} - \underbrace{\left\{\begin{array}{l} \frac{1}{2}\cdot\left(\begin{array}{c} TRA_t^{DE-BS(OV,BWF)} \\ +\,ERT_t^{UK-SE(OV,BWF)} \end{array}\right)\cdot s_{GewSt}^{DE} \\ +\max\left(0;\left\{\begin{array}{l} \dfrac{\left(0{,}05 - s_{GewSt}^{DE}\right)}{2}\cdot\left(\begin{array}{c} TRA_t^{DE-BS(OV,BWF)} \\ +\,ERT_t^{UK-SE(OV,BWF)} \end{array}\right) \\ -\,VV_t^{jur,DIV(OV,BWF)} \end{array}\right\}\cdot s_{KSt}^{DE}\right) \end{array}\right\}}_{❷}$$

366 Vgl. Berechnung (4.2.2.2.8.), S. 158.

mit:[367] $$VV_{t+1}^{jur,DIV(OV,BWF)} = -\left\{ \frac{\left(0{,}05 - s_{GewSt}^{DE}\right)}{2} \cdot \left( \begin{array}{l} TRA_t^{DE-BS(OV,BWF)} \\ + ERT_t^{UK-SE(OV,BWF)} \end{array} \right) \right\} + VV_t^{jur,DIV(OV,BWF)}$$

❸

Teil ❶ der Berechnungsformel gibt die Dividende an, die die deutschen Anteilseigner unter Berücksichtigung ihrer Beteiligungsquote von jeweils 50% von der UK-SE empfangen. Die darauf lastenden Steuerwirkungen werden in Teil ❷ der Berechnungsformel erfasst. In Teil ❸ wird der Verlustvortrag ausgewiesen, der bei juristischen Personen aufgrund des Betriebsausgabenabzugs der Gewerbesteuer im Rahmen der Körperschaftsteuer anfällt. Es gilt:

(4.2.2.4.3.)

$$NZ_t^{nat,DIV(OV,BWF)} = \left(TRA_t^{DE-BS(OV,BWF)} + ERT_t^{UK-SE(OV,BWF)}\right) \cdot \frac{1 - \frac{1}{2} \cdot s_{ESt}^{DE}}{2}$$

(4.2.2.4.4.)

$$NZ_t^{jur,DIV(OV,BWF)} = \left(TRA_t^{DE-BS(OV,BWF)} + ERT_t^{UK-SE(OV,BWF)}\right) \cdot \frac{\left(1 - s_{GewSt}^{DE}\right)}{2}$$
$$- \max\left(0; \left\{ \begin{array}{l} \left( \begin{array}{l} TRA_t^{DE-BS(OV,BWF)} \\ + ERT_t^{UK-SE(OV,BWF)} \end{array} \right) \cdot \frac{\left(0{,}05 - s_{GewSt}^{DE}\right)}{2} \\ - VV_t^{jur,DIV(OV,BWF)} \end{array} \right\} \cdot s_{KSt}^{DE} \right)$$

Setzt man für $TRA_t^{DE-BS(OV,BWF)}$ Gleichung (4.2.2.1.5.) und für $ERT_t^{UK-SE(OV,BWF)}$ Gleichung (4.2.2.2.7.) in die Gleichungen (4.2.2.4.3.) und (4.2.2.4.4.) ein, gilt:

[367] In den folgenden Berechnungen wird aus Darstellungsgründen darauf verzichtet, den Verlustvortrag ($VV_{t+1}^{jur,DIV(OV,BWF)}$) bei jedem Rechenschritt erneut auszuweisen.

(4.2.2.4.5.)

$$NZ_t^{nat,DIV(OV,BWF)} = \left\{ \begin{array}{l} \max\left(0\,;\left\{\begin{array}{l}\left(vg - ab(aav)_t^{DE-BS(OV,BWF)}\right)\cdot GK \\ - S_t^{DE-BS(OV,BWF)}\end{array}\right\}\right) \\ + \max\left(\begin{array}{l} 0\,; \\ \max\left\{\begin{array}{l} 0\,;\left(vg - ab\begin{pmatrix} aav + \\ gav \cdot s_{GrESt}^{DE}\end{pmatrix}_t^{UK-SE(OV,BWF)}\right)\cdot GK \\ - S_t^{UK-SE(OV,BWF)} \end{array}\right\}\end{array}\right) \end{array} \right\} \cdot \frac{1 - \frac{1}{2}\cdot s_{ESt}^{DE}}{2}$$

$$NZ_t^{nat,DIV(OV,BWF)} = \left\{ \begin{array}{l} \max\left(0\,;\left\{\begin{array}{l}\left(1 - s_{THES}^{DE}\right)\cdot\left(vg - ab(aav)_t^{DE-BS\,(OV,BWF)}\right) \\ + s_{THES}^{DE}\cdot vv_t^{DE-BS\,(OV,BWF)}\end{array}\right\}\right) \\ + \max\left(0\,;\left\{\begin{array}{l}\left(1 - s_{KSt}^{UK}\right)\cdot\left(vg - ab\begin{pmatrix} aav + \\ gav \cdot s_{GrESt}^{DE}\end{pmatrix}_t^{UK-SE\,(OV,BWF)}\right) \\ + s_{KSt}^{UK}\cdot vv_t^{UK-SE\,(OV,BWF)} \\ - s_{KSt}^{UK}\cdot\left(\begin{array}{l} vg - ab(aav)_t^{DE-BS\,(OV,BWF)} \\ - vv_t^{DE-BS\,(OV,BWF)}\end{array}\right) \\ + \dfrac{AHB_t^{UK-SE\,(OV,BWF)}}{GK}\end{array}\right\}\right) \end{array} \right\} \cdot \frac{\left(1 - \frac{1}{2}\cdot s_{ESt}^{DE}\right)\cdot GK}{2}$$

weil: $\frac{AHB_t^{UK-SE(OV,BWF)}}{GK} = s_{KSt}^{UK}\cdot\left(vg - ab(aav)_t^{DE-BS(OV,BWF)} - vv_t^{DE-BS(OV,BWF)}\right)$, gilt:

$$NZ_t^{nat,DIV(OV,BWF)} = \left\{ \begin{array}{l} \max\left(0\,;\left\{\begin{array}{l}\left(1 - s_{THES}^{DE}\right)\cdot\left(vg - ab(aav)_t^{DE-BS\,(OV,BWF)}\right) \\ + s_{THES}^{DE}\cdot vv_t^{DE-BS\,(OV,BWF)}\end{array}\right\}\right) \\ + \max\left(0\,;\left\{\begin{array}{l}\left(1 - s_{KSt}^{UK}\right)\cdot\left(vg - ab\begin{pmatrix} aav + \\ gav \cdot s_{GrESt}^{DE}\end{pmatrix}_t^{UK-SE\,(OV,BWF)}\right) \\ + s_{KSt}^{UK}\cdot vv_t^{UK-SE\,(OV,BWF)}\end{array}\right\}\right) \end{array} \right\} \cdot \frac{\left(1 - \frac{1}{2}\cdot s_{ESt}^{DE}\right)\cdot GK}{2}$$

(4.2.2.4.6.)[368]

$$NZ_t^{jur,DIV(OV,BWF)} = \left\{ \begin{array}{l} \max\left(0\,;\left\{\left(vg - ab(aav)\right)_t^{\substack{DE-BS\\(OV,BWF)}} \cdot GK - S_t^{\substack{DE-BS\\(OV,BWF)}}\right\}\right) \\ + \max\left(0\,;\ \max\left\{0\,;\left(vg - ab\begin{pmatrix} aav + \\ gav \cdot s_{GrESt}^{DE}\end{pmatrix}\right)_t^{\substack{UK-SE\\(OV,BWF)}} \cdot GK - S_t^{\substack{UK-SE\\(OV,BWF)}}\right\}\right) \end{array} \right\} \cdot \frac{\left(1 - s_{GewSt}^{DE}\right)}{2}$$

$$- \max\left\{0;\left(\left(\begin{array}{l} \max\left(0\,;\left\{\left(vg - ab(aav)\right)_t^{\substack{DE-BS\\(OV,BWF)}} \cdot GK - S_t^{\substack{DE-BS\\(OV,BWF)}}\right\}\right) \\ + \max\left(0\,;\ \max\left\{0\,;\begin{pmatrix} vg \\ - ab\begin{pmatrix} aav + \\ gav \cdot s_{GrESt}^{DE}\end{pmatrix}\end{pmatrix}_t^{\substack{UK-SE\\(OV,BWF)}} \cdot GK - S_t^{\substack{UK-SE\\(OV,BWF)}}\right\}\right) \end{array}\right) \cdot \frac{\left(0{,}05 - s_{GewSt}^{DE}\right)}{2} - vv_t^{\substack{jur,DIV\\(OV,BWF)}}\right) \cdot s_{KSt}^{DE}\right\}$$

[368] Der folgende Rechenschritt wurde bereits berücksichtigt:

$$\frac{AHB_t^{UK-SE(OV,BWF)}}{GK} = s_{KSt}^{UK} \cdot \left(vg - ab(aav)_t^{DE-BS(OV,BWF)} - vv_t^{DE-BS(OV,BWF)}\right)$$

$$NZ_t^{jur,DIV(OV,BWF)} = \left\{ \begin{array}{l} \max\left(0\,;\left\{ \begin{array}{l} \left(1 - s_{THES}^{DE}\right)\cdot\left(vg - ab(aav)_t^{\substack{DE-BS \\ (OV,BWF)}}\right) \\ + s_{THES}^{DE}\cdot vv_t^{DE-BS(OV,BWF)} \end{array}\right\}\right) \\ + \max\left(0\,;\left\{ \begin{array}{l} \left(1 - s_{KSt}^{UK}\right)\cdot\left(vg - ab\left(\begin{array}{l} aav + \\ gav\cdot s_{GrESt}^{DE} \end{array}\right)_t^{\substack{UK-SE \\ (OV,BWF)}}\right) \\ + s_{KSt}^{UK}\cdot vv_t^{\substack{UK-SE \\ (OV,BWF)}} \end{array}\right\}\right) \end{array}\right\}\cdot\frac{\left(1 - s_{GewSt}^{DE}\right)\cdot GK}{2}$$

$$- \max\left\{\left(\begin{array}{l} 0;\left\{ \begin{array}{l} \max\left(0\,;\left\{ \begin{array}{l} \left(1 - s_{THES}^{DE}\right)\cdot\left(vg - ab(aav)_t^{\substack{DE-BS \\ (OV,BWF)}}\right) \\ + s_{THES}^{DE}\cdot vv_t^{DE-BS(OV,BWF)} \end{array}\right\}\right) \\ + \max\left(0\,;\left\{ \begin{array}{l} \left(1 - s_{KSt}^{UK}\right) \\ \cdot\left(\begin{array}{l} vg - \\ ab\left(\begin{array}{l} aav + \\ gav\cdot s_{GrESt}^{DE} \end{array}\right)_t^{\substack{UK-SE \\ (OV,BWF)}} \end{array}\right) \\ + s_{KSt}^{UK}\cdot vv_t^{\substack{UK-SE \\ (OV,BWF)}} \end{array}\right\}\right) \end{array}\right\} \\ \cdot\frac{\left(0{,}05 - s_{GewSt}^{DE}\right)}{2} - vv_t^{\substack{jur,DIV \\ (OV,BWF)}} \end{array}\right)\cdot s_{KSt}^{DE}\cdot GK\right\}$$

mit:

$$vv_{t+1}^{jur,DIV(OV,BWF)} = -\left(\begin{array}{l} \left\{ \begin{array}{l} \max\left(0\,;\left\{ \begin{array}{l} \left(1 - s_{THES}^{DE}\right)\cdot\left(vg - ab(aav)_t^{\substack{DE-BS \\ (OV,BWF)}}\right) \\ + s_{THES}^{DE}\cdot vv_t^{\substack{DE-BS \\ (OV,BWF)}} \end{array}\right\}\right) \\ + \max\left(0\,;\left\{ \begin{array}{l} \left(1 - s_{KSt}^{UK}\right) \\ \cdot\left(vg - ab\left(\begin{array}{l} aav + \\ gav\cdot s_{GrESt}^{DE} \end{array}\right)_t^{\substack{UK-SE \\ (OV,BWF)}}\right) \\ + s_{KSt}^{UK}\cdot vv_t^{\substack{UK-SE \\ (OV,BWF)}} \end{array}\right\}\right) \end{array}\right\} \\ \cdot\frac{\left(0{,}05 - s_{GewSt}^{DE}\right)\cdot GK}{2} \end{array}\right) + vv_t^{\substack{jur,DIV \\ (OV,BWF)}}$$

### 4.2.3. Veräußerung der Anteile an der britischen SE durch die deutschen Anteilseigner

Der Gewinn aus der Veräußerung der Anteile an der UK-SE durch die deutschen Anteilseigner in t = v ($VE_v^{UK-SE(OV,BWF)}$) entspricht bei den natürlichen und den juristischen Personen der Differenz der Anschaffungskosten der Beteiligung und des Verkehrswerts der UK-SE im Verkaufszeitpunkt t = v. Die Anschaffungskosten der Beteiligung an der UK-SE ergeben sich aus dem Preis, den die deutschen Anteilseigner in t = -k für den Erwerb der Beteiligungen an den Gründungsgesellschaften entrichtet haben. Die Begründung liegt darin, dass die ursprünglichen Anschaffungskosten der Beteiligungen an den Gründungsgesellschaften beim Vollzug der Verschmelzung auf die Anschaffungskosten der Anteile an der UK-SE übertragen wurden. Die Beteiligungsquote der deutschen Anteilseigner hat sich dabei jeweils um die Hälfte verringert. Die Anschaffungskosten der Beteiligung an der UK-SE entsprechen somit den Anschaffungskosten der Beteiligung an der DE-SE im Rahmen der Inbound-Verschmelzung. Es gilt:

(4.2.3.1.) $$AK_{-k} = \frac{1}{2} \cdot AK_0^{UK-SE(OV,BWF)} = \frac{1}{2} \cdot AK_0^{DE-SE(IV,BWF)} = 1.275$$

Der Verkehrswert der UK-SE in t = 4 ($VW_v^{UK-SE(OV,BWF)}$) entspricht der Summe des Grundkapitals, der Rücklagen und der stillen Reserven. Da die UK-SE ihre Gewinne im Betrachtungszeitraum von t = 0 bis t = 4 vollständig an die deutschen Anteilseigner ausschüttet, entsprechen die Rücklagen im Zeitpunkt t = v den Rücklagen in t = 0. Der Verkehrswert der UK-SE stimmt in t = v folglich mit dem Verkehrswert der DE-SE bei der Inbound-Verschmelzung mit Buchwertfortführung überein.[369] Es gilt:

(4.2.3.2.) $$VW_v^{UK-SE(OV,BWF)} = VW_v^{DE-SE(IV,BWF)} = \left(1 + rl_0 + st_v\right) \cdot 2 \cdot GK$$

$$VW_4^{UK-SE(OV,BWF)} = (1 + 1{,}80 + 7) \cdot 2 \cdot 250 = 4.900$$

Der steuerpflichtige Veräußerungsgewinn der deutschen Anteilseigner ($VE_v^{UK-SE(OV,BWF)}$) ergibt sich aus der Differenz des Verkehrswerts der UK-SE in t = v und den Anschaffungskosten der Beteiligung in t = 0. Da sowohl der Verkehrswert der übernehmenden SE als auch die Anschaffungskosten der Beteiligung an der SE bei der Inbound- und bei der Outbound-Verschmelzung mit Buchwertfortführung übereinstimmen, gilt allgemein und konkret anhand des Zahlenbeispiels:

---

[369] Siehe hierzu Berechnungen (3.2.3.2.) und (3.2.3.3.), S. 138.

(4.2.3.3.) $$VE_v^{UK-SE(OV,BWF)} = VE_v^{DE-SE(IV,BWF)}$$

$$VE_v^{UK-SE(OV,BWF)} = \frac{1}{2} \cdot \left(VW_v^{UK-SE(OV,BWF)} - AK_0^{UK-SE(OV,BWF)}\right)$$

$$VE_v^{UK-SE(OV,BWF)} = \left\{\left(rl_0 - rl_{-k}\right) + \left(st_v - st_{-k}\right)\right\} \cdot GK$$

$$VE_4^{UK-SE(OV,BWF)} = (0{,}20 + 4{,}50) \cdot 250 = 1.175$$

Bei der Besteuerung der Gewinne aus der Veräußerung der Anteile an der UK-SE gilt in Deutschland das Wohnsitzstaatprinzip, Art. 8 Abs. 3 DBA Deutschland-Großbritannien. Im deutschen Steuerrecht ist zwischen natürlichen und juristischen Personen zu unterscheiden. Es gilt:

(4.2.3.4.) wenn deutsche Anteilseigner = $AE^{nat,DE-AG}$ und $AE^{nat,UK-PLC}$, dann

$$S_v^{nat,VE(OV,BWF)} = \frac{1}{2} \cdot VE_v^{UK-SE(OV,BWF)} \cdot s_{nat,VE}^{DE} \text{ bzw.}$$

$$S_4^{nat,VE(OV,BWF)} = \frac{1}{2} \cdot 1.175 \cdot 0{,}15 = 88{,}13 \text{, sodass}$$

(4.2.3.5.) $$NZ_v^{nat,VE(OV,BWF)} = VE_v^{UK-SE(OV,BWF)} - S_v^{nat,VE}$$

$$NZ_4^{nat,VE(OV,BWF)} = 1.175 - 88{,}13 = 1.086{,}88\,;$$

(4.2.3.6.) wenn deutsche Anteilseigner = $AE^{jur,DE-AG}$ und $AE^{jur,UK-PLC}$, dann

$$NZ_4^{jur,VE(OV,BWF)} = \frac{1}{2} \cdot VW_4^{UK-SE(OV,BWF)} = 1.175$$

Zusammenfassend sind die Steuerwirkungen darzustellen, die bei der Veräußerung der Beteiligung an der UK-SE durch die deutschen Anteilseigner anfallen. Dazu ist Gleichung (4.2.3.3.) in die Gleichungen (4.2.3.5.) und (4.2.3.6.) einzusetzen. Es gilt:

(4.2.3.7.) $$NZ_v^{nat,VE(OV,BWF)} = \underbrace{\left\{\left(rl_0 - rl_{-k}\right) + \left(st_v - st_{-k}\right)\right\} \cdot GK}_{❶} - \underbrace{S_v^{nat,VE(OV,BWF)}}_{❷}$$

(4.2.3.8.) $$NZ_v^{jur,VE(OV,BWF)} = \underbrace{\left\{\left(rl_0 - rl_{-k}\right) + \left(st_v - st_{-k}\right)\right\} \cdot GK}_{❶}$$

Teil ❶ der Berechnungsformeln gibt den Veräußerungsgewinn an, den die deutschen Anteilseigner unter Berücksichtigung ihrer Beteiligungsquote von jeweils 50% aus der Veräußerung ihrer Beteiligung an der UK-SE in $t = v$ erzielen. Die Steuerbelastungen der natürlichen Personen werden in Teil ❷ der Berechnungsformel erfasst. Für natürliche Personen gilt zusammenfassend:

(4.2.3.9.) $$NZ_v^{nat,VE(OV,BWF)} = \left\{\left(rl_0 - rl_{-k}\right) + \left(st_v - st_{-k}\right)\right\} \cdot \left(1 - \frac{1}{2} \cdot s_{ESt,VE}^{DE}\right) \cdot GK$$

## 4.2.4. Ergebnisfunktion der Outbound-Verschmelzung mit Buchwertfortführung bei den deutschen Anteilseignern

Da beim Vollzug der Gründung der SE in t = 0 auf Ebene der deutschen Anteilseigner kein Nettozufluss entstanden ist, ergibt sich der Barwert der Summe der Nettoliquiditätszuflüsse der Outbound-Verschmelzung mit Buchwertfortführung aus den Perioden t =1 bis t = 4. Daher gilt allgemein und unter Berücksichtigung des Zahlenbeispiels:

(4.2.4.1.) wenn deutsche Anteilseigner = $AE^{nat,DE-AG}$ und $AE^{nat,UK-PLC}$, dann

$$Bar_0^{nat(OV,BWF)} = 0 + \sum_{t=1}^{v} NZ_t^{nat,DIV(OV,BWF)} \cdot \left(q_t^{nat}\right)^{-t} + NZ_v^{nat,VE(OV,BWF)} \cdot \left(q_t^{nat}\right)^{-v}$$

mit: $q_t^{nat} = 1 + 0{,}1 \cdot (1 - 0{,}47)$, sodass

$$Bar_0^{nat(OV,BWF)} = 0 + (212{,}42 + 189{,}93 + 188{,}75 + 185{,}37) + 884{,}03$$

$$Bar_0^{nat(OV,BWF)} = 0 + 776{,}47 + 884{,}03 = 1.660{,}50$$

(4.2.4.2.) wenn deutsche Anteilseigner = $AE^{jur,DE-AG}$ und $AE^{jur,UK-PLC}$, dann

$$Bar_0^{jur(OV,BWF)} = 0 + \sum_{t=1}^{v} NZ_t^{jur,DIV(OV,BWF)} \cdot \left(q_t^{jur}\right)^{-t} + NZ_v^{jur,VE(OV,BWF)} \cdot \left(q_t^{jur}\right)^{-v}$$

mit: $q_t^{jur} = 1 + 0{,}1 \cdot (1 - 0{,}375)$, sodass

$$Bar_0^{jur(OV,BWF)} = 0 + (229{,}31 + 203{,}21 + 200{,}14 + 194{,}79) + 921{,}98$$

$$Bar_0^{jur(OV,BWF)} = 0 + 827{,}45 + 921{,}98 = 1.749{,}43$$

### 4.2.5. Übertragung der Einzelergebnisse in die Ergebnismatrix

Für die Outbound-Verschmelzung mit Buchwertfortführung ergeben sich die in der Matrix dargestellten Barwerte der Summe der Nettoliquiditätszuflüsse.

Tabelle 10: Barwerte der Summen der Nettoliquiditätszuflüsse auf Ebene der deutschen Anteilseigner (Outbound-Verschmelzung, Buchwertfortführung)

| Gestaltungsalternative | Barwert der Summe der Nettoliquiditätszuflüsse | |
|---|---|---|
| | $AE^{nat}$ | $AE^{jur}$ |
| Inbound-Verschmelzung (Buchwertfortführung) | 1.661,65 | 1.750,66 |
| Outbound-Verschmelzung (Buchwertfortführung) | 1.660,50 | 1.749,43 |
| Outbound-Verschmelzung (Teilwertansatz) | Kapitel II.4.3.5., S. 196 | Kapitel II.4.3.5., S. 196 |
| Inbound-Anteilstausch (Buchwertfortführung) | Kapitel II.5.2.5., S. 222 | Kapitel II.5.2.5., S. 222 |
| Inbound-Anteilstausch (Teilwertansatz) | Kapitel II.5.3.5., S. 239 | Kapitel II.5.3.5., S. 239 |
| Outbound-Anteilstausch (Teilwertansatz) | Kapitel II.6.2.5., S. 262 | Kapitel II.6.2.5., S. 262 |

## 4.3. Outbound-Verschmelzung mit Teilwertansatz

### 4.3.1. Vollzug der Outbound-Verschmelzung

Im Rahmen der Steuerwirkungsanalyse sind drei Ebenen zu unterscheiden:

- Ebene der übertragenden deutschen Aktiengesellschaft (DE-AG)
- Ebene der übernehmenden britischen SE (UK-SE)
- Ebene der deutschen Anteilseigner.

#### 4.3.1.1. Ebene der übertragenden deutschen Aktiengesellschaft

Die Fusionsrichtlinie ermöglicht es, dass die Mitgliedstaaten in Abweichung vom Grundprinzip der Steuerneutralität den Steuerpflichtigen bei der Verschmelzung ein Wahlrecht zur Realisierung der stillen Reserven gewähren, Art. 4 Abs. 3 FRL.[370] Voraussetzung hierfür ist, dass ein derartiges Wahlrecht im nationalen Steuerrecht des Sitzstaats der untergehenden Aktiengesellschaft bereits kodifiziert ist.[371] Nach deutschem Steuerrecht hat eine übertragende Aktiengesellschaft die Möglichkeit, die übertragenen Vermögenswerte zum Buchwert, zum Teilwert oder einem Zwischenwert zu bewerten, § 11 Abs. 1 Sätze 2, 3 UmwStG.[372] Im Anwendungsfall kann die untergehende DE-AG die übertragenen Vermögenswerte nach Art. 4 Abs. 3 FRL i.V.m. § 11 Abs. 1 Satz 3 UmwStG mit dem Teilwert ansetzen.

Nach Auffassung der Finanzverwaltung kann es aufgrund des Maßgeblichkeitsprinzips nach § 5 Abs. 1 Satz 2 EStG zu einer Einschränkung des Teilwertansatzes kommen. Die Finanzverwaltung sieht einen Teilwertansatz nur für die Vermögenswerte vor, deren Ansatz in der Handelsbilanz zulässig ist. Für selbstgeschaffene immaterielle Wirtschaftsgüter sowie für den originären Geschäfts- oder Firmenwert wird ein Teilwertansatz nicht für möglich erachtet. Die Begründung liegt darin, dass für immaterielle Vermögensgegenstände des Anlagevermögens, die nicht entgeltlich erworben wurden, und für den originären Geschäfts- oder Firmenwert nach § 248 Abs. 2 HGB in der Handelsbilanz ein Aktivierungsverbot besteht.[373] Die herrschende Meinung geht allerdings davon aus, dass das Wertansatzwahlrecht des § 11 Abs. 1 Satz 3 UmwStG in vollem Umfang ausgeübt werden darf. Dies wird damit begründet,

---

[370] Vgl. Herzig, N./Dautzenberg, N./Heyeres, R., DB 1991, Beilage 12, S. 13-14.

[371] Vgl. Meyer, O., Besteuerung, 1995, S. 67.

[372] Vgl. Schönwald, S., SteuerStud 2001, S. 360.

[373] Vgl. Umwandlungssteuererlass vom 25. März 1998, BStBl 1998 I, S. 268-344 Tz. 11.01-11.02.

dass der Grundsatz der Maßgeblichkeit für Umwandlungsfälle entweder gar nicht oder ausschließlich bei korrespondierenden Wahlrechten in der Handelsbilanz und in der Steuerbilanz für anwendbar erachtet wird.[374] Darüber hinaus wird argumentiert, dass das Wahlrecht nach § 11 Abs. 1 Satz 3 UmwStG ausschließlich einem originären steuerlichen Zweck dient, da es dem übertragenden Rechtsträger eine steuerneutrale Verschmelzung ermöglicht. Die Grundsätze ordnungsmäßiger Buchführung können ein originäres steuerliches Wahlrecht nicht verdrängen, wenn damit ein eigenständiges Ziel verfolgt wird.[375] Nachfolgend wird der Auffassung gefolgt, dass das steuerrechtliche Wahlrecht des § 11 Abs. 1 Satz 3 UmwStG eine Durchbrechung des Maßgeblichkeitsprinzips regelt und somit ein von der handelsrechtlichen Rechnungslegung isoliertes Wahlrecht zum Teilwertansatz aller übertragenen Vermögenswerte im Rahmen der Verschmelzung besteht.

Bei der Realisierung der im Anlagevermögen gebundenen stillen Reserven ist zwischen den abnutzbaren und den nicht abnutzbaren Bestandteilen der stillen Reserven zu unterscheiden. Die abnutzbaren Bestandteile errechnen sich aus dem Verhältnis des abnutzbaren Anlagevermögens zum gesamten Anlagevermögen. Die nicht abnutzbaren Bestandteile der stillen Reserven ergeben sich aus dem Verhältnis des nicht abnutzbaren Anlagevermögens zum gesamten Anlagevermögen.[376] Allgemein und konkret anhand des Zahlenbeispiels ergibt sich der Teilwert des Anlagevermögens der DE-AG ($AV_t^{DE-AG,TW}$) wie folgt:

(4.3.1.1.1.) $$AV_t^{DE-AG,TW} = AV_t^{DE-AG} + ST_t^{DE-AG}$$

$$AV_t^{DE-AG,TW} = \left(aav_t + naav_t + st_t\right) \cdot GK$$

$$AV_0^{DE-AG,TW} = (1{,}92 + 0{,}48 + 4) \cdot 250 = 1.600$$

---

374 Vgl. Mentel, T., DStR 1998, Beilage 17, S. 9; Herzig, N., FR 1997, S. 123-129; Weber-Grellet, H., BB 1997, S. 653-658. Zur ausschließlichen Anwendbarkeit des Grundsatzes der Maßgeblichkeit bei korrespondierenden Wahlrechten in Umwandlungsfällen siehe Thiel, J., GmbHR 1997, S. 147.

375 Vgl. Haritz, D./Benkert, M., Umwandlungssteuergesetz, 2000, § 11 UmwStG, Rn. 9; Schmitt, J./Hörtnagl, R./Stratz, R.-C., Umwandlungsgesetz 2001, § 11 UmwStG, Rz. 23; Rödder, T., DB 1998, S. 998.

376 Siehe hierzu Abschnitt 1.1.2., S. 90-91.

Dabei gilt:

(4.3.1.1.2.) $ST_t = st_t \cdot GK = (ast_t + nast_t) \cdot GK$

$$ST_0 = 4 \cdot GK = (3{,}20 + 0{,}80) \cdot GK = 800 + 200 = 1.000$$

In Höhe der Differenz des Buchwerts der übertragenen Wirtschaftsgüter und ihres Teilwerts entsteht ein Übertragungsgewinn, der in Deutschland in vollem Umfang der Körperschaftsteuer und der Gewerbesteuer unterliegt.[377] Der Übertragungsgewinn kann mit einem Verlustvortrag i.S.d. § 10d EStG i.V.m. § 8 Abs. 1 KStG bzw. § 10a GewStG verrechnet werden.[378] Dabei ist zu berücksichtigen, dass aufgrund der Beschränkung der Verlustverrechnung der steuerliche Verlustvortrag maximal nur bis zur Hälfte des Übertragungsgewinns geltend gemacht werden kann. Da die DE-AG in t = 0 über einen Verlustvortrag ($VW_0^{DE-AG}$) verfügt, gilt allgemein und unter Berücksichtigung des Zahlenbeispiels:

(4.3.1.1.3.) $S_0^{DE-AG(OV,TWA)} = (VW_0^{DE-AG} - BW_0^{DE-AG} - VV_0^{DE-AG}) \cdot s_{THES}^{DE}$

$$S_0^{DE-AG(OV,TWA)} = \{(1 + rl_0 + st_0) - (1 + rl_0) - vv_0\} \cdot GK \cdot s_{THES}^{DE}$$

$$S_0^{DE-AG(OV,TWA)} = (st_0 - vv_0) \cdot GK \cdot s_{THES}^{DE}$$

unter der Bedingung, dass

$$vv_0 \cdot GK \leq \frac{1}{2} \cdot st_0 \cdot GK$$

$$vv_0 \cdot GK \leq \frac{1}{2} \cdot 4 \cdot 250 = 2 \cdot 250 = 500$$

In t = 0 beträgt der Verlustvortrag der DE-AG 100. Es gilt:

(4.3.1.1.4.) $S_0^{DE-AG(OV,TWA)} = (4 - 0{,}40) \cdot GK \cdot s_{THES}^{DE}$

$$S_0^{DE-AG(OV,TWA)} = 3{,}60 \cdot 250 \cdot 0{,}375 = 337{,}50$$

Die Ertragsteuerbelastung entsteht mit Ablauf des Stichtags der Schlussbilanz, d.h. in der Periode t = 0.[379] Nach Abzug der Ertragsteuern

---

377 Vgl. Haritz, D./Benkert, M., Umwandlungssteuergesetz, 2000, § 11 UmwStG, Rn. 47-48.

378 Vgl. Streck, M./Posdziech, O., GmbHR 1995, S. 359.

379 Vgl. Schmitt, J./Hörtnagl, R./Stratz, R.-C., Umwandlungsgesetz 2001, § 2 UmwStG, Rz. 19.

verbleibt in $t = 0$ ein Übertragungsgewinn nach Steuern ($ÜG_0^{DE-AG(OV,TWA)}$) in Höhe von 662,50:

(4.3.1.1.5.) $ÜG_0^{DE-AG(OV,TWA)} = VW_0^{DE-AG} - BW_0^{DE-AG} - S_0^{DE-AG(OV,TWA)}$ bzw.

$$ÜG_0^{DE-AG(OV,TWA)} = \left\{st_0 - \left(st_0 - vv_0\right) \cdot s_{THES}^{DE}\right\} \cdot GK$$

$$ÜG_0^{DE-AG(OV,TWA)} = (4 - 3{,}60 \cdot 0{,}375) \cdot 250 = 662{,}50$$

Der Übertragungsgewinn, der infolge der Realisierung der stillen Reserven bei Ansatz des Teilwerts anfällt, kann in $t = 0$ nicht zur Grundlage einer Ausschüttung gemacht werden, da nur in der Handelsbilanz ausgewiesene Gewinne ausgeschüttet werden dürfen.[380] Der nach Abzug der Ertragsteuern verbleibende Teil des Übertragungsgewinns ist den Gewinnrücklagen der DE-AG zuzuführen.[381] Die im Umlaufvermögen der DE-AG enthaltenen liquiden Mittel verringern sich um die deutsche Ertragsteuerbelastung. Somit ergibt sich bei der Outbound-Verschmelzung mit Teilwertansatz folgende Schlussbilanz der untergehenden DE-AG:

Abbildung 18: Schlussbilanz der DE-AG zum 31.12.00 (Outbound-Verschmelzung mit Teilwertansatz)

| Schlussbilanz der DE-AG zum 31.12.00 (Outbound-Verschmelzung mit Teilwertansatz) | | | |
|---|---|---|---|
| Aktivvermögen ( $AKT_0^{DE-AG,TW}$ )<br>mit: $AAV_0^{DE-AG,TW} = 480 + 800$<br>$NAAV_0^{DE-AG,TW} = 120 + 200$ | 1.600 | Grundkapital ( GK ) | 250 |
| Umlaufvermögen ( $UV_0^{DE-AG,TW}$ )<br>$= 400 - 337{,}50$ | 62,50 | offene Rücklagen + Übertragungsgewinn ( $RL_0^{DE-AG,TW}$ )<br>$= 450 + 662{,}50$ | 1.112,50 |
| | | sonstige Passiva ( $SP_0^{DE-AG}$ ) | 300 |
| $AV_0^{DE-AG,TW} + UV_0^{DE-AG,TW}$ | 1.662,50 | $GK + RL_0^{DE-AG,TW} + SP_0^{DE-AG}$ | 1.662,50 |

[380] Vgl. Widmann, S./Mayer, D., Umwandlungsrecht, 2002, § 3 UmwStG, Rz. 536.
[381] Vgl. Jacobs, O. H., Unternehmensbesteuerung, 2002, S. 423.

Da die untergehende DE-AG die übertragenen Vermögenswerte in der Schlussbilanz mit dem Teilwert ansetzt, werden auch die zukünftigen Abschreibungen nach dem höheren Teilwert bemessen, Art. 4 Abs. 3 FRL.[382] Die UK-SE tritt in die Rechte und Pflichten der übertragenden DE-AG ein. Daher dürfen auch die steuerfrei oder teilweise steuerfrei gebildeten Rückstellungen und Rücklagen der DE-AG ohne Auflösungszwang in der DE-BS fortgeführt werden, wenn die Voraussetzungen dazu weiterhin erfüllt bleiben, Art. 5 FRL. Der Verlustvortrag der DE-AG wurde im Rahmen der Ermittlung des steuerpflichtigen Übertragungsgewinns der DE-AG in t = 0 vollständig gewinnmindernd berücksichtigt. Darüber hinaus ist kein weiterer Verlustvortrag in t = 0 vorhanden.

#### 4.3.1.2. Ebene der übernehmenden britischen SE

Bei der übernehmenden britischen SE ergeben sich beim Vollzug der Outbound-Verschmelzung verkehrsteuerliche und ertragsteuerliche Konsequenzen.

##### 4.3.1.2.1. Verkehrsteuern

Bei einer Verschmelzung bemisst sich die Grunderwerbsteuer nach dem Wert des Grundvermögens, der im Rahmen der Bedarfsbewertung ermittelt wird, § 8 Abs. 2 Nr. 2 GrEStG i.V.m. § 138 Abs. 2, 3 BewG. Die Bemessungsgrundlage der Grunderwerbsteuer ist unabhängig davon, ob die untergehende Gesellschaft die Vermögenswerte mit dem Buchwert oder mit dem Teilwert ansetzt. Die Grunderwerbsteuer fällt in t = 0 an und ist auf Ebene der übernehmenden UK-SE als Anschaffungskosten der übernommenen Grundstücke der DE-AG zu aktivieren. Es gilt:

$$(4.3.1.2.1.1.)\quad S_0^{UK-SE(OV,TWA)} = S_0^{UK-SE(OV,BWF)} = gav_0 \cdot GK \cdot s_{GrESt}^{DE} = 7$$

##### 4.3.1.2.2. Ertragsteuern

Auf Ebene der übernehmenden britischen SE ergeben sich keine ertragsteuerlichen Wirkungen. Aufgrund der Wertverknüpfung mit der Schlussbilanz der DE-AG ist die UK-SE an den Teilwertansatz der DE-AG gebunden. Die stillen Reserven der DE-AG werden in der Schlussbilanz der DE-AG realisiert. Es gilt:

---

[382] Vgl. Meyer, O., Besteuerung, 1995, S. 67.

$$(4.3.1.2.2.1.)\quad AV_0^{DE-AG,TW} \rightarrow AV_0^{DE-BS,TW(OV,TWA)}$$

$$UV_0^{DE-AG,TW} \rightarrow UV_0^{DE-BS(OV,TWA)}$$

$$SP_0^{DE-AG} \rightarrow SP_0^{DE-BS(OV,TWA)}$$

Aufgrund des Betriebsstättenprinzips (Art. 3 Abs. 1 DBA Deutschland-Großbritannien) ist die UK-SE in Deutschland mit den Einkünften der DE-BS beschränkt steuerpflichtig. Die übernehmende UK-SE tritt in die steuerliche Rechtsstellung der DE-AG ein und kann Bewertungsabschläge oder steuerfreie Rücklagen der DE-AG fortführen. Ebenso ist eine Anrechnung von Besitzzeiten der übertragenen Wirtschaftsgüter möglich. Da es weder zu einer Änderung der Besitzverhältnisse noch zu größeren Veränderungen hinsichtlich der Natur oder der Ausübung des Betriebs auf Ebene der übernehmenden UK-SE kommt, bleibt der Verlustvortrag der UK-PLC erhalten und wird bei der UK-SE weitergeführt. Es gilt:

$$(4.3.1.2.2.2.)\quad VV_0^{UK-PLC} \rightarrow VV_0^{UK-SE(OV,TWA)}$$

Der Verschmelzungsgewinn der UK-SE ergibt sich aus der Differenz des Teilwerts der übertragenen Wirtschaftsgüter abzüglich der Ertragsteuerbelastung des Übertragungsgewinns und der Kapitalerhöhung. Da der Teilwert der übertragenen Wirtschaftsgüter dem Verkehrswert der DE-AG in t = 0 entspricht, gilt:

$$(4.3.1.2.2.3.)\quad \text{Verschmelzungsgewinn} = \begin{pmatrix} VW_0^{DE-AG} \\ - S_0^{DE-AG(OV,TWA)} \end{pmatrix} - \text{Kapitalerhöhung}$$

$$\text{Verschmelzungsgewinn} = \begin{pmatrix} 250 + 450 \\ + 1.000 - 337{,}50 \end{pmatrix} - 250 = 1.112{,}50$$

Der Verschmelzungsgewinn ist in die offenen Rücklagen einzustellen. Die offenen Rücklagen der UK-SE setzen sich in t = 0 aus den Rücklagen der UK-PLC ($RL_0^{UK-PLC}$) und dem Verschmelzungsgewinn zusammen. Da die von der UK-SE zu entrichtende Grunderwerbsteuer erfolgsneutral als Anschaffungsnebenkosten aktiviert wurde, verändert sich die Höhe der Rücklagen nicht. Die Begründung liegt darin, dass der Erhöhung des Aktivvermögens um die Grunderwerbsteuer ein Abgang liquider Mittel in Höhe der zu zahlenden Grunderwerbsteuer gegenübersteht. Die Gründungsbilanz der UK-SE stellt sich nach dem Vollzug der Verschmelzung in t = 0 wie folgt dar:

Abbildung 19: Gründungsbilanz der UK-SE zum 31.12.00 (Outbound-Verschmelzung mit Teilwertansatz)

| Gründungsbilanz der UK-SE zum 31.12.00 (Outbound-Verschmelzung mit Teilwertansatz) | | | |
|---|---|---|---|
| $AV_0^{UK-SE(OV,TWA)}$, mit: $AAV_0^{UK-SE(OV,TWA)} = 1.280 + 480 + 7$ $NAAV_0^{UK-SE(OV,TWA)} = 320 + 120$ | 2.207 | GK + Kapitalerhöhung $= 250 + 250$ | 500 |
| Umlaufvermögen $(UV_0^{UK-SE(OV,TWA)}) = 62{,}50 + 400 - 7$ | 455,50 | offene Rücklagen + Verschmelzungsgewinn $(RL_0^{UK-SE(OV,TWA)}) = 450 + 1.112{,}50$ | 1.562,50 |
| | | $SP_0^{UK-SE(OV,TWA)} = 300 + 300$ | 600 |
| $AV_0^{UK-SE(OV,TWA)} + UV_0^{UK-SE(OV,TWA)}$ | 2.662,50 | $2 \cdot GK + RL_0^{UK-SE(OV,TWA)} + SP_0^{UK-SE(OV,TWA)}$ | 2.662,50 |

### 4.3.1.3. Ebene der deutschen Anteilseigner

Auf Ebene der deutschen Anteilseigner ist zwischen den Anteilseignern der untergehenden DE-AG und der UK-PLC zu differenzieren.

Die Ausgabe von Anteilen an der UK-SE an die ehemaligen Anteilseigner der DE-AG wird nach britischem Steuerrecht nicht als Ausschüttung angesehen und unterliegt somit nicht der Besteuerung.[383] Beim Vollzug der Verschmelzung in t = 0 unterbleibt auf Ebene der Anteilseigner unabhängig davon, dass die übertragenen Wirtschaftsgüter in der Schlussbilanz der DE-AG mit dem Teilwert angesetzt wurden, eine Aufdeckung der in den Anteilen enthaltenen stillen Reserven, Art. 8 Abs. 2, 3 FRL i.V.m. § 13 Abs. 1, 2 UmwStG. Zwar erlaubt Art. 8 Abs. 3 FRL in Abhängigkeit vom Steuerrecht des Wohnsitzstaats der Anteilseigner beim Vollzug der Verschmelzung grundsätzlich eine Besteuerung der in den Anteilen enthaltenen stillen Reserven;[384] da nach § 13 Abs. 1, 2 UmwStG jedoch in t = 0 eine Besteuerung der in den Anteilen enthaltenen stillen

---

383 Siehe hierzu Abschnitt 4.2.1.3., S. 150-151.

384 Vgl. Herzig, N./Dautzenberg, N./Heyeres, R., DB 1991, Beilage 12, S. 13.

Reserven nicht vorgesehen ist, ist die Outbound-Verschmelzung mit Teilwertansatz für die Anteilseigner der untergehenden DE-AG ertragsteuerneutral.[385] Dies hat zur Konsequenz, dass sich die Anschaffungskosten der neu gewährten Anteile an der UK-SE nach den ursprünglichen Anschaffungskosten bemessen, die die deutschen Anteilseigner in t = -k für die Beteiligung an der DE-AG entrichtet haben. Es ist zu berücksichtigen, dass sich die Beteiligungsquote der deutschen Anteilseigner der ehemaligen DE-AG nach der Kapitalerhöhung auf 50% halbiert. Allgemein und konkret anhand des Zahlenbeispiels gilt:

(4.3.1.3.1.) $AK_{-k}^{DE-AG} \rightarrow \frac{1}{2} \cdot AK_0^{UK-SE(OV,TWA)}$, wobei

$$AK_{-k}^{DE-AG} = \frac{1}{2} \cdot AK_0^{UK-SE(OV,TWA)} = \frac{1}{2} \cdot (1 + rl_{-k} + st_{-k}) \cdot 2 \cdot GK = 1.275$$

Für die deutschen Anteilseigner der übernehmenden britischen UK-PLC ergeben sich keine unmittelbaren Steuerwirkungen. Der Status ihrer Anteile bleibt erhalten, sodass unabhängig von den steuerlich relevanten Merkmalsausprägungen der Anteilseigner kein Veräußerungsgewinn entsteht. Es gilt:

(4.3.1.3.2.) $AK_{-k}^{UK-PLC} \rightarrow \frac{1}{2} \cdot AK_0^{UK-SE(OV,TWA)}$, wobei

$$AK_{-k}^{UK-PLC} = \frac{1}{2} \cdot AK_0^{UK-SE(OV,TWA)} = \frac{1}{2} \cdot (1 + rl_{-k} + st_{-k}) \cdot 2 \cdot GK = 1.275$$

## 4.3.2. Grenzüberschreitende Unternehmenstätigkeit der britischen SE

Der Betrachtungszeitraum der grenzüberschreitenden Unternehmenstätigkeit der britischen SE umfasst die Perioden t = 1 bis t = v = 4. Zur Erfassung der Steuerwirkungen sind drei Ebenen zu unterscheiden:

- Ebene der deutschen Betriebsstätte (DE-BS)
- Ebene der britischen SE (UK-SE)
- Ebene der inländischen Anteilseigner.

---

[385] Zur ertragsteuerlichen Behandlung bei den Anteilseignern der untergehenden Aktiengesellschaft im deutschen Steuerrecht siehe z.B. Haritz, D./Benkert, M., Umwandlungssteuergesetz, 2000, § 13 UmwStG, Rn. 22-29; Schmitt, J./Hörtnagl, R./Stratz, R.-C., Umwandlungsgesetz 2001, § 13 UmwStG, Rz. 18-21 und 28-40; Schönwald, S., SteuerStud 2001, S. 363-364.

#### 4.3.2.1. Ebene der deutschen Betriebsstätte

Die britische SE ist mit den Gewinnen der DE-BS in Deutschland beschränkt steuerpflichtig, Art. 3 Abs. 1, 3 DBA Deutschland-Großbritannien, und unterliegt der Körperschaftsteuer und der Gewerbesteuer, § 2 Nr. 1 KStG i.V.m. § 49 Abs. 1 Nr. 2 Buchst. a EStG, § 2 Abs. 1 GewStG.[386] Zur Bestimmung des Gewinns, der von der DE-BS in t = 1 bis t = v = 4 an die UK-SE transferiert wird, sind drei Rechenschritte erforderlich:

- Bestimmung des steuerpflichtigen Gewinns der DE-BS ($G_t^{DE-BS(OV,TWA)}$)
- Ermittlung der Ertragsteuerbelastung der Gewinne der DE-BS ($S_t^{DE-BS(OV,TWA)}$)
- Berechnung des transferierbaren Gewinns der DE-BS ($TRA_t^{DE-BS(OV,TWA)}$).

Allgemein und konkret anhand des Zahlenbeispiels werden die Rechenschritte für die Periode t = 1 durchgeführt. Die Ergebnisse für die Perioden t = 1 bis t = 4 werden in einer Tabelle zusammengefasst.

(1) Bei der Berechnung des steuerpflichtigen Gewinns der DE-BS ist zu berücksichtigen, dass sich aufgrund des Teilwertansatzes die Abschreibungsbasis um die im abnutzbaren Anlagevermögen enthaltenen stillen Reserven erhöht hat. Allgemein und konkret anhand des Zahlenbeispiels gilt:

(4.3.2.1.1.) $$ab(aav + ast)_t^{DE-BS(OV,TWA)} = (aav_t + ast_t) \cdot 0{,}2$$

$$ab(aav + ast)_1^{DE-BS(OV,TWA)} = (1{,}92 + 3{,}20) \cdot 0{,}2 = 1{,}02$$

Ein steuerlicher Verlustvortrag ist in t = 1 auf Ebene der DE-BS nicht vorhanden, denn der Verlustvortrag der DE-AG wurde in t = 0 im Rahmen der Besteuerung der beim Teilwertansatz aufgedeckten stillen Reserven (Übertragungsgewinn) verrechnet. Zur Berücksichtigung der Verrechnung des Verlustvortrags der ehemaligen DE-AG wird der steuerliche Verlustvortrag der DE-BS einer Periode t gesondert gekennzeichnet und mit $VV_t^{DE-BS(OV,TWA)*}$ bezeichnet. Es gilt:

---

[386] Vgl. Karrenbrock, H., SteuerStud 2001, S. 409; Maier-Frischmuth, M., StuB 2001, S. 586-587.

$$(4.3.2.1.2.)\quad G_t^{DE-BS(OV,TWA)} = \max\left\{0;\left(\begin{array}{l} vg - ab(aav + ast)_t^{DE-BS}{}_{(OV,TWA)} \\ - vv_t^{DE-BS}{}_{(OV,TWA)^*} \end{array}\right)\cdot GK\right\}$$

$$G_1^{DE-BS(OV,TWA)} = \max\{0;(2-1{,}02-0)\cdot 250\} = 244$$

(2) Die Steuerbelastung der DE-BS ist das Produkt der steuerpflichtigen Bemessungsgrundlage und des kombinierten Ertragsteuersatzes ($s_{THES}^{DE}$). Es gilt:

$$(4.3.2.1.3.)\quad S_t^{DE-BS(OV,TWA)} = \left(\max\left\{\begin{array}{l} 0; \\ \left(\begin{array}{l} vg - ab\left(\begin{array}{l} aav \\ + ast \end{array}\right)_t^{DE-BS}{}_{(OV,TWA)} \\ - vv_t^{DE-BS}{}_{(OV,TWA)^*} \end{array}\right)\cdot GK \end{array}\right\}\right)\cdot s_{THES}^{DE}$$

$$S_1^{DE-BS(OV,TWA)} = (\max\{0;(2-1{,}20-0)\cdot 250\})\cdot 0{,}375 = 91{,}50$$

(3) Nach Abzug der planmäßigen Abschreibungen und der Ertragsteuern vom Vergleichsgewinn beträgt der transferierbare Gewinn der DE-BS ($TRA_t^{DE-BS(OV,TWA)}$):

$$(4.3.2.1.4.)\quad TRA_t^{DE-BS(OV,TWA)} = \left(\max\left\{\begin{array}{l} 0;\left(\begin{array}{l} vg - ab\left(\begin{array}{l} aav \\ + ast \end{array}\right)_t^{DE-BS}{}_{(OV,TWA)} \\ - vv_t^{DE-BS}{}_{(OV,TWA)^*} \end{array}\right)\cdot GK \\ - S_t^{DE-BS}{}_{(OV,TWA)} \end{array}\right\}\right)$$

$$TRA_1^{DE-BS(OV,TWA)} = (\max\{0;(2-1{,}02-0)\cdot 250 - 91{,}50\}) = 152{,}50$$

In der Periode t = 1 wird von der DE-BS ein Gewinn in Höhe von 152,50 an die britische UK-SE weitergeleitet. Die Berechnungsergebnisse für die Perioden t = 1 bis t = 4 sind in der Tabelle zusammengefasst.

Tabelle 11: Ermittlung des an die UK-SE transferierbaren Gewinns der DE-BS in den Perioden t = 1 bis t = 4 (Outbound-Verschmelzung, Teilwertansatz)

| Periode (t) | $ab\begin{pmatrix} aav \\ + ast \end{pmatrix}_t^{DE-BS(OV,TWA)}$ (4.3.2.1.1.) | $vv_t^{DE-BS(OV,TWA)*}$ | $G_t^{DE-BS(OV,TWA)}$ (4.3.2.1.2.) | $S_t^{DE-BS(OV,TWA)}$ (4.3.2.1.3.) | $TRA_t^{DE-BS(OV,TWA)}$ (4.3.2.1.4.) |
|---|---|---|---|---|---|
| t = 1 | 1,02 | 0 | 244,00 | 91,50 | 152,50 |
| t = 2 | 0,82 | 0 | 295,20 | 110,70 | 184,50 |
| t = 3 | 0,66 | 0 | 336,16 | 126,06 | 210,10 |
| t = 4 | 0,52 | 0 | 368,93 | 138,35 | 230,58 |

#### 4.3.2.2. Ebene der britischen SE

Auf Ebene der britischen SE ergeben sich bei der Bestimmung des steuerpflichtigen Gewinns ($G_t^{UK-SE(OV,TWA)}$) und der Berechnung der Ertragsteuerbelastung der UK-SE ($S_t^{UK-SE(OV,TWA)}$) im Rahmen des Teilwertansatzes keine Unterschiede zur Outbound-Verschmelzung mit Buchwertfortführung. Daher stimmt der Nettoertrag der UK-SE bei Teilwertansatz ($ERT_t^{UK-SE(OV,TWA)}$) mit dem Nettoertrag der UK-SE bei Buchwertfortführung überein. Die Begründung liegt darin, dass lediglich in der Schlussbilanz der untergehenden DE-AG beim Vollzug der Outbound-Verschmelzung in t = 0 die Buchwerte um die stillen Reserven aufgestockt werden. Auf Ebene der übernehmenden UK-PLC dagegen werden die Buchwerte fortgeführt. Der Teilwertansatz bei der DE-BS hat die Grunderwerbsteuerbelastung der UK-SE in Deutschland nicht beeinflusst, weil sich die Höhe der Grunderwerbsteuer nach dem Bedarfswert des Grundvermögens bemisst. Die in Deutschland auf die Gewinne der DE-BS zu entrichtenden Steuern werden in vollem Umfang auf die britische Steuerschuld angerechnet. Da die deutsche Ertragsteuerbelastung mit 37,5% die britische Körperschaftsteuer von 30% übersteigt, führt die Steueranrechnung faktisch zu einer Freistellung der deutschen Betriebsstättengewinne von der steuerpflichtigen Bemessungsgrundlage in Großbritannien.[387] Es gilt:

$$(4.3.2.2.1.)\quad ab\begin{pmatrix} aav \\ + gav \cdot s_{GrESt}^{DE} \end{pmatrix}_t^{UK-SE \, (OV,TWA)} = ab\begin{pmatrix} aav \\ + gav \cdot s_{GrESt}^{DE} \end{pmatrix}_t^{UK-SE \, (OV,BWF)}$$

---

[387] Siehe hierzu Abschnitt 4.2.2.2., S. 154-159.

(4.3.2.2.2.) $vv_t^{UK-SE(OV,TWA)} = vv_t^{UK-SE(OV,BWF)}$

(4.3.2.2.3.) $G_t^{UK-SE(OV,TWA)} = G_t^{UK-SE(OV,BWF)}$

(4.3.2.2.4.) $S_t^{UK-SE(OV,TWA)} = S_t^{UK-SE(OV,BWF)}$

(4.3.2.2.5.) $ERT_t^{UK-SE(OV,TWA)} = ERT_t^{UK-SE(OV,BWF)}$

Die Berechnungsergebnisse für die Perioden t = 1 bis t = 4 sind in der nachfolgenden Tabelle zusammengefasst.

Tabelle 12: Ermittlung des Nettoertrags der UK-SE in den Perioden t = 1 bis t = 4 (Outbound-Verschmelzung, Teilwertansatz)

| Periode (t) | $ab\begin{pmatrix} aav + \\ gav \cdot \\ s_{GrESt}^{DE} \end{pmatrix}_t^{UK-SE (OV,TWA)}$ (4.3.2.2.1.) = (4.2.2.2.3.) | $vv_t^{UK-SE (OV,TWA)}$ (4.3.2.2.2.) = (4.2.2.2.4.) | $G_t^{UK-SE (OV,TWA)}$ (4.3.2.2.3.) = (4.2.2.2.5.) | $S_t^{UK-SE (OV,TWA)}$ (4.3.2.2.4.) = (4.2.2.2.6.) | $ERT_t^{UK-SE (OV,TWA)}$ (4.3.2.2.5.) = (4.2.2.2.7.) |
|---|---|---|---|---|---|
| t = 1 | 0,49 | 0,40 | 278,25 | 83,48 | 294,78 |
| t = 2 | 0,37 | 0 | 408,69 | 122,61 | 286,08 |
| t = 3 | 0,27 | 0 | 431,52 | 129,45 | 302,06 |
| t = 4 | 0,21 | 0 | 448,64 | 134,59 | 314,05 |

Die ausschüttungsfähige Dividende der UK-SE ergibt sich aufgrund ihres in Großbritannien erwirtschafteten Nettoertrags ($ERT_t^{UK-SE(OV,TWA)}$) sowie des transferierten Gewinns der DE-BS ($TRA_t^{DE-BS(OV,TWA)}$). Unter Berücksichtigung der Aufstockung der Abschreibungsbasis des abnutzbaren Anlagevermögens der DE-BS gilt:

(4.3.2.2.6.) $DIV_t^{UK-SE(OV,TWA)} = ERT_t^{UK-SE(OV,TWA)} + TRA_t^{DE-BS(OV,TWA)}$

$$DIV_1^{UK-SE(OV,TWA)} = 294{,}78 + 152{,}50 = 447{,}28$$

Für die Perioden t = 1 bis t = 4 ergeben sich folgende Werte:

Tabelle 13: Dividende der UK-SE in den Perioden t = 1 bis t = 4 (Outbound-Verschmelzung, Teilwertansatz)

| Periode (t) | $TRA_t^{DE-BS(OV,TWA)}$ (4.3.2.1.4.) | $ERT_t^{UK-SE(OV,TWA)}$ (4.3.2.2.5.) = (4.2.2.2.7.) | $DIV_t^{UK-SE(OV,TWA)}$ (4.3.2.2.6.) |
|---|---|---|---|
| t = 1 | 152,50 | 294,78 | 447,28 |
| t = 2 | 184,50 | 286,08 | 470,58 |
| t = 3 | 210,10 | 302,06 | 512,16 |
| t = 4 | 230,58 | 314,05 | 544,63 |

### 4.3.2.3. Ebene der deutschen Anteilseigner

Auf Ebene der deutschen Anteilseigner gelten die gleichen Besteuerungsprinzipien wie bei der Outbound-Verschmelzung mit Buchwertfortführung.[388] Es gilt:

(4.3.2.3.1.) wenn deutsche Anteilseigner = $AE^{nat,DE-AG}$ und $AE^{nat,UK-PLC}$, dann

$$S_t^{nat,DIV(OV,TWA)} = \frac{1}{2} \cdot \left( \frac{1}{2} \cdot DIV_t^{UK-SE(OV,TWA)} \right) \cdot s_{ESt}^{DE}$$

$$S_1^{nat,DIV(OV,TWA)} = \frac{1}{4} \cdot 447{,}28 \cdot 0{,}47 = 52{,}55 \text{, sodass}$$

(4.3.2.3.2.) $$NZ_t^{nat,DIV(OV,TWA)} = \frac{1}{2} \cdot DIV_t^{UK-SE(OV,TWA)} - S_t^{nat,DIV(OV,TWA)}$$

$$NZ_1^{nat,DIV(OV,TWA)} = \frac{1}{2} \cdot 447{,}28 - 52{,}55 = 171{,}08$$

[388] Siehe hierzu Abschnitt 4.2.2.3., S. 159-164.

(4.3.2.3.3.) wenn deutsche Anteilseigner = $AE^{jur,DE-AG}$ und $AE^{jur,UK-PLC}$, dann

$$S_t^{jur,DIV(OV,TWA)} = \left(\frac{1}{2} \cdot DIV_t^{UK-SE \atop (OV,TWA)} \cdot s_{GewSt}^{DE}\right) + \left(\max\left\{0; \frac{1}{2} \cdot DIV_t^{UK-SE \atop (OV,TWA)} \cdot \left(0{,}05 - s_{GewSt}^{DE}\right) - VV_t^{jur,DIV \atop (OV,TWA)}\right\} \cdot s_{KSt}^{DE}\right)$$

$$VV_{t+1}^{jur,DIV(OV,TWA)} = -\left\{\frac{1}{2} \cdot DIV_t^{UK-SE \atop (OV,TWA)} \cdot \left(0{,}05 - s_{GewSt}^{DE}\right)\right\} + VV_t^{jur,DIV \atop (OV,TWA)}$$

$$S_1^{jur,DIV(OV,TWA)} = \frac{1}{2} \cdot 447{,}28 \cdot 0{,}1667 + 0 = 37{,}28 \text{ und}$$

$$VV_2^{jur,DIV(OV,TWA)} = -\left\{\frac{1}{2} \cdot 447{,}28 \cdot (0{,}05 - 0{,}1667)\right\} + 0 = 26{,}10$$

Hieraus ergibt sich:

(4.3.2.3.4.) $NZ_t^{jur,DIV(OV,TWA)} = \frac{1}{2} \cdot DIV_t^{UK-SE(OV,TWA)} - S_t^{jur,DIV(OV,TWA)}$

$$NZ_1^{jur,DIV(OV,TWA)} = \frac{1}{2} \cdot 447{,}28 - 37{,}28 = 186{,}36$$

Für die Perioden t = 1 bis t = 4 ergeben sich folgende Werte:

Tabelle 14: Ermittlung des Nettozuflusses aus der Dividende der UK-SE bei den deutschen Anteilseignern in den Perioden t = 1 bis t = 4 (Outbound-Verschmelzung, Teilwertansatz)

| Periode (t) | $S_t^{nat,DIV(OV,TWA)}$ (4.3.2.3.1.) | $NZ_t^{nat,DIV(OV,TWA)}$ (4.3.2.3.2.) | $S_t^{jur,DIV(OV,TWA)}$ (4.3.2.3.3.) | $NZ_t^{jur,DIV(OV,TWA)}$ (4.3.2.3.4.) | $VV_{t+1}^{jur,DIV(OV,TWA)}$ (4.2.2.3.3.) |
|---|---|---|---|---|---|
| t = 1 | 52,55 | 171,08 | 37,28 | 186,36 | 26,10 |
| t = 2 | 55,29 | 180,00 | 39,22 | 196,07 | 53,56 |
| t = 3 | 60,18 | 195,90 | 42,69 | 213,39 | 83,44 |
| t = 4 | 63,99 | 208,32 | 45,39 | 226,92 | 115,22 |

### 4.3.2.4. Zusammenfassung der Steuerwirkungen der grenzüberschreitenden Unternehmenstätigkeit der britischen SE

Bei natürlichen und bei juristischen Personen als deutsche Anteilseigner der UK-SE ergeben sich unterschiedliche steuerliche Konsequenzen. In jeder Periode t setzt sich die Dividende, die die UK-SE ausschüttet ($DIV_t^{UK-SE(OV,TWA)}$), aus der Summe des Gewinntransfers der DE-BS ($TRA_t^{DE-BS(OV,TWA)}$) und des Ertrags der UK-SE ($ERT_t^{UK-SE(OV,TWA)}$) zusammen. Es gilt:

(4.3.2.4.1.)

wenn deutsche Anteilseigner = $AE^{nat,DE-AG}$ und $AE^{nat,UK-PLC}$, dann

$$NZ_t^{nat,DIV(OV,TWA)} = \frac{1}{2} \cdot \left( \begin{array}{l} TRA_t^{\substack{DE-BS \\ (OV,TWA)}} \\ + ERT_t^{\substack{UK-SE \\ (OV,TWA)}} \end{array} \right) - \frac{1}{2} \cdot \left( \begin{array}{l} TRA_t^{\substack{DE-BS \\ (OV,TWA)}} \\ + ERT_t^{\substack{UK-SE \\ (OV,TWA)}} \end{array} \right) \cdot \frac{1}{2} \cdot s_{ESt}^{DE}$$

❶ ❷

(4.3.2.4.2.)

wenn deutsche Anteilseigner = $AE^{jur,DE-AG}$ und $AE^{jur,UK-PLC}$, dann

$$NZ_t^{jur,DIV(OV,TWA)} = \frac{1}{2} \cdot \left( \begin{array}{l} TRA_t^{\substack{DE-BS \\ (OV,TWA)}} \\ + ERT_t^{\substack{UK-SE \\ (OV,TWA)}} \end{array} \right) - \left\{ \begin{array}{l} \frac{1}{2} \cdot \left( \begin{array}{l} TRA_t^{\substack{DE-BS \\ (OV,TWA)}} \\ + ERT_t^{\substack{UK-SE \\ (OV,TWA)}} \end{array} \right) \cdot s_{GewSt}^{DE} \\ + \max \left( 0; \left\{ \begin{array}{l} \frac{\left(0{,}05 - s_{GewSt}^{DE}\right)}{2} \cdot \left( \begin{array}{l} TRA_t^{\substack{DE-BS \\ (OV,TWA)}} \\ + ERT_t^{\substack{UK-SE \\ (OV,TWA)}} \end{array} \right) \\ - VV_t^{\substack{jur,DIV \\ (OV,TWA)}} \end{array} \right\} \cdot s_{KSt}^{DE} \right) \end{array} \right\}$$

❶ ❷

mit:[389] $$VV_{t+1}^{jur,DIV(OV,TWA)} = -\left\{\frac{\left(0{,}05 - s_{GewSt}^{DE}\right)}{2} \cdot \left(\begin{matrix} TRA_t^{DE-BS(OV,TWA)} \\ + ERT_t^{UK-SE(OV,TWA)} \end{matrix}\right)\right\} + VV_t^{jur,DIV(OV,TWA)}$$

❸

Teil ❶ der Berechnungsformel gibt die Dividende an, die die deutschen Anteilseigner bei einer Beteiligungsquote von jeweils 50% von der UK-SE empfangen. Die darauf entfallende Steuerbelastung wird in Teil ❷ der Berechnungsformel ausgewiesen. In Teil ❸ wird der Verlustvortrag angegeben, der bei juristischen Personen aufgrund des Betriebsausgabenabzugs der Gewerbesteuer im Rahmen der Körperschaftsteuer anfällt. Zusammengefasst gilt:

(4.3.2.4.3.)

$$NZ_t^{nat,DIV(OV,TWA)} = \left(TRA_t^{DE-BS(OV,TWA)} + ERT_t^{UK-SE(OV,TWA)}\right) \cdot \frac{1 - \frac{1}{2} \cdot s_{ESt}^{DE}}{2}$$

(4.3.2.4.4.)

$$NZ_t^{jur,DIV(OV,TWA)} = \left(TRA_t^{DE-BS(OV,TWA)} + ERT_t^{UK-SE(OV,TWA)}\right) \cdot \frac{\left(1 - s_{GewSt}^{DE}\right)}{2} - \max\left(0; \left\{\begin{matrix} \left(\begin{matrix} TRA_t^{DE-BS(OV,TWA)} \\ + ERT_t^{UK-SE(OV,TWA)} \end{matrix}\right) \cdot \frac{\left(0{,}05 - s_{GewSt}^{DE}\right)}{2} \\ - VV_t^{jur,DIV(OV,TWA)} \end{matrix}\right\} \cdot s_{KSt}^{DE}\right)$$

Setzt man für $TRA_t^{DE-BS(OV,TWA)}$ Gleichung (4.3.2.1.4.) und für $ERT_t^{UK-SE(OV,TWA)}$ Gleichung (4.3.2.2.5.) in die Gleichungen (4.3.2.4.3.) und (4.3.2.4.4.) ein, gilt:

---

389 In den folgenden Berechnungen wird aus Darstellungsgründen darauf verzichtet, den Verlustvortrag ($VV_{t+1}^{jur,DIV(OV,TWA)}$) bei jedem Rechenschritt erneut auszuweisen.

(4.3.2.4.5.)

$$NZ_t^{nat,DIV(OV,TWA)} = \left\{ \begin{array}{l} \max\left(0\,;\left\{\begin{array}{l}\left(vg - ab\left(aav + ast\right)_t^{DE-BS(OV,TWA)}\right)\cdot GK \\ - S_t^{DE-BS(OV,TWA)}\end{array}\right\}\right) \\ + \max\left(0\,;\max\left\{\begin{array}{l}0\,;\left(vg - ab\left(\begin{array}{l}aav + \\ gav \cdot s_{GrESt}^{DE}\end{array}\right)_t^{UK-SE(OV,TWA)}\right)\cdot GK \\ - S_t^{UK-SE(OV,TWA)}\end{array}\right\}\right) \end{array} \right\} \cdot \frac{1 - \frac{1}{2}\cdot s_{ESt}^{DE}}{2}$$

$$NZ_t^{nat,DIV(OV,TWA)} = \left\{ \begin{array}{l} \max\left(0\,;\left\{\begin{array}{l}\left(1 - s_{THES}^{DE}\right)\cdot\left(vg - ab\left(aav + ast\right)_t^{DE-BS\,(OV,TWA)}\right) \\ + s_{THES}^{DE}\cdot vv_t^{DE-BS\,(OV,TWA)*}\end{array}\right\}\right) \\ + \max\left(0\,;\left\{\begin{array}{l}\left(1 - s_{KSt}^{UK}\right)\cdot\left(vg - ab\left(\begin{array}{l}aav + \\ gav \cdot s_{GrESt}^{DE}\end{array}\right)_t^{UK-SE\,(OV,TWA)}\right) \\ + s_{KSt}^{UK}\cdot vv_t^{UK-SE\,(OV,TWA)} \\ - s_{KSt}^{UK}\cdot\left(\begin{array}{l}vg - ab\left(aav + ast\right)_t^{DE-BS\,(OV,TWA)} \\ - vv_t^{DE-BS\,(OV,TWA)*}\end{array}\right) \\ + \frac{AHB_t^{UK-SE\,(OV,TWA)}}{GK}\end{array}\right\}\right) \end{array} \right\} \cdot \frac{\left(1 - \frac{1}{2}\cdot s_{ESt}^{DE}\right)\cdot GK}{2}$$

weil: $\frac{AHB_t^{UK-SE(OV,TWA)}}{GK} = s_{KSt}^{UK}\cdot\left(\begin{array}{l}vg - ab\left(aav + ast\right)_t^{DE-BS(OV,TWA)} \\ - vv_t^{DE-BS(OV,TWA)*}\end{array}\right)$, gilt:

$$NZ_t^{nat,DIV(OV,TWA)} = \left\{ \begin{array}{l} \max\left(0\,;\left\{\begin{array}{l}\left(1 - s_{THES}^{DE}\right)\cdot\left(vg - ab\left(aav + ast\right)_t^{DE-BS(OV,TWA)}\right) \\ + s_{THES}^{DE}\cdot vv_t^{DE-BS(OV,TWA)*}\end{array}\right\}\right) \\ + \max\left(0\,;\left\{\begin{array}{l}\left(1 - s_{KSt}^{UK}\right)\cdot\left(vg - ab\left(\begin{array}{l}aav + \\ gav \cdot s_{GrESt}^{DE}\end{array}\right)_t^{UK-SE(OV,TWA)}\right) \\ + s_{KSt}^{UK}\cdot vv_t^{UK-SE(OV,TWA)}\end{array}\right\}\right) \end{array} \right\} \cdot \frac{\left(1 - \frac{1}{2}\cdot s_{ESt}^{DE}\right)\cdot GK}{2}$$

(4.3.2.4.6.)[390]

$$NZ_t^{jur,DIV(OV,TWA)} = \begin{Bmatrix} \max\left(0\,;\begin{Bmatrix}\left(vg - ab(aav + ast)\right)_t^{DE-BS(OV,TWA)} \cdot GK \\ - S_t^{DE-BS(OV,TWA)}\end{Bmatrix}\right) \\ + \max\begin{pmatrix} 0\,; \\ \max\begin{Bmatrix} 0\,;\left(vg - ab\begin{pmatrix} aav + \\ gav \cdot s_{GrESt}^{DE}\end{pmatrix}_t^{UK-SE(OV,TWA)}\right) \cdot GK \\ - S_t^{UK-SE(OV,TWA)}\end{Bmatrix}\end{pmatrix}\end{Bmatrix} \cdot \frac{\left(1 - s_{GewSt}^{DE}\right)}{2}$$

$$- \max\begin{Bmatrix} 0; \begin{pmatrix} \begin{Bmatrix} \max\left(0\,;\begin{Bmatrix}\left(vg - ab(aav + ast)\right)_t^{DE-BS(OV,TWA)} \cdot GK \\ - S_t^{DE-BS(OV,TWA)}\end{Bmatrix}\right) \\ + \max\begin{pmatrix} 0\,; \\ \max\begin{Bmatrix} 0\,;\begin{pmatrix} vg \\ - ab\begin{pmatrix} aav + \\ gav \cdot s_{GrESt}^{DE}\end{pmatrix}\end{pmatrix}_t^{UK-SE(OV,TWA)} \cdot GK \\ - S_t^{UK-SE(OV,TWA)}\end{Bmatrix}\end{pmatrix}\end{Bmatrix} \\ \cdot \frac{\left(0{,}05 - s_{GewSt}^{DE}\right)}{2} - VV_t^{jur,DIV(OV,TWA)} \end{pmatrix} \cdot s_{KSt}^{DE} \end{Bmatrix}$$

390 Der folgende Rechenschritt wurde bereits berücksichtigt:

$$\frac{AHB_t^{UK-SE(OV,TWA)}}{GK} = s_{KSt}^{UK} \cdot \begin{pmatrix} vg - ab(aav + ast)_t^{DE-BS(OV,TWA)} \\ - vv_t^{DE-BS(OV,TWA)*}\end{pmatrix}$$

$$NZ_t^{jur,DIV(OV,TWA)} = \left\{ \begin{array}{l} \max\left(0\,;\left\{\begin{array}{l}\left(1 - s_{THES}^{DE}\right)\cdot\left(vg - ab(aav + ast)\right)_t^{DE-BS(OV,TWA)} \\ + s_{THES}^{DE}\cdot VV_t^{DE-BS(OV,TWA)*}\end{array}\right\}\right) \\ + \max\left(0\,;\left\{\begin{array}{l}\left(1 - s_{KSt}^{UK}\right)\cdot\left(vg - ab\left(\begin{array}{l}aav + \\ gav\cdot s_{GrESt}^{DE}\end{array}\right)\right)_t^{UK-SE(OV,TWA)} \\ + s_{KSt}^{UK}\cdot VV_t^{UK-SE(OV,TWA)}\end{array}\right\}\right) \end{array} \right\} \cdot \frac{\left(1 - s_{GewSt}^{DE}\right)\cdot GK}{2}$$

$$- \max\left\{ \left( \left( 0; \left\{ \begin{array}{l} \max\left(0\,;\left\{\begin{array}{l}\left(1 - s_{THES}^{DE}\right) \\ \left(vg - ab(aav + ast)\right)_t^{DE-BS(OV,TWA)} \\ + s_{THES}^{DE}\cdot VV_t^{DE-BS(OV,TWA)*}\end{array}\right\}\right) \\ + \max\left(0\,;\left\{\begin{array}{l}\left(1 - s_{KSt}^{UK}\right) \\ \cdot\left(vg - ab\left(\begin{array}{l}aav + \\ gav\cdot s_{GrESt}^{DE}\end{array}\right)\right)_t^{UK-SE(OV,TWA)} \\ + s_{KSt}^{UK}\cdot VV_t^{UK-SE(OV,TWA)}\end{array}\right\}\right) \end{array} \right\} \right) \cdot \frac{\left(0{,}05 - s_{GewSt}^{DE}\right)}{2} - VV_t^{jur,DIV(OV,TWA)} \right) \cdot s_{KSt}^{DE}\cdot GK \right\}$$

mit:

$$VV_{t+1}^{jur,DIV(OV,TWA)} = -\left( \left\{ \begin{array}{l} \max\left(0\,;\left\{\begin{array}{l}\left(1 - s_{THES}^{DE}\right)\cdot\left(vg - ab(aav + ast)\right)_t^{DE-BS(OV,TWA)} \\ + s_{THES}^{DE}\cdot VV_t^{DE-BS(OV,TWA)*}\end{array}\right\}\right) \\ + \max\left(0\,;\left\{\begin{array}{l}\left(1 - s_{KSt}^{UK}\right)\cdot\left(vg - ab\left(\begin{array}{l}aav + \\ gav\cdot s_{GrESt}^{DE}\end{array}\right)\right)_t^{UK-SE(OV,TWA)} \\ + s_{KSt}^{UK}\cdot VV_t^{UK-SE(OV,TWA)}\end{array}\right\}\right) \end{array} \right\} \cdot \frac{\left(0{,}05 - s_{GewSt}^{DE}\right)\cdot GK}{2} \right) + VV_t^{jur,DIV(OV,TWA)}$$

### 4.3.3. Veräußerung der Anteile an der britischen SE durch die deutschen Anteilseigner

Der Gewinn aus der Veräußerung der Anteile an der UK-SE im Zeitpunkt t = v = 4 ($VE_v^{UK-SE(OV,TWA)}$) ergibt sich bei den natürlichen und den juristischen Personen aus der Differenz der Anschaffungskosten der Beteiligung und des Verkehrswerts der UK-SE im Verkaufszeitpunkt t = v= 4. Die Anschaffungskosten der Beteiligung an der UK-SE ergeben sich aus dem Preis, den die deutschen Anteilseigner im Zeitpunkt t = -k für den Erwerb der Beteiligung an der DE-AG bzw. der UK-PLC entrichtet haben ($AK_{-k}$). Die Begründung liegt darin, dass beim Vollzug der Verschmelzung in t = 0 die Anschaffungskosten zum Zeitpunkt t = -k auf die neuen

Anteile an der UK-SE in t = 0 übertragen wurden.[391] Die Beteiligungsquote der deutschen Anteilseigner hat sich dabei auf jeweils 50% an der UK-SE halbiert. Es gilt:

$$(4.3.3.1.)\qquad \frac{1}{2}\cdot AK_0^{UK-SE(OV,TWA)} = 1.275$$

Bei der Bestimmung des Verkehrswerts der UK-SE im Zeitpunkt t = v = 4 ist zu berücksichtigen, dass beim Vollzug der Verschmelzung in t = 0 die in der DE-AG enthaltenen stillen Reserven ($ST_0^{DE-AG} = 1.000$) durch den Teilwertansatz in der Schlussbilanz der untergehenden DE-AG bereits steuerwirksam aufgelöst wurden. Als Veräußerungspreis ergibt sich folgender Verkehrswert der UK-SE:

$$(4.3.3.2.)\qquad VW_v^{UK-SE(OV,TWA)} = \left(2 + rl_v^{UK-SE(OV,TWA)} + st_v^{UK-SE(OV,TWA)}\right)\cdot GK$$

$$\text{mit: } rl_v^{UK-SE(OV,TWA)}\cdot GK = \left(2\cdot rl_0 + \left\{st_0 - \left(st_0 - vv_0\right)\cdot s_{THES}^{DE}\right\}\right)\cdot GK$$

$$rl_v^{UK-SE(OV,TWA)}\cdot GK = (3{,}60 + 2{,}65)\cdot GK = 6{,}25\cdot GK$$

$$st_v^{UK-SE(OV,TWA)}\cdot GK = \left(2\cdot st_v - st_0\right)\cdot GK = 10\cdot GK\text{, sodass}$$

$$VW_4^{UK-SE(OV,TWA)} = (2 + 6{,}25 + 10)\cdot 250 = 4.562{,}50$$

Allgemein und konkret anhand des Zahlenbeispiels gilt:

$$(4.3.3.3.)\qquad VE_v^{UK-SE(OV,TWA)} = \frac{1}{2}\cdot\left(VW_v^{UK-SE(OV,TWA)} - AK_0^{UK-SE(OV,TWA)}\right)$$

$$VE_v^{UK-SE(OV,TWA)} = \left\{\begin{matrix}\left(\begin{matrix}2\cdot\left(1 + rl_0\right) + \left\{st_0 - \left(st_0 - vv_0\right)\cdot s_{THES}^{DE}\right\}\\ + \left(2\cdot st_v - st_0\right)\end{matrix}\right)\\ - 2\cdot\left(1 + rl_{-k} + st_{-k}\right)\end{matrix}\right\}\cdot\frac{1}{2}\cdot GK$$

$$VE_v^{UK-SE(OV,TWA)} = \left(\begin{matrix}2\cdot\left\{\left(rl_0 - rl_{-k}\right) + \left(st_v - st_{-k}\right)\right\}\\ - \left\{\left(st_0 - vv_0\right)\cdot s_{THES}^{DE}\right\}\end{matrix}\right)\cdot\frac{1}{2}\cdot GK$$

$$VE_4^{UK-SE(OV,TWA)} = \left\{\begin{matrix}2\cdot(0{,}20 + 4{,}50)\\ - (3{,}60\cdot 0{,}375)\end{matrix}\right\}\cdot\frac{1}{2}\cdot 250 = 1.006{,}25$$

Zur Ermittlung der Steuerwirkungen bei der Veräußerung der Anteile an der UK-SE durch die deutschen Anteilseigner ist danach zu differenzieren, ob es sich um natürliche oder juristische Personen handelt. Es gilt:

---

[391] Siehe hierzu Abschnitt 4.3.1.3., S. 180-181.

(4.3.3.4.) wenn deutsche Anteilseigner = $AE^{nat,DE-AG}$ und $AE^{nat,UK-PLC}$, dann

$$S_v^{nat,VE(OV,TWA)} = \frac{1}{2} \cdot VE_v^{UK-SE(OV,TWA)} \cdot s_{nat,VE}^{DE}$$

$$S_4^{nat,VE(OV,TWA)} = \frac{1}{2} \cdot 1.006{,}25 \cdot 0{,}15 = 75{,}47 \text{, sodass}$$

(4.3.3.5.) $NZ_v^{nat,VE(OV,TWA)} = VE_v^{UK-SE(OV,TWA)} - S_v^{nat,VE}$ bzw.

$$NZ_4^{nat,VE(OV,TWA)} = 1.006{,}25 - 75{,}47 = 930{,}78$$

(4.3.3.6.) wenn deutsche Anteilseigner = $AE^{jur,DE-AG}$ und $AE^{jur,UK-PLC}$, dann

$$NZ_4^{jur,VE(OV,TWA)} = \frac{1}{2} \cdot VW_v^{UK-SE(OV,TWA)} = 1.006{,}25$$

Zur zusammenfassenden Darstellung der Steuerwirkungen, die bei der Veräußerung der Beteiligung an der UK-SE durch die deutschen Anteilseigner anfallen, ist Gleichung (4.3.3.3.) in die Gleichungen (4.3.3.5.) und (4.3.3.6.) einzusetzen. Es gilt:

(4.3.3.7.)

$$NZ_v^{nat,VE(OV,TWA)} = \underbrace{\begin{pmatrix} 2 \cdot \left\{ \left( rl_0 - rl_{-k} \right) + \left( st_v - st_{-k} \right) \right\} \\ - \left\{ \left( st_0 - vv_0 \right) \cdot s_{THES}^{DE} \right\} \end{pmatrix} \cdot \frac{1}{2} \cdot GK}_{❶} - \underbrace{S_v^{nat,VE\,(OV,TWA)}}_{❷}$$

(4.3.3.8.)

$$NZ_v^{jur,VE(OV,TWA)} = \underbrace{\begin{pmatrix} 2 \cdot \left\{ \left( rl_0 - rl_{-k} \right) + \left( st_v - st_{-k} \right) \right\} \\ - \left\{ \left( st_0 - vv_0 \right) \cdot s_{THES}^{DE} \right\} \end{pmatrix} \cdot \frac{1}{2} \cdot GK}_{❶}$$

Teil ❶ der Berechnungsformel gibt den Veräußerungsgewinn an, den die deutschen Anteilseigner unter Berücksichtigung ihrer Beteiligungsquote von jeweils 50% aus der Veräußerung ihrer Beteiligung an der UK-SE in t = v erzielen. Die darauf lastenden Steuerwirkungen der natürlichen Personen werden in Teil ❷ der Berechnungsformel erfasst. Für natürliche Personen gilt zusammenfassend:

(4.3.3.9.)

$$NZ_v^{nat,VE(OV,TWA)} = \begin{pmatrix} 2 \cdot \left\{ \left( rl_0 - rl_{-k} \right) + \left( st_v - t_{-k} \right) \right\} \\ - \left\{ \left( st_0 - vv_0 \right) \cdot s_{THES}^{DE} \right\} \end{pmatrix} \cdot \frac{\left( 1 - \frac{1}{2} \cdot s_{ESt,VE}^{DE} \right) \cdot GK}{2}$$

### 4.3.4. Ergebnisfunktion der Outbound-Verschmelzung mit Teilwertansatz bei den deutschen Anteilseignern

Beim Vollzug der Gründung der UK-SE in t = 0 ist auf Ebene der deutschen Anteilseigner kein Nettozufluss entstanden. Der Barwert der Summe der Nettoliquiditätszuflüsse der Outbound-Verschmelzung mit Teilwertansatz ergibt sich daher aus den Perioden t = 1 bis t = 4. Allgemein und konkret anhand des Zahlenbeispiels gilt für die natürlichen und für die juristischen Personen:

(4.3.4.1.) wenn deutsche Anteilseigner = $AE^{nat,DE-AG}$ und $AE^{nat,UK-PLC}$, dann

$$Bar_0^{nat(OV,TWA)} = 0 + \sum_{t=1}^{v} NZ_t^{nat,DIV(OV,TWA)} \cdot \left(q_t^{nat}\right)^{-t} + NZ_v^{nat,VE(OV,TWA)} \cdot \left(q_t^{nat}\right)^{-v}$$

mit: $q_t^{nat} = 1 + 0{,}1 \cdot (1 - 0{,}47)$, sodass

$$Bar_0^{nat(OV,TWA)} = 0 + (162{,}47 + 162{,}33 + 167{,}78 + 169{,}44) + 757{,}07$$

$$Bar_0^{nat(OV,TWA)} = 0 + 662{,}03 + 757{,}07 = 1.419{,}10$$

(4.3.4.2.) wenn deutsche Anteilseigner = $AE^{jur,DE-AG}$ und $AE^{jur,UK-PLC}$, dann

$$Bar_0^{jur(OV,TWA)} = 0 + \sum_{t=1}^{v} NZ_t^{jur,DIV(OV,TWA)} \cdot \left(q_t^{jur}\right)^{-t} + NZ_v^{jur,VE(OV,TWA)} \cdot \left(q_t^{jur}\right)^{-v}$$

mit: $q_t^{jur} = 1 + 0{,}1 \cdot (1 - 0{,}375)$, sodass

$$Bar_0^{jur(OV,TWA)} = 0 + (175{,}39 + 173{,}68 + 177{,}91 + 178{,}05) + 789{,}57$$

$$Bar_0^{jur(OV,TWA)} = 0 + 705{,}04 + 789{,}57 = 1.494{,}60$$

### 4.3.5. Übertragung der Einzelergebnisse in die Ergebnismatrix

Für die Outbound-Verschmelzung mit Teilwertansatz ergeben sich die in der Matrix dargestellten Barwerte der Summe der Nettoliquiditätszuflüsse.

Tabelle 15: Barwerte der Summen der Nettoliquiditätszuflüsse auf Ebene der deutschen Anteilseigner (Outbound-Verschmelzung, Teilwertansatz)

| Gestaltungsalternative | Barwert der Summe der Nettoliquiditätszuflüsse | |
|---|---|---|
| | $AE^{nat}$ | $AE^{jur}$ |
| Inbound-Verschmelzung (Buchwertfortführung) | 1.661,65 | 1.750,66 |
| Outbound-Verschmelzung (Buchwertfortführung) | 1.660,50 | 1.749,43 |
| Outbound-Verschmelzung (Teilwertansatz) | 1.419,10 | 1.494,60 |
| Inbound-Anteilstausch (Buchwertfortführung) | Kapitel II.5.2.5., S. 222 | Kapitel II.5.2.5., S. 222 |
| Inbound-Anteilstausch (Teilwertansatz) | Kapitel II.5.3.5., S. 239 | Kapitel II.5.3.5., S. 239 |
| Outbound-Anteilstausch (Teilwertansatz) | Kapitel II.6.2.5., S. 262 | Kapitel II.6.2.5., S. 262 |

## 5. Steuerwirkungsanalyse der SE-Gründung durch Inbound-Anteilstausch

In Abschnitt 5.1. wird die Struktur des Inbound-Anteilstauschs dargestellt. Im Rahmen der ertrag- und der verkehrsteuerlichen Wirkungsanalyse ist danach zu differenzieren, ob die übernehmende SE die erhaltenen Anteile mit dem Buchwert (Buchwertfortführung, Abschnitt 5.2.) oder mit dem Teilwert bewertet (Teilwertansatz, Abschnitt 5.3.). Im Rahmen der Steuerwirkungsanalyse ist nach folgenden steuerlich relevanten Sachverhalten zu differenzieren:[392]

- Vollzug des Inbound-Anteilstauschs
- grenzüberschreitende Unternehmenstätigkeit der deutschen SE
- Anteilsveräußerung durch die deutschen Anteilseigner.

### 5.1. Struktur des Inbound-Anteilstauschs

Beim Inbound-Anteilstausch bringen die deutschen Anteilseigner der DE-AG und die deutschen Anteilseigner der UK-PLC alle von ihnen unmittelbar gehaltenen Anteile in die deutsche Holding-SE (DE-SE) ein. Als Gegenleistung erhalten sie Anteile an der aufnehmenden DE-SE. Die Gründungsgesellschaften, deren Gesellschaftsrechte Gegenstand des Anteilstauschs sind, werden 100%ige Tochterkapitalgesellschaften der DE-SE (DE-TKG und UK-TKG).

---

[392] Die Berechnungsschemata der Gestaltungsalternativen Inbound-Anteilstausch mit Buchwertfortführung und Inbound-Anteilstausch mit Teilwertansatz sind in Anhang 4 und Anhang 5 enthalten, S. 333-337 und S. 339-343.

Abbildung 20: Struktur des Inbound-Anteilstauschs

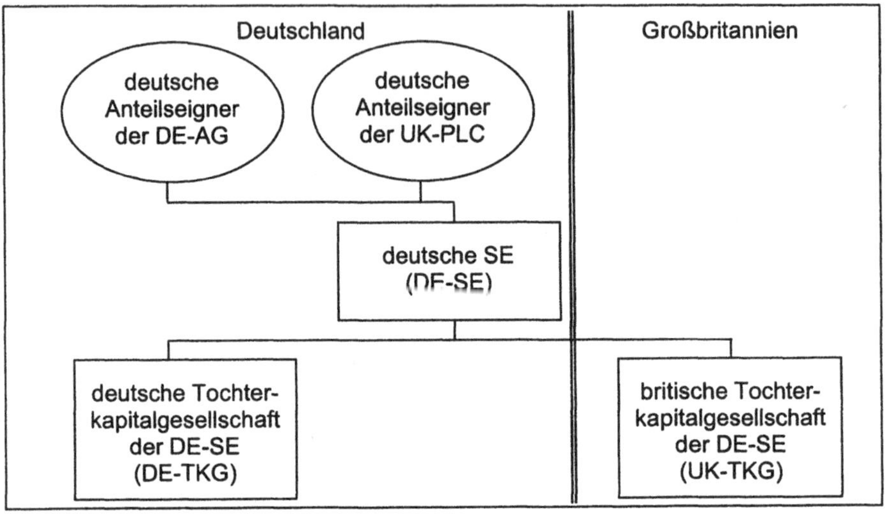


## 5.2. Inbound-Anteilstausch mit Buchwertfortführung

### 5.2.1. Vollzug des Inbound-Anteilstauschs

Bei der Steuerwirkungsanalyse sind drei Ebenen zu unterscheiden:

- Ebene der Gründungsgesellschaften (DE-AG und UK-PLC)
- Ebene der übernehmenden deutschen SE (DE-SE)
- Ebene der einbringenden deutschen Anteilseigner.

#### 5.2.1.1. Ebene der Gründungsgesellschaften

Die Gründungsgesellschaften, deren Gesellschaftsrechte Gegenstand des Anteilstauschs sind, bestehen nach dem Vollzug des Anteilstauschs als Tochtergesellschaften der übernehmenden DE-SE mit allen Rechten und Pflichten fort. Die rechtliche Zuordnung des Vermögens zu den Gründungsgesellschaften ändert sich nicht.[393] Aufgrund des Trennungsprinzips ergeben sich beim Vollzug des Anteilstauschs auf Ebene der DE-AG und UK-PLC keine steuerlichen Effekte. Es wird kein Gewinnrealisierungstatbestand ausgelöst.[394] Zu prüfen ist, ob die Verlust-

---

[393] Vgl. Herzig, N./Dautzenberg, N., DB 1992, S. 3.
[394] Vgl. Thömmes, O., Besteuerung, 2002, S. 517.

vorträge der Gründungsgesellschaften beim Vollzug des Anteilstauschs untergehen.

Der Verlustvortrag der DE-AG ($VV_0^{DE-AG}$) darf für steuerliche Zwecke nach dem Vollzug des Anteilstauschs gemäß § 8 Abs. 4 KStG, § 10a GewStG fortgeführt werden. Zwar bringen die Anteilseigner der DE-AG 100% ihrer Anteile in die übernehmende DE-SE ein, der Anteilstausch führt jedoch nicht zum Verlust der wirtschaftlichen Identität der DE-AG, weil keine Zuführung von überwiegend neuem Betriebsvermögen nach § 8 Abs. 4 KStG erfolgt. Der Verlustvortrag der DE-AG bleibt somit sowohl körperschaftsteuerlich als auch gewerbesteuerlich verrechenbar. Es gilt:

(5.2.1.1.) $VV_0^{DE-AG} \rightarrow VV_0^{DE-TKG(IA,BWF)}$

Der Verlustvortrag der UK-PLC ($VV_0^{UK-PLC}$) darf nach britischem Recht fortgeführt werden, wenn es innerhalb von drei Jahren nach dem Anteilstausch nicht zu einer wesentlichen Änderung hinsichtlich der Natur oder Ausübung des Betriebs nach Sec. 768 Abs. 4 ICTA 1988 kommt.[395] Zwar hat durch den Anteilstausch auf Ebene der UK-PLC eine wesentliche Änderung der Besitzverhältnisse i.S.d. Sec. 768A ICTA 1988 stattgefunden, der Verlustvortrag der UK-PLC geht jedoch nur unter, wenn außerdem eine größere Veränderung der Geschäftstätigkeit eintritt. Im Entscheidungsmodell tritt nach dem Anteilstausch keine wesentliche Geschäftsänderung ein. Der Verlustvortrag der UK-PLC bleibt steuerlich verrechenbar. Es gilt:

(5.2.1.2.) $VV_0^{UK-PLC} \rightarrow VV_0^{UK-TKG(IA,BWF)}$

### 5.2.1.2. Ebene der übernehmenden deutschen SE

Bei der übernehmenden deutschen SE ergeben sich beim Vollzug des Anteilstauschs verkehrsteuerliche und ertragsteuerliche Konsequenzen.

#### 5.2.1.2.1. Verkehrsteuern

Die übernehmende deutsche Holding-SE (DE-SE) wird durch die Einbringung der Anteile an den Gründungsgesellschaften im Wege der Sachgründung neu errichtet und unterliegt der Besteuerung in Deutsch-

---

395 Vgl. Grotherr, S., IWB 1996, Fach 10, International, Gruppe 2, S. 1178. Siehe hierzu Abschnitt 3.2.1.1., S. 117-118.

land.[396] Mit der Gründung der DE-SE sind keine steuerlichen Konsequenzen verbunden, da in Deutschland keine Gesellschaftsteuer für das Aufbringen von Kapital im Rahmen der Gründung einer Kapitalgesellschaft erhoben wird.[397]

Sofern im Vermögen der übertragenden DE-AG Grundbesitz enthalten ist, unterliegt die übernehmende DE-SE als Steuerschuldnerin der Grunderwerbsteuer. Beim Vollzug des Anteilstauschs tritt die Grunderwerbsteuerpflicht nach § 1 Abs. 3 GrEStG ein, wenn mindestens 95% der Anteile einer Gesellschaft, der Grundvermögen zugerechnet wird, in einer Hand vereinigt werden.[398] Steuerschuldner der Grunderwerbsteuer ist derjenige, in dessen Hand die Anteile vereinigt werden, § 13 Nr. 5 GrEStG.[399] Der Tatbestand des § 1 Abs. 3 GrEStG wird unabhängig davon verwirklicht, ob die Anteilsvereinigung bei einem inländischen oder einem ausländischen Gesellschafter stattfindet.[400] Gegenstand der Besteuerung ist nicht der Erwerb der Anteile, sondern die durch den Erwerb begründete eigenständige Zuordnung der Grundstücke, die der Gesellschaft gehören.[401] Die Grunderwerbsteuer bemisst sich nach dem Wert des Grundstücks, der zu dem Zeitpunkt ermittelt wird, zu dem er für die Grunderwerbsteuer benötigt wird, § 8 Abs. 2 Satz 1 Nr. 2 GrEStG i.V.m. § 138 Abs. 2, 3 BewG.[402] Da die deutschen Gesellschafter der DE-AG ihre Anteile zu 100% in die DE-SE einbringen, ist die DE-SE Steuerschuldnerin der Grunderwerbsteuer i.S.d. § 13 Nr. 5 GrEStG. Die Steuerpflicht entsteht nach § 1 Abs. 3 GrEStG, wenn das Grundvermögen zum Vermögen der Gesellschaft gehört. Maßgebend ist die Zuordnung des Grundvermögens zur übernehmenden Gesellschaft.[403] Im Anwendungsfall findet die Anteilsvereinigung bei der DE-SE am 31.12.00 statt. Die Grunderwerbsteuer fällt somit in der Periode t = 0 an. Es gilt:

---

396 Vgl. Förster, G./Lange, C., DB 2002, S. 292; Thömmes, O., Besteuerung, 2002, S. 517.

397 Vgl. Thömmes, O., Besteuerung, 2002, S. 517.

398 Vgl. Baumann, W., UVR 2000, S. 334-343; Eggers, P. H./Fleischer, H./Wischott, F., DStR 1999, S. 1303-1305; Gottwald, S., BB 2000, S. 72-74; Schmidt, M., DB 1999, S. 1873-1874.

399 Vgl. Fischer, P./Sack, H.-J., Grunderwerbsteuer, 2002, § 13 GrEStG, Rz. 41.

400 Vgl. BFH vom 29.07.1998, BFH/NV 1999, S. 517.

401 Vgl. BFH vom 12.01.1994, BStBl 1994 II, S. 408.

402 Vgl. Fischer, P./Sack, H.-J., Grunderwerbsteuer, 2002, § 8 GrEStG, Rz. 71.

403 Vgl. BFH vom 16.03.1966, BStBl 1966 III, S. 378; BFH vom 28.06.1972, BStBl 1972 II, S. 719; BFH vom 30.03.1988, BStBl 1988 II, S. 550; BFH vom 20.12.2000, BFH/NV 2001, S. 1040.

$$(5.2.1.2.1.1.)\ S_{0(GrESt)}^{DE-SE(IA,BWF)} = S_0^{UK-SE(OV,BWF)} = S_0^{UK-SE(OV,TWA)}$$

$$S_{0(GrESt)}^{DE-SE(IA,BWF)} = gav_0 \cdot s_{GrESt}^{DE} \cdot GK = 7$$

Die Grunderwerbsteuer zählt zu den objektbezogenen Kosten, die grundsätzlich als Anschaffungsnebenkosten im Zeitpunkt des Anteilstauschs erfolgsneutral zu aktivieren sind. Im Rahmen der Einbringung von Anteilen an einer Kapitalgesellschaft in eine andere Kapitalgesellschaft ist die Grunderwerbsteuer als zusätzliche Anschaffungskosten der Anteile zu aktivieren, bei deren Erwerb sie angefallen ist.[404] Daraus ergibt sich das Problem, dass die zusätzlichen Anschaffungskosten der Anteile, die bei der übernehmenden Gesellschaft aktiviert werden müssen, zu einer Erhöhung des steuerpflichtigen Einbringungsgewinns auf Ebene der einbringenden Gesellschafter führen können, weil sich die Anschaffungskosten der neu gewährten Anteile aufgrund einer Wertverknüpfung nach dem Wertansatz auf Ebene der übernehmenden Kapitalgesellschaft bemessen, § 20 Abs. 4 Satz 1 und § 23 Abs. 4 UmwStG.[405] Es erscheint fraglich, ob diese zusätzlichen Anschaffungskosten tatsächlich zu einer Erhöhung des Einbringungsgewinns der eingebrachten Anteile und somit auch der Anschaffungskosten der neu gewährten Anteile führen.[406] Dies gilt insbesondere, weil objektbezogene Kosten nur solange den Anschaffungskosten hinzugerechnet werden, bis der Teilwert der eingebrachten Wirtschaftsgüter noch nicht überschritten ist.[407] Im Anwendungsfall wird die Grunderwerbsteuer zwar als Anschaffungsnebenkosten der Beteiligung an der DE-AG aktiviert; auf Ebene der einbringenden Gesellschafter bemessen sich die Anschaffungskosten der neu gewährten Anteile an der DE-SE jedoch nach den Anschaffungskosten der Anteile an der DE-AG. Durch die Aktivierung der Grunderwerbsteuer erhöht sich der Einbringungsgewinn der Anteilseigner somit nicht.

---

404 Vgl. Umwandlungssteuererlass vom 25. März 1998, BStBl 1998 I, S. 268-344, Tz. 22.01 sowie Haritz, D./Benkert, M., Umwandlungssteuergesetz, 2000, § 20 UmwStG, Rn. 228; Schmitt, J./Hörtnagl, R./Stratz, R.-C., Umwandlungsgesetz 2001, § 20 UmwStG, Rz. 337; Widmann, S./Mayer, D., Umwandlungsrecht, § 20 UmwStG, Rz. 1008-1010. A. A. Orth, M., GmbHR 1998, S. 520.

405 Vgl. Herzig, N./Griemla, S., StuW 2002, S. 72; Stein, V./Becker, J. D., IWB 1998, Fach 10, Gruppe 2, S. 1363.

406 Vgl. Schmitt, J./Hörtnagl, R./Stratz, R.-C., Umwandlungsgesetz 2001, § 20 UmwStG, Rz. 337.

407 Vgl. Haritz, D./Benkert, M., Umwandlungssteuergesetz, 2000, § 20 UmwStG, Rn. 228.

Nach britischem Recht werden im Rahmen der Einbringung der Anteile der UK-PLC in die DE-SE keine Eigentumsrechte an Grundstücken übertragen.[408] Deshalb fallen auf Ebene der DE-SE keine Stempelsteuern in Form einer Grunderwerbsteuer an. Allerdings unterliegt der Erwerb von Anteilen einer in Großbritannien ansässigen Kapitalgesellschaft nach britischem Recht Stempelsteuern in Höhe von 0,5% auf den Wert der Gegenleistung, Schedule 13, Part I, § 7 FA 1999.[409] Die Ausnahmeregelung nach Sec. 77 FA 1986 findet beim Inbound-Anteilstausch keine Anwendung, weil die übernehmende DE-SE in Deutschland und nicht in Großbritannien ansässig ist.[410] Beim Vollzug der Verschmelzung fallen daher Stempelsteuern auf die in die DE-SE eingelegten Anteile an der UK-PLC an.[411] Im Rahmen der Buchwortfortführung werden die Anteile an der UK-PLC auf Ebene der übernehmenden DE-SE mit dem Buchwert bzw. den ursprünglichen Anschaffungskosten bewertet, die die deutschen Anteilseigner in t = -k entrichtet haben. Es gilt:

(5.2.1.2.1.2.) $AK_{-3}^{UK-PLC} = (1 + rl_{-k} + st_{-k}) \cdot GK = 5{,}10 \cdot 250 = 1.275$, sodass

(5.2.1.2.1.3.) $S_{0(StSt)}^{DE-SE(IA,BWF)} = (1 + rl_{-k} + st_{-k}) \cdot GK \cdot s_{StSt}^{UK}$

$$S_{0(StSt)}^{DE-SE(IA,BWF)} = 5{,}10 \cdot 250 \cdot 0{,}005 = 6{,}38$$

Die Stempelsteuern sind im Zeitpunkt des Anteilstauschs auf Ebene der DE-SE erfolgsneutral als Anschaffungsnebenkosten der eingebrachten Beteiligung an der UK-PLC zu aktivieren.[412] Analog zur Grunderwerbsteuer im Zusammenhang mit der Beteiligung an der DE-AG entsteht das Problem, dass die zusätzlichen Anschaffungskosten der Anteile aufgrund der Wertverknüpfung nach § 20 Abs. 4 Satz 1 und § 23 Abs. 4 UmwStG zu einer Erhöhung des steuerpflichtigen Einbringungsgewinns auf Ebene der einbringenden Gesellschafter führen können. Wie im Fall der Grunderwerbsteuer ist davon auszugehen, dass sich bei den ehemaligen Gesellschaftern der UK-PLC die Anschaffungskosten der neu

---

408 Siehe hierzu Müssener, I., Grossbritannien, 2002, Rz. 348.

409 Vgl. Grotherr, S., IWB 1996, Fach 10, International, Gruppe 2, S. 1178; Stein, V./Becker, J. D., GmbHR 2003, S. 89; Tiley, J./Collison, D., UK Tax Guide, 2000, Rz. 61:04.

410 Vgl. Bramwell, R./Hardwick, M./James, A. u.a., Taxation, 1999, Rz. 30:26; Tiley, J./Collison, D., UK Tax Guide, 2000, Rz. 62:06.

411 Siehe hierzu auch Widmann, S./Mayer, D., Umwandlungsrecht, § 20 UmwStG, Rz. 995.

412 Vgl. Widmann, S./Mayer, D., Umwandlungsrecht, 2002, § 20 UmwStG, Rz. 1008.

gewährten Anteile an der DE-SE nach dem Buchwert der eingelegten Anteile an der UK-PLC bemessen. Dadurch lässt es sich vermeiden, dass durch die Aktivierung der Stempelsteuern auf Gesellschafterebene ein steuerpflichtiger Einbringungsgewinn entsteht.

### 5.2.1.2.2. Ertragsteuern

Auf Ebene der neu gegründeten DE-SE ist nach Maßgabe des deutschen Steuerrechts zu entscheiden, wie die erworbenen Anteile an den Gründungsgesellschaften bewertet werden. Die Fusionsrichtlinie schreibt keine einheitliche Bewertungsregelung vor, da es nicht in allen Mitgliedstaaten einen steuerlichen Wertansatz für die eingebrachten Anteile gibt.[413] Die DE-SE kann zwischen dem Buchwert, dem Teilwert oder einem Zwischenwert wählen, § 20 Abs. 1 Satz 2, § 23 Abs. 4 UmwStG. Es ist irrelevant, ob es sich bei den einzubringenden Anteilen um Beteiligungen an einer inländischen oder einer ausländischen Kapitalgesellschaft handelt.[414] Folglich ist nicht danach zu unterscheiden, ob die Anteile durch die Anteilseigner der DE-AG oder der UK-PLC in die DE-SE eingebracht werden.

Die Anwendungsvoraussetzungen der deutschen Steuerrechtsnormen stimmen grundsätzlich mit den Voraussetzungen zum Anteilstausch in Art. 2 Buchst. d FRL überein. Danach muss eine Einbringung von Anteilen an einer Kapitalgesellschaft in eine andere Kapitalgesellschaft vorliegen, die einbringenden Gesellschafter müssen neue Anteile an der aufnehmenden Gesellschaft erhalten, und die aufnehmende Gesellschaft muss aufgrund ihrer Beteiligung einschließlich der übernommenen Anteile unmittelbar die Mehrheit der Stimmrechte an der übernommenen Gesellschaft besitzen. Das Besteuerungsrecht Deutschlands darf hinsichtlich eines Veräußerungsgewinns aus den den Einbringenden gewährten Gesellschaftsanteilen im Zeitpunkt der Sacheinlage nicht ausgeschlossen sein. Eine zusätzliche Gegenleistung der aufnehmenden Gesellschaft an den Einbringenden darf neben den neuen Anteilen 10% des Nennwerts oder eines an dessen Stelle tretenden rechnerischen Werts der gewährten Anteile nicht übersteigen.[415]

---

413 Siehe hierzu Thömmes, O., IWB 1992, Fach 5, Deutschland, Gruppe 1, S. 1331-1332; Thömmes, O., DStR 1998, Beilage zu Heft 17/1998, S. 51-52.

414 Vgl. Förster, G./Lange, C., DB 2002, S. 292; Stein, V./Becker, J. D., IWB 1998, Fach 10, International, Gruppe 2, S. 1362.

415 Vgl. Stein, V./Becker, J. D., IWB 1998, Fach 10, International, Gruppe 2, S. 1362.

§ 20 Abs. 1 Satz 2 UmwStG verlangt, dass die übernehmende Kapitalgesellschaft unbeschränkt steuerpflichtig ist. Voraussetzung für die Anwendung des § 23 Abs. 4 UmwStG ist lediglich, dass es sich bei der übernommenen und der übernehmenden Kapitalgesellschaft um EU-Kapitalgesellschaften handelt. Im Anwendungsfall werden grundsätzlich die Anwendungsvoraussetzungen von beiden Vorschriften erfüllt. Am Inbound-Anteilstausch sind die DE-AG und die UK-PLC beteiligt. Die neu gegründete DE-SE ist in Deutschland unbeschränkt steuerpflichtig. Durch die gleichzeitige Einbringung der Beteiligungen der deutschen Anteilseigner in einem einheitlichen Übertragungsakt erlangt die DE-SE die Mehrheit der Stimmrechte.[416] Die DE-AG und die UK-PLC sind nach dem Anteilstausch 100%ige Töchter der aufnehmenden DE-SE. Eine Zuzahlung in bar erfolgt nicht.[417] Die einbringenden deutschen Anteilseigner sind natürliche oder juristische Personen, die in Deutschland unbeschränkt steuerpflichtig sind.

Auf Ebene der übernehmenden DE-SE besteht somit ein Wahlrecht zwischen der Anwendung des § 20 Abs. 1 Satz 2 und des § 23 Abs. 4 UmwStG.[418] Es ist allerdings zu berücksichtigen, dass die aufnehmende DE-SE bei einer Anteilsübertragung nach § 23 Abs. 4 UmwStG einer Behaltefrist von sieben Jahren nach der Einbringung unterliegt, es sei denn, die erhaltenen Anteile sind wiederum Gegenstand einer steuerneutralen Einbringung, § 26 Abs. 2 UmwStG.[419] Diese Weiterveräußerungssperre gilt nicht für Einbringungen nach § 20 Abs. 1 Satz 2 UmwStG. Folglich ist die Einbringung von Anteilen nach § 20 Abs. 1

---

416 Einbringungen durch mehrere Gesellschafter sind unschädlich, wenn die Einbringungen auf einem einheitlichen Kapitalerhöhungsvorgang beruhen; siehe hierzu Umwandlungssteuererlass vom 25. März 1998, BStBl 1998 I, S. 268, Tz. 20.15. Nach Widmann, S./Mayer, D., Umwandlungsrecht, 2002, § 20 UmwStG, Rz. 184-212, reicht sogar ein zeitlicher Zusammenhang.

417 Im Gegensatz zu § 20 Abs. 1 Satz 2 UmwStG dürfen andere Gegenleistungen als neue Gesellschaftsrechte im Rahmen des § 23 Abs. 4 UmwStG 10% des Nennwerts der gewährten neuen Gesellschaftsrechte nicht übersteigen; siehe hierzu Rödder, T., Anteilstausch, 2000, S. 500.

418 Vgl. Umwandlungssteuererlass vom 25. März 1998, BStBl 1998 I, S. 268, Tz. 23.11 sowie Grotherr, S., BB 1992, S. 2262; Herzig, N./Förster, G., DB 1992, S. 959; Rödder, T., IStR 1994, S. 262; Thömmes, O., IWB 1992, Fach 5, Deutschland, Gruppe 1, S. 1329.

419 Vgl. Bogenschütz, E., IStR 2000, S. 613; Borschel, C./Kotyrba, M. H., IStR 2003, S. 37-45; Wienands, H.-G., Praxis Internationale Steuerberatung 2000, S. 307-308.

Satz 2 UmwStG im Fall des Inbound-Anteilstauschs gegenüber der Anteilsübertragung nach § 23 Abs. 4 UmwStG vorrangig anzuwenden.[420]

Bei Buchwertfortführung entspricht der Wert der eingebrachten Anteile im Zeitpunkt t = 0 dem Buchwert der Beteiligungen an den Gründungsgesellschaften. Befinden sich die Anteile im Privatvermögen der Einbringenden ($AE^{nat}$), treten an die Stelle des Buchwerts die Anschaffungskosten der Anteile.[421] Zu berücksichtigen ist, dass sich der Wert der Beteiligung an der DE-AG ($BET(DE-AG)_0^{DE-SE(IA,BWF)}$) auf Ebene der DE-SE um die Grunderwerbsteuer erhöht. Der Wert der Beteiligung an der UK-PLC ($BET(UK-PLC)_0^{DE-SE(IA,BWF)}$) steigt entsprechend um die Stempelsteuern als Anschaffungsnebenkosten. Der Wert, mit dem die Anteile der Gründungsgesellschaften bewertet werden, hat für die DE-SE grundsätzlich keine Bedeutung, weil der Gewinn bei einer Veräußerung der Anteile an den Gründungsgesellschaften keiner Besteuerung unterliegt, § 8b Abs. 2 KStG, § 8 Nr. 5 GewStG.[422] Es gilt:

(5.2.1.2.2.1.) $$BET(DE-AG)_0^{DE-SE(IA,BWF)} = AK_{-k}^{DE-AG} + S_{0(GrESt)}^{DE-SE(IA,BWF)}$$

$$BET(DE-AG)_0^{DE-SE(IA,BWF)} = \left(1 + rl_{-k} + st_{-k} + gav_0 \cdot s_{GrESt}^{DE}\right) \cdot GK$$

$$BET(DE-AG)_0^{DE-SE(IA,BWF)} = 5{,}13 \cdot 250 = 1.282$$

(5.2.1.2.2.2.) $$BET(UK-PLC)_0^{DE-SE(IA,BWF)} = AK_{-k}^{UK-PLC} + S_{0(StSt)}^{DE-SE(IA,BWF)}$$

$$BET(UK-PLC)_0^{DE-SE(IA,BWF)} = \left(1 + rl_{-k} + st_{-k}\right) \cdot \left(1 + s_{StSt}^{UK}\right) \cdot GK$$

$$BET(UK-PLC)_0^{DE-SE(IA,BWF)} = 5{,}10 \cdot 1{,}005 \cdot 250 = 1.281{,}38$$

Das Grundkapital der neu gegründeten DE-SE entspricht in ihrer Gründungsbilanz der Summe des Grundkapitals der beiden Gründungsgesellschaften. Das Umlaufvermögen und die sonstigen Passiva der DE-SE belaufen sich im Anwendungsfall auf jeweils 100.[423] Die Differenz der

---

420 Vgl. Bader, A., IStR 1996, S. 116.

421 Vgl. Umwandlungssteuererlass vom 25. März 1998, BStBl 1998 I, S. 268-344, Tz. 22.05.

422 Vgl. Lechner, F., Stbg 2001, S. 201-203; Leip, C., BB 2002, S. 1839-1843; Rödder T./Wochinger, P., FR 2001, S. 1256; Schreiber, U./Rogall, M., BB 2003, S. 501.

423 Die Berücksichtigung dieser Bilanzpositionen ist aus bilanztechnischer Sicht zur Verrechnung des Verkehrsteueraufwands notwendig. Im Anwendungsfall kommt diesen Positionen keine Entscheidungsrelevanz zu, weil sich der Buchwert der

Anschaffungskosten der Anteile und des Grundkapitals ist auf Ebene der DE-SE als Agio zu behandeln und in die offenen Rücklagen einzustellen.[424] Dabei ist zu berücksichtigen, dass die Grunderwerbsteuer und die Stempelsteuern in t = 0 erfolgsneutral als Anschaffungsnebenkosten der Beteiligung an der DE-AG bzw. der UK-PLC aktiviert werden. Der Erhöhung des Werts der Beteiligungen an den Gründungsgesellschaften steht der Abgang der zu zahlenden Grunderwerbsteuer und der Stempelsteuern gegenüber. Es gilt:

(5.2.1.2.2.3.)

$$RL_0^{DE-SE(IA,BWF)} = \begin{pmatrix} BET(DE-AG)_0^{\substack{DE-SE\\(IA,BWF)}} \\ + BET(UK-PLC)_0^{\substack{DE-SE\\(IA,BWF)}} \end{pmatrix} - 2 \cdot GK - \begin{pmatrix} S_{0(GrESt)}^{\substack{DE-SE\\(IA,BWF)}} \\ + S_{0(StSt)}^{\substack{DE-SE\\(IA,BWF)}} \end{pmatrix}$$

Setzt man die Gleichungen (5.2.1.2.1.1.), (5.2.1.2.1.3.), (5.2.1.2.2.1.) und (5.2.1.2.2.2.) in die Gleichung (5.2.1.2.2.3.) ein, ergibt sich:

(5.2.1.2.2.4.)

$$RL_0^{DE-SE(IA,BWF)} = \begin{pmatrix} \left(1 + rl_{-k} + st_{-k} + gav_0 \cdot s_{GrESt}^{DE}\right) \\ + \left(1 + rl_{-k} + st_{-k}\right) \cdot \left(1 + s_{StSt}^{UK}\right) \\ - 2 - \left\{\left(gav_0 \cdot s_{GrESt}^{DE}\right) + \left(1 + rl_{-k} + st_{-k}\right) \cdot s_{StSt}^{UK}\right\} \end{pmatrix} \cdot GK$$

$$RL_0^{DE-SE(IA,BWF)} = \left(rl_{-k} + st_{-k}\right) \cdot 2 \cdot GK = \left(1{,}60 + 2{,}50\right) \cdot 2 \cdot 250 = 2.050$$

---

DE-SE aus der Summe des Grundkapitals und der offenen Rücklagen ergibt; siehe hierzu Abschnitt 1.1.3., S. 93-95.

424 Vgl. Scheffler, W./Ruhwinkel, C., DSWR 2001, S. 294.

Die Gründungsbilanz der DE-SE in t = 0 ist allgemein und konkret anhand des Zahlenbeispiels wie folgt darzustellen:

Abbildung 21: Gründungsbilanz der DE-SE in t = 0 (Inbound-Anteilstausch mit Buchwertfortführung)

| Gründungsbilanz der DE-SE in t = 0 (Inbound-Anteilstausch mit Buchwertfortführung) | | | |
|---|---|---|---|
| Beteiligung an der DE-AG $(BET(DE-AG)_0^{DE-SE(IA,BWF)})$ | 1.282 | Grundkapital $(2 \cdot GK)$ | 500 |
| Beteiligung an der UK-PLC $(BET(UK-PLC)_0^{DE-SE(IA,BWF)})$ | 1.281,38 | offene Rücklagen $(RL_0^{DE-SE(IA,BWF)})$ | 2.050 |
| Umlaufvermögen $(UV_0^{DE-SE(IA,BWF)})$ $= 100 - 7 - 6{,}38$ | 86,62 | sonstige Passiva $(SP_0^{DE-SE(IA,BWF)})$ | 100 |
| $BET(DE-AG)_0^{DE-SE(IA,BWF)}$ $+ BET(UK-PLC)_0^{DE-SE(IA,BWF)}$ $+ UV_0^{DE-SE(IA,BWF)}$ | 2.650 | $GK + RL_0^{DE-SE(IA,BWF)}$ $+ SP_0^{DE-SE(IA,BWF)}$ | 2.650 |

### 5.2.1.3. Ebene der einbringenden deutschen Anteilseigner

Die steuerlichen Konsequenzen des Anteilstauschs ergeben sich ausschließlich auf Ebene der deutschen Anteilseigner der Gründungsgesellschaften, denn sie übertragen ihre Anteile auf die DE-SE und erhalten dafür Anteile an dieser Gesellschaft.[425] Die deutschen Anteilseigner sind an die Ausübung des Bewertungswahlrechts durch die DE-SE gebunden. Der Wert, mit dem die DE-SE die Anteile bewertet, gilt hinsichtlich der hingegebenen Anteile als Veräußerungspreis und in Bezug auf die übernommenen Gesellschaftsanteile als Anschaffungskosten, § 20 Abs. 4 UmwStG.[426] Zwar ist die offene Sacheinlage von Anteilen an einer

---

425 Vgl. Herzig, N./Dautzenberg, N., BFuP 1993, S. 480; Thömmes, O., Besteuerung, 2002, S. 517.

426 Vgl. Thömmes, O., Besteuerung, 2002, S. 519-520.
In diesem Zusammenhang ist zu berücksichtigen, dass § 20 UmwStG nicht auf die Einbringung von Publikumsgesellschaften zugeschnitten ist. Sofern an einer Gründungsgesellschaft eine sehr große Zahl von Anteilseignern beteiligt ist, entstehen praktische Probleme, die nur mit einem erheblichen Verwaltungsaufwand zu lösen sind. Denn um die Steuerneutralität nach § 20 Abs. 1 Satz 2 UmwStG

Kapitalgesellschaft in eine andere Kapitalgesellschaft gegen Gewährung von Gesellschaftsrechten ein gesellschaftsrechtlicher Vorgang;[427] die allgemeinen steuerlichen Grundsätze zum Tausch sind jedoch sowohl auf ein schuldrechtliches Austauschgeschäft von Beteiligungsrechten zwischen voneinander unabhängigen Gesellschaften als auch auf gesellschaftsrechtliche Einbringungsvorgänge anwendbar.[428]

In t = 0 löst der Inbound-Anteilstausch für die einbringenden Anteilseigner keine Ertragsteuerbelastung aus, da die DE-SE die eingelegten Anteile an der DE-AG und der UK-PLC mit dem Buchwert bewertet.[429] Die neuen Anteile an der DE-SE, die die deutschen Anteilseigner der Gründungsgesellschaften als Gegenleistung für die Einbringung empfangen, gelten bei natürlichen und juristischen Personen als einbringungsgeborene Anteile i.S.d. § 21 UmwStG ($AK_0^{ebg,DE-SE(IA,BWF)}$).[430] Dabei handelt es sich um Anteile, die im Rahmen einer Sacheinlage gemäß § 20 Abs. 1 bzw. § 23 Abs. 1-4 UmwStG erworben werden, wenn die Sacheinlage von der aufnehmenden Kapitalgesellschaft nicht zum Teilwert angesetzt wird.[431] Voraussetzung für die Entstehung einbringungsgeborener Anteile ist, dass die eingebrachten mehrheitsvermittelnden Anteile vor der Einbringung entweder zum Betriebsvermögen zählen ($AE^{jur}$) oder Anteile i.S.d. § 17 bzw. § 23 EStG darstellen ($AE^{nat}$).[432] Es gilt:

---

zu gewährleisten, muss die übernehmende Gesellschaft von jedem einbringenden Anteilseigner dessen Beteiligungshöhe, das Anschaffungsdatum sowie die Anschaffungskosten kennen. Zu diesem Zweck wurde z.B. im Rahmen der Zusammenschlüsse von Daimler Benz/Chrysler und Hoechst/Rhône Poulenc umfassende Fragebogenaktionen durchgeführt; siehe hierzu Bogenschütz, E., IStR 2000, S. 612; Fleischmann, M., DB 1998, S. 1884-1885; Rödder, T., Anteilstausch, 2000, S. 499 und 501.

427 Vgl. Grotherr, S., BB 1992, S. 2259; Wassermeyer, F., DStR 1992, S. 59.

428 Vgl. Grotherr, S., BB 1992, S. 2259; Rödder, T., IStR 1994, S. 257-258; Stein, V./Becker, J. D., IWB 1998, Fach 10, International, Gruppe 2, S. 1359-1360.

429 Vgl. Bader, A., IStR 1996, S. 116; Fleischmann, M., DB 1998, S. 1884; Förster, G./Lange, C., DB 2002, S. 293; Kantwill, W., SteuerStud 2002, S. 376.
Die Anschaffungsnebenkosten der Anteile der DE-AG in Form der Grunderwerbsteuer sowie der Anteile der UK-PLC in Form der Stempelsteuern werden bei der Bestimmung des Veräußerungspreises der inländischen Anteilseigner nicht berücksichtigt; siehe hierzu Abschnitt 5.2.1.2.1., S. 133-135.

430 Vgl. Stein, V./Becker, J. D., IWB 1998, Fach 10, International, Gruppe 2, S. 1363.

431 Vgl. Förster, G., Stbg 2001, S. 658; Haritz, D./Homeister, J., FR 2001, S. 945; Meichelbeck, H./Vollath, S., DStR 2001, S. 2189; siehe hierzu ausführlich Widmann, S./Mayer, D., Umwandlungsrecht, 2002, § 21 UmwStG, Rz. 3-115.

432 Vgl. Haritz, D., DStR 2000, S. 1540.

$$(5.2.1.3.1.)\quad AK_{-k} \rightarrow \frac{1}{2}\cdot AK_0^{ebg,DE-SE(IA,BWF)}, \text{ wobei}$$

$$AK_{-k} = \frac{1}{2}\cdot AK_0^{ebg,DE-SE(IA,BWF)} = \frac{1}{2}\cdot\left(1 + rl_{-k} + st_{-k}\right)\cdot 2\cdot GK = 1.275$$

## 5.2.2. Grenzüberschreitende Unternehmenstätigkeit der deutschen SE

Der Betrachtungszeitraum der grenzüberschreitenden Unternehmenstätigkeit der deutschen SE umfasst die Perioden t = 1 bis t = v =4. Zur Erfassung der Steuerwirkungen sind drei Ebenen zu unterscheiden:

- Ebene der Tochterkapitalgesellschaften (DE-TKG und UK-TKG)
- Ebene der deutschen SE (DE-SE)
- Ebene der deutschen Anteilseigner.

### 5.2.2.1. Ebene der Tochterkapitalgesellschaften

Aufgrund des Trennungsprinzips ist die Besteuerung der DE-TKG und UK-TKG unabhängig von der DE-SE. Die Tochterkapitalgesellschaften sind als juristische Personen in ihrem Sitzstaat mit ihrem Welteinkommen unbeschränkt steuerpflichtig.[433]

#### 5.2.2.1.1. Deutsche Tochterkapitalgesellschaft

Durch den Anteilstausch ändert sich zwar die Gesellschafterstruktur der DE-AG; ihr Verlustvortrag kann bei der DE-TKG jedoch fortgeführt werden, da der Anteilstausch nicht zu einer schädlichen Zuführung neuen Betriebsvermögens führt. Die Abschreibungen sind aufgrund des Trennungsprinzips so zu erfassen, wie sie die DE-AG ohne den Anteilstausch angesetzt hätte.

In t = 1 bis t = 4 stimmen daher der steuerpflichtige Gewinn der DE-TKG, die darauf lastenden Ertragsteuern sowie die sich daraus ergebende ausschüttungsfähige Dividende der DE-TKG mit den Ergebnissen der

---

Außerdem entstehen einbringungsgeborene Anteile, wenn die eingebrachten Anteile selbst einbringungsgeborene Anteile im Privatvermögen darstellen. Im Anwendungsfall ist abgegrenzt, dass es sich bei den Anteilen der deutschen Anteilseigner nicht um einbringungsgeborene Anteile handelt; siehe hierzu Fußnote 177, S. 85.

433 Vgl. Deumeland, A./Schoss, N.-P., Ausland, 2000, S. 61-62; Scheffler, W., Besteuerung, 2002, S. 200.

DE-SE bei der Inbound-Verschmelzung mit Buchwertfortführung bzw. der DE-BS bei der Outbound-Verschmelzung mit Buchwertfortführung überein. Es gilt:

$$(5.2.2.1.1.1.)\ ab(aav)_t^{\substack{DE-TKG\\(IA,BWF)}} = ab(aav)_t^{\substack{DE-SE\\(IV,BWF)}} = ab(aav)_t^{\substack{DE-BS\\(OV,BWF)}}$$

$$(5.2.2.1.1.2.)\ vv_t^{DE-TKG(IA,BWF)} = vv_t^{DE-SE(IV,BWF)} = vv_t^{DE-BS(OV,BWF)}$$

$$(5.2.2.1.1.3.)\ G_t^{DE-TKG(IA,BWF)} = G_t^{DE-SE(IV,BWF)} = G_t^{DE-BS(OV,BWF)}$$

$$(5.2.2.1.1.4.)\ S_t^{DE-TKG(IA,BWF)} = S_t^{DE-SE(IV,BWF)} = S_t^{DE-BS(OV,BWF)}$$

$$(5.2.2.1.1.5.)\ DIV_t^{\substack{DE-TKG\\(IA,BWF)}} = ERT_t^{\substack{DE-SE\\(IV,BWF)}} = TRA_t^{\substack{DE-BS\\(OV,BWF)}}$$

Tabelle 16: Ermittlung der ausschüttungsfähigen Dividende der DE-TKG an die DE-SE in t = 1 bis t = 4 (Inbound-Anteilstausch, Buchwertfortführung)

| Periode (t) | $ab(aav)_t^{\substack{DE-TKG\\(IA,BWF)}}$ (5.2.2.1.1.1.) = (3.2.2.2.2.) = (4.2.2.1.1.) | $vv_t^{\substack{DE-TKG\\(IA,BWF)}}$ (5.2.2.1.1.2.) = (3.2.2.2.3.) = (4.2.2.1.2.) | $G_t^{DE-TKG(IA,BWF)}$ (5.2.2.1.1.3.) = (3.2.2.2.4.) = (4.2.2.1.3.) | $S_t^{DE-TKG(IA,BWF)}$ (5.2.2.1.1.4.) = (3.2.2.2.5.) = (4.2.2.1.4.) | $DIV_t^{\substack{DE-TKG\\(IA,BWF)}}$ (5.2.2.1.1.5.) = (3.2.2.2.6.) = (4.2.2.1.5.) |
|---|---|---|---|---|---|
| t = 1 | 0,38 | 0,40 | 304 | 114 | 290 |
| t = 2 | 0,31 | 0 | 423,20 | 158,70 | 264,50 |
| t = 3 | 0,25 | 0 | 438,56 | 164,46 | 274,10 |
| t = 4 | 0,20 | 0 | 450,85 | 169,07 | 281,78 |

## 5.2.2.1.2. Britische Tochterkapitalgesellschaft

Aufgrund des Trennungsprinzips ergeben sich durch den Anteilstausch auch bei der UK-TKG keine steuerlichen Effekte. Die planmäßigen Abschreibungen werden nach den in Großbritannien geltenden Grundsätzen nach dem Buchwert der Wirtschaftsgüter der UK-TKG bemessen. Der Verlustvortrag der UK-PLC darf bei der UK-TKG fortgeführt werden, weil nach dem Vollzug des Anteilstauschs keine wesentliche Veränderung hinsichtlich der Natur oder der Ausübung des Betriebs eintritt.

In t = 1 bis t = 4 stimmen daher der steuerpflichtige Gewinn der UK-TKG, die darauf lastenden Ertragsteuern sowie die sich daraus ergebende ausschüttungsfähige Dividende der UK-TKG mit den Ergebnissen der UK-BS bei der Inbound-Verschmelzung mit Buchwertfortführung überein. Es gilt:

(5.2.2.1.2.1.) $ab(aav)_t^{UK-TKG(IA,BWF)} = ab(aav)_t^{UK-BS(IV,BWF)}$

(5.2.2.1.2.2.) $vv_t^{UK-TKG(IA,BWF)} = vv_t^{UK-BS(IV,BWF)}$

(5.2.2.1.2.3.) $G_t^{UK-TKG(IA,BWF)} = G_t^{UK-BS(IV,BWF)}$

(5.2.2.1.2.4.) $S_t^{UK-TKG(IA,BWF)} = S_t^{UK-BS(IV,BWF)}$

(5.2.2.1.2.5.) $DIV_t^{UK-TKG(IA,BWF)} = TRA_t^{UK-BS(IV,BWF)}$

Tabelle 17: Ermittlung der ausschüttungsfähigen Dividende der UK-TKG an die DE-SE in t = 1 bis t = 4 (Inbound-Anteilstausch, Buchwertfortführung)

| Periode (t) | $ab(aav)_t^{UK-TKG\,(IA,BWF)}$ (5.2.2.1.2.1.) = (3.2.2.1.1.) | $vv_t^{UK-TKG\,(IA,BWF)}$ (5.2.2.1.2.2.) = (3.2.2.1.2.) | $G_t^{UK-TKG(IA,BWF)}$ (5.2.2.1.2.3.) = (3.2.2.1.3.) | $S_t^{UK-TKG(IA,BWF)}$ (5.2.2.1.2.4.) = (3.2.2.1.4.) | $DIV_t^{UK-TKG\,(IA,BWF)}$ (5.2.2.1.2.5.) = (3.2.2.1.5.) |
|---|---|---|---|---|---|
| t = 1 | 0,48 | 0,40 | 280 | 84 | 296 |
| t = 2 | 0,36 | 0 | 410 | 123 | 287 |
| t = 3 | 0,27 | 0 | 432,50 | 129,75 | 302,75 |
| t = 4 | 0,20 | 0 | 449,38 | 134,81 | 314,56 |

### 5.2.2.2. Ebene der deutschen SE

Zur Erfassung der Steuerwirkungen sind drei Rechenschritte erforderlich, die allgemein und konkret anhand des Zahlenbeispiels für t = 1 erläutert werden. Die Ergebnisse für t = 1 bis t = 4 sind in einer Tabelle zusammengefasst:

- Bestimmung des steuerpflichtigen Gewinns der DE-SE ($G_t^{DE-SE(IA,BWF)}$)
- Ermittlung der Ertragsteuerbelastung der DE-SE ($S_t^{DE-SE(IA,BWF)}$)
- Berechnung der Dividende der DE-SE ($DIV_t^{DE-SE(IA,BWF)}$).

(1) Die DE-SE ist mit ihrem Welteinkommen unbeschränkt steuerpflichtig, § 1 Abs. 1 Nr. 1 KStG. Dieses setzt sich zusammen aus den Dividenden, die die DE-SE von der DE-TKG und der UK-TKG empfängt. In Großbritannien ist die DE-SE nicht beschränkt steuerpflichtig, weil nach

britischem Recht bei Ausschüttungen innerhalb Großbritanniens und in das Ausland keine Quellensteuern erhoben werden.[434]

Die Gewinnausschüttungen der DE-TKG sind zur Vermeidung einer erneuten Belastung mit Körperschaftsteuer und Gewerbesteuer bei der DE-SE nach dem Dividendenprivileg von der Besteuerung freigestellt, § 8b Abs. 1 KStG, § 7 GewStG. Die Hinzurechnung nach § 8 Nr. 5 GewStG unterbleibt, da die DE-SE nach Vollzug des Anteilstauschs zu 100% an der DE-TKG beteiligt ist. Allerdings unterliegen nach § 8b Abs. 5 KStG 5% der Dividende der UK-TKG der Besteuerung in Deutschland, weil pauschal 5% der ausländischen Dividende als Betriebsausgaben, die mit steuerfreien Einnahmen in unmittelbarem wirtschaftlichen Zusammenhang stehen, fingiert werden und nach § 3c Abs. 1 EStG i.V.m. § 8 Abs. 1 KStG nicht angesetzt werden dürfen.[435] Eine Hinzurechnungsbesteuerung unterbleibt, da Gewinnausschüttungen von Kapitalgesellschaften als aktive Einkünfte behandelt werden, § 8 Abs. 1 Nr. 8 AStG.[436] Die DE-SE erzielt keine weiteren Einkünfte und verfügt über keinen steuerlichen Verlustvortrag. Es gilt:

(5.2.2.2.1.) $$G_t^{DE-SE(IA,BWF)} = \max\left\{0\,;0{,}05\cdot DIV_t^{UK-TKG(IA,BWF)}\right\}$$

Die Dividende der UK-TKG entspricht dem transferierbaren Gewinn der UK-BS im Rahmen der Inbound-Verschmelzung mit Buchwertfortführung.[437] Es gilt:

(5.2.2.2.2.) $$DIV_t^{UK-TKG(IA,BWF)} = \begin{pmatrix} \max\left\{0\,;\left(vg - ab(aav)_t^{UK-TKG(IA,BWF)}\right)\cdot GK\right\} \\ -\,S_t^{UK-TKG(IA,BWF)} \end{pmatrix}$$

(5.2.2.2.3.)
$$G_t^{DE-SE(IA,BWF)} = \max\left\{0\,;0{,}05\cdot\begin{pmatrix} \max\left\{0\,;\left(vg - ab(aav)_t^{UK-TKG(IA,BWF)}\right)\cdot GK\right\} \\ -\,S_t^{UK-TKG(IA,BWF)} \end{pmatrix}\right\}$$

$$G_1^{DE-SE(IA,BWF)} = \max\left\{0;0{,}05\cdot\left(\max\left\{0\,;(2-0{,}48)\cdot 250\right\}-84\right)\right\} = 14{,}80$$

(2) Der steuerpflichtige Gewinn der DE-SE unterliegt in Deutschland der Körperschaftsteuer und der Gewerbesteuer. In der Periode t = 1 gilt:

---

[434] Siehe hierzu Abschnitt 4.2.2.3., S. 160.

[435] Siehe hierzu Abschnitt 4.2.2.3., S. 160-162.

[436] Vgl. Deumeland, A./Schoss, N.-P., Ausland, 2000, S. 65; Grotherr, S., SteuerStud 2001, S. 187-188; Köhler, S., DStR 2000, S. 1850; Schönwald, S., SteuerStud 2002, S. 138-139.

[437] Siehe hierzu Berechnung (5.2.2.1.2.5.), S. 211.

(5.2.2.2.4.)

$$S_t^{DE-SE(IA,BWF)} = \left( \max \left\{ 0 ; 0{,}05 \cdot \left( \max \left\{ 0 ; \left( vg - ab(aav) \right)_t^{\substack{UK-TKG \\ (IA,BWF)}} \cdot GK \right\} - S_t^{\substack{UK-TKG \\ (IA,BWF)}} \right) \right\} \right) \cdot s_{THES}^{DE}$$

$$S_1^{DE-SE(IA,BWF)} = 14{,}80 \cdot 0{,}375 = 5{,}55$$

(3) Die ausschüttungsfähige Dividende der DE-SE ergibt sich aus den Beteiligungserträgen der DE-TKG und der UK-TKG abzüglich der Ertragsteuerbelastung der DE-SE. Allgemein und konkret anhand des Zahlenbeispiels gilt:

(5.2.2.2.5.) $$DIV_t^{DE-SE(IA,BWF)} = DIV_t^{\substack{DE-TKG \\ (IA,BWF)}} + DIV_t^{\substack{UK-TKG \\ (IA,BWF)}} - S_t^{\substack{DE-SE \\ (IA,BWF)}}$$

$$DIV_1^{DE-SE(IA,BWF)} = 290 + 296 - 5{,}55 = 580{,}45$$

Zusammenfassend gilt für die Perioden t = 1 bis t = 4:

Tabelle 18: Dividende der DE-SE in den Perioden t = 1 bis t = 4 (Inbound-Anteilstausch, Buchwertfortführung)

| Periode (t) | $DIV_t^{DE-TKG(IA,BWF)}$ (5.2.2.1.1.5.) = (3.2.2.2.6.) = (4.2.2.1.5.) | $DIV_t^{UK-TKG(IA,BWF)}$ (5.2.2.1.2.5.) = (3.2.2.1.5.) | $S_t^{DE-SE(IA,BWF)}$ (5.2.2.2.4.) | $DIV_t^{DE-SE(IA,BWF)}$ (5.2.2.2.5.) |
|---|---|---|---|---|
| t = 1 | 290 | 296 | 5,55 | 580,45 |
| t = 2 | 264,50 | 287 | 5,38 | 546,12 |
| t = 3 | 274,10 | 302,75 | 5,68 | 571,17 |
| t = 4 | 281,78 | 314,56 | 5,90 | 590,44 |

## 5.2.2.3. Ebene der deutschen Anteilseigner

Handelt es sich bei den deutschen Anteilseignern um natürliche Personen, unterliegt die Dividende zur Hälfte der Einkommensteuer. Dies gilt unabhängig davon, ob die Dividende aus dem Inland oder aus dem Ausland stammt. Es gilt:

(5.2.2.3.1.) wenn deutsche Anteilseigner = $AE^{nat,DE-AG}$ und $AE^{nat,UK-PLC}$, dann

$$S_t^{nat,DIV(IA,BWF)} = \frac{1}{2}\cdot\left(\frac{1}{2}\cdot DIV_t^{DE-SE(IA,BWF)}\right)\cdot s_{ESt}^{DE}$$

$$S_1^{nat,DIV(IA,BWF)} = \frac{1}{4}\cdot 580{,}45\cdot 0{,}47 = 68{,}20 \text{, sodass}$$

(5.2.2.3.2.) $$NZ_t^{nat,DIV(IA,BWF)} = \frac{1}{2}\cdot DIV_t^{DE-SE(IA,BWF)} - S_t^{nat,DIV(IA,BWF)}$$

$$NZ_1^{nat,DIV(IA,BWF)} = \frac{1}{2}\cdot 580{,}45 - 68{,}20 = 222{,}02$$

Sind die deutschen Anteilseigner juristische Personen, ist die Dividende der DE-SE nach dem Dividendenprivileg steuerbefreit, § 8b Abs. 1 KStG, § 7 GewStG. Da die juristischen Personen jedoch Streubesitzdividenden halten, unterliegt die Dividende wegen der Hinzurechnung nach § 8 Nr. 5 GewStG der Gewerbesteuer. Es gilt:

(5.2.2.3.3.) wenn deutsche Anteilseigner = $AE^{jur,DE-AG}$ und $AE^{jur,UK-PLC}$, dann

$$S_t^{jur,DIV(IA,BWF)} = \frac{1}{2}\cdot DIV_t^{DE-SE(IA,BWF)}\cdot s_{GewSt}^{DE}$$

$$S_1^{jur,DIV(IA,BWF)} = \frac{1}{2}\cdot 580{,}45\cdot 0{,}1667 = 48{,}38 \text{, sodass}$$

(5.2.2.3.4.) $$NZ_t^{jur,DIV(IA,BWF)} = \frac{1}{4}\cdot DIV_t^{DE-SE(IA,BWF)} - S_t^{jur,DIV(IA,BWF)}$$

$$NZ_1^{jur,DIV(IA,BWF)} = \frac{1}{2}\cdot 580{,}45 - 48{,}38 = 241{,}84$$

Der Nettozufluss der deutschen Anteilseigner in den Perioden t = 1 bis t = 4 ist in der nachfolgenden Tabelle zusammengefasst.

Tabelle 19: Ermittlung des Nettozuflusses aus der Dividende der DE-SE bei den deutschen Anteilseignern in den Perioden t = 1 bis t = 4 (Inbound-Anteilstausch, Buchwertfortführung)

| Periode (t) | $S_t^{nat,DIV(IA,BWF)}$ (5.2.2.3.1.) | $NZ_t^{nat,DIV(IA,BWF)}$ (5.2.2.3.2.) | $S_t^{jur,DIV(IA,BWF)}$ (5.2.2.3.3.) | $NZ_t^{jur,DIV(IA,BWF)}$ (5.2.2.3.4.) |
|---|---|---|---|---|
| t = 1 | 68,20 | 222,02 | 48,38 | 241,84 |
| t = 2 | 64,17 | 208,89 | 45,52 | 227,54 |
| t = 3 | 67,11 | 218,47 | 47,61 | 237,98 |
| t = 4 | 69,38 | 225,85 | 49,21 | 246,01 |

### 5.2.2.4. Zusammenfassung der Steuerwirkungen der grenzüberschreitenden Unternehmenstätigkeit der deutschen SE

Die Steuerwirkungen werden für natürliche und juristische Personen getrennt ausgewiesen. Die Dividende, die die deutschen Anteilseigner in einer Periode t von der DE-SE empfangen ($DIV_t^{DE-SE(IA,BWF)}$), ergibt sich aus der Summe der Dividenden der DE-TKG und der DE-TKG ($DIV_t^{DE-TKG(IA,BWF)}$ und $DIV_t^{UK-TKG(IA,BWF)}$) abzüglich der Ertragsteuerbelastung der DE-SE in der Periode t ($S_t^{DE-SE(IA-BWF)}$). Es gilt:

(5.2.2.4.1.)

wenn deutsche Anteilseigner = $AE^{nat,DE-AG}$ und $AE^{nat,UK-PLC}$, dann

$$NZ_t^{nat,DIV(IA,BWF)} = \underbrace{\frac{1}{2} \cdot \begin{pmatrix} DIV_t^{DE-TKG(IA,BWF)} \\ + DIV_t^{UK-TKG(IA,BWF)} \\ - S_t^{DE-SE(IA,BWF)} \end{pmatrix}}_{❶} \underbrace{- \frac{1}{2} \cdot \frac{1}{2} \cdot s_{ESt}^{DE} \cdot \begin{pmatrix} DIV_t^{DE-TKG(IA,BWF)} \\ + DIV_t^{UK-TKG(IA,BWF)} \\ - S_t^{DE-SE(IA,BWF)} \end{pmatrix}}_{❷}$$

(5.2.2.4.2.)

wenn deutsche Anteilseigner = $AE^{jur,DE-AG}$ und $AE^{jur,UK-PLC}$, dann

$$NZ_t^{jur,DIV(IA,BWF)} = \underbrace{\frac{1}{2} \cdot \begin{pmatrix} DIV_t^{DE-TKG(IA,BWF)} \\ + DIV_t^{UK-TKG(IA,BWF)} \\ - S_t^{DE-SE(IA,BWF)} \end{pmatrix}}_{❶} \underbrace{- \frac{1}{2} \cdot s_{GewSt}^{DE} \cdot \begin{pmatrix} DIV_t^{DE-TKG(IA,BWF)} \\ + DIV_t^{UK-TKG(IA,BWF)} \\ - S_t^{DE-SE(IA,BWF)} \end{pmatrix}}_{❷}$$

Teil ❶ der Berechnungsformel gibt die Dividende an, die die deutschen Anteilseigner von der DE-SE unter Berücksichtigung ihrer Beteiligungsquote von jeweils 50% empfangen. Die darauf lastenden Ertragsteuern werden in Teil ❷ der Berechnungsformel dargestellt. Zusammengefasst gilt:

(5.2.2.4.3.)

$$NZ_t^{nat,DIV(IA,BWF)} = \begin{pmatrix} DIV_t^{DE-TKG(IA,BWF)} + DIV_t^{UK-TKG(IA,BWF)} \\ - S_t^{DE-SE(IA,BWF)} \end{pmatrix} \cdot \frac{1 - \frac{1}{2} \cdot s_{ESt}^{DE}}{2}$$

$$(5.2.2.4.4.)\quad NZ_t^{jur,DIV(IA,BWF)} = \left(\begin{matrix} DIV_t^{\overset{DE-TKG}{(IA,BWF)}} + DIV_t^{\overset{UK-TKG}{(IA,BWF)}} \\ - S_t^{\overset{DE-SE}{(IA,BWF)}} \end{matrix}\right) \cdot \frac{1 - s_{GewSt}^{DE}}{2}$$

Setzt man für $DIV_t^{DE-TKG(IA,BWF)}$ Gleichung (5.2.2.1.1.5.) und für $DIV_t^{UK-TKG(IA,BWF)}$ Gleichung (5.2.2.1.2.5.) in die Gleichungen (5.2.2.4.3.) und (5.2.2.4.4.) ein, gilt:

(5.2.2.4.5.)

$$NZ_t^{nat,DIV(IA,BWF)} = \left\{\begin{matrix} \max\left(0\,;\left\{\begin{matrix}\left(vg - ab(aav)_t^{DE-TKG(IA,BWF)}\right) \cdot GK \\ - S_t^{DE-TKG(IA,BWF)}\end{matrix}\right\}\right) \\ + \max\left(0\,;\left\{\begin{matrix}\left(vg - ab(aav)_t^{UK-TKG(IA,BWF)}\right) \cdot GK \\ - S_t^{UK-TKG(IA,BWF)}\end{matrix}\right\}\right) \\ - S_t^{DE-SE(IA,BWF)} \end{matrix}\right\} \cdot \frac{1 - \frac{1}{2} \cdot s_{ESt}^{DE}}{2}$$

$$NZ_t^{nat,DIV(IA,BWF)} = \left\{\begin{matrix} \max\left(0\,;\left\{\begin{matrix}\left(1 - s_{THES}^{DE}\right) \cdot \left(vg - ab(aav)_t^{DE-TKG(IA,BWF)}\right) \\ + s_{THES}^{DE} \cdot vv_t^{DE-TKG(IA,BWF)}\end{matrix}\right\}\right) \\ + \max\left(0\,;\left\{\begin{matrix}\left(1 - s_{KSt}^{UK}\right) \cdot \left(vg - ab(aav)_t^{UK-TKG(IA,BWF)}\right) \\ + s_{KSt}^{UK} \cdot vv_t^{UK-TKG(IA,BWF)}\end{matrix}\right\}\right) \\ - \left\{\begin{matrix} 0{,}05 \cdot s_{THES}^{DE} \\ \cdot \max\left(0\,;\left\{\begin{matrix}\left(1 - s_{KSt}^{UK}\right) \cdot \left(vg - ab(aav)_t^{UK-TKG(IA,BWF)}\right) \\ + s_{KSt}^{UK} \cdot vv_t^{UK-TKG(IA,BWF)}\end{matrix}\right\}\right)\end{matrix}\right\} \end{matrix}\right\} \cdot \frac{\left(1 - \frac{1}{2} \cdot s_{ESt}^{DE}\right) \cdot GK}{2}$$

(5.2.2.4.6.)

$$NZ_t^{jur,DIV(IA,BWF)} = \left\{\begin{matrix} \max\left(0\,;\left\{\begin{matrix}\left(vg - ab(aav)_t^{DE-TKG(IA,BWF)}\right) \cdot GK \\ - S_t^{DE-TKG(IA,BWF)}\end{matrix}\right\}\right) \\ + \max\left(0\,;\left\{\begin{matrix}\left(vg - ab(aav)_t^{UK-TKG(IA,BWF)}\right) \cdot GK \\ - S_t^{UK-TKG(IA,BWF)}\end{matrix}\right\}\right) \\ - S_t^{DE-SE(IA,BWF)} \end{matrix}\right\} \cdot \frac{1 - s_{GewSt}^{DE}}{2}$$

$$NZ_t^{jur,DIV(IA,BWF)} = \left( \begin{array}{l} \max\left(0;\left\{\begin{array}{l}\left(1-s_{THES}^{DE}\right)\cdot\left(vg-ab(aav)_t^{DE-TKG(IA,BWF)}\right)\\ +\,s_{THES}^{DE}\cdot vv_t^{DE-TKG(IA,BWF)}\end{array}\right\}\right) \\ +\max\left(0;\left\{\begin{array}{l}\left(1-s_{KSt}^{UK}\right)\cdot\left(vg-ab(aav)_t^{UK-TKG(IA,BWF)}\right)\\ +\,s_{KSt}^{UK}\cdot vv_t^{UK-TKG(IA,BWF)}\end{array}\right\}\right) \\ -\left\{\begin{array}{l}0{,}05\cdot s_{THES}^{DE}\\ \cdot\max\left(0;\left\{\begin{array}{l}\left(1-s_{KSt}^{UK}\right)\cdot\left(vg-ab(aav)_t^{UK-TKG(IA,BWF)}\right)\\ +\,s_{KSt}^{UK}\cdot vv_t^{UK-TKG(IA,BWF)}\end{array}\right\}\right)\end{array}\right\} \end{array} \right) \cdot \frac{\left(1-s_{GewSt}^{DE}\right)\cdot GK}{2}$$

## 5.2.3. Veräußerung der Anteile an der deutschen SE durch die deutschen Anteilseigner

Der Gewinn aus der Veräußerung der Anteile an der DE-SE in $t = v$ ($VE_v^{DE-SE(IA,BWF)}$) ermittelt sich aus der Differenz zwischen den Anschaffungskosten der Beteiligung und dem Verkehrswert der DE-SE im Verkaufszeitpunkt $t = v$. Die Anschaffungskosten der Beteiligung an der DE-SE ergeben sich aus dem Preis, den die deutschen Anteilseigner im Zeitpunkt $t = -k$ für den Erwerb der Beteiligung an der DE-AG bzw. der UK-PLC entrichtet haben ($AK_{-k}$). Die Begründung liegt darin, dass die DE-SE beim Vollzug des Anteilstauschs die eingelegten Anteile mit ihren ursprünglichen Anschaffungskosten bewertet hat, sodass sich die neuen Anteile an der DE-SE hiernach bemessen. Die Beteiligungsquote der natürlichen und juristischen Personen hat sich auf jeweils 50% an der DE-SE halbiert. Bei den Anteilen an der DE-SE handelt es sich um einbringungsgeborene Anteile i.S.d. § 21 UmwStG.[438] Es gilt:

(5.2.3.1.) $\frac{1}{2}\cdot AK_0^{ebg,DE-SE(IA,BWF)} = 1.275$

Bei der Bestimmung des Verkehrswerts der DE-SE im Zeitpunkt $t = v$ ist zu berücksichtigen, dass beim Vollzug des Anteilstauschs in $t = 0$ die in den Anschaffungskosten der Gründungsgesellschaften enthaltenen stillen Reserven bereits in der Bilanz der DE-SE erfasst worden sind ($ST_{-k}^{DE-AG} = ST_{-k}^{UK-PLC} = 625$). Die offenen Rücklagen der DE-SE stimmen in $t = v$ mit den Rücklagen im Zeitpunkt $t = 0$ überein, weil die DE-SE ihre Gewinne vollständig an die Anteilseigner ausschüttet. Darüber

---

438 Siehe hierzu Abschnitt 5.2.1.3., S. 207-209.

hinaus sind die Rücklagen zu erfassen, die zwar in t = 0 auf Ebene der Gründungsgesellschaften ausgewiesen werden, jedoch aufgrund der Fortführung der Anschaffungskosten der deutschen Anteilseigner auf Ebene der DE-SE noch nicht erfasst wurden. Die Begründung für die fehlende Erfassung dieser offenen Rücklagen der DE-AG bzw. der UK-PLC liegt darin, dass sich die Anschaffungskosten der deutschen Anteilseigner nach dem Verkehrswert der Gründungsgesellschaften in t = -k bemessen. Es ergibt sich folgender Verkehrswert für die DE-SE:

$$(5.2.3.2.)\qquad VW_v^{DE-SE(IA,BWF)} = 2 \cdot GK + RL_v^{\substack{DE-SE\\(IA,BWF)}} + ST_v^{\substack{DE-SE\\(IA,BWF)}} + 2 \cdot \left( RL_0^{\substack{DE-SE\\(IA,BWF)}} - RL_{-k} \right)$$

$$\text{mit: } RL_v^{DE-SE(IA,BWF)} = RL_0^{DE-SE(IA,BWF)} = (rl_{-k} + st_{-k}) \cdot 2 \cdot GK = 2.050$$

$$ST_v^{DE-SE(IA,BWF)} = (st_v - st_{-k}) \cdot 2 \cdot GK = 2.250$$

$$VW_v^{DE-SE(IA,BWF)} = \left\{1 + (rl_{-k} + st_{-k}) + (st_v - st_{-k}) + (rl_0 - rl_{-k})\right\} \cdot 2 \cdot GK$$

$$VW_v^{DE-SE(IA,BWF)} = (1 + rl_0 + st_v) \cdot 2 \cdot GK$$

$$VW_4^{DE-SE(IA,BWF)} = (1 + 1{,}80 + 7) \cdot 2 \cdot 250 = 4.900$$

Folglich gilt:

$$(5.2.3.3.)\qquad VW_v^{DE-SE(IA,BWF)} = VW_v^{DE-SE(IV,BWF)} = VW_v^{UK-SE(OV,BWF)}$$

Da ebenfalls die Anschaffungskosten der Beteiligung an der DE-SE sowohl beim Inbound-Anteilstausch mit Buchwertfortführung wie auch bei der Inbound- und bei der Outbound-Verschmelzung mit Buchwertfortführung übereinstimmen, ist der Veräußerungsgewinn bei diesen Gestaltungsalternativen gleich:[439]

$$(5.2.3.4.)\qquad \frac{1}{2} \cdot AK_0^{ebg,DE-SE(IA,BWF)} = \frac{1}{2} \cdot AK_0^{\substack{DE-SE\\(IV,BWF)}} = \frac{1}{2} \cdot AK_0^{\substack{UK-SE\\(OV,BWF)}} = 1.275$$

$$VE_v^{ebg,DE-SE(IA,BWF)} = VE_v^{DE-SE(IV,BWF)} = VE_v^{UK-SE(OV,BWF)}$$

$$VE_v^{ebg,DE-SE(IA,BWF)} = \left\{(rl_0 - rl_{-k}) + (st_v - st_{-k})\right\} \cdot GK = 1.175$$

Bei der Besteuerung der Gewinne aus der Veräußerung der Anteile an der DE-SE gilt in Deutschland das Wohnsitzstaatprinzip, Art. 8 Abs. 3

---

[439] Zur Berechnung des Veräußerungsgewinns bei der Inbound-Verschmelzung mit Buchwertfortführung siehe Abschnitt 3.2.3., S. 137-140 und bei der Outbound-Verschmelzung mit Buchwertfortführung siehe Abschnitt 4.2.3., S. 170-172.

DBA Deutschland-Großbritannien. Hinsichtlich der steuerlichen Folgen ist zwischen natürlichen Personen und juristischen Personen als Anteilseigner zu differenzieren.

Bei natürlichen Personen gilt der Gewinn aus der Veräußerung einbringungsgeborener Anteile des Privatvermögens nach § 21 Abs. 1 Satz 1 UmwStG als Gewinn i.S.d. § 16 EStG.[440] Der Veräußerungsgewinn umfasst die Wertsteigerungen, die bis zum Anteilstausch bei den eingelegten Anteilen entstanden sind, und die Wertsteigerungen, die nach dem Anteilstausch bei den als Gegenleistung erhaltenen Anteilen anfallen.[441] Bei natürlichen Personen ist der Gewinn aus der Veräußerung der einbringungsgeborenen Anteile nach dem Halbeinkünfteverfahren grundsätzlich nur zur Hälfte steuerpflichtig, § 3 Nr. 40 Satz 1 Buchst. a, Satz 4 EStG. Für diese hälftige Steuerbefreiung ist die Mindesthaltedauer von sieben Jahren des § 3 Nr. 40 Satz 4 EStG nicht zu beachten. Zwar wird nach dieser Ausnahmeregelung die hälftige Steuerbefreiung bei einer Veräußerung innerhalb der siebenjährigen Sperrfrist grundsätzlich versagt; allerdings könnte bei einer direkten Veräußerung der im Zusammenhang mit dem Anteilstausch eingelegten Anteile die hälftige Steuerbefreiung in Anspruch genommen werden. Daher wird beim Anteilstausch diese Ausnahmeregelung aufgehoben, und es wird auf die bei einer Betriebseinbringung zu beachtende Mindestbehaltefrist von sieben Jahren verzichtet (Rückausnahme nach § 3 Nr. 40 Satz 4 Buchst. b EStG).[442] Die Hälfte der Veräußerungskosten und der Anschaffungskosten nach § 20 Abs. 4 UmwStG dürfen den Veräußerungsgewinn nicht mindern, § 3c Abs. 2 Satz 1 EStG.[443] Der verbleibende Veräußerungsgewinn gilt als Gewinn i.S.d. § 16 EStG, für den vorbehaltlich der Voraussetzungen des § 16 Abs. 4 EStG in vollem Umfang ein Freibetrag berücksichtigt werden kann.[444] Allgemein und konkret anhand des Zahlenbeispiels gilt:

---

440 Vgl. Cordes, M., SteuerStud 2001, S. 519; Patt, J./Rasche, R., FR 2001, S. 181.

441 Vgl. Jacobs, O. H., Unternehmensbesteuerung, 2002, S. 431.

442 Vgl. Förster, G., Stbg 2001, S. 658-661; Haritz, D., DStR 2000, S. 1544-1545. Diese Rückausnahme wird allerdings aufgehoben, wenn die eingebrachten Anteile selbst einbringungsgeborene Anteile sind und die vorangehende Einbringung innerhalb der letzten sieben Jahre vor dem Anteilstausch durchgeführt wurde. Die Aufhebung der Rückausnahme ist im Anwendungsfall nicht relevant, da es sich im Anwendungsfall bei den eingebrachten Anteilen nicht um einbringungsgeborene Anteile handelt.

443 Vgl. Meichelbeck, H./Vollath, S., DStR 2001, S. 2191.

444 Vgl. Cordes, M., SteuerStud 2001, S. 519-520; Patt, J./Rasche, R., FR 2001, S. 183.

(5.2.3.5.) wenn deutsche Anteilseigner = $AE^{nat,DE-AG}$ und $AE^{nat,UK-PLC}$, dann

$$S_v^{ebg,nat,VE(IA,BWF)} = \frac{1}{2} \cdot VE_v^{ebg,DE-SE(IA,BWF)} \cdot s_{ESt}^{DE}$$

$$S_4^{ebg,nat,VE(IA,BWF)} = \frac{1}{2} \cdot 1.175 \cdot 0{,}47 = 276{,}13\text{, sodass}$$

(5.2.3.6.) $$NZ_v^{ebg,nat,VE(IA,BWF)} = VE_v^{ebg,DE-SE(IA,BWF)} - S_v^{ebg,nat,VE(IA,BWF)}$$

$$NZ_4^{ebg,nat,VE(IA,BWF)} = 1.175 - 276{,}13 = 898{,}88$$

Bei juristischen Personen als deutsche Anteilseigner ist der Gewinn aus der Veräußerung der einbringungsgeborenen Anteile ohne Beachtung einer Mindestbesitzzeit steuerfrei, § 8b Abs. 2 KStG. Die Ausnahmeregelung nach § 8b Abs. 4 Satz 1 Nr. 1 KStG ist beim Anteilstausch nicht anwendbar, sodass auf die Mindestbehaltefrist von sieben Jahren für die Inanspruchnahme der vollen Steuerbefreiung verzichtet wird (Rückausnahme nach § 8b Abs. 4 Satz 2 Nr. 2 KStG).[445] Es gilt:

(5.2.3.7.) wenn deutsche Anteilseigner = $AE^{jur,DE-AG}$ und $AE^{jur,UK-PLC}$, dann

$$NZ_v^{ebg,jur,VE(IA,BWF)} = VE_v^{ebg,DE-SE(IA,BWF)} = 1.175$$

Die Steuerwirkungen, die bei der Veräußerung der Beteiligung an der DE-SE durch die deutschen Anteilseigner anfallen, lassen sich zusammenfassen, indem Gleichung (5.2.3.4.) in die Gleichungen (5.2.3.6.) und (5.2.3.7.) eingesetzt wird. Es gilt:

(5.2.3.8.) $$NZ_v^{nat,VE(IA,BWF)} = \{(rl_0 - rl_{-k}) + (st_v - st_{-k})\} \cdot GK - S_v^{nat,VE(IA,BWF)}$$

❶ ❷

(5.2.3.9.) $$NZ_v^{jur,VE(IA,BWF)} = \{(rl_0 - rl_{-k}) + (st_v - st_{-k})\} \cdot GK$$

❶

Teil ❶ der Berechnungsformel erfasst den Veräußerungsgewinn, den die deutschen Anteilseigner bei einer Beteiligungsquote von jeweils 50% aus der Veräußerung ihrer Beteiligung an der DE-SE in $t = v$ erzielen. Die

---

Da im Anwendungsfall persönliche Freibeträge nicht berücksichtigt werden, wird auf den Ansatz des Freibetrags in der nachfolgenden Analyse verzichtet.

445 Vgl. Dieterlen, J./Schaden, M., BB 2000, S. 2492-2498; Eisolt, D./Wickinger, S., BB 2001, S. 229-234; Kessler, W./Schmalz, A./Schmidt, W., DStR 2001, S. 1866-1870; Kroschewski, R., GmbHR 2002, S. 768; Leip, C., BB 2002, S. 1839-1843; Rödder, T./Wochinger, P., FR 2001, S. 1253-1255 und S. 1258-1260.

Ertragsteuern der natürlichen Personen werden in Teil ❷ der Berechnungsformel erfasst. Für natürliche Personen gilt zusammenfassend:

(5.2.3.10.) $$NZ_v^{nat,VE(IA,BWF)} = \left\{\left(rl_0 - rl_{-k}\right) + \left(st_v - st_{-k}\right)\right\} \cdot \left(1 - \frac{1}{2} \cdot s_{ESt}^{DE}\right) \cdot GK$$

## 5.2.4. Ergebnisfunktion des Inbound-Anteilstauschs mit Buchwertfortführung bei den deutschen Anteilseignern

Da beim Vollzug der Gründung der SE in t = 0 auf Ebene der deutschen Anteilseigner aufgrund der Buchwertverknüpfung kein Nettozufluss entstanden ist, ergibt sich der Barwert aus der Summe der Nettoliquiditätszuflüsse der Perioden t =1 bis t = 4. Allgemein und konkret anhand des Zahlenbeispiels gilt:

(5.2.4.1.) wenn deutsche Anteilseigner = $AE^{nat,DE-AG}$ und $AE^{nat,UK-PLC}$, dann

$$Bar_0^{nat(IA,BWF)} = 0 + \sum_{t=1}^{v} NZ_t^{\substack{nat,DIV\\(IA,BWF)}} \cdot \left(q_t^{nat}\right)^{-t} + NZ_v^{\substack{nat,VE\\(IA,BWF)}} \cdot \left(q_t^{nat}\right)^{-v}$$

mit: $q_t^{nat} = 1 + 0{,}1 \cdot (1 - 0{,}47)$, sodass

$$Bar_0^{nat(IA,BWF)} = 0 + (210{,}85 + 188{,}39 + 187{,}12 + 183{,}69) + 731{,}12$$

$$Bar_0^{nat(IA,BWF)} = 0 + 770{,}05 + 731{,}12 = 1.501{,}17$$

(5.2.4.2.) wenn deutsche Anteilseigner = $AE^{jur,DE-AG}$ und $AE^{jur,UK-PLC}$, dann

$$Bar_0^{jur(IA,BWF)} = 0 + \sum_{t=1}^{v} NZ_t^{\substack{jur,DIV\\(IA,BWF)}} \cdot \left(q_t^{jur}\right)^{-t} + NZ_v^{\substack{jur,VE\\(IA,BWF)}} \cdot \left(q_t^{jur}\right)^{-v}$$

mit: $q_t^{jur} = 1 + 0{,}1 \cdot (1 - 0{,}375)$, sodass

$$Bar_0^{jur(IA,BWF)} = 0 + (227{,}62 + 201{,}56 + 198{,}40 + 193{,}03) + 921{,}98$$

$$Bar_0^{jur(IA,BWF)} = 0 + 820{,}62 + 921{,}98 = 1.742{,}60$$

## 5.2.5. Übertragung der Einzelergebnisse in die Ergebnismatrix

Für den Inbound-Anteilstausch mit Buchwertfortführung ergeben sich die in der Matrix dargestellten Barwerte der Summe der Nettoliquiditätszuflüsse.

Tabelle 20: Barwerte der Summen der Nettoliquiditätszuflüsse auf Ebene der deutschen Anteilseigner (Inbound-Anteilstausch, Buchwertfortführung)

| Gestaltungsalternative | Barwert der Summe der Nettoliquiditätszuflüsse | |
|---|---|---|
| | $AE^{nat}$ | $AE^{jur}$ |
| Inbound-Verschmelzung (Buchwertfortführung) | 1.661,65 | 1.750,66 |
| Outbound-Verschmelzung (Buchwertfortführung) | 1.660,50 | 1.749,43 |
| Outbound-Verschmelzung (Teilwertansatz) | 1.419,10 | 1.494,60 |
| Inbound-Anteilstausch (Buchwertfortführung) | 1.501,17 | 1.742,60 |
| Inbound-Anteilstausch (Teilwertansatz) | Kapitel II.5.3.5., S. 239 | Kapitel II.5.3.5., S. 239 |
| Outbound-Anteilstausch (Teilwertansatz) | Kapitel II.6.2.5., S. 262 | Kapitel II.6.2.5., S. 262 |

## 5.3. Inbound-Anteilstausch mit Teilwertansatz

### 5.3.1. Vollzug des Inbound-Anteilstauschs

Bei der Steuerwirkungsanalyse ist zwischen drei Ebenen zu differenzieren:

- Ebene der Gründungsgesellschaften (DE-AG und UK-PLC)
- Ebene der übernehmenden deutschen SE (DE-SE)
- Ebene der einbringenden deutschen Anteilseigner.

#### 5.3.1.1. Ebene der Gründungsgesellschaften

Die DE-AG und die UK-PLC, deren Gesellschaftsrechte Gegenstand des Anteilstauschs sind, bestehen nach dem Vollzug des Anteilstauschs als Tochterkapitalgesellschaften der übernehmenden DE-SE mit allen Rechten und Pflichten fort. Wegen des Trennungsprinzips wird durch den Anteilstausch auf Ebene der Gründungsgesellschaften kein Gewinnrealisierungstatbestand ausgelöst.

Die Verlustvorträge der DE-AG ($VV_0^{DE-AG}$) und der UK-PLC ($VV_0^{UK-PLC}$) bleiben bei beiden Tochterkapitalgesellschaften für steuerliche Zwecke verrechenbar. Es gilt:

(5.3.1.1.1.) $VV_0^{DE-AG} \rightarrow VV_0^{DE-TKG(IA,TWA)}$ sowie

(5.3.1.1.2.) $VV_0^{UK-PLC} \rightarrow VV_0^{UK-TKG(IA,TWA)}$

#### 5.3.1.2. Ebene der übernehmenden deutschen SE

Auf Ebene der übernehmenden deutschen SE ist zu unterscheiden zwischen den verkehrsteuerlichen und den ertragsteuerlichen Konsequenzen des Anteilstauschs.

##### 5.3.1.2.1. Verkehrsteuern

Bei der übernehmenden DE-SE fallen Grunderwerbsteuer auf das im Vermögen der DE-AG enthaltene Grundvermögen und Stempelsteuern auf die eingelegten Anteile der UK-PLC an. Die Grunderwerbsteuerpflicht der DE-SE entsteht nach § 1 Abs. 3 GrEStG am 31.12.00, wenn das Grundvermögen nach der Anteilsvereinigung zum Vermögen der DE-SE gehört. Die Grunderwerbsteuer bemisst sich nach dem Wert des Grundvermögens der DE-AG, der im Rahmen der Bedarfsbewertung ermittelt wird, § 8 Abs. 2 Satz 1 Nr. 2 GrEStG i.V.m. § 138 Abs. 2, 3

BewG. Die Höhe der zu zahlenden Grunderwerbsteuer ist unabhängig davon, ob die DE-SE die eingelegten Anteile der DE-AG mit dem Buchwert oder mit dem Teilwert bewertet. Es gilt:

$$(5.3.1.2.1.1.)\quad S_{0(GrESt)}^{DE-SE(IA,TWA)} = S_{0(GrESt)}^{\substack{UK-SE\\(OV,BWF)}} = S_{0(GrESt)}^{\substack{UK-SE\\(OV,TWA)}} = S_{0(GrESt)}^{\substack{DE-SE\\(IA,BWF)}}$$

$$S_{0(GrESt)}^{DE-SE(IA,TWA)} = gav_0 \cdot s_{GrESt}^{DE} \cdot GK = 7$$

Nach britischem Recht unterliegt der Erwerb von Anteilen der in Großbritannien ansässigen UK-PLC Stempelsteuern in Höhe von 0,5% auf den Wert der Gegenleistung, Schedule 13, Part I, paragraph 7 FA 1999. Beim Teilwertansatz bemessen sich die Anschaffungskosten der Anteile an der UK-PLC nach dem Verkehrswert der UK-PLC in t = 0.[446] Allgemein und konkret anhand des Zahlenbeispiels gilt:

$$(5.3.1.2.1.2.)\quad AK_0^{UK-PLC} = (1 + rl_0 + st_0) \cdot GK = 6{,}80 \cdot 250 = 1.700$$

$$(5.3.1.2.1.3.)\quad S_{0(StSt)}^{DE-SE(IA,TWA)} = (1 + rl_0 + st_0) \cdot GK \cdot s_{StSt}^{UK}$$

$$S_{0(StSt)}^{DE-SE(IA,TWA)} = 6{,}80 \cdot 250 \cdot 0{,}005 = 8{,}50$$

Die Grunderwerbsteuer und die Stempelsteuern sind auf Ebene der DE-SE in t = 0 als objektbezogene Anschaffungskosten der Beteiligung an der DE-AG bzw. der UK-PLC erfolgsneutral zu aktivieren. Wegen der mit der Aktivierung verbundenen Problematik, dass die zusätzlichen Anschaffungskosten der eingelegten Anteile aufgrund der Wertverknüpfung des § 20 Abs. 4 Satz 1 bzw. § 23 Abs. 4 UmwStG zu einer Erhöhung des steuerpflichtigen Einbringungsgewinns auf Ebene der einbringenden Gesellschafter führen, werden die Anschaffungskosten der neu gewährten Anteile an der DE-SE im Anwendungsfall nach dem Teilwert der eingelegten Anteile an der DE-AG bzw. der UK-PLC bemessen. Der steuerpflichtige Einbringungsgewinn der einbringenden Gesellschafter wird folglich nicht durch die aktivierte Grunderwerbsteuer bzw. die aktivierten Stempelsteuern erhöht.[447]

### 5.3.1.2.2. Ertragsteuern

Die übernehmende Kapitalgesellschaft bewertet die erworbenen Anteile an den Gründungsgesellschaften mit dem Teilwert, § 20 Abs. 1 Satz 2,

---

[446] Siehe hierzu auch Stein, V./Becker, J. D., GmbHR 2003, S. 89.
[447] Siehe hierzu Abschnitt 5.2.1.2.1., S. 199-203.

§ 23 Abs. 4 UmwStG. Im Entscheidunsmodell ist keine dieser Vorschriften vorrangig anzuwenden, weil sich beim Ansatz des Teilwerts keine Einschränkungen aufgrund der siebenjährigen Sperrfrist nach § 23 Abs. 4 i.V.m. § 26 Abs. 2 UmwStG ergeben.[448]

Der Teilwert der Beteiligung an der DE-AG bzw. der UK-PLC bemisst sich nach dem Verkehrswert der jeweiligen Gründungsgesellschaft. Folglich entspricht der Wert der eingebrachten Anteile an der DE-AG bzw. der UK-PLC in t = 0 ihrem jeweiligen Verkehrswert zuzüglich der Grunderwerbsteuer bzw. der Stempelsteuern. Allgemein und konkret anhand des Zahlenbeispiels gilt:

(5.3.1.2.2.1.) $BET(DE-AG)_0^{DE-SE(IA,TWA)} = VW_0 + S_{0(GrESt)}^{DE-SE(IA,TWA)}$

$$BET(DE-AG)_0^{DE-SE(IA,TWA)} = \left(1 + rl_0 + st_0 + gav_0 \cdot s_{GrESt}^{DE}\right) \cdot GK$$

$$BET(DE-AG)_0^{DE-SE(IA,TWA)} = 6{,}83 \cdot 250 = 1.707$$

(5.3.1.2.2.2.) $BET(UK-PLC)_0^{DE-SE(IA,TWA)} = VW_0 + S_{0(StSt)}^{DE-SE(IA,TWA)}$

$$BET(UK-PLC)_0^{DE-SE(IA,TWA)} = \left(1 + rl_0 + st_0\right) \cdot \left(1 + s_{StSt}^{UK}\right) \cdot GK$$

$$BET(UK-PLC)_0^{DE-SE(IA,TWA)} = 6{,}80 \cdot 1{,}005 \cdot 250 = 1.708{,}50$$

In der Gründungsbilanz der DE-SE entspricht das Grundkapital der Summe des Grundkapitals der beiden Gründungsgesellschaften. Das Umlaufvermögen und die sonstigen Passiva der DE-SE belaufen sich im Anwendungsfall auf jeweils 100. Die Grunderwerbsteuer und die Stempelsteuern werden in t = 0 erfolgsneutral erfasst. Der Erhöhung der Beteiligungen aufgrund der Berücksichtigung der Verkehrsteuern als objektbezogene Anschaffungsnebenkosten steht der Abgang liquider Mittel in gleicher Höhe gegenüber. Die Differenz zwischen dem Teilwert der eingelegten Beteiligungen an der DE-AG ($BET(DE-AG)_0^{DE-SE(IA,TWA)}$) sowie der UK-PLC ($BET(UK-PLC)_0^{DE-SE(IA,TWA)}$) und dem Grundkapital ist bei der DE-SE als Agio zu behandeln und in die offenen Rücklagen einzustellen.[449] Es gilt:

---

[448] Siehe hierzu Abschnitt 5.2.1.2.2., S. 204-205.

[449] Siehe hierzu Abschnitt 5.2.1.2.2., S. 205-206.

$$(5.3.1.2.2.3.)\; RL_0^{DE-SE(IA,TWA)} = \begin{pmatrix} BET(DE-AG)_0^{\substack{DE-SE\\(IA,TWA)}} \\ +BET(UK-PLC)_0^{\substack{DE-SE\\(IA,TWA)}} \end{pmatrix} - 2 \cdot GK - \begin{pmatrix} S_{0(GrESt)}^{\substack{DE-SE\\(IA,TWA)}} \\ +S_{0(StSt)}^{\substack{DE-SE\\(IA,TWA)}} \end{pmatrix}$$

Setzt man die Gleichungen (5.3.1.2.1.1.), (5.3.1.2.1.3.), (5.3.1.2.2.1.) und (5.3.1.2.2.2.) in die Gleichung (5.3.1.2.2.3.) ein, gilt:

(5.3.1.2.2.4.)

$$RL_0^{DE-SE(IA,TWA)} = \begin{pmatrix} \begin{pmatrix} 1 + rl_0 + st_0 \\ + gav_0 \cdot s_{GrESt}^{DE} \end{pmatrix} + \begin{pmatrix} 1 + rl_0 \\ + st_0 \end{pmatrix} \cdot \left(1 + s_{StSt}^{UK}\right) \\ -2 - \left\{\left(gav_0 \cdot s_{GrESt}^{DE}\right) + \left(1 + rl_0 + st_0\right) \cdot s_{StSt}^{UK}\right\} \end{pmatrix} \cdot GK$$

$$RL_0^{DE-SE(IA,TWA)} = (rl_0 + st_0) \cdot 2 \cdot GK = (1{,}80 + 4) \cdot 2 \cdot 250 = 2.900$$

Die Gründungsbilanz der DE-SE in t = 0 stellt sich allgemein und konkret anhand des Zahlenbeispiels wie folgt dar:

Abbildung 22: Gründungsbilanz der DE-SE in t = 0 (Inbound-Anteilstausch mit Teilwertansatz)

| Gründungsbilanz der DE-SE in t = 0 (Inbound-Anteilstausch mit Teilwertansatz) | | | |
|---|---|---|---|
| Beteiligung an der DE-AG ($BET(DE-AG)_0^{DE-SE(IA,TWA)}$) | 1.707 | Grundkapital ($2 \cdot GK$) | 500 |
| Beteiligung an der UK-PLC ($BET(UK-PLC)_0^{DE-SE(IA,TWA)}$) | 1.708,50 | offene Rücklagen ($RL_0^{DE-SE(IA,TWA)}$) | 2.900 |
| Umlaufvermögen ($UV_0^{DE-SE(IA,TWA)}$) $= 100 - 7 - 8{,}50$ | 84,50 | sonstige Passiva ($SP_0^{DE-SE(IA,TWA)}$) | 100 |
| $BET(DE-AG)_0^{DE-SE(IA,TWA)}$ $+ BET(UK-PLC)_0^{DE-SE(IA,TWA)}$ $+ UV_0^{DE-SE(IA,TWA)}$ | 3.500 | $GK + RL_0^{DE-SE(IA,TWA)}$ $+ SP_0^{DE-SE(IA,TWA)}$ | 3.500 |

### 5.3.1.3. Ebene der einbringenden deutschen Anteilseigner

Die deutschen Anteilseigner erhalten als Gegenleistung für die Einbringung der Anteile an der DE-AG bzw. der UK-PLC Anteile an der neu gegründeten DE-SE. Aufgrund der Wertverknüpfung nach § 20 Abs. 4

Satz 1 UmwStG sind sie an den Wertansatz der jeweiligen Beteiligung auf Ebene der übernehmenden DE-SE gebunden. Der Veräußerungspreis der deutschen Anteilseigner bestimmt sich nach dem Wertansatz der Beteiligung auf Ebene der DE-SE. Hierbei ist zu berücksichtigen, dass die Anschaffungsnebenkosten in Form der Grunderwerbsteuer bei der Beteiligung an der DE-AG bzw. in Form der Stempelsteuern bei der Beteiligung an der UK-PLC den Veräußerungspreis nicht erhöhen. Im Gegensatz zum Inbound-Anteilstausch mit Buchwertfortführung handelt es sich bei den neu ausgegebenen Anteilen an der DE-SE nicht um einbringungsgeborene Anteile; diese entstehen nur dann, wenn die Sacheinlage von der aufnehmenden Kapitalgesellschaft nicht zum Teilwert angesetzt wird.[450] Es gilt:

(5.3.1.3.1.) $AK_{-k} \rightarrow \frac{1}{2} \cdot AK_0^{DE-SE(IA,TWA)}$, wobei

$$\frac{1}{2} \cdot AK_0^{DE-SE(IA,TWA)} = 1.700$$

Auf Ebene der deutschen Anteilseigner entsteht im Zeitpunkt des Anteilstauschs (t = 0) ein steuerpflichtiger Veräußerungsgewinn ($VE_0^{(IA,TWA)}$), der sich aus der Differenz zwischen dem Teilwert der eingelegten Anteile und den Anschaffungskosten bzw. dem Buchwert der ursprünglichen Beteiligung der deutschen Anteilseigner ergibt.[451] Der Teilwert der eingelegten Anteile bestimmt sich nach dem Verkehrswert der DE-AG bzw. der UK-PLC im Zeitpunkt t = 0 und stimmt bei den natürlichen und den juristischen Personen überein. Es gilt:

(5.3.1.3.2.) $VE_0^{(IA,TWA)} = VE_0^{nat(IA,TWA)} = VE_0^{jur(IA,TWA)}$

(5.3.1.3.3.) $VE_0^{(IA,TWA)} = VW_0 - AK_{-k}$

$$VE_0^{(IA,TWA)} = \{(1 + rl_0 + st_0) - (1 + rl_{-k} + st_{-k})\} \cdot GK$$

$$VE_0^{(IA,TWA)} = \{(rl_0 - rl_{-k}) + (st_0 - st_{-k})\} \cdot GK$$

$$VE_0^{(IA,TWA)} = \{(1{,}80 - 1{,}60) + (4 - 2{,}50)\} \cdot 250 = 425$$

Hinsichtlich der steuerlichen Erfassung des Veräußerungsgewinns ist zwischen natürlichen und juristischen Personen zu differenzieren. Die

---

450 Vgl. Bogenschütz, E., IStR 2000, S. 613; Borschel, C./Kotyrba, M. H., IStR 2003, S. 37-45.

451 Vgl. Kantwill, W., SteuerStud 2002, S. 377; Stein, V./Becker, J. D., IWB 1998, Fach 10, International, Gruppe 2, S. 1363.

Steuerbelastungen der deutschen Anteilseigner führen in t = 0 zu einem Nettoliquiditätsabfluss.

Bei natürlichen Personen als einbringende Anteilseigner unterliegt der Veräußerungsgewinn im Anwendungsfall aufgrund des Halbeinkünfteverfahrens nur zur Hälfte dem einkommensteuerlichen Sondertarif von 15% ($s^{DE}_{nat,VE}$). Es gilt:

(5.3.1.3.4.) $S_0^{nat,DE-SE(IA,TWA)} = \frac{1}{2} \cdot VE_0^{nat(IA,TWA)} \cdot s^{DE}_{nat,VE}$

$$S_0^{nat,DE-SE(IA,TWA)} = \frac{1}{2} \cdot \left\{ \left( II_0 - II_{-k} \right) + \left( st_0 - st_{-k} \right) \right\} \cdot GK \cdot s^{DE}_{nat,VE}$$

$S_0^{nat,DE-SE(IA,TWA)} = \frac{1}{2} \cdot 425 \cdot 0{,}15 = 31{,}88$, sodass

(5.3.1.3.5.) $NZ_0^{nat,DE-SE(IA,TWA)} = -S_0^{nat,DE-SE(IA,TWA)} = -31{,}88$

Bei juristischen Personen ist der im Entscheidungsmodell beim gewinnrealisierenden Anteilstausch in t = 0 erzielte Veräußerungsgewinn steuerfrei. Es gilt:

(5.3.1.3.6.) $NZ_0^{jur,DE-SE(IA,TWA)} = S_0^{jur,DE-SE(IA,TWA)} = 0$

## 5.3.2. Grenzüberschreitende Unternehmenstätigkeit der deutschen SE

Der Betrachtungszeitraum der grenzüberschreitenden Unternehmenstätigkeit der deutschen SE umfasst die Perioden t = 1 bis t = v = 4. Zur Erfassung der Steuerwirkungen sind drei Ebenen zu unterscheiden:

- Ebene der Tochterkapitalgesellschaften (DE-TKG und UK-TKG)
- Ebene der deutschen SE (DE-SE)
- Ebene der deutschen Anteilseigner.

### 5.3.2.1. Ebene der Tochterkapitalgesellschaften

Aufgrund des Trennungsprinzips erfolgt die Besteuerung der DE-TKG bzw. UK-TKG wie beim Inbound-Anteilstausch mit Buchwertfortführung unabhängig von der DE-SE. Die Tochterkapitalgesellschaften sind als juristische Personen in ihrem Sitzstaat mit ihrem Welteinkommen unbeschränkt steuerpflichtig.

### 5.3.2.1.1. Deutsche Tochterkapitalgesellschaft

Der Bewertung der Beteiligung an der DE-AG durch die DE-SE beeinflusst wegen des Trennungsprinzips die steuerliche Gewinnermittlung auf Ebene der DE-TKG nicht. Dadurch ergeben sich beim Anteilstausch mit Teilwertansatz im Vergleich zum Anteilstausch mit Buchwertfortführung keine Unterschiede bezüglich der Ermittlung des steuerpflichtigen Gewinns sowie der Ertragsteuerbelastung. Folglich stimmt auch die ausschüttungsfähige Dividende der DE-TKG bei beiden Gestaltungsalternativen überein. Es gilt:

(5.3.2.1.1.1.) $$ab(aav)_t^{DE-TKG(IA,TWA)} = ab(aav)_t^{DE-SE\,(IV,BWF)} = ab(aav)_t^{DE-BS\,(OV,BWF)} = ab(aav)_t^{DE-TKG\,(IA,BWF)}$$

(5.3.2.1.1.2.) $$vv_t^{DE-TKG(IA,TWA)} = vv_t^{DE-SE\,(IV,BWF)} = vv_t^{DE-BS\,(OV,BWF)} = vv_t^{DE-TKG\,(IA,BWF)}$$

(5.3.2.1.1.3.) $$G_t^{DE-TKG(IA,TWA)} = G_t^{DE-SE\,(IV,BWF)} = G_t^{DE-BS\,(OV,BWF)} = G_t^{DE-TKG\,(IA,BWF)}$$

(5.3.2.1.1.4.) $$S_t^{DE-TKG(IA,TWA)} = S_t^{DE-SE\,(IV,BWF)} = S_t^{DE-BS\,(OV,BWF)} = S_t^{DE-TKG\,(IA,BWF)}$$

(5.3.2.1.1.5.) $$DIV_t^{DE-TKG(IA,TWA)} = ERT_t^{DE-SE\,(IV,BWF)} = TRA_t^{DE-BS\,(OV,BWF)} = DIV_t^{DE-TKG\,(IA,BWF)}$$

Tabelle 21: Ermittlung der ausschüttungsfähigen Dividende der DE-TKG an die DE-SE in t = 1 bis t = 4 (Inbound-Anteilstausch, Teilwertansatz)

| Periode (t) | $ab(aav)_t^{DE-TKG\,(IA,TWA)}$ (5.3.2.1.1.1.) = (3.2.2.2.2.) = (4.2.2.1.1.) = (5.2.2.1.1.1.) | $vv_t^{DE-TKG(IA,TWA)}$ (5.3.2.1.1.2.) = (3.2.2.2.3.) = (4.2.2.1.2.) = (5.2.2.1.1.2.) | $G_t^{DE-TKG(IA,TWA)}$ (5.3.2.1.1.3.) = (3.2.2.2.4.) = (4.2.2.1.3.) = (5.2.2.1.1.3.) | $S_t^{DE-TKG(IA,TWA)}$ ( 5.3.2.1.1.4.) = (3.2.2.2.5.) = (4.2.2.1.4.) = (5.2.2.1.1.4.) | $DIV_t^{DE-TKG\,(IA,TWA)}$ (5.3.2.1.1.5.) = (3.2.2.2.6.) = (4.2.2.1.5.) = (5.2.2.1.1.5.) |
|---|---|---|---|---|---|
| t = 1 | 0,38 | 0,40 | 304 | 114 | 290 |
| t = 2 | 0,31 | 0 | 423,20 | 158,70 | 264,50 |
| t = 3 | 0,25 | 0 | 438,56 | 164,46 | 274,10 |
| t = 4 | 0,20 | 0 | 450,85 | 169,07 | 281,78 |

### 5.3.2.1.2. Britische Tochterkapitalgesellschaft

Auch auf Ebene der UK-TKG ergeben sich beim Anteilstausch mit Teilwertansatz im Vergleich zur Gestaltungsalternative Anteilstausch mit Buchwertfortführung aufgrund des Trennungsprinzips keine unterschiedlichen steuerlichen Wirkungen. Die Gewinnermittlung und die darauf aufbauende Besteuerung der steuerpflichtigen Gewinne stimmen bei beiden Gestaltungsalternativen überein. Somit ergeben sich auch keine Unterschiede hinsichtlich der Dividende, die die UK-TKG an die DE-SE ausschüttet. Es gilt:

(5.3.2.1.2.1.) $ab(aav)_t^{UK-TKG(IA,TWA)} = ab(aav)_t^{UK-BS(IV,BWF)} = ab(aav)_t^{UK-TKG(IA,BWF)}$

(5.3.2.1.2.2.) $vv_t^{UK-TKG(IA,TWA)} = vv_t^{UK-BS(IV,BWF)} = vv_t^{UK-TKG(IA,BWF)}$

(5.3.2.1.2.3.) $G_t^{UK-TKG(IA,TWA)} = G_t^{UK-BS(IV,BWF)} = G_t^{UK-TKG(IA,BWF)}$

(5.3.2.1.2.4.) $S_t^{UK-TKG(IA,TWA)} = S_t^{UK-BS(IV,BWF)} = S_t^{UK-TKG(IA,BWF)}$

(5.3.2.1.2.5.) $DIV_t^{UK-TKG(IA,TWA)} = TRA_t^{UK-BS(IV,BWF)} = DIV_t^{UK-TKG(IA,BWF)}$

Für die Perioden t = 1 bis t = 4 ergeben sich zusammenfassend folgende Werte:

Tabelle 22: Ermittlung der ausschüttungsfähigen Dividende der UK-TKG an die DE-SE in t = 1 bis t = 4 (Inbound-Anteilstausch, Teilwertansatz)

| Periode (t) | $ab(aav)_t^{UK-TKG(IA,TWA)}$ (5.3.2.1.2.1.) = (3.2.2.1.1.) = (5.2.2.1.2.1.) | $vv_t^{UK-TKG(IA,TWA)}$ (5.3.2.1.2.2.) = (3.2.2.1.2.) = (5.2.2.1.2.2.) | $G_t^{UK-TKG(IA,TWA)}$ (5.3.2.1.2.3.) = (3.2.2.1.3.) = (5.2.2.1.2.3.) | $S_t^{UK-TKG(IA,TWA)}$ (5.3.2.1.2.4.) = (3.2.2.1.4.) = (5.2.2.1.2.4.) | $DIV_t^{UK-TKG(IA,TWA)}$ (5.3.2.1.2.5.) = (3.2.2.1.5.) = (5.2.2.1.2.5.) |
|---|---|---|---|---|---|
| t = 1 | 0,48 | 0,40 | 280 | 84 | 296 |
| t = 2 | 0,36 | 0 | 410 | 123 | 287 |
| t = 3 | 0,27 | 0 | 432,50 | 129,75 | 302,75 |
| t = 4 | 0,20 | 0 | 449,38 | 134,81 | 314,56 |

### 5.3.2.2. Ebene der deutschen SE

Die Dividenden, die die DE-SE von den Tochterkapitalgesellschaften empfängt, stimmen beim Anteilstausch sowohl mit Buchwertfortführung wie auch mit Teilwertansatz überein. Da die DE-SE neben den Dividendeneinkünften über keine weiteren Einkünfte verfügt, ist auch der steuerpflichtige Gewinn der DE-SE bei den beiden Gestaltungsalternativen identisch, weil der Wert, mit dem die DE-SE die Beteiligungen an den jeweiligen Gründungsgesellschaften in ihrer Bilanz ansetzt, aufgrund des Trennungsprinzips keinen Einfluss auf die Ermittlung und die Besteuerung des steuerpflichtigen Gewinns der DE-SE hat. Nach dem Welteinkommensprinzip ist die DE-SE zwar mit ihren gesamten Einkünften in Deutschland unbeschränkt steuerpflichtig, § 1 Abs. 1 Nr. 1 KStG; die Gewinnausschüttungen der DE-TKG sind bei der DE-SE nach dem Dividendenprivileg jedoch in vollem Umfang von der Besteuerung befreit, § 8b Abs. 1 KStG, § 7 GewStG. Die Gewinnausschüttungen der UK-TKG sind nur zu 95% steuerbefreit; 5% der Dividende der UK-TKG gelten pauschal als Betriebsausgaben, die mit steuerfreien Einnahmen in unmittelbarem wirtschaftlichen Zusammenhang stehen und demnach nicht gewinnmindernd berücksichtigt werden dürfen, § 8b Abs. 5 KStG, § 3c Abs. 1 EStG i.V.m. § 8 Abs. 1 KStG. Da Gewinnausschüttungen von Kapitalgesellschaften als aktive Einkünfte behandelt werden, unterbleibt eine Hinzurechnungsbesteuerung, § 8 Abs. 1 Nr. 8 AStG. Die DE-SE verfügt über keinen Verlustvortrag. Es gilt:

(5.3.2.2.1.) $G_t^{DE-SE(IA,TWA)} = G_t^{DE-SE(IA,BWF)}$

(5.3.2.2.2.) $S_t^{DE-SE(IA,TWA)} = S_t^{DE-SE(IA,BWF)}$

Die ausschüttungsfähige Dividende der DE-SE ergibt sich aus der Differenz des steuerpflichtigen Gewinns und der Ertragsteuerbelastung einer Periode. Aufgrund (5.3.2.2.1.) und (5.3.2.2.2.) gilt:

(5.3.2.2.3.) $DIV_t^{DE-SE(IA,TWA)} = DIV_t^{DE-SE(IA,BWF)}$

Für die Perioden t = 1 bis t = 4 gilt:

Tabelle 23: Dividende der DE-SE in den Perioden t = 1 bis t = 4 (Inbound-Anteilstausch, Teilwertansatz)

| Periode (t) | $DIV_t^{DE-TKG(IA,TWA)}$ (5.3.2.1.1.5.) = (3.2.2.2.6.) = (4.2.2.1.5.) = (5.2.2.1.1.5.) | $DIV_t^{UK-TKG(IA,TWA)}$ (5.3.2.1.2.5.) = (3.2.2.1.5.) = (5.2.2.1.2.5.) | $S_t^{DE-SE(IA,TWA)}$ (5.3.2.2.2.) = (5.2.2.2.4.) | $DIV_t^{DE-SE(IA,TWA)}$ (5.3.2.2.3.) = (5.2.2.2.5.) |
|---|---|---|---|---|
| t = 1 | 290 | 296 | 5,55 | 580,45 |
| t = 2 | 264,50 | 287 | 5,38 | 546,12 |
| t = 3 | 274,10 | 302,75 | 5,68 | 571,17 |
| t = 4 | 281,78 | 314,56 | 5,90 | 590,44 |

### 5.3.2.3. Ebene der deutschen Anteilseigner

Bei der Besteuerung auf Ebene der deutschen Anteilseigner ergeben sich keine Unterschiede zum Inbound-Anteilstausch mit Buchwertfortführung. Zur Erfassung der Steuerwirkungen bei den deutschen Anteilseignern ist danach zu differenzieren, ob es sich um natürliche oder um juristische Personen handelt. Es gilt:

(5.3.2.3.1.) wenn deutsche Anteilseigner = $AE^{nat,DE-AG}$ und $AE^{nat,UK-PLC}$, dann

$$S_t^{nat,DIV(IA,TWA)} = S_t^{nat,DIV(IA,BWF)}, \text{ sodass}$$

(5.3.2.3.2.) $NZ_t^{nat,DIV(IA,TWA)} = NZ_t^{nat,DIV(IA,BWF)}$

(5.3.2.3.3.) wenn deutsche Anteilseigner = $AE^{jur,DE-AG}$ und $AE^{jur,UK-PLC}$, dann

$$S_t^{jur,DIV(IA,TWA)} = S_t^{jur,DIV(IA,BWF)}, \text{ sodass}$$

(5.3.2.3.4.) $NZ_t^{jur,DIV(IA,TWA)} = NZ_t^{jur,DIV(IA,BWF)}$

Der Nettozufluss der deutschen Anteilseigner in den Perioden t = 1 bis t = 4 ist in der nachfolgenden Tabelle zusammengefasst.

Tabelle 24: Ermittlung des Nettozuflusses aus der Dividende der DE-SE bei den deutschen Anteilseignern in den Perioden t = 1 bis t = 4 (Inbound-Anteilstausch, Teilwertansatz)

| Periode (t) | $S_t^{nat,DIV(IA,TWA)}$ (5.3.2.3.1.) = (5.2.2.3.1.) | $NZ_t^{nat,DIV(IA,TWA)}$ (5.3.2.3.2.) = (5.2.2.3.2.) | $S_t^{jur,DIV(IA,TWA)}$ (5.3.2.3.3.) = (5.2.2.3.3.) | $NZ_t^{jur,DIV(IA,TWA)}$ (5.3.2.3.4.) = (5.2.2.3.4.) |
|---|---|---|---|---|
| t = 1 | 68,20 | 222,02 | 48,38 | 241,84 |
| t = 2 | 64,17 | 208,89 | 45,52 | 227,54 |
| t = 3 | 67,11 | 218,47 | 47,61 | 237,98 |
| t = 4 | 69,38 | 225,85 | 49,21 | 246,01 |

### 5.3.2.4. Zusammenfassung der Steuerwirkungen der grenzüberschreitenden Unternehmenstätigkeit der deutschen SE

Aufgrund des Trennungsprinzips stimmen die Steuerwirkungen der grenzüberschreitenden Unternehmenstätigkeit der DE-SE beim Inbound-Anteilstausch sowohl mit Buchwertfortführung wie auch mit Teilwertansatz überein. Es gilt:

(5.3.2.4.1.)

wenn deutsche Anteilseigner = $AE^{nat,DE-AG}$ und $AE^{nat,UK-PLC}$, dann

$$NZ_t^{nat,DIV(IA,TWA)} = \frac{1}{2} \cdot \begin{pmatrix} DIV_t^{DE-TKG(IA,TWA)} \\ + DIV_t^{UK-TKG(IA,TWA)} \\ - S_t^{DE-SE(IA,TWA)} \end{pmatrix} - \frac{1}{2} \cdot \frac{1}{2} \cdot s_{ESt}^{DE} \cdot \begin{pmatrix} DIV_t^{DE-TKG(IA,TWA)} \\ + DIV_t^{UK-TKG(IA,TWA)} \\ - S_t^{DE-SE(IA,TWA)} \end{pmatrix}$$

❶ ❷

(5.3.2.4.2.)

wenn deutsche Anteilseigner = $AE^{jur,DE-AG}$ und $AE^{jur,UK-PLC}$, dann

$$NZ_t^{jur,DIV(IA,TWA)} = \frac{1}{2} \cdot \begin{pmatrix} DIV_t^{DE-TKG(IA,TWA)} \\ + DIV_t^{UK-TKG(IA,TWA)} \\ - S_t^{DE-SE(IA,TWA)} \end{pmatrix} - \frac{1}{2} \cdot s_{GewSt}^{DE} \cdot \begin{pmatrix} DIV_t^{DE-TKG(IA,TWA)} \\ + DIV_t^{UK-TKG(IA,TWA)} \\ - S_t^{DE-SE(IA,TWA)} \end{pmatrix}$$

❶ ❷

Teil ❶ der Berechnungsformel gibt die Dividende an, die die inländischen Anteilseigner unter Berücksichtigung ihrer Beteiligungsquote von jeweils 50% von der DE-SE empfangen. Die darauf lastenden Steuerwirkungen werden in Teil ❷ der Berechnungsformel dargestellt. Zusammengefasst gilt:

(5.3.2.4.3.) $$NZ_t^{nat,DIV(IA,TWA)} = \begin{pmatrix} DIV_t^{\substack{DE-TKG \\ (IA,TWA)}} + DIV_t^{\substack{UK-TKG \\ (IA,TWA)}} \\ - S_t^{\substack{DE-SE \\ (IA,TWA)}} \end{pmatrix} \cdot \frac{1 - \frac{1}{2} \cdot s_{ESt}^{DE}}{2}$$

(5.3.2.4.4.) $$NZ_t^{jur,DIV(IA,TWA)} = \begin{pmatrix} DIV_t^{\substack{DE-TKG \\ (IA,TWA)}} + DIV_t^{\substack{UK-TKG \\ (IA,TWA)}} \\ - S_t^{\substack{DE-SE \\ (IA,TWA)}} \end{pmatrix} \cdot \frac{1 - s_{GewSt}^{DE}}{2}$$

Setzt man für $DIV_t^{DE-TKG(IA,TWA)}$ Gleichung (5.3.2.1.1.5.) und für $DIV_t^{UK-TKG(IA,TWA)}$ Gleichung (5.3.2.1.2.5.) in die Gleichungen (5.3.2.4.3.) und (5.3.2.4.4.) ein, gilt:

(5.3.2.4.5.)

$$NZ_t^{nat,DIV(IA,TWA)} = \left\{ \begin{array}{l} \max\left(0\,;\left\{\begin{array}{l}\left(vg - ab(aav)_t^{DE-TKG(IA,TWA)}\right)\cdot GK \\ - S_t^{DE-TKG(IA,TWA)}\end{array}\right\}\right) \\ + \max\left(0\,;\left\{\begin{array}{l}\left(vg - ab(aav)_t^{UK-TKG(IA,TWA)}\right)\cdot GK \\ - S_t^{UK-TKG(IA,TWA)}\end{array}\right\}\right) \\ - S_t^{DE-SE(IA,TWA)} \end{array} \right\} \cdot \frac{1 - \frac{1}{2}\cdot s_{ESt}^{DE}}{2}$$

$$NZ_t^{nat,DIV(IA,TWA)} = \left( \begin{array}{l} \max\left(0\,;\left\{\begin{array}{l}\left(1 - s_{THES}^{DE}\right)\cdot\left(vg - ab(aav)_t^{DE-TKG(IA,TWA)}\right) \\ + s_{THES}^{DE}\cdot vv_t^{DE-TKG(IA,TWA)}\end{array}\right\}\right) \\ + \max\left(0\,;\left\{\begin{array}{l}\left(1 - s_{KSt}^{UK}\right)\cdot\left(vg - ab(aav)_t^{UK-TKG(IA,TWA)}\right) \\ + s_{KSt}^{UK}\cdot vv_t^{UK-TKG(IA,TWA)}\end{array}\right\}\right) \\ - \left\{\begin{array}{l} 0{,}05\cdot s_{THES}^{DE} \\ \cdot\ \max\left\{\begin{array}{l} 0\,;\left(1 - s_{KSt}^{UK}\right)\cdot\left(vg - ab(aav)_t^{UK-TKG(IA,TWA)}\right) \\ + s_{KSt}^{UK}\cdot vv_t^{UK-TKG(IA,TWA)}\end{array}\right\}\end{array}\right\} \end{array} \right) \cdot \frac{\left(1 - \frac{1}{2}\cdot s_{ESt}^{DE}\right)\cdot GK}{2}$$

(5.3.2.4.6.)

$$NZ_t^{jur,DIV(IA,TWA)} = \left\{ \begin{array}{l} \max\left(0\,;\left\{\begin{array}{l}\left(vg - ab(aav)_t^{DE-TKG(IA,TWA)}\right)\cdot GK \\ - S_t^{DE-TKG(IA,TWA)}\end{array}\right\}\right) \\ + \max\left(0\,;\left\{\begin{array}{l}\left(vg - ab(aav)_t^{UK-TKG(IA,TWA)}\right)\cdot GK \\ - S_t^{UK-TKG(IA,TWA)}\end{array}\right\}\right) \\ - S_t^{DE-SE(IA,TWA)} \end{array} \right\} \cdot \frac{1 - s_{GewSt}^{DE}}{2}$$

$$NZ_t^{jur,DIV(IA,TWA)} = \left( \begin{array}{l} \max\left(0\,;\left\{\begin{array}{l}\left(1 - s_{THES}^{DE}\right)\cdot\left(vg - ab(aav)_t^{DE-TKG(IA,TWA)}\right) \\ + s_{THES}^{DE}\cdot vv_t^{DE-TKG(IA,TWA)}\end{array}\right\}\right) \\ + \max\left(0\,;\left\{\begin{array}{l}\left(1 - s_{KSt}^{UK}\right)\cdot\left(vg - ab(aav)_t^{UK-TKG(IA,TWA)}\right) \\ + s_{KSt}^{UK}\cdot vv_t^{UK-TKG(IA,TWA)}\end{array}\right\}\right) \\ - \left\{\begin{array}{l} 0{,}05\cdot s_{THES}^{DE} \\ \cdot\ \max\left\{\begin{array}{l} 0\,;\left(1 - s_{KSt}^{UK}\right)\cdot\left(vg - ab(aav)_t^{UK-TKG(IA,TWA)}\right) \\ + s_{KSt}^{UK}\cdot vv_t^{UK-TKG(IA,TWA)}\end{array}\right\}\end{array}\right\} \end{array} \right) \cdot \frac{\left(1 - s_{GewSt}^{DE}\right)\cdot GK}{2}$$

### 5.3.3. Veräußerung der Anteile an der deutschen SE durch die deutschen Anteilseigner

Bei der Bestimmung des Nettozuflusses, der auf Ebene der deutschen Anteilseigner im Rahmen der Veräußerung der Anteile an der DE-SE in t = v entsteht, sind die steuerlichen Konsequenzen zu berücksichtigen, die sich beim Vollzug des Anteilstauschs in t = 0 ergeben haben. Der steuerpflichtige Gewinn aus der Veräußerung der Anteile an der DE-SE in t = v ($VE_v^{DE-SE(IA,TWA)}$) bestimmt sich aus der Differenz der Anschaffungskosten der Beteiligung an der DE-SE und des Verkehrswerts der DE-SE in t = v. Die Anschaffungskosten der Beteiligung an der DE-SE bemessen sich bei den deutschen Anteilseignern nach der Hälfte des Verkehrswerts der Gründungsgesellschaften im Zeitpunkt t = 0, weil sich die Gruppe der deutschen Anteilseigner im Anwendungsfall zu gleichen Anteilen aus natürlichen und juristischen Personen zusammensetzt. Aufgrund der Wertverknüpfung nach § 20 Abs. 4 Satz 1 UmwStG gilt der Teilwert, zu dem die DE-SE die Beteiligungen an den Gründungsgesellschaften bewertet hat, bei den deutschen Anteilseignern als Anschaffungspreis der neuen Anteile an der DE-SE.[452] Es gilt:

(5.3.3.1.) $$\frac{1}{2} \cdot AK_0^{DE-SE(IA,TWA)} = \left(1 + rl_0 + st_0\right) \cdot GK = 6{,}80 \cdot 250 = 1.700$$

Bei der Bestimmung des Verkehrswerts der DE-SE in t = v ist zu berücksichtigen, dass beim Vollzug des Anteilstauschs in t = 0 die im Verkehrswert der Gründungsgesellschaften enthaltenen stillen Reserven ($ST_0^{DE-AG} = ST_0^{UK-PLC} = 1.000$) bereits in der Bilanz der DE-SE erfasst wurden. Die offenen Rücklagen der DE-SE stimmen in t = v mit den offenen Rücklagen im Zeitpunkt t = 0 überein, weil die DE-SE im Anwendungsfall in den Perioden t = 1 bis t = 4 ihre Gewinne vollständig an die deutschen Anteilseigner ausgeschüttet hat. In t = v = 4 ergibt sich allgemein und konkret anhand des Zahlenbeispiels folgender Verkehrswert der DE-SE:

(5.3.3.2.) $$VW_v^{DE-SE(IA,TWA)} = 2 \cdot GK + RL_v^{DE-SE(IA,TWA)} + ST_v^{DE-SE(IA,TWA)}$$

$$\text{mit: } RL_v^{DE-SE(IA,TWA)} = RL_0^{DE-SE(IA,TWA)} = \left(rl_0 + st_0\right) \cdot 2 \cdot GK$$

$$ST_v^{DE-SE(IA,TWA)} = \left(st_v - st_0\right) \cdot 2 \cdot GK \text{, sodass}$$

$$VW_v^{DE-SE(IA,TWA)} = \left(1 + rl_0 + st_v\right) \cdot 2 \cdot GK$$

---

[452] Siehe hierzu Abschnitt 5.3.1.3., S. 187-188.

$$VW_4^{DE-SE(IA,TWA)} = (1 + 1{,}80 + 7) \cdot 2 \cdot 250 = 4.900$$

Folglich gilt:

(5.3.3.3.) $$VW_v^{DE-SE(IA,TWA)} = VW_v^{\overset{DE-SE}{(IV,BWF)}} = VW_v^{\overset{UK-SE}{(OV,BWF)}} = VW_v^{\overset{DE-SE}{(IA,BWF)}}$$

Hieraus folgt:

(5.3.3.4.) $$VE_v^{DE-SE(IA,TWA)} = \frac{1}{2} \cdot VW_v^{DE-SE(IA,TWA)} - AK_0^{DE-SE(IA,TWA)}$$

$$VE_v^{DE-SE(IA,TWA)} = \left\{ \frac{1}{2} \cdot 2 \cdot (1 + rl_0 + st_v) - (1 + rl_0 + st_0) \right\} \cdot GK$$

$$VE_v^{DE-SE(IA,TWA)} = (st_v - st_0) \cdot GK$$

$$VE_4^{DE-SE(IA,TWA)} = (7 - 4) \cdot 250 = 750$$

In Abhängigkeit davon, ob die deutschen Anteilseigner natürliche oder juristische Personen sind, ist die Steuerbelastung der Veräußerung der Anteile an der DE-SE in t = v zu ermitteln. Es gilt:

(5.3.3.5.) wenn deutsche Anteilseigner = $AE^{nat,DE-AG}$ und $AE^{nat,UK-PLC}$, dann

$$S_v^{nat,VE(IA,TWA)} = \frac{1}{2} \cdot VE_v^{DE-SE(IA,TWA)} \cdot s_{nat,VE}^{DE}$$

$$S_4^{nat,VE(IA,TWA)} = \frac{1}{2} \cdot 750 \cdot 0{,}15 = 56{,}25$$

(5.3.3.6.) wenn deutsche Anteilseigner = $AE^{jur,DE-AG}$ und $AE^{jur,UK-PLC}$, dann

$$S_v^{jur,VE(IA,TWA)} = 0$$

Der Nettozufluss, den die deutschen Anteilseigner in t = v erzielen, ergibt sich unter Berücksichtigung der Steuerbelastung ($S_v^{VE(IA,TWA)}$) aus der Differenz des anteiligen Verkehrswerts der DE-SE ($VW_v^{DE-SE(IA,TWA)}$) und der ursprünglichen Anschaffungskosten, die die deutschen Anteilseigner für die Beteiligung an der jeweiligen Gründungsgesellschaft in t = -k entrichtet haben ($AK_{-k}$). Es gilt:

(5.3.3.7.) wenn deutsche Anteilseigner = $AE^{nat,DE-AG}$ und $AE^{nat,UK-PLC}$, dann

$$NZ_v^{nat,VE(IA,TWA)} = \frac{1}{2} \cdot VW_v^{DE-SE(IA,TWA)} - AK_{-k} - S_v^{nat,VE(IA,TWA)}$$

$$NZ_{v}^{nat,VE(IA,TWA)}=\left\{\begin{matrix}\frac{1}{2}\cdot 2\cdot(1+rl_{0}+st_{v})-(1+rl_{-k}+st_{-k})\\ -(st_{v}-st_{0})\cdot\frac{1}{2}\cdot s_{ESt,VE}^{DE}\end{matrix}\right\}\cdot GK$$

$$NZ_{v}^{nat,VE(IA,TWA)}=\left\{\begin{matrix}(rl_{0}-rl_{-k})+(st_{v}-st_{-k})\\ -(st_{v}-st_{0})\cdot\frac{1}{2}\cdot s_{ESt,VE}^{DE}\end{matrix}\right\}\cdot GK$$

$$NZ_{4}^{nat,VE(IA,TWA)}=\left(0{,}20+4{,}50-3\cdot\frac{1}{2}\cdot 0{,}15\right)\cdot 250=1.118{,}75$$

(5.3.3.8.) wenn deutsche Anteilseigner = $AE^{jur,DE-AG}$ und $AE^{jur,UK-PLC}$, dann

$$NZ_{v}^{jur,VE(IA,TWA)}=\frac{1}{2}\cdot VW_{v}^{DE-SE(IA,TWA)}-AK_{-k}-S_{v}^{jur,VE(IA,TWA)}$$

$$NZ_{v}^{jur,VE(IA,TWA)}=\left\{\frac{1}{2}\cdot 2\cdot(1+rl_{0}+st_{v})-(1+rl_{-k}+st_{-k})\right\}\cdot GK$$

$$NZ_{4}^{jur,VE(IA,TWA)}=(0{,}20+4{,}50)\cdot 250=1.175$$

Die Steuerwirkungen, die sich bei der Veräußerung der Beteiligung an der DE-SE durch die deutschen Anteilseigner ergeben, lassen sich zusammenfassen, indem Gleichung (5.3.3.4.) in die Gleichungen (5.3.3.7.) und (5.3.3.8.) eingesetzt wird.

(5.3.3.9.) $$NZ_{v}^{nat,VE(IA,TWA)}=\underbrace{\{(rl_{0}-rl_{-k})+(st_{v}-st_{-k})\}\cdot GK}_{❶}\underbrace{-S_{v}^{nat,VE(IA,TWA)}}_{❷}$$

(5.3.3.10.) $$NZ_{v}^{jur,VE(IA,TWA)}=\underbrace{\{(rl_{0}-rl_{-k})+(st_{v}-st_{-k})\}\cdot GK}_{❶}$$

Teil ❶ der Berechnungsformel erfasst den Veräußerungsgewinn, den die deutschen Anteilseigner bei einer Beteiligungsquote von jeweils 50% aus der Veräußerung ihrer Beteiligung an der DE-SE in t = v erzielen. Die darauf lastenden Steuerwirkungen der natürlichen Personen werden in Teil ❷ der Berechnungsformel erfasst. Für natürliche Personen gilt zusammenfassend:

(5.3.3.11.) = (5.3.3.7.)

$$NZ_{v}^{nat,VE(IA,TWA)}=\left\{\begin{matrix}(rl_{0}-rl_{-k})+(st_{v}-st_{-k})\\ -(st_{v}-st_{0})\cdot\frac{1}{2}\cdot s_{ESt,VE}^{DE}\end{matrix}\right\}\cdot GK$$

### 5.3.4. Ergebnisfunktion des Inbound-Anteilstauschs mit Teilwertansatz bei den deutschen Anteilseignern

Der Barwert der Summe der Nettoliquiditätszuflüsse der deutschen Anteilseigner beim Inbound-Anteilstausch mit Teilwertansatz ergibt sich aus den Nettoliquiditätszuflüssen der Perioden t =0 bis t = 4. Allgemein und konkret anhand des Zahlenbeispiels gilt:

(5.3.4.1.) wenn deutsche Anteilseigner = $AE^{nat,DE-AG}$ und $AE^{nat,UK-PLC}$, dann

$$Bar_0^{nat(IA,TWA)} = NZ_0^{\overset{nat,VE}{(IA,TWA)}} + \left( \sum_{t=1}^{v} NZ_t^{\overset{nat,DIV}{(IA,TWA)}} \cdot \left(q_t^{nat}\right)^{-t} \right) + \left( NZ_v^{\overset{nat,VE}{(IA,TWA)}} \cdot \left(q_t^{nat}\right)^{-v} \right)$$

mit: $q_t^{nat} = 1 + 0{,}1 \cdot (1 - 0{,}47)$, sodass

$$Bar_0^{nat(IA,TWA)} = -31{,}88 + (210{,}85 + 188{,}39 + 187{,}12 + 183{,}69) + 909{,}95$$

$$Bar_0^{nat(IA,TWA)} = -31{,}88 + 770{,}05 + 909{,}95$$

$$Bar_0^{nat(IA,TWA)} = 1.648{,}13$$

(5.3.4.2.) wenn deutsche Anteilseigner = $AE^{jur,DE-AG}$ und $AE^{jur,UK-PLC}$, dann

$$Bar_0^{jur(IA,TWA)} = NZ_0^{\overset{jur,VE}{(IA,TWA)}} + \left( \sum_{t=1}^{v} NZ_t^{\overset{jur,DIV}{(IA,TWA)}} \cdot \left(q_t^{jur}\right)^{-t} \right) + \left( NZ_v^{\overset{jur,VE}{(IA,TWA)}} \cdot \left(q_t^{jur}\right)^{-v} \right)$$

mit: $q_t^{jur} = 1 + 0{,}1 \cdot (1 - 0{,}375)$, sodass

$$Bar_0^{jur(IA,TWA)} = 0 + (227{,}62 + 201{,}56 + 198{,}40 + 193{,}04\ ) + 921{,}98$$

$$Bar_0^{jur(IA,TWA)} = 0 + 820{,}62 + 921{,}98 = 1.742{,}60$$

### 5.3.5. Übertragung der Einzelergebnisse in die Ergebnismatrix

Für den Inbound-Anteilstausch mit Teilwertansatz ergeben sich die in der Matrix dargestellten Barwerte der Summe der Nettoliquiditätszuflüsse.

Tabelle 25: Barwerte der Summen der Nettoliquiditätszuflüsse auf Ebene der deutschen Anteilseigner (Inbound-Anteilstausch, Teilwertansatz)

| Gestaltungsalternative | Barwert der Summe der Nettoliquiditätszuflüsse | |
|---|---|---|
| | $AE^{nat}$ | $AE^{jur}$ |
| Inbound-Verschmelzung (Buchwertfortführung) | 1.661,65 | 1.750,66 |
| Outbound-Verschmelzung (Buchwertfortführung) | 1.660,50 | 1.749,43 |
| Outbound-Verschmelzung (Teilwertansatz) | 1.419,10 | 1.494,60 |
| Inbound-Anteilstausch (Buchwertfortführung) | 1.501,17 | 1.742,60 |
| Inbound-Anteilstausch (Teilwertansatz) | 1.648,13 | 1.742,60 |
| Outbound-Anteilstausch (Teilwertansatz) | Kapitel II.6.2.5., S. 262 | Kapitel II.6.2.5., S. 262 |

## 6. Steuerwirkungsanalyse der SE-Gründung durch Outbound-Anteilstausch

Die Struktur des Outbound-Anteilstauschs wird in Abschnitt 6.1. dargelegt. Die ertrag- und verkehrsteuerliche Analyse des Outbound-Anteilstauschs mit Teilwertansatz erfolgt in Abschnitt 6.2. Es sind drei Betrachtungsebenen zu unterscheiden:[453]

- Vollzug des Outbound-Anteilstauschs
- grenzüberschreitende Unternehmenstätigkeit der britischen SE
- Anteilsveräußerung durch die deutschen Anteilseigner.

### 6.1. Struktur des Outbound-Anteilstauschs

Die Anteilseigner der Gründungsgesellschaften DE-AG und UK-PLC bringen beim Outbound-Anteilstausch ihre Beteiligungen in die britische Holding-SE (UK-SE) ein. Die UK-SE gewährt den deutschen Anteilseignern als Gegenleistung für die Einbringung eigene Anteile. Die DE-AG und die UK-PLC, deren Gesellschaftsrechte Gegenstand des Anteilstauschs sind, werden 100%ige Tochterkapitalgesellschaften der UK-SE (DE-TKG bzw. UK-TKG).

Abbildung 23: Struktur des Outbound-Anteilstauschs

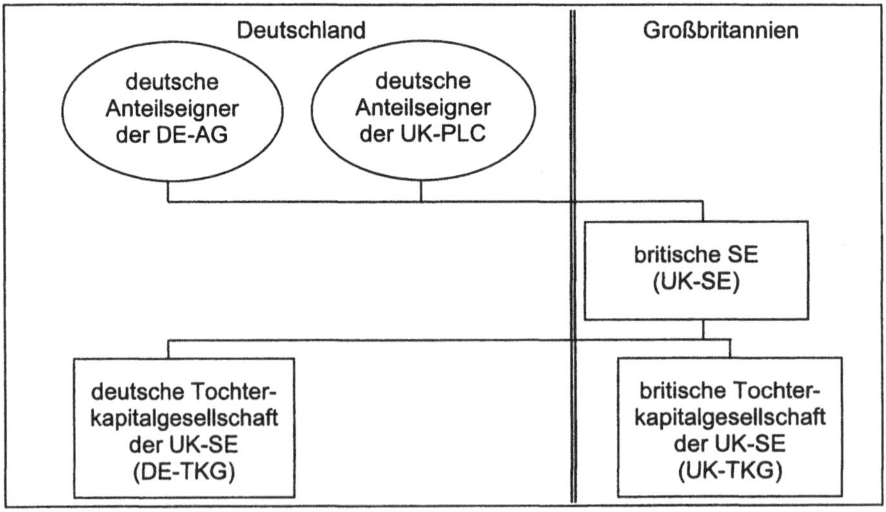


[453] Das Berechnungsschema der Gestaltungsalternative Outbound-Anteilstausch mit Teilwertansatz ist in Anhang 6 enthalten, S. 345-349.

## 6.2. Outbound-Anteilstausch mit Teilwertansatz

### 6.2.1. Vollzug des Outbound-Anteilstauschs

Bei der Steuerwirkungsanalyse sind drei Betrachtungsebenen zu unterscheiden:

- Ebene der Gründungsgesellschaften (DE-AG und UK-PLC)
- Ebene der übernehmenden britischen SE (UK-SE)
- Ebene der einbringenden deutschen Anteilseigner.

#### 6.2.1.1. Ebene der Gründungsgesellschaften

Die Kapitalgesellschaften, deren Gesellschaftsrechte Gegenstand der Einbringung sind, bestehen als Tochterkapitalgesellschaften der übernehmenden UK-SE rechtlich selbständig fort. Da durch den Anteilstausch aus steuerlicher Sicht kein Gewinnrealisierungstatbestand ausgelöst wird, ergeben sich aufgrund des Trennungsprinzips auf Ebene der übertragenden DE-AG und UK-PLC keine steuerlichen Effekte. Der Verlustvortrag der DE-AG ( $VV_0^{DE-AG}$ ) bleibt auf Ebene der DE-TKG körperschaftsteuerlich und gewerbesteuerlich verrechenbar, § 8 Abs. 4 KStG, § 10a GewStG, weil der Anteilstausch nicht zum Verlust der wirtschaftlichen Identität der DE-AG führt. Der Verlustvortrag der UK-PLC bleibt ebenfalls erhalten, da es nach dem Vollzug des Anteilstauschs nicht zu einer wesentlichen Geschäftsänderung i.S.d. Sec. 768A ICTA 1988 kommt. Es gilt:

(6.2.1.1.1.) $VV_0^{DE-AG} \rightarrow VV_0^{DE-TKG(OA,TWA)}$

(6.2.1.1.2.) $VV_0^{UK-PLC} \rightarrow VV_0^{UK-TKG(OA,TWA)}$

#### 6.2.1.2. Ebene der übernehmenden britischen SE

Bei der übernehmenden britischen SE ergeben sich beim Vollzug des Anteilstauschs verkehrsteuerliche und ertragsteuerliche Konsequenzen.

##### 6.2.1.2.1. Verkehrsteuern

Die übernehmende britische Holding-SE wird durch die Einbringung der Anteile an der DE-AG und der UK-PLC durch Sachgründung in Großbritannien neu errichtet und unterliegt dadurch der Besteuerung in Großbritannien.[454] Die Gründung der UK-SE führt zu keinen steuerlichen Konsequenzen, da in Großbritannien keine Stempelsteuern für die Aufbringung von Kapital im Rahmen der Gründung einer Kapitalgesellschaft erhoben werden.[455]

Die UK-SE ist Steuerschuldnerin der deutschen Grunderwerbsteuer nach § 1 Abs. 1, § 13 Nr. 5 GrEStG. Beim Vollzug des Anteilstauschs in t = 0 fällt in Deutschland Grunderwerbsteuer an, wenn mindestens 95% der Anteile einer Gesellschaft, der Grundvermögen zugerechnet wird, in einer Hand vereinigt werden. Der Tatbestand des § 1 Abs. 3 GrEStG wird unabhängig davon verwirklicht, ob die Anteilsvereinigung bei einem deutschen oder einem ausländischen Anteilseigner stattfindet.[456] Die Grunderwerbsteuer bemisst sich nach dem Wert des Grundstücks, der zu dem Zeitpunkt ermittelt wird, zu dem er für die Grunderwerbsteuer benötigt wird, § 8 Abs. 2 Satz 1 Nr. 2 GrEStG i.V.m. § 138 Abs. 2, 3 BewG. Die Grunderwerbsteuer ist auf Ebene der UK-SE als Anschaffungskosten der Beteiligung an der DE-AG zu aktivieren.[457] Allgemein und konkret anhand des Zahlenbeispiels gilt:

$$(6.2.1.2.1.1.)\ S_{0(GrESt)}^{UK-SE(OA,TWA)}$$

$$= \overset{UK-SE}{S_{0(GrESt)}^{(OV,BWF)}} = \overset{UK-SE}{S_{0(GrESt)}^{(OV,TWA)}} = \overset{DE-SE}{S_{0(GrESt)}^{(IA,BWF)}} = \overset{DE-SE}{S_{0(GrESt)}^{(IA,TWA)}}$$

$$= gav_0 \cdot s_{GrESt}^{DE} = 0{,}80 \cdot 0{,}035 \cdot 250 = 7$$

Der Erwerb der Anteile der in Großbritannien ansässigen UK-PLC durch die UK-SE führt nach Sec. 55 SA 1891 zwar grundsätzlich zu einer Stempelsteuerpflicht; aufgrund der Ausnahmeregelung nach Sec. 77 FA 1986 fallen beim Outbound-Anteilstausch auf Ebene der übernehmenden SE keine Stempelsteuern an.[458] Die Voraussetzungen der Sec. 77 FA 1986 werden im Anwendungsfall erfüllt, weil die übernehmende SE in Großbritannien ansässig ist und im Rahmen des Anteilstauschs 100% der eingelegten Anteile der UK-PLC ausschließlich gegen Gewährung eigener Gesellschaftsrechte übernimmt. Außerdem ist im Anwendungs-

---

454 Vgl. Förster, G./Lange, C., DB 2002, S. 292.

455 Vgl. Thömmes, O., Besteuerung, 2002, S. 517; Widmann, S./Mayer, D., Umwandlungsrecht, 2002, Anh. 3: Großbritannien, Rz. GB 54.

456 Vgl. BFH vom 29.07.1998, BFH/NV 1999, S. 517.

457 Siehe hierzu Davies, M./Paterson, R./Wilson, A., UK GAAP, 1997, S. 720.

458 Vgl. Bramwell, R./Hardwick, M./James, A. u.a., Taxation, 1999, Rz. 30-26; Grotherr, S., IWB 1996, Fach 10, International, Gruppe 2, S. 1179; Tiley, J./Collison, D., UK Tax Guide, 2000, Rz. 62:06.

fall unterstellt, dass der Anteilstausch gemäß Sec. 137 TCGA 1992 nach Treu und Glauben aus wirtschaftlichen Gründen und nicht vornehmlich zur Umgehung der Einkommensteuer, Körperschaftsteuer oder der Steuer auf Veräußerungsgewinne vollzogen wird.[459] Die ehemaligen Gesellschafter der UK-PLC sind darüber hinaus nach dem Vollzug des Anteilstauschs unmittelbar und im gleichen Verhältnis an der übernehmenden UK-SE beteiligt.

### 6.2.1.2.2. Ertragsteuern

Die ertragsteuerlichen Konsequenzen auf Ebene der übernehmenden UK-SE richten sich ausschließlich nach § 23 Abs. 4 UmwStG, weil beim Outbound-Anteilstausch eine Einbringung von Anteilen an EU-Kapitalgesellschaften (DE-AG und UK-PLC) durch die in Deutschland unbeschränkt steuerpflichtigen Anteilseigner in eine körperschaftsteuerpflichtige EU-Kapitalgesellschaft (UK-SE) erfolgt. Die aufnehmende UK-SE erlangt durch die gleichzeitige Einbringung der Beteiligungen der deutschen Anteilseigner in einem einheitlichen Übertragungsakt die Mehrheit der Stimmrechte an den Gründungsgesellschaften.[460] Diese Beteiligungen gelten im Rahmen des Anteilstauschs nach britischem Steuerrecht als zu einer dem Verkehrswert entsprechenden Leistung erworben, Sec. 17 Abs. 1 TCGA 1992.[461] Daher ist eine Buchwertverknüpfung beim Outbound-Anteilstausch zwischen den als Gegenleistung erhaltenen Anteilen und den eingebrachten Anteilen nicht möglich. Die Begründung liegt darin, dass es in Großbritannien im Zeitpunkt des Anteilstauschs keinen steuerlichen Wertansatz i.S.d. Buchwerts für die eingebrachte Beteiligung bei der übernehmenden Gesellschaft gibt, da die steuerliche Gewinnermittlung weitgehend unabhängig von der handelsrechtlichen Rechnungslegung ist.[462]

Der Teilwert der eingebrachten Beteiligung an der DE-AG bemisst sich nach dem Verkehrswert der DE-AG in t = 0 zuzüglich der Grunderwerbsteuer, die die UK-SE zu entrichten hat. Der Teilwert der Beteiligung an der UK-PLC entspricht dem Verkehrswert der UK-PLC in t = 0. Die Gruppe der deutschen Anteilseigner setzt sich jeweils zur Hälfte aus

---

[459] Zu diesem sogenannten „Business Purpose Test" für Steuerbegünstigungen siehe z.B. Widmann, S./Mayer, D., Umwandlungsrecht, 2002, Anh. 3: Großbritannien, Rz. GB 96.

[460] Vgl. Herzig, N., Ende, 2000, S. 406-407; Rödder, T., Anteilstausch, 2000, S. 500-501; Wienands, H.-G., Praxis Internationale Steuerberatung 2000, S. 304-306.

[461] Vgl. Widmann, S./Mayer, D., Umwandlungsrecht, 2002, § 23 UmwStG, Rz. 237.

[462] Vgl. Bogenschütz, E./Wright, K., ITR 2001, S. 24.

natürlichen und juristischen Personen zusammen, sodass die Summe der durch die natürlichen und juristischen Personen eingelegten Beteiligungen den Verkehrswert der jeweiligen Gründungsgesellschaft im Zeitpunkt t = 0 ergibt. Allgemein und konkret anhand des Zahlenbeispiels gilt:

$$(6.2.1.2.2.1.)\ BET(DE-AG)_0^{UK-SE(OA,TWA)} = VW_0 + S_{0(GrESt)}^{UK-SE(OA,TWA)}$$

$$BET(DE-AG)_0^{UK-SE(OA,TWA)} = \left(1 + rl_0 + st_0 + gav_0 \cdot s_{GrESt}^{DE}\right) \cdot GK$$

$$BET(DE-AG)_0^{UK-SE(OA,TWA)} = 6{,}83 \cdot 250 = 1.707$$

$$(6.2.1.2.2.2.)\ BET(UK-PLC)_0^{UK-SE(OA,TWA)} = VW_0$$

$$BET(UK-PLC)_0^{UK-SE(OA,TWA)} = \left(1 + rl_0 + st_0\right) \cdot GK$$

$$BET(UK-PLC)_0^{UK-SE(OA,TWA)} = 6{,}80 \cdot 250 = 1.700$$

In der Gründungsbilanz der UK-SE entspricht das Grundkapital der Summe des Grundkapitals der beiden Gründungsgesellschaften. Das Umlaufvermögen und die sonstigen Passiva der UK-SE belaufen sich im Anwendungsfall auf jeweils 100. Die Grunderwerbsteuer ist in t = 0 erfolgsneutral zu berücksichtigen. Der Erhöhung der Anschaffungskosten der Beteiligung an der DE-AG um die Grunderwerbsteuer als objektbezogene Anschaffungsnebenkosten steht der Abgang liquider Mittel in Höhe des Grunderwerbsteueraufwands der UK-SE gegenüber. Die Differenz zwischen dem Teilwert der eingelegten Beteiligungen an der DE-AG bzw. der UK-PLC und dem Grundkapital ist bei der UK-SE als Agio zu behandeln und in die offenen Rücklagen einzustellen. Es gilt:[463]

$$(6.2.1.2.2.3.)\ RL_0^{UK-SE(OA,TWA)} = \begin{pmatrix} BET(DE-AG)_0^{\substack{UK-SE\\(OA,TWA)}} \\ +BET(UK-PLC)_0^{\substack{UK-SE\\(OA,TWA)}} \end{pmatrix} - 2 \cdot GK - S_{0(GrESt)}^{\substack{UK-SE\\(OA,TWA)}}$$

Setzt man die Gleichungen (6.2.1.2.2.1.) und (6.2.1.2.2.2.) in die Gleichung (6.2.1.2.2.3.) ein, gilt:

---

[463] Siehe hierzu Abschnitt 5.2.1.2.2., S. 203-207 sowie Abschnitt 5.3.1.2.2., S. 224-226.

$$(6.2.1.2.2.4.)\ RL_0^{UK-SE(OA,TWA)} = \begin{pmatrix} \left(1 + rl_0 + st_0 + gav_0 \cdot s_{GrESt}^{DE}\right) \\ + \left(1 + rl_0 + st_0\right) \\ - 2 - \left(gav_0 \cdot s_{GrESt}^{DE}\right) \end{pmatrix} \cdot GK$$

$$RL_0^{UK-SE(OA,TWA)} = \left(rl_0 + st_0\right) \cdot 2 \cdot GK = \left(1{,}80 + 4\right) \cdot 2 \cdot 250 = 2.900$$

Die Gründungsbilanz der UK-SE in t = 0 stellt sich allgemein und konkret anhand des Zahlenbeispiels wie folgt dar:

Abbildung 24: Gründungsbilanz der UK-SE in t = 0 (Outbound-Anteilstausch mit Teilwertansatz)

| Gründungsbilanz der DE-SE in t = 0 (Outbound-Anteilstausch mit Teilwertansatz) | | | |
|---|---|---|---|
| Beteiligung an der DE-AG ($BET(DE-AG)_0^{UK-SE(OA,TWA)}$) | 1.707 | Grundkapital ($2 \cdot GK$) | 500 |
| Beteiligung an der UK-PLC ($BET(UK-PLC)_0^{UK-SE(OA,TWA)}$) | 1.700 | offene Rücklagen ($RL_0^{UK-SE(OA,TWA)}$) | 2.900 |
| Umlaufvermögen ($UV_0^{UK-SE(OA,TWA)} = 100 - 7$) | 93 | sonstige Passiva ($SP_0^{UK-SE(OA,TWA)}$) | 100 |
| $BET(DE-AG)_0^{UK-SE(OA,TWA)}$ $+ BET(UK-PLC)_0^{UK-SE(OA,TWA)}$ $+ UV_0^{UK-SE(OA,TWA)}$ | 3.500 | $GK + RL_0^{UK-SE(OA,TWA)}$ $+ SP_0^{UK-SE(OA,TWA)}$ | 3.500 |

Beim Outbound-Anteilstausch mit Teilwertansatz ist die Weiterveräußerungssperre des § 26 Abs. 2 UmwStG unbeachtlich, weil sie lediglich bei einem Buchwert- oder Zwischenwertansatz von Bedeutung ist. Sie hat zur Konsequenz, dass eine Einbringung zum Buchwert oder Zwischenwert nach § 23 Abs. 4 UmwStG rückgängig gemacht wird und die stillen Reserven in den eingebrachten Anteilen aufgedeckt werden.[464] Da nach britischem Recht die Aufdeckung der stillen Reserven stets erforderlich ist (Sec. 17 Abs. 1 TCGA 1992), ergeben sich beim Teilwertansatz aus der Weiterveräußerungssperre keine steuerlichen Konsequenzen.

---

464 Vgl. Borschel, C./Kotyrba, M. H., IStR 2003, S. 37-45; Wienands, H.-G., Praxis Internationale Steuerberatung 2000, S. 307-308.

### 6.2.1.3. Ebene der einbringenden deutschen Anteilseigner

Als Gegenleistung für die Einbringung der Anteile an der DE-AG bzw. der UK-PLC erhalten die deutschen Anteilseigner Anteile an der neu gegründeten UK-SE. Zwar führt der Erwerb von Anteilen einer in Großbritannien ansässigen Kapitalgesellschaft grundsätzlich zu einer Stempelsteuerpflicht (Sec. 55 SA 1891), die unabhängig davon eintritt, ob die Anteilserwerber innerhalb oder außerhalb Großbritanniens ansässig sind. Da aber die Voraussetzungen der Ausnahmeregelung nach Sec. 77 FA 1986 im Anwendungsfall erfüllt sind, führt die Ausgabe von Anteilen an der UK-SE an die einbringenden deutschen Anteilseigner im Zeitpunkt des Anteilstauschs in t = 0 nicht zu einer Belastung mit Stempelsteuern.[465]

Die Wertverknüpfung nach § 23 Abs. 4 UmwStG bedingt, dass die deutschen Anteilseigner aufgrund des nach britischem Recht zwingenden Teilwertansatzes die in den eingebrachten Anteilen enthaltenen stillen Reserven in t = 0 realisieren müssen. Der Veräußerungspreis der eingelegten Anteile auf Ebene der deutschen Anteilseigner bestimmt sich somit nach dem Teilwertansatz bei der übernehmenden UK-SE. Die Grunderwerbsteuer, die auf Ebene der UK-SE als Anschaffungsnebenkosten der Beteiligung an der DE-AG aktiviert wurde, wird bei der Bestimmung des Teilwerts nicht berücksichtigt.[466] Es gilt:

(6.2.1.3.1.) $$AK_{-k} \rightarrow \frac{1}{2} \cdot AK_0^{UK-SE(OA,TWA)}$$

$$\frac{1}{2} \cdot AK_0^{UK-SE(OA,TWA)} = \frac{1}{2} \cdot AK_0^{DE-SE(IA,TWA)} = 1.700$$

Der steuerpflichtige Veräußerungsgewinn ergibt sich aus der Differenz des Teilwerts der eingelegten Anteile und der Anschaffungskosten bzw. des Buchwerts der ursprünglichen Beteiligung der deutschen Anteilseigner. Es gilt:

(6.2.1.3.2.) $$VE_0^{(OA,TWA)} = VE_0^{(IA,TWA)} = VW_0 - AK_{-k}\text{, sodass}$$

$$VE_0^{(OA,TWA)} = \{(1{,}80 - 1{,}60) + (4 - 2{,}50)\} \cdot 250 = 425$$

---

465 Vgl. Bramwell, R./Hardwick, M./James, A. u.a., Taxation, 1999, Rz. 30-26; Grotherr, S., IWB 1996, Fach 10, International, Gruppe 2, S. 1179; Tiley, J./Collison, D., UK Tax Guide, 2000, Rz. 62:06.
Siehe hierzu Abschnitt 6.2.1.2.1., S. 242.

466 Siehe hierzu Abschnitt 5.3.1.3., S. 226-227.

Hinsichtlich der steuerlichen Erfassung des Veräußerungsgewinns ist zwischen natürlichen und juristischen Personen zu differenzieren. Dabei ist zu berücksichtigen, dass die Steuerbelastung der deutschen Anteilseigner in t = 0 zu einem Liquiditätsabfluss führt. Allgemein und konkret anhand des Zahlenbeispiels gilt:

(6.2.1.3.3.) wenn deutsche Anteilseigner = $AE^{nat,DE-AG}$ und $AE^{nat,UK-PLC}$, dann

$$S_0^{nat,UK-SE(OA,TWA)} = \frac{1}{2} \cdot \left\{ \left( rl_0 - rl_{-k} \right) + \left( st_0 - st_{-k} \right) \right\} \cdot GK \cdot s_{nat,VE}^{DE}$$

$$S_0^{nat,UK-SE(OA,TWA)} = S_0^{nat,DE-SE(IA,TWA)} = 31{,}88 \text{, sodass}$$

$$NZ_0^{nat,UK-SE(OA,TWA)} = NZ_0^{nat,DE-SE(IA,TWA)} = -31{,}88$$

(6.2.1.3.4.) wenn deutsche Anteilseigner = $AE^{jur,DE-AG}$ und $AE^{jur,UK-PLC}$, dann

$$S_0^{jur,UK-SE(OA,TWA)} = S_0^{jur,DE-SE(IA,TWA)} = 0 \text{, sodass}$$

$$NZ_0^{jur,UK-SE(OA,TWA)} = NZ_0^{jur,DE-SE(IA,TWA)} = 0$$

## 6.2.2. Grenzüberschreitende Unternehmenstätigkeit der britischen SE

Der Betrachtungszeitraum der grenzüberschreitenden Unternehmenstätigkeit der britischen SE umfasst die Perioden t = 1 bis t = v = 4. Zur Erfassung der Steuerwirkungen sind drei Ebenen zu unterscheiden:

- Ebene der Tochterkapitalgesellschaften (DE-TKG und UK-TKG)
- Ebene der britischen SE (UK-SE)
- Ebene der deutschen Anteilseigner.

### 6.2.2.1. Ebene der Tochterkapitalgesellschaften

Die DE-TKG und die UK-TKG sind als juristische Personen in Deutschland und in Großbritannien mit ihrem Welteinkommen jeweils unbeschränkt steuerpflichtig. Wie bei den Gestaltungsalternativen zur Durchführung des Inbound-Anteilstauschs ergeben sich auf Ebene der DE-TKG und der UK-TKG aufgrund des Trennungsprinzips durch den Vollzug des Anteilstauschs keine steuerlichen Konsequenzen im Rahmen ihrer grenzüberschreitenden Unternehmenstätigkeit.

### 6.2.2.1.1. Deutsche Tochterkapitalgesellschaft

Aufgrund übereinstimmender Steuerwirkungen gilt:

(6.2.2.1.1.1.) $ab(aav)_t^{DE-TKG(OA,TWA)} = ab(aav)_t^{DE-SE \atop (IV,BWF)}$

$= ab(aav)_t^{DE-BS \atop (OV,BWF)} = ab(aav)_t^{DE-TKG \atop (IA,BWF)} = ab(aav)_t^{DE-TKG \atop (IA,TWA)}$

(6.2.2.1.1.2.) $vv_t^{DE-TKG(OA,TWA)} = vv_t^{DE-SE(IV,BWF)}$

$= vv_t^{DE-BS(OV,BWF)} = vv_t^{DE-TKG(IA,BWF)} = vv_t^{DE-TKG(IA,TWA)}$

(6.2.2.1.1.3.) $G_t^{DE-TKG(OA,TWA)} = G_t^{DE-SE(IV,BWF)}$

$= G_t^{DE-BS(OV,BWF)} = G_t^{DE-TKG(IA,BWF)} = G_t^{DE-TKG(IA,TWA)}$

(6.2.2.1.1.4.) $S_t^{DE-TKG(OA,TWA)} = S_t^{DE-SE(IV,BWF)}$

$= S_t^{DE-BS(OV,BWF)} = S_t^{DE-TKG(IA,BWF)} = S_t^{DE-TKG(IA,TWA)}$

(6.2.2.1.1.5.) $DIV_t^{DE-TKG(OA,TWA)} = ERT_t^{DE-SE(IV,BWF)}$

$= TRA_t^{DE-BS(OV,BWF)} = DIV_t^{DE-TKG(IA,BWF)} = DIV_t^{DE-TKG(IA,TWA)}$

Für die Perioden t = 1 bis t = 4 ergeben sich zusammenfassend folgende Werte:

Tabelle 26: Ermittlung der ausschüttungsfähigen Dividende der DE-TKG an die UK-SE in t = 1 bis t = 4 (Outbound-Anteilstausch, Teilwertansatz)

| Periode (t) | $ab(aav)_t^{DE-TKG \atop (IA,TWA)}$ (6.2.2.1.1.1.) = (3.2.2.2.2.) = (4.2.2.1.1.) = (5.2.2.1.1.1.) = (5.3.2.1.1.1.) | $vv_t^{DE-TKG(IA,TWA)}$ (6.2.2.1.1.2.) = (3.2.2.2.3.) = (4.2.2.1.2.) = (5.2.2.1.1.2.) = (5.3.2.1.1.2.) | $G_t^{DE-TKG(IA,TWA)}$ (6.2.2.1.1.3.) = (3.2.2.2.4.) = (4.2.2.1.3.) = (5.2.2.1.1.3.) = (5.3.2.1.1.3.) | $S_t^{DE-TKG(IA,TWA)}$ (6.2.2.1.1.4.) = (3.2.2.2.5.) = (4.2.2.1.4.) = (5.2.2.1.1.4.) = (5.3.2.1.1.4.) | $DIV_t^{DE-TKG \atop (IA,TWA)}$ (6.2.2.1.1.5.) = (3.2.2.2.6.) = (4.2.2.1.5.) = (5.2.2.1.1.5.) = (5.3.2.1.1.5.) |
|---|---|---|---|---|---|
| t = 1 | 0,38 | 0,40 | 304 | 114 | 290 |
| t = 2 | 0,31 | 0 | 423,20 | 158,70 | 264,50 |
| t = 3 | 0,25 | 0 | 438,56 | 164,46 | 274,10 |
| t = 4 | 0,20 | 0 | 450,85 | 169,07 | 281,78 |

#### 6.2.2.1.2. Britische Tochterkapitalgesellschaft

Ebenso stimmen die Steuerwirkungen auf Ebene der UK-TKG überein. Es gilt:

(6.2.2.1.2.1.) $ab(aav)_t^{UK-TKG(OA,TWA)} = ab(aav)_t^{UK-BS(IV,BWF)}$

$= ab(aav)_t^{UK-TKG(IA,BWF)} = ab(aav)_t^{UK-TKG(IA,TWA)}$

(6.2.2.1.2.2.) $vv_t^{UK-TKG(OA,TWA)} = vv_t^{UK-BS(IV,BWF)} = vv_t^{UK-TKG(IA,BWF)} = vv_t^{UK-TKG(IA,TWA)}$

(6.2.2.1.2.3.) $G_t^{UK-TKG(OA,TWA)} = G_t^{UK-BS(IV,BWF)} = G_t^{UK-TKG(IA,BWF)} = G_t^{UK-TKG(IA,TWA)}$

(6.2.2.1.2.4.) $S_t^{UK-TKG(OA,TWA)} = S_t^{UK-BS(IV,BWF)} = S_t^{UK-TKG(IA,BWF)} = S_t^{UK-TKG(IA,TWA)}$

(6.2.2.1.2.5.) $DIV_t^{UK-TKG(OA,TWA)} = TRA_t^{UK-BS(IV,BWF)} = DIV_t^{UK-TKG(IA,BWF)} = DIV_t^{UK-TKG(IA,TWA)}$

Für die Perioden t = 1 bis t = 4 ergeben sich zusammenfassend folgende Werte:

Tabelle 27: Ermittlung der ausschüttungsfähigen Dividende der UK-TKG an die UK-SE in t = 1 bis t = 4 (Outbound-Anteilstausch, Teilwertansatz)

| Periode (t) | $ab(aav)_t^{UK-TKG(IA,TWA)}$ (6.2.2.1.2.1.) = (3.2.2.1.1.) = (5.2.2.1.2.1.) = (5.3.2.1.2.1.) | $vv_t^{UK-TKG(IA,TWA)}$ (6.2.2.1.2.2.) = (3.2.2.1.2.) = (5.2.2.1.2.2.) = (5.3.2.1.2.2.) | $G_t^{UK-TKG(IA,TWA)}$ (6.2.2.1.2.3.) = (3.2.2.1.3.) = (5.2.2.1.2.3.) = (5.3.2.1.2.3.) | $S_t^{UK-TKG(IA,TWA)}$ (6.2.2.1.2.4.) = (3.2.2.1.4.) = (5.2.2.1.2.4.) = (5.3.2.1.2.4.) | $DIV_t^{UK-TKG(IA,TWA)}$ (6.2.2.1.2.5.) = (3.2.2.1.5.) = (5.2.2.1.2.5.) = (5.3.2.1.2.5.) |
|---|---|---|---|---|---|
| t = 1 | 0,48 | 0,40 | 280 | 84 | 296 |
| t = 2 | 0,36 | 0 | 410 | 123 | 287 |
| t = 3 | 0,27 | 0 | 432,50 | 129,75 | 302,75 |
| t = 4 | 0,20 | 0 | 449,38 | 134,81 | 314,56 |

### 6.2.2.2. Ebene der britischen SE

Die bei der britischen SE anfallenden Steuerwirkungen sind allgemein und konkret anhand des Zahlenbeispiels in drei Rechenschritten zu ermitteln:

Bestimmung des steuerpflichtigen Gewinns der UK-SE ($G_t^{UK-SE(OA,TWA)}$)

- Ermittlung der Ertragsteuerbelastung der UK-SE ($S_t^{UK-SE(OA,TWA)}$)
- Berechnung der Dividende der UK-SE ($DIV_t^{UK-SE(OA,TWA)}$).

(1) Die britische UK-SE ist mit ihrem Welteinkommen in Großbritannien unbeschränkt steuerpflichtig, Sec. 9 ICTA 1988. Dieses ergibt sich aus den Dividenden, die die UK-SE von ihren Tochtergesellschaften (DE-TKG und UK-TKG) empfängt.[467]

Obwohl Art. 6 Abs. 1 Buchst. a DBA Deutschland-Großbritannien dem Quellenstaat ein Besteuerungsrecht von 15% des Bruttobetrags der Dividende zuweist, ist die UK-SE in Deutschland mit den Gewinnausschüttungen der DE-TKG nicht beschränkt steuerpflichtig, weil bei Beteiligungen an einer in einem anderen EU-Staat ansässigen Kapitalgesellschaft in Anlehnung an Art. 5 Abs. 1 MTR keine Kapitalertragsteuer erhoben wird.[468] Die in Umsetzung der Mutter-Tochter-Richtlinie geschaffene deutsche Regelung sieht vor, dass Deutschland auf Dividendenausschüttungen einer deutschen Kapitalgesellschaft an eine EU-Muttergesellschaft keine Kapitalertragsteuer erhebt, § 43b Abs. 2 EStG.[469] Voraussetzung hierfür ist, dass die EU-Mutterkapitalgesellschaft an der deutschen Tochtergesellschaft nachweislich ununterbrochen seit mindestens zwölf Monaten zu mindestens 25% unmittelbar beteiligt ist.[470] Im Anwendungsfall ist die UK-SE unmittelbar zu 100% an der DE-TKG beteiligt. Zwar besteht in t = 1 die Beteiligung der UK-SE an der DE-TKG nicht nachweislich ununterbrochen seit mindestens zwölf Monaten, da der Anteilstausch am 31.12.00 stattgefunden hat, sodass in Deutschland in t = 1 die Kapitalertragsteuer zunächst vorläufig einbehalten wird. Allerdings sieht § 43 Abs. 2 Satz 3 EStG vor, dass bei Vollendung des 12-monatigen Mindestbesitz-Zeitraums nach Ausschüttung eine Erstattung der zunächst vorläufig einbehaltenen Kapitalertragsteuer vorgesehen ist.[471] Im Anwendungsfall geht der Zeitraum der Beteiligung der UK-SE an der DE-TKG über den 31.12.01 (Ablauf des Mindestbesitzzeitraums

---

467 Vgl. Geiger, U., IWB 2002, Fach 5, Großbritannien, Gruppe 2, S. 1095; Widmann, S./Mayer, D., Umwandlungsrecht, 2002, Anh. 3: Großbritannien, Rz. GB 28-GB 29.

468 Vgl. Mutter-Tochter-Richtlinie vom 23. Juli 1990, ABl. EG Nr. L 225 vom 20. August 1990, S. 6, berichtigt durch ABl. EG Nr. L 266, S. 20 sowie Debatin, H./Wassermeyer, F. (Hrsg.), Doppelbesteuerung, 2002, Art. VI, Rz. 18-19; Geiger, U., IWB 2002, Fach 5, Großbritannien, Gruppe 2, S. 400.

469 Vgl. Grotherr, S., IWB 2000, Fach 3, Deutschland, Gruppe 2, S. 1723.

470 Vgl. Maier-Frischmuth, M., StuB 2001, S. 587-588; Scheffler, W., Besteuerung, 2002, S. 144-145.

471 Vgl. Thömmes, O., Besteuerung, 2002, S. 550.

von zwölf Monaten) hinaus. Daher fällt bei der grenzüberschreitenden Unternehmenstätigkeit der UK-SE (Perioden t = 1 bis t = 4) keine Kapitalertragsteuer in Deutschland an.

Die Gewinnausschüttungen der DE-TKG werden im Rahmen der unbeschränkten Steuerpflicht der UK-SE in Großbritannien zur Vermeidung der Doppelbesteuerung unter Anrechnung der deutschen Steuerbelastung in die britische Besteuerung der UK-SE einbezogen, Art. 18 Abs. 1 DBA Deutschland-Großbritannien.[472] Die deutsche Körperschaftsteuer und die Gewerbesteuer sind anrechnungsfähige Steuern, Art. 18 Abs. 1 Satz 2 i.V.m. Art. 1 Abs. 1a DBA Deutschland-Großbritannien. Da in Deutschland keine Kapitalertragsteuer anfällt, braucht diese im Rahmen des Anrechnungsverfahrens nicht berücksichtigt zu werden. Der Anrechnungshöchstbetrag wird in Großbritannien auf die Höhe der anteilig auf die betreffenden Einkünfte entfallenden britischen Körperschaftsteuer begrenzt, Sec. 796 Abs. 3, Sec. 797 Abs. 1 ICTA 1988.[473]

Die Gewinnausschüttungen, die die UK-SE von der UK-TKG erhält, stellen bei der empfangenden UK-SE unabhängig von der Höhe der Beteiligung steuerfreies Einkommen (franked investment income) dar, Sec. 7 Abs. 2 ICTA 1988.[474] Da die UK-SE keine weiteren steuerpflichtigen Einkünfte erzielt, unterliegen lediglich die Gewinnausschüttungen der DE-TKG ($DIV_t^{DE-TKG(OA,TWA)}$) unter Anrechnung der in Deutschland entrichteten Steuern der Besteuerung. Es gilt:

(6.2.2.2.1.) $$G_t^{UK-SE(OA,TWA)} = G_t^{DE-TKG(OA,TWA)}$$

$$G_1^{UK-SE(OA,TWA)} = G_1^{DE-TKG(OA,TWA)} = 304$$

(2) Der Anrechnungshöchstbetrag ist das Produkt des in Deutschland steuerpflichtigen Gewinns und des britischen Körperschaftsteuersatzes ($AHB_t^{UK-SE(OA,TWA)}$). Allgemein und konkret anhand des Zahlenbeispiels gilt:

(6.2.2.2.2.) $$AHB_t^{UK-SE(OA,TWA)} = G_t^{DE-TKG(OA,TWA)} \cdot s_{KSt}^{UK}$$

$$AHB_1^{UK-SE(OA,TWA)} = 304 \cdot 0{,}3 = 91{,}20$$

---

472 Vgl. Debatin, H./Wassermeyer, F. (Hrsg.), Doppelbesteuerung, 2002, Art. XVIII, Rz. 3-27.

473 Siehe hierzu Abschnitt 4.2.2.2., S. 154-159.

474 Vgl. Bramwell, R./Hardwick, M./James, A. u.a., Taxation, 1999, Rz. 2-06; Müssener, I., Großbritannien, 2002, Rz. 222.

Wie bei der Outbound-Verschmelzung führt auch beim Outbound-Anteilstausch die Steueranrechnung zu denselben Steuerwirkungen wie die Freistellungsmethode, weil die deutsche Ertragsteuerbelastung ($s_{THES}^{DE} = 0{,}375$) die britische Körperschaftsteuer ($s_{KSt}^{UK} = 0{,}3$) übersteigt. Dabei entsteht auf Ebene der UK-SE ein Anrechnungsüberhang ($AÜH_t^{UK-SE(OA,TWA)}$), der weder vor- noch zurückgetragen werden kann. Es gilt:[475]

$$(6.2.2.2.3.) \quad AÜH_t^{UK-SE(OA,TWA)} = S_t^{DE-TKG(OA,TWA)} - AHB_t^{UK-SE(OA,TWA)}$$

$$AÜH_1^{UK-SE(OA,TWA)} = 114 - 91{,}20 = 22{,}80$$

Unter Berücksichtigung des Anrechnungshöchstbetrags kommt es faktisch zu einer Freistellung der Gewinnausschüttungen der DE-TKG in Großbritannien. Eine Hinzurechnungsbesteuerung der Einkünfte aus der Beteiligung an der DE-TKG unterbleibt, weil eine Gesellschaft, die nicht in Großbritannien ansässig ist, jedoch unter der Kontrolle von in Großbritannien Ansässigen steht, nur dann als „controlled foreign company" i.S.d. Hinzurechnungsbesteuerung gilt, wenn der tatsächliche Steuersatz auf das zu versteuernde Einkommen weniger als 75% des britischen Steuersatzes beträgt, § 747-§ 756 sowie Schedule 24-Schedule 26 ICTA 1988.[476] Da die UK-SE keine weiteren Einkünfte erzielt, gilt:

$$(6.2.2.2.4.) \quad S_t^{UK-SE(OA,TWA)} = \max\left\{0\,;\left(\begin{matrix} G_t^{UK-SE(OA,TWA)} \cdot s_{KSt}^{UK} \\ - AHB_t^{UK-SE(OA,TWA)} \end{matrix}\right)\right\}$$

$$S_1^{UK-SE(OA,TWA)} = \max\{0\,;(304 \cdot 0{,}3 - 91{,}20)\} = 0$$

(3) Die Dividende, die die UK-SE an die deutschen Anteilseigner ausschüttet, entspricht somit der Summe der Dividenden, die die UK-SE von den Tochtergesellschaften DE-TKG und UK-TKG erhält, und stimmt überein mit der Dividende, die die DE-SE bei der Inbound-Verschmel-

---

475 Der Anrechnungsüberhang ist im Anwendungsfall nicht entscheidungsrelevant und wird im Folgenden nicht weiter berücksichtigt.

476 Kontrolle i.S.d. britischen Hinzurechnungsbesteuerung bedeutet, dass in Großbritannien ansässige natürliche oder juristische Personen und andere, diesen nahestehende Parteien die Mehrheit der Stimmrechte, Einkünfte oder Aktiva der nicht in Großbritannien ansässigen Gesellschaft erwerben können, Sec. 416 ICTA 1988.
Zur Hinzurechnungsbesteuerung in Großbritannien siehe z.B. Bramwell, R./Hardwick, M./James, A. u.a., Taxation, 1999, Rz. 16-01 bis 16-26; Saunders, G., Tax 1, 2000, Rz. 7.1-7.33.

zung mit Buchwertfortführung an die deutschen Anteilseigner ausschüttet.[477] Die Begründung liegt darin, dass die Dividenden der DE-TKG bzw. der UK-TKG dem Ertrag der DE-SE bzw. dem Gewinntransfer der UK-BS im Rahmen der Inbound-Verschmelzung entsprechen und die Dividendeneinkünfte auf Ebene der UK-SE nicht durch eine britische Ertragsteuerbelastung gemindert werden. Allgemein und konkret anhand des Zahlenbeispiels gilt:

(6.2.2.2.5.) $$DIV_t^{UK-SE(OA,TWA)} = DIV_t^{DE-SE(IV,BWF)}$$

$$DIV_t^{UK-SE(OA,TWA)} = DIV_t^{DE-TKG(OA,TWA)} + DIV_t^{UK-TKG(OA,TWA)}$$

$$DIV_1^{UK-SE(OA,TWA)} = DIV_1^{DE-SE(IV,BWF)} = 290 + 296 = 586$$

Zusammenfassend gilt für die Perioden t = 1 bis t = 4:

Tabelle 28: Dividende der UK-SE in den Perioden t = 1 bis t = 4 (Outbound-Anteilstausch, Teilwertansatz)

| Periode (t) | $DIV_t^{DE-TKG(OA,TWA)}$ (6.2.2.1.1.5.) = (3.2.2.2.6.) = (4.2.2.1.5.) = (5.2.2.1.1.5.) = (5.3.2.1.1.5.) | $DIV_t^{UK-TKG(OA,TWA)}$ (6.2.2.1.2.5.) = (3.2.2.1.5.) = (5.2.2.1.2.5.) = (5.3.2.1.2.5.) | $S_t^{UK-SE(OA,TWA)}$ (6.2.2.2.4.) | $DIV_t^{UK-SE(OA,TWA)}$ (6.2.2.2.5.) = (3.2.2.2.7.) |
|---|---|---|---|---|
| t = 1 | 290 | 296 | 0 | 586 |
| t = 2 | 264,50 | 287 | 0 | 551,50 |
| t = 3 | 274,10 | 302,75 | 0 | 576,85 |
| t = 4 | 281,78 | 314,56 | 0 | 596,34 |

### 6.2.2.3. Ebene der deutschen Anteilseigner

Bei natürlichen Personen als deutsche Anteilseigner stimmen die steuerlichen Konsequenzen mit den Steuerwirkungen bei der Inbound-Verschmelzung mit Buchwertfortführung überein, weil die Dividende, die die UK-SE an die deutschen Anteilseigner ausschüttet, der Dividende der DE-SE bei der Inbound-Verschmelzung mit Buchwertfortführung entspricht. Die Besteuerung dieser Dividende erfolgt auf Ebene der deut-

[477] Siehe hierzu Abschnitt 3.2.2.2., S. 133.

schen Anteilseigner unabhängig davon, ob diese aus dem Inland oder aus dem Ausland empfangen wird.[478] Es gilt:

(6.2.2.3.1.) wenn deutsche Anteilseigner = $AE^{nat,DE-AG}$ und $AE^{nat,UK-PLC}$, dann

$$S_1^{nat,DIV(OA,TWA)} = S_1^{nat,DIV(IV,BWF)} = 68{,}86\text{, sodass}$$

(6.2.2.3.2.) $NZ_1^{nat,DIV(OA,TWA)} = NZ_1^{nat,DIV(IV,BWF)} = 224{,}15$

Juristische Personen als deutsche Anteilseigner sind ausschließlich in Deutschland steuerpflichtig. Nach britischem Recht werden bei Ausschüttungen innerhalb Großbritanniens und bei Ausschüttungen in das Ausland keine Quellensteuern erhoben. Die Dividenden der UK-SE unterliegen aufgrund der § 8b Abs. 5 i.V.m. § 7 GewStG sowie § 8 Nr. 5 GewStG zu 100% der Gewerbesteuer. Außerdem sind 5% der britischen Dividenden unter Berücksichtigung der Abzugsfähigkeit der Gewerbesteuer als Betriebsausgabe unbeschränkt körperschaftsteuerpflichtig.[479] Es gilt:

(6.2.2.3.3.)

wenn deutsche Anteilseigner = $AE^{jur,DE-AG}$ und $AE^{jur,UK-PLC}$, dann

$$S_t^{jur,DIV(OA,TWA)} = \left(\frac{1}{2} \cdot DIV_t^{\substack{UK-SE\\(OA,TWA)}} \cdot s_{GewSt}^{DE}\right) + \left(\max\left\{0; \frac{1}{2} \cdot DIV_t^{\substack{UK-SE\\(OA,TWA)}} \cdot \left(0{,}05 - s_{GewSt}^{DE}\right) - VV_t^{\substack{jur,DIV\\(OA,TWA)}}\right\} \cdot s_{KSt}^{DE}\right)\text{, wobei}$$

$$VV_{t+1}^{jur,DIV(OA,TWA)} = -\left\{\frac{1}{2} \cdot DIV_t^{\substack{UK-SE\\(OA,TWA)}} \cdot \left(0{,}05 - s_{GewSt}^{DE}\right)\right\} + VV_t^{\substack{jur,DIV\\(OA,TWA)}}$$

$$S_1^{jur,DIV(OA,TWA)} = \frac{1}{2} \cdot 586 \cdot 0{,}1667 + 0 = 48{,}84$$

$$VV_2^{jur,DIV(OA,TWA)} = -\left\{\frac{1}{2} \cdot 586 \cdot \left(0{,}05 - 0{,}1667\right)\right\} + 0 = 34{,}19$$

---

478 Zu den steuerlichen Konsequenzen der grenzüberschreitenden Unternehmenstätigkeit der DE-SE auf Ebene der deutschen Anteilseigner bei der Inbound-Verschmelzung mit Buchwertfortführung siehe Abschnitt 3.2.2.3., S. 133-135.

479 Siehe hierzu Abschnitt 4.2.2.3., S. 159-164.

Hieraus ergibt sich:

(6.2.2.3.4.) $$NZ_t^{jur,DIV(OA,TWA)} = \frac{1}{2} \cdot DIV_t^{UK-SE(OA,TWA)} - S_t^{jur,DIV(OA,TWA)}$$

$$NZ_1^{jur,DIV(OA,TWA)} = \frac{1}{2} \cdot 586 - 48,84 = 244,16$$

Zusammenfassend gilt für die Perioden t = 1 bis t = 4:

Tabelle 29: Ermittlung des Nettozuflusses aus der Dividende der UK-SE bei den deutschen Anteilseignern in den Perioden t = 1 bis t = 4 (Outbound-Anteilstausch, Teilwertansatz)

| Periode (t) | $S_t^{nat,DIV(OA,TWA)}$ (6.2.2.3.1.) = (3.2.2.3.1.) | $NZ_t^{nat,DIV(OA,TWA)}$ (6.2.2.3.2.) = (3.2.2.3.2.) | $S_t^{jur,DIV(OA,TWA)}$ (6.2.2.3.3.) = (3.2.2.3.3.) | $NZ_t^{jur,DIV(OA,TWA)}$ (6.2.2.3.4.) = (3.2.2.3.4.) | $VV_{t+1}^{jur,DIV(OA,TWA)}$ (6.2.2.3.3.) = (4.2.2.3.3.) |
|---|---|---|---|---|---|
| t = 1 | 68,86 | 224,15 | 48,84 | 244,16 | 34,19 |
| t = 2 | 64,80 | 210,95 | 45,97 | 229,78 | 66,37 |
| t = 3 | 67,78 | 220,65 | 48,08 | 240,34 | 100,03 |
| t = 4 | 70,07 | 228,10 | 49,71 | 248,47 | 134,83 |

### 6.2.2.4. Zusammenfassung der Steuerwirkungen der grenzüberschreitenden Unternehmenstätigkeit der britischen SE

Die Steuerwirkungen der grenzüberschreitenden Unternehmenstätigkeit der UK-SE werden für natürliche und juristische Personen getrennt ausgewiesen. Die Dividende, die die deutschen Anteilseigner in einer Periode t von der UK-SE empfangen, ist die Summe der Dividenden der DE-TKG und der UK-TKG in der Periode t. Es gilt:

(6.2.2.4.1.)

wenn deutsche Anteilseigner = $AE^{nat,DE-AG}$ und $AE^{nat,UK-PLC}$, dann

$$NZ_t^{nat,DIV(OA,TWA)} = \underbrace{\frac{1}{2} \cdot \begin{pmatrix} DIV_t^{DE-TKG(OA,TWA)} \\ + DIV_t^{UK-TKG(OA,TWA)} \\ - S_t^{UK-SE(OA,TWA)} \end{pmatrix}}_{❶} - \underbrace{\frac{1}{2} \cdot \frac{1}{2} \cdot s_{ESt}^{DE} \cdot \begin{pmatrix} DIV_t^{DE-TKG(OA,TWA)} \\ + DIV_t^{UK-TKG(OA,TWA)} \\ - S_t^{UK-SE(OA,TWA)} \end{pmatrix}}_{❷}$$

(6.2.2.4.2.)

wenn deutsche Anteilseigner = $AE^{jur,DE,AG}$ und $AE^{jur,UK,PLC}$, dann

$$NZ_t^{jur,DIV(OA,TWA)} = \frac{1}{2}\cdot\begin{pmatrix} DIV_t^{DE-TKG(OA,TWA)} \\ + DIV_t^{UK-TKG(OA,TWA)} \\ - S_t^{UK-SE(OA,TWA)} \end{pmatrix} - \left\{ \begin{array}{l} \frac{1}{2}\cdot\begin{pmatrix} DIV_t^{DE-TKG(OA,TWA)} \\ + DIV_t^{UK-TKG(OA,TWA)} \\ - S_t^{UK-SE(OA,TWA)} \end{pmatrix}\cdot s_{GewSt}^{DE} \\ + \max\left(0, \left\{ \begin{array}{l} \frac{\left(0{,}05 - s_{GewSt}^{DE}\right)}{2}\cdot\begin{pmatrix} DIV_t^{DE-TKG(OA,TWA)} \\ + DIV_t^{UK-TKG(OA,TWA)} \\ - S_t^{UK-SE(OA,TWA)} \end{pmatrix} \\ - VV_t^{jur,DIV(OA,TWA)} \end{array} \right\}\cdot s_{KSt}^{DE}\right) \end{array} \right\}$$

$$\text{❶} \qquad\qquad \text{❷}$$

$$\text{mit:}^{480}\quad VV_{t+1}^{jur,DIV(OA,TWA)} = -\left\{ \frac{\left(0{,}05 - s_{GewSt}^{DE}\right)}{2}\cdot\begin{pmatrix} DIV_t^{DE-TKG(OA,TWA)} \\ + DIV_t^{UK-TKG(OA,TWA)} \\ - S_t^{UK-SE(OA,TWA)} \end{pmatrix} \right\} + VV_t^{jur,DIV(OA,TWA)}$$

$$\text{❸}$$

Teil ❶ der Berechnungsformel gibt die Dividende an, die die deutschen Anteilseigner unter Berücksichtigung ihrer Beteiligungsquote von jeweils 50% von der UK-SE empfangen. Die darauf lastenden Steuerwirkungen werden in Teil ❷ der Berechnungsformel erfasst. In Teil ❸ wird der Verlustvortrag ausgewiesen, der bei juristischen Personen aufgrund des Betriebsausgabenabzugs der Gewerbesteuer im Rahmen der Körperschaftsteuer anfällt. Es gilt:

(6.2.2.4.3.) weil: $S_t^{UK-SE(OA,TWA)} = 0$

$$NZ_t^{nat,DIV(OA,TWA)} = \left( DIV_t^{\substack{DE-TKG \\ (OA,TWA)}} + DIV_t^{\substack{UK-TKG \\ (OA,TWA)}} \right)\cdot\frac{1 - \frac{1}{2}\cdot s_{ESt}^{DE}}{2}$$

---

480 In den folgenden Berechnungen wird aus Darstellungsgründen darauf verzichtet, den Verlustvortrag ($VV_{t+1}^{jur,DIV(OA,TWA)}$) bei jedem Rechenschritt erneut auszuweisen.

(6.2.2.4.4.)

$$NZ_t^{jur,DIV(OA,TWA)} = \left(DIV_t^{DE-TKG(OA,TWA)} + DIV_t^{UK-TKG(OA,TWA)}\right) \cdot \frac{\left(1 - s_{GewSt}^{DE}\right)}{2} - \max\left(0; \left\{\begin{array}{l} \left(\begin{array}{l} DIV_t^{DE-TKG(OA,TWA)} \\ + DIV_t^{UK-TKG(OA,TWA)} \end{array}\right) \cdot \frac{\left(0{,}05 - s_{GewSt}^{DE}\right)}{2} \\ - VV_t^{jur,DIV(OA,TWA)} \end{array}\right\} \cdot s_{KSt}^{DE}\right)$$

Setzt man die Gleichungen (6.2.2.1.1.5.), (6.2.2.1.2.5.) und (6.2.2.2.4.) in die Gleichung (6.2.2.4.1.) und (6.2.2.4.2.) ein, gilt:

(6.2.2.4.5.)

$$NZ_t^{nat,DIV(OA,TWA)} = \left\{\begin{array}{l} \max\left(0; \left\{\begin{array}{l} \left(vg - ab(aav)_t^{DE-TKG(OA,TWA)}\right) \cdot GK \\ - S_t^{DE-TKG(OA,TWA)} \end{array}\right\}\right) \\ + \max\left(0; \left\{\begin{array}{l} \left(vg - ab(aav)_t^{UK-TKG(OA,TWA)}\right) \cdot GK \\ - S_t^{UK-TKG(OA,TWA)} \end{array}\right\}\right) \end{array}\right\} \cdot \frac{1 - \frac{1}{2} \cdot s_{ESt}^{DE}}{2}$$

$$NZ_t^{nat,DIV(OA,TWA)} = \left\{\begin{array}{l} \max\left(0; \left\{\begin{array}{l} \left(1 - s_{THES}^{DE}\right) \cdot \left(vg - ab(aav)_t^{DE-TKG(OA,TWA)}\right) \\ + s_{THES}^{DE} \cdot vv_t^{DE-TKG(OA,TWA)} \end{array}\right\}\right) \\ + \max\left(0; \left\{\begin{array}{l} \left(1 - s_{KSt}^{UK}\right) \cdot \left(vg - ab(aav)_t^{UK-TKG(OA,TWA)}\right) \\ + s_{KSt}^{UK} \cdot vv_t^{UK-TKG(OA,TWA)} \\ - s_{KSt}^{UK} \cdot \left(\begin{array}{l} vg - ab(aav)_t^{DE-TKG(OA,TWA)} \\ - vv_t^{DE-TKG(OA,TWA)} \end{array}\right) \\ + \frac{AHB_t^{UK-TKG(OA,TWA)}}{GK} \end{array}\right\}\right) \end{array}\right\} \cdot \frac{\left(1 - \frac{1}{2} \cdot s_{ESt}^{DE}\right) \cdot GK}{2}$$

weil: $\frac{AHB_t^{UK-SE(OA,TWA)}}{GK} = s_{KSt}^{UK} \cdot \left(vg - ab(aav)_t^{DE-TKG(OA,TWA)} - vv_t^{DE-TKG(OA,TWA)}\right)$

$$NZ_t^{nat,DIV(OA,TWA)} = \left(\begin{array}{l} \max\left(0; \left\{\begin{array}{l} \left(1 - s_{THES}^{DE}\right) \cdot \left(vg - ab(aav)_t^{DE-TKG(OA,TWA)}\right) \\ + s_{THES}^{DE} \cdot vv_t^{DE-TKG(OA,TWA)} \end{array}\right\}\right) \\ + \max\left(0; \left\{\begin{array}{l} \left(1 - s_{KSt}^{UK}\right) \cdot \left(vg - ab(aav)_t^{UK-TKG(OA,TWA)}\right) \\ + s_{KSt}^{UK} \cdot vv_t^{UK-TKG(OA,TWA)} \end{array}\right\}\right) \end{array}\right) \cdot \frac{\left(1 - \frac{1}{2} \cdot s_{ESt}^{DE}\right) \cdot GK}{2}$$

(6.2.2.4.6.)[481]

$$NZ_t^{jur,DIV(OA,TWA)} = \left\{ \begin{array}{l} \max\left(0\,;\left\{\begin{array}{l}\left(vg - ab(aav)_t^{DE-TKG(OA,TWA)}\right)\cdot GK \\ - S_t^{DE-TKG(OA,TWA)}\end{array}\right\}\right) \\ + \max\left(0\,;\left\{\begin{array}{l}\left(vg - ab(aav)_t^{UK-TKG(OA,TWA)}\right)\cdot GK \\ - S_t^{UK-TKG(OA,TWA)}\end{array}\right\}\right) \end{array} \right\} \cdot \frac{\left(1 - s_{GewSt}^{DE}\right)}{2}$$

$$- \max\left\{0; \left( \left\{ \begin{array}{l} \max\left(0\,;\left\{\begin{array}{l}\left(vg - ab(aav)_t^{DE-TKG(OA,TWA)}\right)\cdot GK \\ - S_t^{DE-TKG(OA,TWA)}\end{array}\right\}\right) \\ + \max\left(0\,;\left\{\begin{array}{l}\left(vg - ab(aav)_t^{UK-TKG(OA,TWA)}\right)\cdot GK \\ - S_t^{UK-TKG(OA,TWA)}\end{array}\right\}\right) \end{array} \right\} \cdot \frac{\left(0{,}05 - s_{GewSt}^{DE}\right)}{2} - VV_t^{jur,DIV(OA,TWA)} \right) \cdot s_{KSt}^{DE} \right\}$$

$$NZ_t^{jur,DIV(OA,TWA)} = \left( \begin{array}{l} \max\left(0\,;\left\{\begin{array}{l}\left(1 - s_{THES}^{DE}\right)\cdot\left(vg - ab(aav)_t^{DE-TKG(OA,TWA)}\right) \\ + s_{THES}^{DE}\cdot vv_t^{DE-TKG(OA,TWA)}\end{array}\right\}\right) \\ + \max\left(0\,;\left\{\begin{array}{l}\left(1 - s_{KSt}^{UK}\right)\cdot\left(vg - ab(aav)_t^{UK-TKG(OA,TWA)}\right) \\ + s_{KSt}^{UK}\cdot vv_t^{UK-TKG(OA,TWA)}\end{array}\right\}\right) \end{array} \right) \cdot \frac{\left(1 - s_{GewSt}^{DE}\right)\cdot GK}{2}$$

$$- \max\left\{ \left( 0; \left( \begin{array}{l} \max\left(0\,;\left\{\begin{array}{l}\left(1 - s_{THES}^{DE}\right)\cdot\left(vg - ab(aav)_t^{DE-TKG(OA,TWA)}\right) \\ + s_{THES}^{DE}\cdot vv_t^{DE-TKG(OA,TWA)}\end{array}\right\}\right) \\ + \max\left(0\,;\left\{\begin{array}{l}\left(1 - s_{KSt}^{UK}\right)\cdot\left(vg - ab(aav)_t^{UK-TKG(OA,TWA)}\right) \\ + s_{KSt}^{UK}\cdot vv_t^{UK-TKG(OA,TWA)}\end{array}\right\}\right) \end{array} \right) \cdot \frac{\left(0{,}05 - s_{GewSt}^{DE}\right)}{2} - vv_t^{jur,DIV(OA,TWA)} \right) \cdot s_{KSt}^{DE}\cdot GK \right\}$$

mit:

$$VV_{t+1}^{jur,DIV(OA,TWA)} = - \left( \left( \begin{array}{l} \max\left(0\,;\left\{\begin{array}{l}\left(1 - s_{THES}^{DE}\right)\cdot\left(vg - ab(aav)_t^{DE-TKG(OA,TWA)}\right) \\ + s_{THES}^{DE}\cdot vv_t^{DE-TKG(OA,TWA)}\end{array}\right\}\right) \\ + \max\left(0\,;\left\{\begin{array}{l}\left(1 - s_{KSt}^{UK}\right)\cdot\left(vg - ab(aav)_t^{UK-TKG(OA,TWA)}\right) \\ + s_{KSt}^{UK}\cdot vv_t^{UK-TKG(OA,TWA)}\end{array}\right\}\right) \end{array} \right) \cdot \frac{\left(0{,}05 - s_{GewSt}^{DE}\right)\cdot GK}{2} \right) + VV_t^{jur,DIV(OA,TWA)}$$

---

481 Der folgende Rechenschritt wurde bereits berücksichtigt:
$$\frac{AHB_t^{UK-SE(OA,TWA)}}{GK} = s_{KSt}^{UK}\cdot\left(vg - ab(aav)_t^{DE-TKG(OA,TWA)} - vv_t^{DE-TKG(OA,TWA)}\right)$$

### 6.2.3. Veräußerung der Anteile an der britischen SE durch die deutschen Anteilseigner

Der steuerpflichtige Gewinn der deutschen Anteilseigner aus der Veräußerung der Anteile an der SE stimmt beim Ansatz des Teilwerts der eingebrachten Anteile an den Gründungsgesellschaften auf Ebene der übernehmenden SE beim Inbound-Anteilstausch und beim Outbound-Anteilstausch überein. Zur Bestimmung des Nettozuflusses, der sich auf Ebene der deutschen Anteilseigner im Rahmen der Veräußerung der Anteile an der UK-SE in t = v ergibt, sind die steuerlichen Konsequenzen zu berücksichtigen, die in t = 0 beim Vollzug des Anteilstauschs entstanden sind.[482] Der steuerpflichtige Gewinn aus der Veräußerung der Anteile an der UK-SE ergibt sich in t = v ($VE_v^{DE-SE(OA,TWA)}$) aus der Differenz der Anschaffungskosten der Beteiligung an der UK-SE und des Verkehrswerts der UK-SE in t = v. Es gilt:

(6.2.3.1.) $$\frac{1}{2} \cdot AK_0^{UK-SE(OA,TWA)} = (1 + rl_0 + st_0) \cdot GK = 6{,}80 \cdot 250 = 1.700$$

Wie bei der Gestaltungsalternative Inbound-Anteilstausch mit Teilwertansatz ergibt sich in t = 4 folgender Verkehrswert der UK-SE:[483]

(6.2.3.2.) $$VW_4^{UK-SE(OA,TWA)} = 4.900$$

Folglich gilt:

(6.2.3.3.) $$VW_v^{UK-SE(OA,TWA)} = VW_v^{DE-SE(IV,BWF)}$$
$$= VW_v^{UK-SE(OV,BWF)} = VW_v^{DE-SE(IA,BWF)} = VW_v^{DE-SE(IA,TWA)}$$

Somit entsteht in t = 4 folgender steuerpflichtiger Veräußerungsgewinn:[484]

(6.2.3.4.) $$VE_4^{UK-SE(OA,TWA)} = VE_4^{DE-SE(IA,TWA)} = 750$$

In Abhängigkeit davon, ob die deutschen Anteilseigner natürliche oder juristische Personen sind, gilt allgemein und konkret anhand des Zahlenbeispiels:[485]

---

[482] Zur Ermittlung der steuerlichen Konsequenzen auf Ebene der deutschen Anteilseigner bei der Veräußerung der Anteile an der DE-SE beim Inbound-Anteilstausch mit Teilwertansatz siehe Abschnitt 5.3.3., S. 235-237.

[483] Siehe hierzu Berechnung (5.3.3.2.), S. 235-236.

[484] Siehe hierzu Berechnung (5.3.3.4.), S. 236.

[485] Siehe hierzu Berechnungen (5.3.3.5.) und (5.3.3.6.) sowie (5.3.3.7.) und (5.3.3.8.), S. 236-237.

(6.2.3.5.) wenn deutsche Anteilseigner = $AE^{nat,DE-AG}$ und $AE^{nat,UK-PLC}$, dann

$S_4^{nat,VE(OA,TWA)} = S_4^{nat,VE(IA,TWA)} = 56{,}25$, sodass

(6.2.3.6.) $NZ_4^{nat,VE(OA,TWA)} = NZ_4^{nat,VE(IA,TWA)} = 1.118{,}75$

(6.2.3.7.) wenn deutsche Anteilseigner = $AE^{jur,DE-AG}$ und $AE^{jur,UK-PLC}$, dann

$S_4^{jur,VE(OA,TWA)} = S_4^{jur,VE(IA,TWA)} = 0$, sodass

(6.2.3.8.) $NZ_4^{jur,VE(OA,TWA)} = NZ_4^{jur,VE(IA,TWA)} = 1.175$

Die Steuerwirkungen, die bei der Veräußerung der Beteiligung an der UK-SE durch die deutschen Anteilseigner anfallen, lassen sich zusammenfassen, indem Gleichung (6.2.3.4.) in die Gleichungen (6.2.3.6.) und (6.2.3.8.) eingesetzt wird. Es gilt:

(6.2.3.9.) $$NZ_v^{nat,VE(OA,TWA)} = \underbrace{\{(rl_0 - rl_{-k}) + (st_v - st_{-k})\} \cdot GK}_{❶} - \underbrace{S_v^{nat,VE(OA,TWA)}}_{❷}$$

(6.2.3.10.) $$NZ_v^{jur,VE(OA,TWA)} = \underbrace{\{(rl_0 - rl_{-k}) + (st_v - st_{-k})\} \cdot GK}_{❶}$$

Teil ❶ der Berechnungsformel erfasst den Veräußerungsgewinn, den die deutschen Anteilseigner bei einer Beteiligungsquote von jeweils 50% aus der Veräußerung ihrer Beteiligung an der UK-SE in t = v erzielen. Die darauf lastenden Steuerwirkungen der natürlichen Personen werden in Teil ❷ der Berechnungsformel erfasst. Für natürliche Personen gilt zusammenfassend:

(6.2.3.11.) $$NZ_v^{nat,VE(OA,TWA)} = \left\{ \begin{array}{l} (rl_0 - rl_{-k}) + (st_v - st_{-k}) \\ -(st_v - st_0) \cdot \frac{1}{2} \cdot s_{ESt,VE}^{DE} \end{array} \right\} \cdot GK$$

## 6.2.4. Ergebnisfunktion des Outbound-Anteilstauschs mit Teilwertansatz bei den deutschen Anteilseignern

Der Barwert der Summe der Nettoliquiditätszuflüsse der deutschen Anteilseigner beim Outbound-Anteilstausch mit Teilwertansatz ergibt sich aus den Nettoliquiditätszuflüssen der Perioden t =0 bis t = 4. Allgemein und konkret anhand des Zahlenbeispiels gilt:

(6.2.4.1.) wenn deutsche Anteilseigner = $AE^{nat,DE-AG}$ und $AE^{nat,UK-PLC}$, dann

$$Bar_0^{nat(OA,TWA)} = NZ_0^{\substack{nat,VE\\(OA,TWA)}} + \left( \sum_{t=1}^{v} NZ_t^{\substack{nat,DIV\\(OA,TWA)}} \cdot \left(q_t^{nat}\right)^{-t} \right) + \left( NZ_v^{\substack{nat,VE\\(OA,TWA)}} \cdot \left(q_t^{nat}\right)^{-v} \right)$$

mit: $q_t^{nat} = 1 + 0{,}1 \cdot (1 - 0{,}47)$, sodass

$$Bar_0^{nat(OA,TWA)} = -31{,}88 + (212{,}86 + 190{,}25 + 188{,}98 + 185{,}53) + 909{,}95$$

$$Bar_0^{nat(OA,TWA)} = -31{,}88 + 777{,}62 + 909{,}95$$

$$Bar_0^{nat(OA,TWA)} = 1.655{,}70$$

(6.2.4.2.) wenn deutsche Anteilseigner = $AE^{jur,DE-AG}$ und $AE^{jur,UK-PLC}$, dann

$$Bar_0^{jur(OA,TWA)} = NZ_0^{\substack{jur,VE\\(OA,TWA)}} + \left( \sum_{t=1}^{v} NZ_t^{\substack{jur,DIV\\(OA,TWA)}} \cdot \left(q_t^{jur}\right)^{-t} \right) + \left( NZ_v^{\substack{jur,VE\\(OA,TWA)}} \cdot \left(q_t^{jur}\right)^{-v} \right)$$

$$Bar_0^{jur(OA,TWA)} = 0 + (229{,}79 + 203{,}54 + 200{,}38 + 194{,}96) + 921{,}98$$

$$Bar_0^{jur(OA,TWA)} = 0 + 828{,}68 + 921{,}98 = 1.750{,}66$$

## 6.2.5. Übertragung der Einzelergebnisse in die Ergebnismatrix

Für den Outbound-Anteilstausch mit Teilwertansatz ergeben sich die in der Matrix dargestellten Barwerte der Summe der Nettoliquiditätszuflüsse.

Tabelle 30: Barwerte der Summen der Nettoliquiditätszuflüsse auf Ebene der deutschen Anteilseigner (Outbound-Anteilstausch, Teilwertansatz)

| Gestaltungsalternative | Barwert der Summe der Nettoliquiditätszuflüsse | |
|---|---|---|
| | $AE^{nat}$ | $AE^{jur}$ |
| Inbound-Verschmelzung (Buchwertfortführung) | 1.661,65 | 1.750,66 |
| Outbound-Verschmelzung (Buchwertfortführung) | 1.660,50 | 1.749,43 |
| Outbound-Verschmelzung (Teilwertansatz) | 1.419,10 | 1.494,60 |
| Inbound-Anteilstausch (Buchwertfortführung) | 1.501,17 | 1.742,60 |
| Inbound-Anteilstausch (Teilwertansatz) | 1.648,13 | 1.742,60 |
| Outbound-Anteilstausch (Teilwertansatz) | 1.655,70 | 1.750,66 |

## 7. Entscheidungsfindung auf Basis einer Entscheidungsmatrix

Die Auswahl der steuerlich günstigsten Alternative zur Gründung einer Europäischen Aktiengesellschaft erfolgt auf der Basis der Ergebnismatrix unter Berücksichtigung der Zielfunktion und der Präferenzen der deutschen Anteilseigner. Diese beurteilen die Ergebnisse anhand ihres Zielsystems und treffen aus entscheidungstheoretischer Sicht eine rationale Wahl für die Gestaltungsalternative, die ihren Zielvorstellungen am Besten entspricht. Sowohl die natürlichen wie auch die juristischen Personen als Anteilseigner wählen die Gründungsalternative aus, die den jeweiligen Barwert der Summe ihrer Nettoliquiditätszuflüsse maximiert.

Es lässt sich folgende Entscheidungsmatrix ableiten:

Tabelle 31: Entscheidungsmatrix

| Gestaltungsalternative | natürliche Personen ($AE^{nat}$) | | | juristische Personen ($AE^{jur}$) | | |
|---|---|---|---|---|---|---|
| | Ergebnis | in % zu Rangplatz 1. | Rangplatz | Ergebnis | in % zu Rangplatz 1. | Rangplatz |
| Inbound-Verschmelzung (Buchwertfortführung) | 1.661,65 | 100,00% | 1. | 1.750,66 | 100,00% | 1. |
| Outbound-Verschmelzung (Buchwertfortführung) | 1.660,50 | 99,93% | 2. | 1.749,43 | 99,93% | 3. |
| Outbound-Anteilstausch (Teilwertansatz) | 1.655,70 | 99,64% | 3. | 1.750,66 | 100,00% | 1. |
| Inbound-Anteilstausch (Teilwertansatz) | 1.648,13 | 99,19% | 4. | 1.742,60 | 99,54% | 4. |
| Inbound-Anteilstausch (Buchwertfortführung) | 1.501,17 | 90,34% | 5. | 1.742,60 | 99,54% | 4. |
| Outbound-Verschmelzung (Teilwertansatz) | 1.419,10 | 85,40% | 6. | 1.494,60 | 85,37% | 6. |

Die Entscheidungsmatrix weist in den Zeilen die Möglichkeiten zur Gründung einer Europäischen Aktiengesellschaft aus. In den Spalten werden für die Gesellschaftergruppen „natürliche Personen“ und „juristische Personen“ jeweils drei Werte angezeigt. In der Spalte „Ergebnis“ wird der durch die jeweilige Gestaltungsalternative auf Ebene der deutschen Anteilseigner induzierte Barwert als absoluter Wert dargestellt. Die Spalte „in % zu Rangplatz 1.“ zeigt das relative Verhältnis der einzelnen Gestaltungsalternativen zur jeweils besten Gestaltungsalternative auf. In der Spalte „Rangplatz“ wird der ordinale Rangplatz ausgewiesen.

Bei natürlichen Personen als Anteilseigner führt jede Gestaltungsalternative zu einem unterschiedlichen Barwert. Die Inbound-Verschmelzung mit Buchwertfortführung ist die steuerlich günstigste Gestaltungsalternative (Rangplatz 1.; 100%). Es folgen die Outbound-Verschmelzung mit Buchwertfortführung (Rangplatz 2.; 99,93%), der Outbound-Anteilstausch mit Teilwertansatz (Rangplatz 3.; 99,64%), der Inbound-Anteilstausch mit Teilwertansatz (Rangplatz 4.; 99,19%) und der Inbound-Anteilstausch mit Buchwertfortführung (Rangplatz 5.; 90,34%). Die steuerlich ungünstigste Gestaltungsalternative für natürliche Personen ist die Outbound-Verschmelzung mit Teilwertansatz (Rangplatz 6.; 85,40%).

Bei juristischen Personen als Anteilseigner führen sowohl die Inbound-Verschmelzung mit Buchwertfortführung wie auch der Outbound-Anteilstausch mit Teilwertansatz zum höchsten Barwert (jeweils Rangplatz 1.; 100%). Die Outbound-Verschmelzung mit Buchwertfortführung erreicht Rangplatz 3. (99,93%). Daran schließen sich der Inbound-Anteilstausch mit Buchwertfortführung und der Inbound-Anteilstausch mit Teilwertansatz an, die ebenfalls einen Barwert in gleicher Höhe generieren (jeweils Rangplatz 4.; 99,54%). Die steuerlich ungünstigste Gestaltungsalternative für juristische Personen ist die Outbound-Verschmelzung mit Teilwertansatz (Rangplatz 6.; 85,37%).

Als Ergebnis der Entscheidungsmatrix ist festzustellen, dass bei natürlichen Personen als Anteilseigner die Inbound-Verschmelzung mit Buchwertfortführung die steuerlich günstigste Gestaltungsalternative zur Gründung einer Europäischen Aktiengesellschaft darstellt. Bei juristischen Personen als Anteilseigner sind in gleicher Weise die Inbound-Verschmelzung mit Buchwertfortführung oder der Outbound-Anteilstausch mit Teilwertansatz die steuerlich günstigste Alternative.

Zur Gründung einer Europäischen Aktiengesellschaft durch eine deutsche und eine britische Aktiengesellschaft mit deutschen Anteilseignern, die sich zur Hälfte aus natürlichen und juristischen Personen zusammensetzen, stellt unter Berücksichtigung der im Anwendungsfall getroffenen Annahmen die Inbound-Verschmelzung mit Buchwertfortführung die steuerlich günstigste Gestaltungsalternative dar. Nur diese Gründungsform maximiert aus steuerlicher Sicht den Barwert der Summe der Nettoliquiditätszuflüsse sowohl bei den natürlichen wie auch bei den juristischen Personen. Daher werden rationale Anteilseigner der Gründung einer Europäischen Aktiengesellschaft (SE) nur durch Inbound-Verschmelzung mit Buchwertfortführung zustimmen.

# V. Analyse und Auswertung der Ergebnisse

In Abschnitt 1. werden die Ergebnisformeln der unterschiedlichen Gründungsalternativen zur Ermittlung des Barwerts der Summe der Nettoliquiditätszuflüsse auf Ebene der deutschen Anteilseigner zusammengefasst und ihre Auswirkungen im Vergleich zur steuerlich günstigsten Gestaltungsalternative analysiert. Auf den Ergebnisformeln aufbauend werden in Abschnitt 2. Einflussparameter auf den Barwert der Summe der Nettoliquiditätszuflüsse abgeleitet und hinsichtlich ihres Einflusses auf die Vorteilhaftigkeit der einzelnen Gründungsalternativen untersucht. In Abschnitt 3. werden abschließend Thesen zur Gründung einer Europäischen Aktiengesellschaft durch Verschmelzung oder durch Anteilstausch formuliert.

## 1. Ergebnisformeln der Gestaltungsalternativen

### 1.1. Zielfunktion der deutschen Anteilseigner

Die Erfassung der Ergebnisformeln der Gestaltungsalternativen erfolgt auf der Basis der Zielfunktion der deutschen Anteilseigner, bei denen zwischen natürlichen und juristischen Personen zu unterscheiden ist.[486] Als Ausgangsformel gilt:

(1.1.1.) wenn deutsche Anteilseigner = $AE^{nat,DE-AG}$ und $AE^{nat,UK-PLC}$, dann

$$Bar_0^{nat(j)} = NZ_0^{nat(j)} + \sum_{t=1}^{v} \left\{ \begin{matrix} NZ_t^{nat(j)} \\ \cdot \left(q_t^{nat}\right)^{-t} \end{matrix} \right\} + \left\{ \begin{matrix} NZ_v^{nat(j)} \\ \cdot \left(q_v^{nat}\right)^{-v} \end{matrix} \right\} \rightarrow \text{Max!}$$

mit: $q_t^{nat} = 1 + \left(i_t \cdot \left\{1 - s_t^{nat}\right\}\right)$

(1.1.2.) wenn deutsche Anteilseigner = $AE^{jur,DE-AG}$ und $AE^{jur,UK-PLC}$, dann

$$Bar_0^{jur(j)} = NZ_0^{jur,UK,PLC(j)} + \sum_{t=1}^{v} \left\{ \begin{matrix} NZ_t^{jur(j)} \\ \cdot \left(q_t^{jur}\right)^{-t} \end{matrix} \right\} + \left\{ \begin{matrix} NZ_v^{jur(j)} \\ \cdot \left(q_v\right)^{-v} \end{matrix} \right\} \rightarrow \text{Max!}$$

mit: $q_t^{jur} = 1 + \left(i_t \cdot \left\{1 - s_t^{jur}\right\}\right)$

---

[486] Siehe hierzu Kapitel IV.1.2.3., S. 102-103.

## 1.2. Ergebnisformel der Inbound-Verschmelzung mit Buchwertfortführung

Der Barwert der Summe der Nettoliquiditätszuflüsse der deutschen Anteilseigner, der durch die Inbound-Verschmelzung mit Buchwertfortführung generiert wird, ergibt sich aus den Perioden t = 1 bis t = v. Zur Erfassung der Ergebnisformel sind für natürliche Personen die Gleichungen (IV.3.2.2.4.5.) und (IV.3.2.3.11.) in Gleichung (1.1.1.) und für juristische Personen die Gleichungen (IV.3.2.2.4.6.) und (IV.3.2.3.10.) in Gleichung (1.1.2.) einzusetzen. Es gilt:

(1.2.1.) wenn deutsche Anteilseigner = $AE^{nat,DE-AG}$ und $AE^{nat,UK-PLC}$, dann

$$Bar_0^{nat(IV,BWF)} = \underbrace{0}_{❶} + \sum_{t=1}^{v} \left\{ \begin{array}{l} \max\left(0\,;\left\{\begin{array}{l}\left(1-s_{KSt}^{UK}\right)\cdot\left(vg-ab(aav)_t^{UK-BS(IV,BWF)}\right)\\ +\,s_{KSt}^{UK}\cdot vv_t^{UK-BS(IV,BWF)}\end{array}\right\}\right)_{❷} \\ +\max\left(0\,;\left\{\begin{array}{l}\left(1-s_{THES}^{DE}\right)\cdot\left(vg-ab(aav)_t^{DE-SE(IV,BWF)}\right)\\ +\,s_{THES}^{DE}\cdot vv_t^{DE-SE(IV,BWF)}\end{array}\right\}\right)_{❸} \end{array} \right\} \cdot \underbrace{\frac{\left(1-\frac{1}{2}\cdot s_{ESt}^{DE}\right)\cdot GK}{2\cdot\left\{1+i\cdot\left(1-s_{ESt}^{DE}\right)\right\}^t}}_{❺}$$

$$+\underbrace{\left\{\left(rl_0-rl_{-k}\right)+\left(st_v-st_{-k}\right)\right\}}_{❹}\cdot\underbrace{\frac{\left(1-\frac{1}{2}\cdot s_{ESt,VE}^{DE}\right)\cdot GK}{\left\{1+i\cdot\left(1-s_{ESt}^{DE}\right)\right\}^v}}_{❻}$$

(1.2.2.) wenn deutsche Anteilseigner = $AE^{jur,DE-AG}$ und $AE^{jur,UK-PLC}$, dann

$$Bar_0^{jur(IV,BWF)} = \underbrace{0}_{❶} + \sum_{t=1}^{v} \left\{ \begin{array}{l} \max\left(0\,;\left\{\begin{array}{l}\left(1-s_{KSt}^{UK}\right)\cdot\left(vg-ab(aav)_t^{UK-BS(IV,BWF)}\right)\\ +\,s_{KSt}^{UK}\cdot vv_t^{UK-BS(IV,BWF)}\end{array}\right\}\right)_{❷} \\ +\max\left(0\,;\left\{\begin{array}{l}\left(1-s_{THES}^{DE}\right)\cdot\left(vg-ab(aav)_t^{DE-SE(IV,BWF)}\right)\\ +\,s_{THES}^{DE}\cdot vv_t^{DE-SE(IV,BWF)}\end{array}\right\}\right)_{❸} \end{array} \right\} \cdot \underbrace{\frac{\left(1-s_{GewSt}^{DE}\right)\cdot GK}{2\cdot\left\{1+i\cdot\left(1-s_{THES}^{DE}\right)\right\}^t}}_{❺}$$

$$+\underbrace{\left\{\left(rl_0-rl_{-k}\right)+\left(st_v-st_{-k}\right)\right\}}_{❹}\cdot\underbrace{\frac{GK}{\left\{1+i\cdot\left(1-s_{THES}^{DE}\right)\right\}^v}}_{❻}$$

Bei der Inbound-Verschmelzung mit Buchwertfortführung haben sich auf Ebene der natürlichen und der juristischen Personen in t = 0 keine steuerlich bedingten Liquiditätswirkungen ergeben (Teil ❶).

Die DE-SE schüttet im Rahmen ihrer grenzüberschreitenden Unternehmenstätigkeit von t = 1 bis t = v eine Dividende aus, die sich aus dem Gewinntransfer der UK-BS (Teil ❷) und dem Nettoertrag der DE-SE (Teil ❸) zusammensetzt. Sowohl bei der UK-BS als auch bei der DE-SE wird der vorläufige Vergleichsgewinn (VG) einer Periode t um die planmäßigen Abschreibungen des abnutzbaren Anlagevermögens ($AB(AAV)_t^{UK-BS(IV,BWF)}$ und $AB(AAV)_t^{DE-SE(IV,BWF)}$) gemindert. Der Verlustvortrag der Periode t = 1 kann bei der UK-BS ($VV_1^{UK-BS(IV,BWF)}$) und bei der DE-SE ($VV_1^{DE-SE(IV,BWF)}$) in vollem Umfang geltend gemacht werden. Die Beschränkungen des § 10d EStG i.V.m. § 8 Abs. 1 KStG kommen bei der DE-SE nicht zur Anwendung. Der steuerpflichtige Gewinn der UK-BS unterliegt der britischen Körperschaftsteuer ($s_{KSt}^{UK}$). Zur Vermeidung der internationalen Doppelbesteuerung wird der Gewinn der UK-BS in Deutschland von der Besteuerung freigestellt, Art. 3 Abs. 1 i.V.m. Art. 18 Abs. 2 DBA Deutschland-Großbritannien. Somit unterliegen nur die Gewinne der DE-SE den deutschen Ertragsteuern ($s_{THES}^{DE}$).

Die empfangene Dividende stimmt auf Ebene der natürlichen und der juristischen Personen überein. Dabei ist zu berücksichtigen, dass sich die Gesellschaftergruppen der natürlichen und der juristischen Personen jeweils zur Hälfte aus den ehemaligen Anteilseignern der DE-AG und zur Hälfte aus den Anteilseignern der ursprünglichen UK-PLC zusammensetzen. Bei der Gründung der DE-SE hat sich die Beteiligungsquote der Gesellschaftergruppen aufgrund der Kapitalerhöhung auf Ebene der aufnehmenden DE-SE auf jeweils 50% reduziert.

Der steuerpflichtige Veräußerungsgewinn, der durch die Veräußerung der Anteile an der DE-SE in t = v bei den deutschen Anteilseigner entsteht, stimmt bei den natürlichen und den juristischen Personen überein (Teil ❹). Der Veräußerungsgewinn setzt sich aus zwei Differenzen zusammen. Die erste Differenz ergibt sich aus den offenen Rücklagen in t = 0 und den offenen Rücklagen in t = -k, weil dem Anwendungsfall die Annahme vollständiger Gewinnausschüttungen innerhalb des Betrachtungszeitraums von t = 1 bis t = v zugrunde liegt. Die zweite Differenz ergibt sich aus den stillen Reserven in t = v und den stillen Reserven in t = -k.

Obwohl die Dividenden und die Veräußerungsgewinne bei beiden Anteilseignergruppen übereinstimmen, ist der Nettoliquiditätszufluss bei den juristischen Personen höher als bei den natürlichen Personen, weil bei den natürlichen Personen beim Empfang der Dividenden und bei der

Veräußerung der Anteile an der DE-SE höhere Besteuerungsfolgen ausgelöst werden als bei den juristischen Personen. Auf Ebene der natürlichen Personen unterliegen die Dividenden in einer Periode t nach dem Halbeinkünfteverfahren zur Hälfte dem Spitzensteuersatz der Einkommensteuer, § 3 Nr. 40 EStG ($AE^{nat}$, Teil ❺). Dagegen unterliegen die Dividenden auf Ebene der juristischen Personen trotz des Dividendenprivilegs nach § 8b Abs. 1 KStG aufgrund der Hinzurechnung nach § 8 Nr. 5 GewStG der Gewerbesteuer ($AE^{jur}$, Teil ❺). Der Veräußerungsgewinn ist bei natürlichen Personen nach dem Halbeinkünfteverfahren unter Anwendung des Sondertarifs für Veräußerungsgewinne nach § 3 Nr. 40 EStG und § 23 Abs. 1 Satz 1 Nr. 2 EStG i.V.m. § 22 Nr. 2, § 32a Abs. 7 EStG zur Hälfte steuerpflichtig ($AE^{nat}$, Teil ❻), während er bei den juristischen Personen steuerbefreit ist, § 8b Abs. 2 KStG ($AE^{jur}$, Teil ❻).

Die steuerlichen Wirkungen auf Ebene der deutschen Anteilseigner werden unter Berücksichtigung der Diskontierung allgemein und konkret anhand des Zahlenbeispiels in Ungleichung (1.2.3.) erfasst. Aufgrund der Diskontierung und der damit zusammenhängenden Wirkung der Besteuerung auf den Zinssatz verringert sich der steuerliche Vorteil der juristischen Personen im Zeitablauf.[487]

(1.2.3.) $$Bar_0^{nat(IV,BWF)} \leq Bar_0^{jur(IV,BWF)}$$

$$\left\{ \sum_{t=1}^{v} \frac{\left(1-\frac{1}{2}\cdot s_{ESt}^{DE}\right)}{\left\{1+i\cdot\left(1-s_{ESt}^{DE}\right)\right\}^t} + \frac{\left(1-\frac{1}{2}\cdot s_{ESt,VE}^{DE}\right)}{\left\{1+i\cdot\left(1-s_{ESt}^{DE}\right)\right\}^v} \right\} \leq \left\{ \sum_{t=1}^{v} \frac{\left(1-s_{GewSt}^{DE}\right)}{\left\{1+i\cdot\left(1-s_{THES}^{DE}\right)\right\}^t} + \frac{1}{\left\{1+i\cdot\left(1-s_{THES}^{DE}\right)\right\}^v} \right\}$$

$$\left\{ \sum_{t=1}^{4} \frac{(1-0{,}235)}{\{1+0{,}1\cdot(1-0{,}47)\}^t} + \frac{(1-0{,}075)}{\{1+0{,}1\cdot(1-0{,}47)\}^4} \right\} \leq \left\{ \sum_{t=1}^{4} \frac{(1-0{,}1667)}{\{1+0{,}1\cdot(1-0{,}375)\}^t} + \frac{1}{\{1+0{,}1\cdot(1-0{,}375)\}^4} \right\}$$

---

487 Es gilt: $q_t^{nat} = \frac{1}{\left\{1+i\cdot\left(1-s_{ESt}^{DE}\right)\right\}^t} > q_t^{jur} = \frac{1}{\left\{1+i\cdot\left(1-s_{THES}^{DE}\right)\right\}^t}$, d.h. die Abzinsung auf Ebene der juristischen Personen ist höher als bei den natürlichen Personen.

$$\begin{pmatrix}0{,}73+0{,}69\\+0{,}66+0{,}62\end{pmatrix}+0{,}75 \quad\leq\quad \begin{pmatrix}0{,}78+0{,}74\\+0{,}69+0{,}65\end{pmatrix}+0{,}78$$

$$3{,}45 \quad\leq\quad 3{,}66$$

Setzt man unter Berücksichtigung der Berechnung (IV.3.2.2.2.7.) und der Tabelle 3 die Dividende, die die deutschen Anteilseigner in t = 1 bis t = 4 empfangen haben, und den Veräußerungsgewinn der Periode t = 4 in Ungleichung (1.2.3.) ein, gilt:[488]

(1.2.4.) $$Bar_0^{nat(IV,BWF)} \quad\leq\quad Bar_0^{jur(IV,BWF)}$$

$$\begin{pmatrix}212{,}86+190{,}25+188{,}98\\+185{,}53+884{,}03\end{pmatrix} \quad\leq\quad \begin{pmatrix}229{,}79+203{,}54+200{,}38\\+194{,}96+921{,}98\end{pmatrix}$$

$$1.661{,}65 \quad\leq\quad 1.750{,}66$$

## 1.3. Ergebnisformel der Outbound-Verschmelzung mit Buchwertfortführung

Der Barwert der Summe der Nettoliquiditätszuflüsse der deutschen Anteilseigner, der durch die Outbound-Verschmelzung mit Buchwertfortführung generiert wird, ergibt sich aus den Perioden t = 1 bis t = v. Zur Erfassung der Ergebnisformel sind für natürliche Personen die Gleichungen (IV.4.2.2.4.5.) und (IV.4.2.3.9.) in Gleichung (1.1.1.) und für juristische Personen die Gleichungen (IV.4.2.2.4.6.) und (IV.4.2.3.8.) in Gleichung (1.1.2.) einzusetzen. Es gilt:

(1.3.1.) wenn deutsche Anteilseigner = $AE^{nat,DE-AG}$ und $AE^{nat,UK-PLC}$, dann

$$Bar_0^{nat(OV,BWF)} =$$

$$\underset{❶}{0} + \sum_{t=1}^{v}\left\{\begin{array}{l}\max\left(0;\underset{❸}{\left\{\begin{array}{l}\left(1-s_{THES}^{DE}\right)\cdot\left(vg-ab(aav)_t^{DE-BS(OV,BWF)}\right)\\+s_{THES}^{DE}\cdot vv_t^{DE-BS(OV,BWF)}\end{array}\right\}}\right)\\[2ex]+\max\left(0;\underset{❷}{\left\{\begin{array}{l}\left(1-s_{KSt}^{UK}\right)\cdot\left(vg-ab\left(aav+gav\cdot s_{GrESt}^{DE}\right)_t^{UK-SE(OV,BWF)}\right)\\+s_{KSt}^{UK}\cdot vv_t^{UK-SE(OV,BWF)}\end{array}\right\}}\right)\end{array}\right\}\cdot\underset{❺}{\frac{\left(1-\frac{1}{2}\cdot s_{ESt}^{DE}\right)\cdot GK}{2\cdot\left\{1+i\cdot\left(1-s_{ESt}^{DE}\right)\right\}^t}}$$

$$+\underset{❹}{\left\{\left(rl_0-rl_{-k}\right)+\left(st_v-st_{-k}\right)\right\}}\cdot\underset{❻}{\frac{\left(1-\frac{1}{2}\cdot s_{ESt,VE}^{DE}\right)\cdot GK}{\left\{1+i\cdot\left(1-s_{ESt}^{DE}\right)\right\}^v}}$$

---

[488] Siehe hierzu Kapitel IV.3.2.2.2., S. 133.

(1.3.2.) wenn deutsche Anteilseigner = $AE^{jur,DE-AG}$ und $AE^{jur,UK-PLC}$, dann

$$
\begin{aligned}
Bar_0^{jur(OV,BWF)} = {} & 0 + \underset{\text{❶}}{\sum_{t=1}^{v}} \Bigg\{ \max\left(0\,;\left\{ \begin{array}{l} \left(1-s_{THES}^{DE}\right)\cdot\left(vg-ab(aav)_t^{\substack{DE-BS\\(OV,BWF)}}\right) \\ +\, s_{THES}^{DE}\cdot vv_{t}^{\substack{DE-BS\\(OV,BWF)}} \text{ ❸} \end{array}\right\}\right) \\
& + \max\left(0\,;\left\{ \begin{array}{l} \left(1-s_{KSt}^{UK}\right)\cdot\left(vg-ab\left(aav+gav\cdot s_{GrESt}^{DE}\right)_t^{\substack{UK-SE\\(OV,BWF)}}\right) \\ +\, s_{KSt}^{UK}\cdot vv_t^{UK-SE(OV,BWF)} \text{ ❷} \end{array}\right\}\right) \\
& - \max\left\{\left(\left( 0;\left\{ \begin{array}{l} \max\left(0\,;\left\{ \begin{array}{l} \left(1-s_{THES}^{DE}\right) \\ \cdot\left(vg-ab(aav)_t^{\substack{DE-BS\\(OV,BWF)}}\right) \\ +\, s_{THES}^{DE}\cdot vv_t^{\substack{DE-BS\\(OV,BWF)}} \end{array}\right\}\right) \\ +\max\left(0\,;\left\{ \begin{array}{l} \left(1-s_{KSt}^{UK}\right) \\ \cdot\left(vg-ab\left(\begin{array}{l} aav+ \\ gav\cdot s_{GrESt}^{DE} \end{array}\right)_t^{\substack{UK-SE\\(OV,BWF)}}\right) \\ +\, s_{KSt}^{UK}\cdot vv_t^{\substack{UK-SE\\(OV,BWF)}} \end{array}\right\}\right) \end{array}\right\}\right. \right.\right. \\
& \left.\left.\left. \cdot\frac{\left(0{,}05-s_{GewSt}^{DE}\right)}{2} - vv_t^{\substack{jur,DIV\\(OV,BWF)}} \text{ ❼} \right)\cdot s_{KSt}^{DE}\cdot GK\right\}\Bigg\} \cdot \underset{\text{❺}}{\frac{\left(1-s_{GewSt}^{DE}\right)\cdot GK}{2\cdot\left\{\begin{array}{l}1+\\ i\cdot\left(1-s_{THES}^{DE}\right)\end{array}\right\}^{t}}} \\
& + \Big\{\underset{\text{❹}}{\left(rl_0 - rl_{-k}\right)} + \left(st_v - st_{-k}\right)\Big\}\cdot\underset{\text{❻}}{\frac{GK}{\left\{1+i\cdot\left(1-s_{THES}^{DE}\right)\right\}^{v}}}
\end{aligned}
$$

$$
\underset{\text{❼}}{VV_{t+1}^{jur,DIV(OV,BWF)}} = -\left(\left\{ \begin{array}{l} \max\left(0\,;\left\{ \begin{array}{l} \left(1-s_{THES}^{DE}\right)\cdot\left(vg-ab(aav)_t^{DE-BS(OV,BWF)}\right) \\ +\, s_{THES}^{DE}\cdot vv_t^{DE-BS(OV,BWF)} \end{array}\right\}\right) \\ +\max\left(0\,;\left\{ \begin{array}{l} \left(1-s_{KSt}^{UK}\right) \\ \cdot\left(vg-ab\left(\begin{array}{l} aav+ \\ gav\cdot s_{GrESt}^{DE} \end{array}\right)_t^{UK-SE(OV,BWF)}\right) \\ +\, s_{KSt}^{UK}\cdot vv_t^{UK-SE(OV,BWF)} \end{array}\right\}\right) \end{array}\right\} \cdot\frac{\left(0{,}05-s_{GewSt}^{DE}\right)\cdot GK}{2}\right) + VV_t^{jur,DIV(OV,BWF)}
$$

Im Rahmen ihrer grenzüberschreitenden Unternehmenstätigkeit (t = 1 bis t = v) schüttet die UK-SE eine Dividende aus, die sich aufgrund des Gewinntransfers der DE-BS und des Nettoertrags der UK-SE ermittelt. Der Gewinntransfer der DE-BS (Teil ❸) stimmt mit dem Nettoertrag der DE-SE bei der Inbound-Verschmelzung mit Buchwertfortführung überein. Der vorläufige Vergleichsgewinn der DE-BS vermindert sich in einer Periode t um die Abschreibungen des abnutzbaren Anlagevermögens, die nach den in Deutschland geltenden Grundsätzen ($AB(AAV)_t^{DE-BS(OV,BWF)}$) erfolgen. Der Verlustvortrag der DE-AG darf bei der DE-BS in Periode t = 1 ($VV_1^{DE-BS(OV,BWF)}$) fortgeführt und in vollem Umfang geltend gemacht werden. Der steuerpflichtige Gewinn der DE-BS unterliegt aufgrund der in Großbritannien geltenden Anrechnungsmethode zur Vermeidung der internationalen Doppelbesteuerung ausschließlich der Besteuerung in Deutschland, Art. 18 Abs. 1 Satz 2 i.V.m. Art. 1 Abs. 1a DBA Deutschland-Großbritannien. Der Nettoertrag der UK-SE (Teil ❷) ist niedriger als der transferierbare Gewinn der UK-BS bei der Inbound-Verschmelzung mit Buchwertfortführung, weil die in t = 0 von der UK-SE als Anschaffungsnebenkosten aktivierte Grunderwerbsteuer in vollem Umfang die Abschreibungsbasis der planmäßigen Abschreibungen erhöht. Es gilt:

(1.3.3.)

$$\sum_{t=1}^{v} TRA_t^{UK-BS(IV,BWF)} - \sum_{t=1}^{v} ERT_t^{UK-SE(OV,BWF)}$$

$$= \sum_{t=1}^{v} \left\{ \begin{array}{l} \max\left(0\,;\left\{\begin{array}{l}\left(1-s_{KSt}^{UK}\right)\cdot\left(vg-ab(aav)_t^{UK-BS(IV,BWF)}\right)\\ +\,s_{KSt}^{UK}\cdot vv_t^{UK-BS(IV,BWF)}\end{array}\right\}\cdot GK\right) \\ -\max\left(0\,;\left\{\begin{array}{l}\left(1-s_{KSt}^{UK}\right)\cdot\left(vg-ab\left(aav+gav\cdot s_{GrESt}^{DE}\right)_t^{UK-SE(OV,BWF)}\right)\\ +\,s_{KSt}^{UK}\cdot vv_t^{UK-SE(OV,BWF)}\end{array}\right\}\cdot GK\right) \end{array} \right\}$$

$$= \sum_{t=1}^{v} \left(1-s_{KSt}^{UK}\right)\cdot\left(ab\left(gav\cdot s_{GrESt}^{DE}\right)_t^{UK-SE(OV,BWF)}\right)\cdot GK$$

Die Dividende der deutschen Anteilseigner stimmt bei den natürlichen und den juristischen Personen überein. Allerdings ist die Dividende um die in Gleichung (1.3.3.) errechnete Differenz des Gewinntransfers der UK-BS und des Nettoertrags der UK-SE geringer als bei der Inbound-Verschmelzung mit Buchwertfortführung.

Der Gewinn, den die deutschen Anteilseigner bei der Veräußerung der Beteiligung an der UK-SE in t = v erzielen, entspricht dem Veräußerungsgewinn, der im Rahmen der Inbound-Verschmelzung mit Buchwertfortführung erzielt wird (Teil ❹), weil bei beiden Gestaltungsalternativen in t = 0 auf Ebene der übernehmenden SE die Buchwerte der untergehenden Gesellschaft fortgeführt werden. Die Grunderwerbsteuer, die von der UK-SE im Gegensatz zur DE-SE in t = 0 zu entrichten ist, wird bei der UK-SE erfolgsneutral aktiviert, sodass sich keine Veränderung der offenen Rücklagen in t = 0 ergibt. Die Erfolgswirksamkeit des Grunderwerbsteueraufwands wird aufgrund der Aktivierung über die Verrechnung höherer Abschreibungen in t = 1 bis t = v berücksichtigt. Der Veräußerungsgewinn stimmt bei natürlichen und bei juristischen Personen überein.

Unterschiede ergeben sich bei den natürlichen und den juristischen Personen wegen der voneinander abweichenden steuerlichen Behandlung der empfangenen Dividenden (t = 1 bis t = v) und des Gewinns aus der Veräußerung der Beteiligung an der UK-SE (t = v). Auf Ebene der natürlichen Personen entstehen die gleichen steuerlichen Konsequenzen wie bei der Inbound-Verschmelzung mit Buchwertfortführung ($AE^{nat}$, Teil ❺ und Teil ❻), weil sowohl die Dividenden als auch der Veräußerungsgewinn bei den natürlichen Personen nach dem Halbeinkünfteverfahren zur Hälfte der Besteuerung unterliegen. Die Besteuerung erfolgt dabei unabhängig davon, ob es sich bei der Dividende bzw. bei dem Veräußerungsgewinn um eine Beteiligung an einer inländischen oder ausländischen Kapitalgesellschaft handelt. Bei den juristischen Personen als deutsche Anteilseigner ergeben sich im Ergebnis ebenfalls keine Unterschiede zur Inbound-Verschmelzung mit Buchwertfortführung. Die empfangene Dividende unterliegt in vollem Umfang der Gewerbesteuer ($AE^{jur}$, Teil ❺). Zusätzlich sind 5% der Dividende der UK-SE körperschaftsteuerpflichtig, § 8b Abs. 5 KStG. Hierbei ist zu berücksichtigen, dass die zu entrichtende Gewerbesteuer bei der Ermittlung des körperschaftsteuerpflichtigen Gewinns als Betriebsausgabe abzugsfähig ist (§ 4 Abs. 4 EStG i.V.m. § 8 Abs. 1 KStG), sodass bei den juristischen Personen keine Körperschaftsteuer anfällt. Es entsteht allerdings in jeder Periode t ein sukzessive anwachsender Verlustvortrag ($VV_{t+1}^{jur,DIV(OV,BWF)}$; $AE^{jur}$, Teil ❼). Da die juristischen Personen im Anwendungsfall keine weiteren Einkünfte erzielen, entfaltet der Verlustvortrag keine steuerlichen Entlastungswirkungen, sodass im Ergebnis die steuerliche Behandlung der empfangenen Dividende mit der Inbound-Verschmelzung mit Buchwertfortführung übereinstimmt. Der Gewinn aus der Veräußerung der Anteile an der UK-SE unterliegt wie bei der Inbound-Verschmelzung mit Buchwertfortführung nicht der Besteuerung ($AE^{jur}$, Teil ❻). Allgemein und konkret anhand des Zahlenbeispiels gilt:

(1.3.4.) wenn deutsche Anteilseigner = $AE^{nat,DE-AG}$ und $AE^{nat,UK-PLC}$, dann

$$Bar_0^{nat(IV,BWF)} - Bar_0^{nat(OV,BWF)}$$

$$= \sum_{t=1}^{v} \left(1 - s_{KSt}^{UK}\right) \cdot \left(ab\left(gav \cdot s_{GrESt}^{DE}\right)_t^{UK-SE(OV,BWF)}\right) \cdot \frac{\left(1 - \frac{1}{2} \cdot s_{ESt}^{DE}\right) \cdot GK}{2 \cdot \left\{1 + i \cdot \left(1 - s_{ESt}^{DE}\right)\right\}^t}$$

$$= 0{,}44 + 0{,}32 + 0{,}23 + 0{,}16 = 1{,}15$$

$$Bar_0^{nat(IV,BWF)} - Bar_0^{nat(OV,BWF)} = 1.661{,}65 - 1.660{,}50 = 1{,}15$$

(1.3.5.) wenn deutsche Anteilseigner = $AE^{jur,DE-AG}$ und $AE^{jur,UK-PLC}$, dann

$$Bar_0^{jur(IV,BWF)} - Bar_0^{jur(OV,BWF)}$$

$$= \sum_{t=1}^{v} \left(1 - s_{KSt}^{UK}\right) \cdot \left(ab\left(gav \cdot s_{GrESt}^{DE}\right)_t^{UK-SE(OV,BWF)}\right) \cdot \frac{\left(1 - s_{GewSt}^{DE}\right) \cdot GK}{2 \cdot \left\{1 + i \cdot \left(1 - s_{ESt}^{DE}\right)\right\}^t}$$

$$= 0{,}48 + 0{,}34 + 0{,}24 + 0{,}17 = 1{,}23$$

$$Bar_0^{jur(IV,BWF)} - Bar_0^{jur(OV,BWF)} = 1.750{,}66 - 1.749{,}43 = 1{,}23$$

Der Nettoliquiditätszufluss auf Ebene der juristischen Personen ist aufgrund der geringeren steuerlichen Belastungen höher als bei den natürlichen Personen. Setzt man unter Berücksichtigung der Berechnung (IV.4.2.2.2.8.) und der Tabelle 8 die Dividende, die die deutschen Anteilseigner in t = 1 bis t = v empfangen, und den Veräußerungsgewinn der Periode t = v in Ungleichung (1.2.3.) ein, gilt:[489]

(1.3.6.) $Bar_0^{nat(OV,BWF)} \leq Bar_0^{jur(OV,BWF)}$

$$\begin{pmatrix} 212{,}42 + 189{,}93 + 188{,}75 \\ + 185{,}37 + 884{,}03 \end{pmatrix} \leq \begin{pmatrix} 229{,}31 + 203{,}21 + 200{,}14 \\ + 194{,}79 + 921{,}98 \end{pmatrix}$$

$$1.660{,}50 \leq 1.749{,}43$$

Im Verhältnis zu Rangplatz 1. erzielen die natürlichen und die juristischen Personen durch die Gestaltungsalternative Outbound-Verschmelzung mit Buchwertfortführung einen Wert in Höhe von jeweils 99,93%. Die Begründung dafür liegt in der auf Ebene der UK-SE als Anschaffungsnebenkosten aktivierten Grunderwerbsteuer, die in vollem Umfang die Abschreibungsbasis der planmäßigen Abschreibungen erhöht und somit einen niedrigeren Nettoertrag der UK-SE bedingt.

489 Siehe hierzu Kapitel IV.4.2.2.2., S. 158-159.

## 1.4. Ergebnisformel der Outbound-Verschmelzung mit Teilwertansatz

Der Barwert der Summe der Nettoliquiditätszuflüsse der deutschen Anteilseigner, der durch die Outbound-Verschmelzung mit Buchwertfortführung generiert wird, ergibt sich aus den Perioden t = 1 bis t = v. Zur Erfassung der Ergebnisformel sind für natürliche Personen die Gleichungen (IV.4.3.2.4.5.) und (IV.4.3.3.9.) in die Gleichung (1.1.1.) und für juristische Personen die Gleichungen (IV.4.3.2.4.6.) und (IV.4.3.3.8.) in die Gleichung (1.1.2.) einzusetzen. Es gilt:

(1.4.1.) wenn deutsche Anteilseigner = $AE^{nat,DE-AG}$ und $AE^{nat,UK-PLC}$, dann

$$
\begin{aligned}
Bar_0^{nat(OV,TWA)} = {} & \underset{\text{❶}}{0} + \sum_{t=1}^{v} \left\{ \begin{aligned} & \underset{\text{❸}}{\max\left(0\,;\left\{ \begin{aligned} & \left(1 - s_{THES}^{DE}\right)\cdot\left(vg - ab\left(aav + ast\right)_t^{DE-BS(OV,TWA)}\right) \\ & + s_{THES}^{DE} \cdot vv_t^{DE-BS(OV,TWA)*} \end{aligned} \right\}\right)} \\ & + \underset{\text{❷}}{\max\left(0\,;\left\{ \begin{aligned} & \left(1 - s_{KSt}^{UK}\right)\cdot\left(vg - ab\left(\begin{aligned} & aav + \\ & gav \cdot s_{GrESt}^{DE} \end{aligned}\right)_t^{UK-SE(OV,TWA)}\right) \\ & + s_{KSt}^{UK} \cdot vv_t^{UK-SE(OV,TWA)} \end{aligned} \right\}\right)} \end{aligned} \right\} \cdot \underset{\text{❺}}{\frac{\left(1 - \frac{1}{2} \cdot s_{ESt}^{DE}\right) \cdot GK}{2 \cdot \left\{1 + i \cdot \left(1 - s_{ESt}^{DE}\right)\right\}^t}} \\
& + \Big(\underset{\text{❹}}{2 \cdot \left\{\left(rl_0 - rl_{-k}\right) + \left(st_v - st_{-k}\right)\right\} - \left(st_0 - vv_0\right) \cdot s_{THES}^{DE}}\Big) \cdot \underset{\text{❻}}{\frac{\left(1 - \frac{1}{2} \cdot s_{ESt,VE}^{DE}\right) \cdot GK}{2 \cdot \left\{1 + i \cdot \left(1 - s_{ESt}^{DE}\right)\right\}^v}}
\end{aligned}
$$

(1.4.2.) wenn deutsche Anteilseigner = $AE^{jur,DE-AG}$ und $AE^{jur,UK-PLC}$, dann

$$
\underset{\text{❼}}{vv_{t+1}^{jur,DIV(OV,TWA)}} = -\left( \left\{ \begin{aligned} & \max\left(0\,;\left\{ \begin{aligned} & \left(1 - s_{THES}^{DE}\right)\cdot\left(vg - ab\left(aav + ast\right)_t^{\substack{DE-BS \\ (OV,TWA)}}\right) \\ & + s_{THES}^{DE} \cdot vv_t^{\substack{DE-BS \\ (OV,TWA)*}} \end{aligned} \right\}\right) \\ & + \max\left(0\,;\left\{ \begin{aligned} & \left(1 - s_{KSt}^{UK}\right)\cdot\left(vg - ab\left(\begin{aligned} & aav + \\ & gav \cdot s_{GrESt}^{DE} \end{aligned}\right)_t^{\substack{UK-SE \\ (OV,TWA)}}\right) \\ & + s_{KSt}^{UK} \cdot vv_t^{\substack{UK-SE \\ (OV,TWA)}} \end{aligned} \right\}\right) \end{aligned} \right\} \cdot \frac{\left(0{,}05 - s_{GewSt}^{DE}\right) \cdot GK}{2} \right) + vv_t^{\substack{jur,DIV \\ (OV,TWA)}}
$$

$$Bar_0^{jur(OV,TWA)} =$$

$$\underbrace{0}_{(1)} + \sum_{t=1}^{v} \left\{ \underbrace{\max\left(0; \begin{Bmatrix} (1-s^{DE}_{THES})\cdot\left(vg - ab(aav+ast)^{DE-BS(OV,TWA)}_t\right) \\ + s^{DE}_{THES}\cdot vv_t^{DE-BS(OV,TWA)*}\end{Bmatrix}\right)}_{(3)} \underbrace{+ \max\left(0; \begin{Bmatrix} (1-s^{UK}_{KSt})\cdot\left(vg - ab\begin{pmatrix} aav + \\ gav\cdot s^{DE}_{GrESt}\end{pmatrix}^{UK-SE(OV,TWA)}_t\right) \\ + s^{UK}_{KSt}\cdot vv_t^{UK-SE(OV,TWA)}\end{Bmatrix}\right)}_{(2)} \right\} \cdot \underbrace{\frac{(1-s^{DE}_{GewSt})\cdot GK}{2\cdot\left(1+i\cdot(1-s^{DE}_{THES})\right)^t}}_{(5)}$$

$$- \max\left\{\left(\left(0; \left\{\begin{matrix} \max\left(0; \begin{Bmatrix} (1-s^{DE}_{THES})\cdot\left(vg - ab(aav+ast)^{DE-BS(OV,TWA)}_t\right) \\ + s^{DE}_{THES}\cdot vv_t^{DE-BS(OV,TWA)*}\end{Bmatrix}\right) \\ + \max\left(0; \begin{Bmatrix} (1-s^{UK}_{KSt})\cdot\left(vg - ab\begin{pmatrix} aav + \\ gav\cdot s^{DE}_{GrESt}\end{pmatrix}^{UK-SE(OV,TWA)}_t\right) \\ + s^{UK}_{KSt}\cdot vv_t^{UK-SE(OV,TWA)}\end{Bmatrix}\right)\end{matrix}\right\}\right) \cdot \underbrace{\frac{(0{,}05 - s^{DE}_{GewSt})}{2} - vv_t^{jur,DIV(OV,TWA)}}_{(7)}\right) \cdot s^{DE}_{KSt}\cdot GK\right\}$$

$$+\left(\underbrace{2\cdot\left\{(rl_0 - rl_{-k}) + (st_v - st_{-k})\right\} - (st_0 - vv_0)\cdot s^{DE}_{THES}}_{(4)}\right)\cdot \underbrace{\frac{GK}{2\cdot\left(1+i\cdot(1-s^{DE}_{THES})\right)^v}}_{(6)}$$

Bei der Outbound-Verschmelzung mit Teilwertansatz haben sich bei den natürlichen und den juristischen Personen trotz der Auflösung der stillen Reserven der untergehenden DE-AG in t = 0 keine steuerlich bedingten Liquiditätswirkungen ergeben (Teil ❶), weil der nach Steuern verbleibende Teil des Übertragungsgewinns in t = 0 den offenen Rücklagen zugeführt wird. Auf Ebene der deutschen Anteilseigner entstehen somit erst beim Verkauf der Beteiligung an der UK-SE Liquiditätswirkungen. Gleichzeitig erfolgt keine Aufdeckung der in den Anteilen an der untergehenden DE-AG enthaltenen stillen Reserven, Art. 8 Abs. 2, 3 FRL i.V.m. § 13 Abs. 1, 2 UmwStG. Deshalb entsteht auf Ebene der Anteilseigner der ursprünglichen DE-AG bei der Gründung der UK-SE in t = 0 kein steuerpflichtiger Veräußerungsgewinn.

Die Dividende der UK-SE setzt sich aus dem Gewinntransfer der DE-BS und dem Nettoertrag der UK-SE zusammen. Der Gewinntransfer der DE-BS (Teil ❸) ist in einer Periode t niedriger als der Nettoertrag der DE-SE bei der Inbound-Verschmelzung mit Buchwertfortführung, weil sich die Abschreibungsbasis auf Ebene der DE-BS aufgrund der Auflösung der stillen Reserven in t = 0 um die auf die abnutzbaren Wirtschaftsgüter entfallenden stillen Reserven erhöht hat. Zudem wurde der Verlustvortrag der DE-AG bereits im Rahmen der Besteuerung des Verschmelzungsgewinns berücksichtigt und entfaltet daher bei der DE-BS in t = 1 keine Entlastungswirkungen. Es gilt:

(1.4.3.)

$$\sum_{t=1}^{v} ERT_t^{DE-SE(IV,BWF)} - \sum_{t=1}^{v} TRA_t^{DE-BS(OV,TWA)}$$

$$= \sum_{t=1}^{v} \left\{ \begin{array}{l} \max\left(0\,;\left\{ \begin{array}{l} \left(1 - s_{THES}^{DE}\right) \cdot \left(vg - ab(aav)_t^{DE-SE(IV,BWF)}\right) \\ + s_{THES}^{DE} \cdot vv_t^{DE-SE(IV,BWF)} \end{array} \right\} \cdot GK \right) \\ - \max\left(0\,;\left\{ \begin{array}{l} \left(1 - s_{THES}^{DE}\right) \cdot \left(vg - ab(aav + ast)_t^{DE-BS(OV,TWA)}\right) \\ + s_{THES}^{DE} \cdot vv_t^{DE-BS(OV,TWA)*} \end{array} \right\} \cdot GK \right) \end{array} \right\}$$

$$= \sum_{t=1}^{v} \left\{ s_{THES}^{DE} \cdot \left( vv_t^{DE-SE(IV,BWF)} - vv_t^{DE-BS(OV,TWA)*} \right) + \left(1 - s_{THES}^{DE}\right) \cdot \left( ab(ast)_t^{DE-BS(OV,TWA)} \right) \right\} \cdot GK$$

Der Nettoertrag der UK-SE (Teil ❷) ist analog zur Outbound-Verschmelzung mit Buchwertfortführung aufgrund der Aktivierung der Grunderwerbsteuer bei der aufnehmenden UK-SE niedriger als der transferierbare Gewinn der UK-BS bei der Inbound-Verschmelzung mit Buchwertfortführung.[490]

Die Dividende der deutschen Anteilseigner stimmt bei den natürlichen und den juristischen Personen überein. Sie setzt sich zusammen aus dem Gewinntransfer der DE-BS und dem Nettoertrag der UK-SE. Im Vergleich zur Inbound-Verschmelzung mit Buchwertfortführung ist die Dividende der UK-SE wegen zweier Einflussfaktoren niedriger als die Dividende der DE-SE. Bei der DE-BS werden im Vergleich zur UK-BS aufgrund der Realisation der stillen Reserven der DE-AG in einer Periode t höhere Abschreibungen verrechnet, die den Gewinntransfer mindern. Auf Ebene der UK-SE hat sich die Abschreibungsbasis um die als Anschaffungsnebenkosten aktivierte Grunderwerbsteuer erhöht.

Der Gewinn, den die deutschen Anteilseigner bei der Veräußerung der Beteiligung an der UK-SE in t = v ($VE_v^{UK-SE(OV,TWA)}$) erzielen, stimmt bei den natürlichen und den juristischen Personen überein (Teil ❹). Der Veräußerungsgewinn ist niedriger als der Gewinn aus der Veräußerung der Anteile an der DE-SE bei der Inbound-Verschmelzung mit Buchwertfortführung ($VE_v^{DE-SE(IV,BWF)}$). Zwar wird die Grunderwerbsteuer, die von der UK-SE im Gegensatz zur DE-SE in t = 0 zu entrichten ist, bei der UK-SE erfolgsneutral aktiviert, sodass sich keine Veränderung der offe-

---

490 Siehe hierzu Abschnitt 1.3., S. 271.

nen Rücklagen in t = 0 ergibt; aufgrund des Teilwertansatzes entsteht jedoch in Höhe der Differenz des Buchwerts der übertragenen Wirtschaftsgüter und des Teilwerts ein steuerpflichtiger Übertragungsgewinn, der mit dem Verlustvortrag der untergehenden DE-AG in t = 0 verrechnet wird. Die auf den Übertragungsgewinn entfallende deutsche Ertragsteuerbelastung begründet die Differenz zwischen dem höheren Veräußerungsgewinn der Anteile an der DE-SE und dem niedrigeren Gewinn aus der Veräußerung der Anteile an der UK-SE. Es gilt:

$$\begin{aligned} & VE_v^{DE-SE(IV,BWF)} - VE_v^{UK-SE(OV,TWA)} \\ (1.4.4.) \quad & = \left\{ \left\{ (rl_0 - rl_{-k}) + (st_v - st_{-k}) \right\} - \frac{1}{2} \cdot \left( 2 \cdot \left\{ \begin{array}{l} (rl_0 - rl_{-k}) \\ + (st_v - st_{-k}) \end{array} \right\} - \left\{ (st_0 - vv_0) \cdot s_{THES}^{DE} \right\} \right) \right\} \cdot GK \\ & = \frac{1}{2} \cdot (st_0 - vv_0) \cdot s_{THES}^{DE} \cdot GK \end{aligned}$$

Ein unterschiedlicher Nettoliquiditätszufluss entsteht bei den natürlichen und den juristischen Personen aufgrund der steuerlichen Behandlung der empfangenen Dividenden (t = 1 bis t = v) und des Gewinns aus der Veräußerung der Beteiligung an der UK-SE (t = v). Im Ergebnis entsprechen die steuerlichen Konsequenzen auf Ebene der natürlichen und der juristischen Personen den Steuerwirkungen bei der Inbound-Verschmelzung mit Buchwertfortführung ($AE^{nat}$ und $AE^{jur}$, Teil ❺ und Teil ❻ sowie $AE^{jur}$, Teil ❼). Allgemein und konkret anhand des Zahlenbeispiels gilt:

(1.4.5.) wenn deutsche Anteilseigner = $AE^{nat,DE-AG}$ und $AE^{nat,UK-PLC}$, dann

$$\begin{aligned} & Bar_0^{nat(IV,BWF)} - Bar_0^{nat(OV,TWA)} \\ & = \sum_{t=1}^{v} \left\{ \begin{array}{l} s_{THES}^{DE} \cdot \left( \begin{array}{l} vv_t^{DE-SE(IV,BWF)} \\ - vv_t^{DE-BS(OV,TWA)*} \end{array} \right) \\ + (1 - s_{KSt}^{UK}) \cdot \left( ab(gav \cdot s_{GrESt}^{DE})_t^{UK-SE(OV,TWA)} \right) \\ + (1 - s_{THES}^{DE}) \cdot \left( ab(ast)_t^{DE-BS(OV,TWA)} \right) \end{array} \right\} \cdot \frac{\left(1 - \frac{1}{2} \cdot s_{ESt}^{DE}\right) \cdot GK}{2 \cdot \left\{1 + i \cdot (1 - s_{ESt}^{DE})\right\}^t} \\ & + \left\{ (st_0 - vv_0) \cdot s_{THES}^{DE} \right\} \cdot \frac{\left(1 - \frac{1}{2} \cdot s_{ESt,VE}^{DE}\right) \cdot GK}{2 \cdot \left\{1 + i \cdot (1 - s_{ESt}^{DE})\right\}^t} \end{aligned}$$

$$Bar_0^{nat(IV,BWF)} - Bar_0^{nat(OV,TWA)} = \begin{pmatrix} 50{,}39 + 27{,}91 + 21{,}19 \\ + 16{,}09 + 126{,}96 \end{pmatrix} = 242{,}55$$

$$Bar_0^{nat(IV,BWF)} - Bar_0^{nat(OV,TWA)} = 1.661{,}65 - 1.419{,}10 = 242{,}55$$

(1.4.6.) wenn deutsche Anteilseigner = $AE^{jur,DE-AG}$ und $AE^{jur,UK-PLC}$, dann

$$Bar_0^{jur(IV,BWF)} - Bar_0^{jur(OV,TWA)}$$

$$= \sum_{t=1}^{v} \left\{ \begin{matrix} s_{THES}^{DE} \cdot \left( vv_t^{DE-SE(IV,BWF)} - vv_t^{DE-BS(OV,TWA)*} \right) \\ + \left(1 - s_{KSt}^{UK}\right) \cdot \left( ab\left(gav \cdot s_{GrESt}^{DE}\right)_t^{UK-SE(OV,TWA)} \right) \\ + \left(1 - s_{THES}^{DE}\right) \cdot \left( ab\left(ast\right)_t^{DE-BS(OV,TWA)} \right) \end{matrix} \right\} \cdot \frac{\left(1 - s_{GewSt}^{DE}\right) \cdot GK}{2 \cdot \left\{1 + i \cdot \left(1 - s_{THES}^{DE}\right)\right\}^t}$$

$$+ \left\{ \left(st_0 - vv_0\right) \cdot s_{THES}^{DE} \right\} \cdot \frac{GK}{\left\{1 + i \cdot \left(1 - s_{ESt}^{DE}\right)\right\}^v}$$

$$Bar_0^{jur(IV,BWF)} - Bar_0^{jur(OV,TWA)} = \begin{pmatrix} 54{,}40 + 29{,}87 + 22{,}47 \\ + 16{,}91 + 132{,}41 \end{pmatrix} = 256{,}06$$

$$Bar_0^{jur(IV,BWF)} - Bar_0^{jur(OV,TWA)} = 1.750{,}66 - 1.494{,}60 = 256{,}06$$

Der Nettoliquiditätszufluss bei den juristischen Personen ist aufgrund ihrer geringeren steuerlichen Belastungen höher als bei den natürlichen Personen. Setzt man unter Berücksichtigung der Berechnung (IV.4.3.2.2.6.) und der Tabelle 13 die Dividende, die die deutschen Anteilseigner in t = 1 bis t = v empfangen, und den Veräußerungsgewinn in t = v in Ungleichung (1.2.3.) ein, gilt allgemein und konkret anhand des Zahlenbeispiels:[491]

(1.4.7.) $Bar_0^{nat(OV,TWA)} \leq Bar_0^{jur(OV,TWA)}$

$$\begin{pmatrix} 162{,}47 + 162{,}33 + 167{,}78 \\ + 169{,}44 + 757{,}07 \end{pmatrix} \leq \begin{pmatrix} 175{,}39 + 173{,}68 + 177{,}91 \\ + 178{,}05 + 789{,}57 \end{pmatrix}$$

$$1.419{,}10 \leq 1.494{,}60$$

Die natürlichen und die juristischen Personen erzielen durch die Outbound-Verschmelzung mit Buchwertfortführung einen Wert von 85,40% bzw. 85,37% im Verhältnis zu Rangplatz 1. Die Unterschiede zur Inbound-Verschmelzung mit Buchwertfortführung sind auf drei Einflussfaktoren zurückzuführen:

(1) Die DE-BS erzielt in einer Periode t einen geringeren transferierbaren Gewinn, weil sich aufgrund des Teilwertansatzes in t = 0 die Abschreibungsbasis um die auf die abnutzbaren Wirtschaftsgüter entfallenen

---

491 Siehe hierzu Kapitel IV.4.3.2.2., S. 184-186.

stillen Reserven erhöht hat. Der Verlustvortrag der DE-AG wird in t = 0 bei der Besteuerung des Verschmelzungsgewinns berücksichtigt und entfaltet daher bei der Ermittlung des steuerpflichtigen Gewinns der DE-BS in t = 1 keine Entlastungswirkung.

(2) Aufgrund der Aktivierung der Grunderwerbsteuer als Anschaffungsnebenkosten hat sich auf Ebene der UK-SE die Abschreibungsbasis um die aktivierte Grunderwerbsteuer erhöht, sodass sie in einer Periode t einen geringeren Nettoertrag erzielt.

(3) Die auf den Übertragungsgewinn in t = 0 entfallende Ertragsteuerbelastung mindert die offenen Rücklagen in der Schlussbilanz der DE-AG. Unter Berücksichtigung der Beteiligungsquote von jeweils 50% der natürlichen und der juristischen Personen fällt der Veräußerungsgewinn der deutschen Anteilseigner in t = v daher um die Hälfte der Ertragsteuerbelastung des Übertragungsgewinns niedriger aus.

## 1.5. Ergebnisformel des Inbound-Anteilstauschs mit Buchwertfortführung

Der Barwert der Summe der Nettoliquiditätszuflüsse der deutschen Anteilseigner, der durch den Inbound-Anteilstausch mit Buchwertfortführung generiert wird, ergibt sich aus den Perioden t = 1 bis t = v. Zur Erfassung der Ergebnisformel sind für natürliche Personen die Gleichungen (IV.5.2.2.4.5.) und (IV.5.2.3.10.) in Gleichung (1.1.1.) und für juristische Personen die Gleichungen (IV.5.2.2.4.6.) und (IV.5.2.3.9.) in Gleichung (1.1.2.) einzusetzen.

In t = 0 löst der Inbound-Anteilstausch mit Buchwertfortführung für die einbringenden Anteilseigner keine steuerlich bedingten Liquiditätswirkungen aus, weil die übernehmende DE-SE die eingelegten Anteile an der DE-AG und der UK-PLC mit dem Buchwert bewertet (Teil ➊).

Die Dividende der DE-SE setzt sich aus den Dividenden der DE-TKG und der UK-TKG abzüglich der Ertragsteuerbelastung der DE-SE zusammen. Zwar hat die DE-SE in t = 0 aufgrund der Einlage der Anteile an der ursprünglichen DE-AG und UK-PLC Grunderwerbsteuer und Stempelsteuern zu entrichten. Die Verkehrsteuern werden in t = 0 jedoch erfolgsneutral als Anschaffungsnebenkosten der eingebrachten Beteiligungen aktiviert. Die Erfolgswirksamkeit tritt erst bei einer Veräußerung der Anteile an der DE-AG und der UK-PLC durch die DE-SE ein und liegt daher außerhalb des Betrachtungszeitraums des Anwendungsfalls.

(1.5.1.) wenn deutsche Anteilseigner = $AE^{nat,DE-AG}$ und $AE^{nat,UK-PLC}$, dann

$$Bar_0^{nat(IA,BWF)} =$$

$$\underbrace{0}_{❶} + \sum_{t=1}^{v} \left( \begin{array}{l} \underbrace{\max\left(0; \begin{Bmatrix} \left(1-s^{DE}_{THES}\right)\cdot\left(vg - ab(aav)_t^{DE-TKG(IA,BWF)}\right) \\ + s^{DE}_{THES}\cdot vv_t^{DE-TKG(IA,BWF)} \end{Bmatrix}\right)}_{❸} \\ \underbrace{+ \max\left(0; \begin{Bmatrix} \left(1-s^{UK}_{KSt}\right)\cdot\left(vg - ab(aav)_t^{UK-TKG(IA,BWF)}\right) \\ + s^{UK}_{KSt}\cdot vv_t^{UK-TKG(IA,BWF)} \end{Bmatrix}\right)}_{❷} \\ \underbrace{- \left\{0{,}05\cdot s^{DE}_{THES}\cdot \max\left(0; \begin{Bmatrix} \left(1-s^{UK}_{KSt}\right) \\ \cdot\left(vg - ab(aav)_t^{UK-TKG(IA,BWF)}\right) \\ + s^{UK}_{KSt}\cdot vv_t^{UK-TKG(IA,BWF)} \end{Bmatrix}\right)\right\}}_{❽} \end{array} \right) \cdot \underbrace{\frac{\left(1-\frac{1}{2}\cdot s^{DE}_{ESt}\right)\cdot GK}{2\cdot\left\{1+i\cdot\left(1-s^{DE}_{ESt}\right)\right\}^t}}_{❺}$$

$$+ \underbrace{\left\{\left(rl_0 - rl_{-k}\right) + \left(st_v - st_{-k}\right)\right\}}_{❹} \cdot \underbrace{\frac{\left(1-\frac{1}{2}\cdot s^{DE}_{ESt}\right)\cdot GK}{\left\{1+i\cdot\left(1-s^{DE}_{ESt}\right)\right\}^v}}_{❻}$$

(1.5.2.) wenn deutsche Anteilseigner = $AE^{jur,DE-AG}$ und $AE^{jur,UK-PLC}$, dann

$$Bar_0^{jur(IA,BWF)} =$$

$$\underbrace{0}_{❶} + \sum_{t=1}^{v} \left( \begin{array}{l} \underbrace{\max\left(0; \begin{Bmatrix} \left(1-s^{DE}_{THES}\right)\cdot\left(vg - ab(aav)_t^{DE-TKG(IA,BWF)}\right) \\ + s^{DE}_{THES}\cdot vv_t^{DE-TKG(IA,BWF)} \end{Bmatrix}\right)}_{❸} \\ \underbrace{+ \max\left(0; \begin{Bmatrix} \left(1-s^{UK}_{KSt}\right)\cdot\left(vg - ab(aav)_t^{UK-TKG(IA,BWF)}\right) \\ + s^{UK}_{KSt}\cdot vv_t^{UK-TKG(IA,BWF)} \end{Bmatrix}\right)}_{❷} \\ \underbrace{- \left\{0{,}05\cdot s^{DE}_{THES}\cdot \max\left(0; \begin{Bmatrix} \left(1-s^{UK}_{KSt}\right) \\ \cdot\left(vg - ab(aav)_t^{UK-TKG(IA,BWF)}\right) \\ + s^{UK}_{KSt}\cdot vv_t^{UK-TKG(IA,BWF)} \end{Bmatrix}\right)\right\}}_{❽} \end{array} \right) \cdot \underbrace{\frac{\left(1-s^{DE}_{GewSt}\right)\cdot GK}{2\cdot\left\{1+i\cdot\left(1-s^{DE}_{THES}\right)\right\}^t}}_{❺}$$

$$+ \underbrace{\left\{\left(rl_0 - rl_{-k}\right) + \left(st_v - st_{-k}\right)\right\}}_{❹} \cdot \underbrace{\frac{GK}{\left\{1+i\cdot\left(1-s^{DE}_{THES}\right)\right\}^v}}_{❻}$$

Die Dividende der DE-TKG entspricht in einer Periode t dem Nettoertrag der DE-SE bei der Inbound-Verschmelzung mit Buchwertfortführung (Teil ❷). Die Dividende der UK-TKG stimmt in einer Periode t mit dem Gewinntransfer der UK-BS überein (Teil ❸). Die Begründung liegt darin, dass die Tochterkapitalgesellschaften aufgrund des Trennungsprinzips als juristische Personen in Deutschland bzw. in Großbritannien unbeschränkt steuerpflichtig sind. Im Gegensatz zur Inbound-Verschmelzung mit Buchwertfortführung unterliegen 5% der von der UK-TKG an die DE-SE ausgeschütteten Dividende aufgrund des § 8b Abs. 5 KStG i.V.m. § 7 GewStG in Deutschland der Körperschaftsteuer und der Gewerbesteuer (Teil ❽). Die Dividende, die die DE-SE in einer Periode t an die deutschen Anteilseigner ausschüttet, ist um diese Ertragsteuerbelastung niedriger als bei der Inbound-Verschmelzung mit Buchwertfortführung. Es gilt:

(1.5.3.)

$$\sum_{t=1}^{v} DIV_t^{DE-SE(IV,BWF)} - \sum_{t=1}^{v} DIV_t^{DE-SE(IA,BWF)}$$

$$= \sum_{t=1}^{v} \left\{ \begin{array}{l} \max\left(0;\left\{\begin{array}{l}\left(1-s_{KSt}^{UK}\right)\cdot\left(vg-ab(aav)_t^{UK-BS(IV,BWF)}\right)\\ + s_{KSt}^{UK}\cdot vv_t^{UK-BS(IV,BWF)}\end{array}\right\}\right) \\ + \max\left(0;\left\{\begin{array}{l}\left(1-s_{THES}^{DE}\right)\cdot\left(vg-ab(aav)_t^{DE-SE(IV,BWF)}\right)\\ + s_{THES}^{DE}\cdot vv_t^{DE-SE(IV,BWF)}\end{array}\right\}\right) \end{array} \right\}$$

$$- \sum_{t=1}^{v} \left( \begin{array}{l} \max\left(0;\left\{\begin{array}{l}\left(1-s_{THES}^{DE}\right)\cdot\left(vg-ab(aav)_t^{DE-TKG(IA,BWF)}\right)\\ + s_{THES}^{DE}\cdot vv_t^{DE-TKG(IA,BWF)}\end{array}\right\}\right) \\ + \max\left(0;\left\{\begin{array}{l}\left(1-s_{KSt}^{UK}\right)\cdot\left(vg-ab(aav)_t^{UK-TKG(IA,BWF)}\right)\\ + s_{KSt}^{UK}\cdot vv_t^{UK-TKG(IA,BWF)}\end{array}\right\}\right) \\ - \left\{0{,}05\cdot s_{THES}^{DE}\cdot\max\left(0;\left\{\begin{array}{l}\left(1-s_{KSt}^{UK}\right)\cdot\left(vg-ab(aav)_t^{UK-TKG(IA,BWF)}\right)\\ + s_{KSt}^{UK}\cdot vv_t^{UK-TKG(IA,BWF)}\end{array}\right\}\right)\right\} \end{array} \right)$$

$$= \sum_{t=1}^{v} 0{,}05\cdot s_{THES}^{DE}\cdot\max\left(0;\left\{\begin{array}{l}\left(1-s_{KSt}^{UK}\right)\cdot\left(vg-ab(aav)_t^{UK-TKG(IA,BWF)}\right)\\ + s_{KSt}^{UK}\cdot vv_t^{UK-TKG(IA,BWF)}\end{array}\right\}\right)$$

Der Gewinn aus der Veräußerung der Beteiligung an der DE-SE in t = v entspricht dem Veräußerungsgewinn bei der Inbound-Verschmelzung mit Buchwertfortführung und stimmt bei den natürlichen und den juristischen Personen überein (Teil ❹), weil die übernehmende DE-SE die eingelegten Anteile mit dem Buchwert bewertet. Gleichzeitig entspricht der Verkehrswert der DE-SE in t = v dem Verkehrswert der DE-SE bei der Inbound-Verschmelzung mit Buchwertfortführung.

Ein unterschiedlicher Nettoliquiditätszufluss bei den natürlichen und den juristischen Personen entsteht aufgrund der steuerlichen Behandlung der empfangenen Dividenden (t = 1 bis t = v) und des Gewinns aus der Veräußerung der Beteiligung an der DE-SE (t = v). Hierbei ist von besonderer Bedeutung, dass die Anteile der deutschen Anteilseigner an der DE-SE einbringungsgeborene Anteile sind.

Die steuerliche Behandlung der empfangenen Dividende bei den natürlichen und den juristischen Personen entspricht der Dividendenbesteuerung bei der Inbound-Verschmelzung mit Buchwertfortführung ($AE^{nat}$ und $AE^{jur}$, Teil ❺). Ebenso ergibt sich auf Ebene der juristischen Personen kein Unterschied hinsichtlich der Freistellung des Veräußerungsgewinns von der Besteuerung ($AE^{jur}$, Teil ❻), weil die Ausnahmeregelung für einbringungsgeborene Anteile nach § 8b Abs. 4 Satz 1 Nr. 1 KStG beim Anteilstausch nicht anwendbar ist, sodass auf die Mindestbehaltefrist von sieben Jahren für die Inanspruchnahme der vollen Steuerbefreiung verzichtet wird (Rückausnahme nach § 8b Abs. 4 Satz 2 Nr. 2 KStG). Bei natürlichen Personen ist der Gewinn aus der Veräußerung der einbringungsgeborenen Anteile nach dem Halbeinkünfteverfahren zwar grundsätzlich nur zur Hälfte steuerpflichtig (§ 3 Nr. 40 Satz 1 Buchst. a, Satz 4 EStG); der verbleibende Veräußerungsgewinn gilt allerdings als Gewinn i.S.d. § 16 EStG, sodass der Sondertarif für Veräußerungsgewinne für die einbringungsgeborenen Anteile nicht anwendbar ist ($AE^{nat}$, Teil ❻). Zusammenfassend gilt allgemein und konkret anhand des Zahlenbeispiels im Vergleich zur Inbound-Verschmelzung mit Buchwertfortführung:

(1.5.4.) wenn deutsche Anteilseigner = $AE^{nat,DE-AG}$ und $AE^{nat,UK-PLC}$, dann

$$
\begin{aligned}
&Bar_0^{nat(IV,BWF)} - Bar_0^{nat(IA,BWF)} \\
&= \sum_{t=1}^{v} 0{,}05 \cdot s_{THES}^{DE} \cdot \max\left(0\,;\left\{\begin{matrix}\left(1 - s_{KSt}^{UK}\right) \\ \cdot \left(vg - ab(aav)_t^{UK-TKG(IA,BWF)}\right) \\ + s_{KSt}^{UK} \cdot vv_t^{UK-TKG(IA,BWF)}\end{matrix}\right\}\right) \cdot \frac{\left(1 - \frac{1}{2} \cdot s_{ESt}^{DE}\right) \cdot GK}{2 \cdot \left\{1 + i \cdot \left(1 - s_{ESt}^{DE}\right)\right\}^t} \\
&+ \left\{\left(rl_0 - rl_{-k}\right) + \left(st_v - st_{-k}\right)\right\} \cdot \frac{\frac{1}{2} \cdot \left(s_{ESt}^{DE} - s_{ESt,VE}^{DE}\right) \cdot GK}{\left\{1 + i \cdot \left(1 - s_{ESt}^{DE}\right)\right\}^v}
\end{aligned}
$$

$$
Bar_0^{nat(IV,BWF)} - Bar_0^{nat(IA,BWF)} = \begin{pmatrix} 2{,}02 + 1{,}86 + 1{,}86 + \\ 1{,}83 + 152{,}91 \end{pmatrix} = 160{,}48
$$

$$
Bar_0^{nat(IV,BWF)} - Bar_0^{nat(IA,BWF)} = 1.661{,}65 - 1.501{,}17 = 160{,}48
$$

(1.5.5.) wenn deutsche Anteilseigner = $AE^{jur,DE-AG}$ und $AE^{jur,UK-PLC}$, dann

$$
\begin{aligned}
&Bar_0^{jur(IV,BWF)} - Bar_0^{jur(IA,BWF)} \\
&= \sum_{t=1}^{v} 0{,}05 \cdot s_{THES}^{DE} \cdot \max\left(0\,;\left\{\begin{matrix}\left(1 - s_{KSt}^{UK}\right) \\ \cdot \left(vg - ab(aav)_t^{UK-TKG(IA,BWF)}\right) \\ + s_{KSt}^{UK} \cdot vv_t^{UK-TKG(IA,BWF)}\end{matrix}\right\}\right) \cdot \frac{\left(1 - s_{GewSt}^{DE}\right) \cdot GK}{2 \cdot \left\{1 + i \cdot \left(1 - s_{THES}^{DE}\right)\right\}^t}
\end{aligned}
$$

$$
Bar_0^{jur(IV,BWF)} - Bar_0^{jur(IA,BWF)} = 2{,}18 + 1{,}99 + 1{,}97 + 1{,}93 = 8{,}06
$$

$$
Bar_0^{jur(IV,BWF)} - Bar_0^{jur(IA,BWF)} = 1.750{,}66 - 1.742{,}60 = 8{,}06
$$

Der Nettoliquiditätszufluss auf Ebene der juristischen Personen ist aufgrund ihrer geringeren steuerlichen Belastungen höher als der Nettoliquiditätszufluss der natürlichen Personen. Setzt man unter Berücksichtigung der Berechnung (IV.5.2.2.2.5.) und der Tabelle 18 die Dividende, die die Anteilseigner in t = 1 bis t = 4 empfangen haben, und den Veräußerungsgewinn der Periode t = 4 in Ungleichung (1.2.3.) ein, gilt:[492]

---

[492] Siehe hierzu Kapitel IV.5.2.2.2., S. 213.

(1.5.6.) $$Bar_0^{nat(IA,BWF)} \leq Bar_0^{jur(IA,BWF)}$$

$$\begin{pmatrix} 210{,}85 + 188{,}39 + 187{,}12 \\ + 183{,}69 + 731{,}12 \end{pmatrix} \leq \begin{pmatrix} 227{,}62 + 201{,}56 + 198{,}40 \\ + 193{,}03 + 921{,}98 \end{pmatrix}$$

$$1.501{,}17 \leq 1.742{,}60$$

Die natürlichen Personen erzielen beim Inbound-Anteilstausch mit Buchwertfortführung einen Wert von 90,34% im Verhältnis zu Rangplatz 1., während die juristischen Personen einen Anteil von 99,54% erreichen. Dieses Ergebnis ist auf folgende Einflussfaktoren zurückzuführen:

(1) Die ausschüttungsfähige Dividende der DE-SE wird in jeder Periode t dadurch gemindert, dass 5% der Dividende der UK-TKG in Deutschland einer nochmaligen Ertragsteuerbelastung unterliegen.

(2) Bei den natürlichen Personen bewirkt die Veräußerung der einbringungsgeborenen Anteile in t = v, dass der Veräußerungsgewinn nicht dem begünstigten Sondertarif für Veräußerungsgewinne, sondern dem Spitzensteuersatz der Einkommensteuer unterliegt. Hierdurch entsteht eine Mehrbelastung von 16 Prozentpunkten im Vergleich zur Inbound-Verschmelzung mit Buchwertfortführung.[493]

## 1.6. Ergebnisformel des Inbound-Anteilstauschs mit Teilwertansatz

Beim Inbound-Anteilstausch mit Teilwertansatz ergibt sich der Barwert der Summe der Nettoliquiditätszuflüsse der deutschen Anteilseigner aus dem Nettozufluss der Perioden t = 0 bis t = v. Für natürliche Personen sind die Gleichungen (IV.5.3.1.3.4.), (IV.5.3.2.4.5.) und (IV.5.3.3.11.) in Gleichung (1.1.1.) und für juristische Personen die Gleichungen (IV.5.3.1.3.6.), (IV.5.3.2.4.6.) und (IV.5.3.3.10.) in Gleichung (1.1.2.) einzusetzen. Es gilt:

---

493 Berechnung: $0{,}16 = \frac{1}{2} \cdot (0{,}47 - 0{,}15)$.

(1.6.1.) wenn deutsche Anteilseigner = $AE^{nat,DE-AG}$ und $AE^{nat,UK-PLC}$, dann

$$Bar_0^{nat(IA,TWA)} =$$

$$-\underbrace{\left\{\left(rl_0 - rl_{-k}\right) + \left(st_0 - st_{-k}\right)\right\}}_{(1)} \cdot \frac{s^{DE}_{ESt,VE} \cdot GK}{2}$$

$$+\sum_{t=1}^{v}\left(\begin{array}{l} \max\left(0;\underbrace{\left\{\begin{array}{l}\left(1-s^{DE}_{THES}\right)\cdot\left(vg-ab\left(aav\right)^{DE-TKG(IA,TWA)}_t\right)\\ + s^{DE}_{THES}\cdot vv^{DE-TKG(IA,TWA)}_t\end{array}\right\}}_{(3)}\right) \\ + \max\left(0;\underbrace{\left\{\begin{array}{l}\left(1-s^{UK}_{KSt}\right)\cdot\left(vg-ab\left(aav\right)^{UK-TKG(IA,TWA)}_t\right)\\ + s^{UK}_{KSt}\cdot vv^{UK-TKG(IA,TWA)}_t\end{array}\right\}}_{(2)}\right) \\ -\underbrace{\left\{0{,}05\cdot s^{DE}_{THES}\cdot\max\left\{\begin{array}{l}0;\left(1-s^{UK}_{KSt}\right)\cdot\left(vg-ab\left(aav\right)^{UK-TKG(IA,TWA)}_t\right)\\ + s^{UK}_{KSt}\cdot vv^{UK-TKG(IA,TWA)}_t\end{array}\right\}\right\}}_{(8)}\end{array}\right)\cdot\underbrace{\frac{\left(1-\frac{1}{2}\cdot s^{DE}_{ESt}\right)\cdot GK}{2\cdot\left\{1+i\cdot\left(1-s^{DE}_{ESt}\right)\right\}^t}}_{(5)}$$

$$+\underbrace{\left\{\left(rl_0 - rl_{-k}\right) + \left(st_v - st_{-k}\right)\right\}}_{(4)}\cdot\frac{GK}{\left\{1+i\cdot\left(1-s^{DE}_{ESt}\right)\right\}^v} - \underbrace{\left(st_v - st_0\right)}_{(6)}\cdot\frac{s^{DE}_{ESt,VE}\cdot GK}{2\cdot\left\{1+i\cdot\left(1-s^{DE}_{ESt}\right)\right\}^v}$$

(1.6.2.) wenn deutsche Anteilseigner = $AE^{jur,DE-AG}$ und $AE^{jur,UK-PLC}$, dann

$$Bar_0^{jur(IA,TWA)} =$$

$$\underbrace{0}_{(1)} + \sum_{t=1}^{v}\left(\begin{array}{l} \max\left(0;\underbrace{\left\{\begin{array}{l}\left(1-s^{DE}_{THES}\right)\cdot\left(vg-ab\left(aav\right)^{DE-TKG(IA,TWA)}_t\right)\\ + s^{DE}_{THES}\cdot vv^{DE-TKG(IA,TWA)}_t\end{array}\right\}}_{(3)}\right) \\ + \max\left(0;\underbrace{\left\{\begin{array}{l}\left(1-s^{UK}_{KSt}\right)\cdot\left(vg-ab\left(aav\right)^{UK-TKG(IA,TWA)}_t\right)\\ + s^{UK}_{KSt}\cdot vv^{UK-TKG(IA,TWA)}_t\end{array}\right\}}_{(2)}\right) \\ -\underbrace{\left\{\begin{array}{l}0{,}05\cdot s^{DE}_{THES}\\ \cdot\max\left\{\begin{array}{l}0;\left(1-s^{UK}_{KSt}\right)\cdot\left(vg-ab\left(aav\right)^{UK-TKG(IA,TWA)}_t\right)\\ + s^{UK}_{KSt}\cdot vv^{UK-TKG(IA,TWA)}_t\end{array}\right\}\end{array}\right\}}_{(8)}\end{array}\right)\cdot\underbrace{\frac{\left(1-s^{DE}_{GewSt}\right)\cdot GK}{2\cdot\left\{1+i\cdot\left(1-s^{DE}_{THES}\right)\right\}^t}}_{(5)}$$

$$+\underbrace{\left\{\left(rl_0 - rl_{-k}\right) + \left(st_v - st_{-k}\right)\right\}}_{(4)}\cdot\underbrace{\frac{GK}{\left\{1+i\cdot\left(1-s^{DE}_{THES}\right)\right\}^v}}_{(6)}$$

Auf Ebene der natürlichen Personen entsteht im Gegensatz zur Inbound-Verschmelzung mit Buchwertfortführung in t = 0 ein steuerlich bedingter Liquiditätsabfluss ($NZ_0^{nat,DE-SE(IA,TWA)}$; $AE^{nat}$, Teil ➊). Da die übernehmende DE-SE die eingelegten Anteile mit dem Teilwert bewertet, entsteht ein Veräußerungsgewinn, der bei den natürlichen Personen unter Berücksichtigung des Halbeinkünfteverfahrens dem begünstigten Sondertarif für Veräußerungsgewinne unterliegt, § 3 Nr. 40 i.V.m. § 3c Abs. 2 EStG, § 22 Nr. 2, § 23 Abs. 1 Satz 1 Nr. 2, § 32a Abs. 7 EStG. Es gilt:

(1.6.3.)
$$NZ_0^{nat,DE-SE(IV,BWF)} - NZ_0^{nat,DE-SE(IA,TWA)} = \left\{ \left( rl_0 - rl_{-k} \right) + \left( st_0 - st_{-k} \right) \right\} \cdot \frac{s_{nat,VE}^{DE} \cdot GK}{2}$$

Bei den juristischen Personen ist der Veräußerungsgewinn steuerfrei, § 8b Abs. 2 KStG, § 7 GewStG. Im Ergebnis ergibt sich somit bei den juristischen Personen kein Unterschied zur Inbound-Verschmelzung mit Buchwertfortführung ($AE^{jur}$, Teil ➊).

Die Dividende der DE-SE setzt sich aus den Dividenden der DE-TKG und der UK-TKG abzüglich der Ertragsteuerbelastung der DE-SE zusammen. Die Grunderwerbsteuer und die Stempelsteuern, die die DE-SE in t = 0 entrichtet, entfalten aufgrund der Aktivierung als Anschaffungsnebenkosten der eingelegten Beteiligungen an der DE-AG und der UK-PLC auf Ebene der DE-SE innerhalb des Betrachtungszeitraums keine Erfolgswirksamkeit. Da die Tochterkapitalgesellschaften aufgrund des Trennungsprinzips als juristische Personen in Deutschland bzw. in Großbritannien unbeschränkt steuerpflichtig sind, entspricht die Dividende der DE-TKG in einer Periode t dem Nettoertrag der DE-SE bei der Inbound-Verschmelzung mit Buchwertfortführung (Teil ➋). Die Dividende der UK-TKG stimmt in einer Periode t mit dem Gewinntransfer der UK-BS überein (Teil ➌). Die Dividende der DE-SE wird in einer Periode t um die Ertragsteuerbelastung gemindert, die in Deutschland auf 5% der Dividende der UK-TKG anfällt, § 8b Abs. 5 KStG, § 7 GewStG. Sie entspricht der ausschüttungsfähigen Dividende beim Inbound-Anteilstausch mit Buchwertfortführung.[494] Es gilt:

---

494 Siehe hierzu Berechnung (1.5.3.), S. 281.

$$(1.6.4.)\qquad \sum_{t=1}^{v} DIV_t^{DE-SE(IV,BWF)} - \sum_{t=1}^{v} DIV_t^{DE-SE(IA,TWA)}$$

$$= \sum_{t=1}^{v} 0{,}05 \cdot s_{THES}^{DE} \cdot \max\left\{\begin{matrix} 0\,;\left(1-s_{KSt}^{UK}\right)\cdot\left(vg - ab(aav)_t^{UK-TKG(IA,TWA)}\right) \\ + s_{KSt}^{UK} \cdot vv_t^{UK-TKG(IA,TWA)} \end{matrix}\right\}$$

Der steuerpflichtige Gewinn aus der Veräußerung der Beteiligung an der DE-SE in $t = v$ ist beim Inbound-Anteilstausch mit Teilwertansatz ($VE_v^{DE-SE(IA,TWA)}$) niedriger als bei der Inbound-Verschmelzung mit Buchwertfortführung ($VE_v^{DE-SE(IV,BWF)}$). Der Veräußerungsgewinn stimmt bei den natürlichen und den juristischen Personen überein (Teil ❹). Unter der Prämisse, dass die DE-SE ihre Gewinne vollständig an die deutschen Anteilseigner ausschüttet, unterliegt nur die Differenz der stillen Reserven zwischen $t = 0$ und $t = v$ der Besteuerung, weil sich die offenen Rücklagen aufgrund der vollständigen Gewinnausschüttungen im Zeitraum von $t = 0$ bis $t = v$ nicht erhöht haben. Die Differenzen zwischen den offenen Rücklagen und den stillen Reserven in $t = -k$ und $t = 0$ werden für steuerliche Zwecke bereits bei der Gründung der Holding-SE in $t = 0$ erfasst. Es gilt:

$$\begin{aligned} & VE_v^{DE-SE(IV,BWF)} - VE_v^{DE-SE(IA,TWA)} \\ (1.6.5.)\qquad & = \left\{\left(rl_0 - rl_{-k}\right) + \left(st_v - st_{-k}\right)\right\} - \left(st_v - st_0\right) \\ & = \left(rl_0 - rl_{-k}\right) + \left(st_0 - st_{-k}\right) \end{aligned}$$

Die steuerliche Behandlung der empfangenen Dividende bei den natürlichen und den juristischen Personen entspricht der Dividendenbesteuerung bei der Inbound-Verschmelzung mit Buchwertfortführung (Teil ❺). Ebenso ergibt sich kein Unterschied hinsichtlich der steuerlichen Erfassung des Veräußerungsgewinns (Teil ❻). Allgemein und konkret anhand des Zahlenbeispiels gilt im Vergleich zur Inbound-Verschmelzung mit Buchwertfortführung:

(1.6.6.) wenn deutsche Anteilseigner = $AE^{nat,DE-AG}$ und $AE^{nat,UK-PLC}$, dann

$$Bar_0^{nat(IV,BWF)} - Bar_0^{nat(IA,TWA)}$$

$$= \left\{\left(rl_0 - rl_{-k}\right) + \left(st_0 - st_{-k}\right)\right\} \cdot \frac{s_{nat,VE}^{DE} \cdot GK}{2}$$

$$+ \sum_{t=1}^{v} 0{,}05 \cdot s_{THES}^{DE} \cdot \max \left\{ \begin{matrix} 0 ; \left(1 - s_{KSt}^{UK}\right) \\ \cdot \left(vg - ab(aav)_t^{UK-TKG(IA,TWA)}\right) \\ + s_{KSt}^{UK} \cdot vv_t^{UK-TKG(IA,TWA)} \end{matrix} \right\} \cdot \frac{\left(1 - \frac{1}{2} \cdot s_{ESt}^{DE}\right) \cdot GK}{2 \cdot \left\{1 + i \cdot \left(1 - s_{ESt}^{DE}\right)\right\}^t}$$

$$- \left\{\left(rl_0 - rl_{-k}\right) + \left(st_0 - st_{-k}\right)\right\} \cdot \frac{s_{nat,VE}^{DE} \cdot GK}{2 \cdot \left\{1 + i \cdot \left(1 - s_{ESt}^{DE}\right)\right\}^v}$$

$$Bar_0^{nat(IV,BWF)} - Bar_0^{nat(IA,TWA)} = 31{,}88 + 2{,}02 + 1{,}86 + 1{,}86 + 1{,}83 - 25{,}93 = 13{,}52$$

$$Bar_0^{nat(IV,BWF)} - Bar_0^{nat(IA,TWA)} = 1.661{,}65 - 1.648{,}13 = 13{,}52$$

(1.6.7.) wenn deutsche Anteilseigner = $AE^{jur,DE-AG}$ und $AE^{jur,UK-PLC}$, dann

$$Bar_0^{jur(IV,BWF)} - Bar_0^{jur(IA,TWA)}$$

$$= \sum_{t=1}^{v} 0{,}05 \cdot s_{THES}^{DE} \cdot \max \left\{ \begin{matrix} 0 ; \left(1 - s_{KSt}^{UK}\right) \\ \cdot \left(vg - ab(aav)_t^{UK-TKG(IA,TWA)}\right) \\ + s_{KSt}^{UK} \cdot vv_t^{UK-TKG(IA,TWA)} \end{matrix} \right\} \cdot \frac{\left(1 - s_{GewSt}^{DE}\right) \cdot GK}{2 \cdot \left\{1 + i \cdot \left(1 - s_{THES}^{DE}\right)\right\}^t}$$

$$Bar_0^{jur(IV,BWF)} - Bar_0^{jur(IA,TWA)} = 2{,}18 + 1{,}99 + 1{,}97 + 1{,}93 = 8{,}06$$

$$Bar_0^{jur(IV,BWF)} - Bar_0^{jur(IA,TWA)} = 1.750{,}66 - 1.742{,}60 = 8{,}06$$

Der Nettoliquiditätszufluss auf Ebene der juristischen Personen ist wegen der geringeren steuerlichen Belastungen höher als der Nettoliquiditätszufluss bei den natürlichen Personen. Setzt man unter Berücksichtigung der Berechnung (IV.5.3.2.2.3.) und der Tabelle 23 die Dividende, die die deutschen Anteilseigner in t = 1 bis t = 4 empfangen haben, und den Veräußerungsgewinn der Periode t = 4 in Ungleichung (1.2.3.) ein, gilt:[495]

---

[495] Siehe hierzu Kapitel IV.5.3.2.2., S. 231.

(1.6.8.) $$Bar_0^{nat(IA,TWA)} \leq Bar_0^{jur(IA,TWA)}$$

$$\begin{pmatrix} -31{,}88 + 210{,}85 + 188{,}39 + 187{,}12 \\ + 183{,}69 + 909{,}95 \end{pmatrix} \leq \begin{pmatrix} 227{,}62 + 201{,}56 + 198{,}40 \\ + 193{,}04 + 921{,}98 \end{pmatrix}$$

$$1.648{,}13 \leq 1.742{,}60$$

Im Verhältnis zu Rangplatz 1. erreichen die natürlichen Personen beim Inbound-Anteilstausch mit Teilwertansatz einen Wert von 99,19%. Die juristischen Personen erzielen wie beim Inbound-Anteilstausch mit Buchwertfortführung einen Anteil von 99,54%. Das Ergebnis ist auf folgende Einflussfaktoren zurückzuführen:

(1) Die ausschüttungsfähige Dividende der DE-SE wird um die Ertragsteuerbelastung gemindert, die auf 5% der Dividende der UK-TKG in Deutschland entfällt.

(2) Die Bewertung der eingelegten Anteile mit dem Teilwert durch die übernehmende DE-SE führt in t = 0 auf Ebene der einbringenden Anteilseigner zu einem steuerpflichtigen Veräußerungsgewinn. Bei natürlichen Personen unterliegt dieser Veräußerungsgewinn der Besteuerung mit dem Sondertarif für Veräußerungsgewinne. In t = 0 entsteht somit ein Liquiditätsabfluss. Auf Ebene der juristischen Personen ist der Veräußerungsgewinn steuerfrei.

## 1.7. Ergebnisformel des Outbound-Anteilstauschs mit Teilwertansatz

Beim Outbound-Anteilstausch mit Teilwertansatz ergibt sich der Barwert des Nettoliquiditätszuflusses der deutschen Anteilseigner aus dem Nettozufluss der Perioden t = 0 bis t = v. Für natürliche Personen sind die Gleichungen (IV.6.2.1.3.3.), (IV.6.2.2.4.5.) und (IV.6.2.3.11.) in Gleichung (1.1.1.) und für juristische Personen die Gleichungen (IV.6.2.1.3.4.), (IV.6.2.2.4.6.) und (IV.6.2.3.10.) in Gleichung (1.1.2.) einzusetzen. Es gilt:

(1.7.1.) wenn deutsche Anteilseigner = $AE^{nat,DE-AG}$ und $AE^{nat,UK-PLC}$, dann

$$
\begin{aligned}
&Bar_0^{nat(OA,TWA)} = \\
&-\underbrace{\left\{\left(rl_0 - rl_{-k}\right) + \left(st_0 - st_{-k}\right)\right\}}_{❶} \cdot \frac{s_{ESt,VE}^{DE} \cdot GK}{2} \\
&+ \sum_{t=1}^{v} \left( \begin{array}{l} \underbrace{\max\left(0\,;\left\{\begin{array}{l}\left(1 - s_{THES}^{DE}\right) \cdot \left(vg - ab(aav)_t^{DE-TKG(OA,TWA)}\right) \\ + s_{THES}^{DE} \cdot vv_t^{DE-TKG(OA,TWA)}\end{array}\right\}\right)}_{❸} \\ + \underbrace{\max\left(0\,;\left\{\begin{array}{l}\left(1 - s_{KSt}^{UK}\right) \cdot \left(vg - ab(aav)_t^{UK-TKG(OA,TWA)}\right) \\ + s_{KSt}^{UK} \cdot vv_t^{UK-TKG(OA,TWA)}\end{array}\right\}\right)}_{❷} \end{array} \right) \cdot \underbrace{\frac{\left(1 - \frac{1}{2} \cdot s_{ESt}^{DE}\right) \cdot GK}{2 \cdot \left\{1 + i \cdot \left(1 - s_{ESt}^{DE}\right)\right\}^t}}_{❺} \\
&+ \underbrace{\left\{\left(rl_0 - rl_{-k}\right) + \left(st_v - st_{-k}\right)\right\}}_{❹} \cdot \frac{GK}{\left\{1 + i \cdot \left(1 - s_{ESt}^{DE}\right)\right\}^v} - \left(st_v - st_0\right) \cdot \underbrace{\frac{s_{ESt,VE}^{DE} \cdot GK}{2 \cdot \left\{1 + i \cdot \left(1 - s_{ESt}^{DE}\right)\right\}^v}}_{❻}
\end{aligned}
$$

(1.7.2.) wenn deutsche Anteilseigner = $AE^{jur,DE-AG}$ und $AE^{jur,UK-PLC}$, dann

$$
\underbrace{vv_{t+1}^{jur,DIV(OA,TWA)}}_{❼} = -\left( \begin{array}{l} \left( \begin{array}{l} \max\left(0\,;\left\{\begin{array}{l}\left(1 - s_{THES}^{DE}\right) \\ \cdot \left(vg - ab(aav)_t^{DE-TKG(OA,TWA)}\right) \\ + s_{THES}^{DE} \cdot vv_t^{DE-TKG(OA,TWA)}\end{array}\right\}\right) \\ + \max\left(0\,;\left\{\begin{array}{l}\left(1 - s_{KSt}^{UK}\right) \\ \cdot \left(vg - ab(aav)_t^{UK-TKG(OA,TWA)}\right) \\ + s_{KSt}^{UK} \cdot vv_t^{UK-TKG(OA,TWA)}\end{array}\right\}\right) \end{array} \right) \\ \cdot \frac{\left(0{,}05 - s_{GewSt}^{DE}\right) \cdot GK}{2} \end{array} \right) + vv_t^{jur,DIV(OA,TWA)}
$$

$$
\begin{aligned}
&Bar_0^{jur(OA,TWA)} = \\
&\underbrace{0}_{\text{❶}} + \sum_{t=1}^{v} \left( \left( \begin{aligned}
&\underbrace{\max\left(0;\left\{\begin{aligned}&\left(1-s^{DE}_{THES}\right)\cdot\left(vg-ab(aav)_t^{DE-TKG(OA,TWA)}\right)\\&+s^{DE}_{THES}\cdot vv_t^{DE-TKG(OA,TWA)}\end{aligned}\right\}\right)}_{\text{❸}}\\
&\underbrace{+\max\left(0;\left\{\begin{aligned}&\left(1-s^{UK}_{KSt}\right)\cdot\left(vg-ab(aav)_t^{UK-TKG(OA,TWA)}\right)\\&+s^{UK}_{KSt}\cdot vv_t^{UK-TKG(OA,TWA)}\end{aligned}\right\}\right)}_{\text{❷}}
\end{aligned}\right) \right.\\
&\left. -\max\left\{\begin{aligned}&0;\left(\begin{aligned}
&\max\left(0;\left\{\begin{aligned}&\left(1-s^{DE}_{THES}\right)\\&\cdot\left(vg-ab(aav)_t^{DE-TKG(OA,TWA)}\right)\\&+s^{DE}_{THES}\cdot vv_t^{DE-TKG(OA,TWA)}\end{aligned}\right\}\right)\\
&+\max\left(0;\left\{\begin{aligned}&\left(1-s^{UK}_{KSt}\right)\\&\cdot\left(vg-ab(aav)_t^{UK-TKG(OA,TWA)}\right)\\&+s^{UK}_{KSt}\cdot vv_t^{UK-TKG(OA,TWA)}\end{aligned}\right\}\right)
\end{aligned}\right)\cdot s^{DE}_{KSt}\cdot GK\\
&\cdot\frac{\left(0{,}05-s^{DE}_{GewSt}\right)}{2}\underbrace{-vv_t^{jur,DIV(OA,TWA)}}_{\text{❼}}
\end{aligned}\right\}\right)\cdot\underbrace{\frac{\left(1-s^{DE}_{GewSt}\right)\cdot GK}{2\cdot\left(1+i\cdot\left(1-s^{DE}_{THES}\right)\right)^t}}_{\text{❺}}\\
&+\underbrace{\left\{\left(rl_0-rl_{-k}\right)+\left(st_v-st_{-k}\right)\right\}}_{\text{❹}}\cdot\underbrace{\frac{GK}{\left(1+i\cdot\left(1-s^{DE}_{THES}\right)\right)^v}}_{\text{❻}}
\end{aligned}
$$

Im Gegensatz zur Inbound-Verschmelzung mit Buchwertfortführung entsteht bei den deutschen Anteilseignern in $t = 0$ ein Veräußerungsgewinn. Der Veräußerungsgewinn ergibt sich aus der Differenz des Buchwerts und des Verkehrswerts der eingelegten Anteile, weil die übernehmende UK-SE die eingelegten Anteile mit dem Teilwert bewertet. Hieraus entsteht bei den natürlichen Personen in $t = 0$ ein steuerlich bedingter Liquiditätsabfluss ($NZ_0^{nat,DE-SE(IA,TWA)}$; $AE^{nat}$, Teil ❶), denn der Veräußerungsgewinn unterliegt bei den natürlichen Personen unter Berücksichtigung des Halbeinkünfteverfahrens dem Sondertarif für Veräußerungsgewinne. Die Liquiditätswirkungen stimmen beim Inbound-Anteilstausch mit Teilwertansatz und beim Outbound-Anteilstausch mit Teilwertansatz überein.[496] Es gilt:

---

[496] Siehe hierzu Berechnung (1.6.3.), S. 286.

$$(1.7.3.)\quad NZ_0^{nat,DE-SE(IV,BWF)} - NZ_0^{nat,UK-SE(OA,TWA)} = \left\{\left(rl_0 - rl_{-k}\right) + \left(st_0 - st_{-k}\right)\right\} \cdot \frac{s_{nat,VE}^{DE} \cdot GK}{2}$$

Auf Ebene der juristischen Personen ist der Veräußerungsgewinn steuerfrei, sodass sich bei ihnen im Ergebnis kein Unterschied zur Inbound-Verschmelzung mit Buchwertfortführung ($AE^{jur}$, Teil ❶) ergibt.

Die Dividende der UK-SE setzt sich aus den Dividenden der DE-TKG (Teil ❷) und der UK-TKG (Teil ❸) zusammen. Die Grunderwerbsteuer, die die UK-SE in t = 0 entrichtet, entfaltet aufgrund der Aktivierung als Anschaffungsnebenkosten der eingelegten Beteiligungen an der DE-AG auf Ebene der UK-SE innerhalb des Betrachtungszeitraums keine Erfolgswirksamkeit. Die Dividende der DE-TKG entspricht in einer Periode t dem Nettoertrag der DE-SE bei der Inbound-Verschmelzung mit Buchwertfortführung. Die Dividende der UK-TKG stimmt in einer Periode t mit dem Gewinntransfer der UK-BS überein. Da die Dividenden bei der UK-SE in Großbritannien keiner weiteren Steuerbelastung unterliegen, entspricht die ausschüttungsfähige Dividende der UK-SE der Dividende der DE-SE bei der Inbound-Verschmelzung mit Buchwertfortführung.

Der Gewinn aus der Veräußerung der Beteiligung an der UK-SE in t = v ist beim Outbound-Anteilstausch mit Teilwertansatz ($VE_v^{UK-SE(OA,TWA)}$) niedriger als bei der Inbound-Verschmelzung mit Buchwertfortführung ($VE_v^{DE-SE(IV,BWF)}$). Er entspricht dem Veräußerungsgewinn beim Inbound-Anteilstausch mit Teilwertansatz und stimmt bei den natürlichen und juristischen Personen überein (Teil ❹).[497] Es gilt:

$$(1.7.4.)\quad VE_v^{DE-SE(IV,BWF)} - VE_v^{UK-SE(OA,TWA)} = \left(rl_0 - rl_{-k}\right) + \left(st_0 - st_{-k}\right)$$

Die steuerliche Behandlung der empfangenen Dividende auf Ebene der natürlichen und der juristischen Personen entspricht im Ergebnis der Dividendenbesteuerung bei der Inbound-Verschmelzung mit Buchwertfortführung ($AE^{nat}$, Teil ❺; $AE^{jur}$, Teil ❺ und ❼). Auf Ebene der juristischen Personen entsteht in jeder Periode t ein sukzessive anwachsender Verlustvortrag ($VV_{t+1}^{jur,DIV(OA,TWA)}$,$AE^{jur}$, Teil ❼). Auch hinsichtlich der steuerlichen Erfassung des Veräußerungsgewinns ergibt sich kein Unterschied zur Inbound-Verschmelzung mit Buchwertfortführung (Teil ❻). Allgemein und konkret anhand des Zahlenbeispiels gilt im Vergleich zur Inbound-Verschmelzung mit Buchwertfortführung:

---

[497] Siehe hierzu Berechnung (1.6.5.), S. 287.

(1.7.5.) wenn deutsche Anteilseigner = $AE^{nat,DE-AG}$ und $AE^{nat,UK-PLC}$, dann

$$Bar_0^{nat(IV,BWF)} - Bar_0^{nat(OA,TWA)}$$
$$= \left\{\left(rl_0 - rl_{-k}\right) + \left(st_0 - st_{-k}\right)\right\} \cdot \frac{s_{nat,VE}^{DE} \cdot GK}{2} - \left\{\begin{matrix}\left(rl_0 - rl_{-k}\right) \\ + \left(st_0 - st_{-k}\right)\end{matrix}\right\} \cdot \frac{s_{nat,VE}^{DE} \cdot GK}{2 \cdot \left\{1 + i \cdot \left(1 - s_{ESt}^{DE}\right)\right\}^{v}}$$

$$Bar_0^{nat(IV,BWF)} - Bar_0^{nat(OA,TWA)} = 31{,}88 - 25{,}93 = 5{,}95$$

$$Bar_0^{nat(IV,BWF)} - Bar_0^{nat(OA,TWA)} = 1.661{,}65 - 1.655{,}70 = 5{,}95$$

(1.7.6.) wenn deutsche Anteilseigner = $AE^{jur,DE-AG}$ und $AE^{jur,UK-PLC}$, dann

$$Bar_0^{jur(IV,BWF)} - Bar_0^{jur(OA,TWA)} = 1.750{,}66 - 1.750{,}66 = 0$$

Der Nettoliquiditätszufluss auf Ebene der juristischen Personen ist aufgrund der geringeren steuerlichen Belastungen höher als der Nettoliquiditätszufluss der natürlichen Personen. Setzt man unter Berücksichtigung der Berechnung (IV.6.2.2.2.5.) und der Tabelle 28 die Dividende, die die deutschen Anteilseigner in t = 1 bis t = 4 von der UK-SE empfangen haben, und den Veräußerungsgewinn der Periode t = 4 in Ungleichung (1.2.3.) ein, gilt:[498]

(1.7.7.) $$Bar_0^{nat(OA,TWA)} \leq Bar_0^{jur(OA,TWA)}$$

$$\begin{pmatrix}-31{,}88 + 212{,}86 + 190{,}25 + 188{,}98 \\ + 185{,}53 + 909{,}95\end{pmatrix} \leq \begin{pmatrix}229{,}79 + 203{,}54 + 200{,}38 \\ + 194{,}96 + 921{,}98\end{pmatrix}$$

$$1.655{,}70 \leq 1.750{,}66$$

Im Verhältnis zu Rangplatz 1. erzielen die natürlichen Personen durch den Outbound-Anteilstausch mit Teilwertansatz einen Nettoliquiditätszufluss von 99,64%. Bei den juristischen Personen stimmt der Nettozufluss des Outbound-Anteilstauschs mit Teilwertansatz mit dem Nettozufluss der Inbound-Verschmelzung mit Buchwertfortführung überein und erreicht einen Anteil von 100%. Aufgrund des Teilwertansatzes der eingelegten Beteiligungen entsteht in t = 0 auf Ebene der Anteilseigner zwar ein steuerpflichtiger Veräußerungsgewinn. Dieser Veräußerungsgewinn ist bei juristischen Personen jedoch steuerfrei; nur bei natürlichen Personen ergibt sich hierdurch in t = 0 wie beim Inbound-Anteilstausch mit Buchwertfortführung ein Liquiditätsabfluss.

---

[498] Siehe hierzu Kapitel IV.6.2.2.2., S. 253.

## 2. Variationen von Einflussparametern

Die Analyse der Ergebnisformeln der einzelnen Gestaltungsalternativen verdeutlicht, dass die Abweichungen zwischen den durch sie induzierten Barwerten der Summe der Nettoliquiditätszuflüsse bei den deutschen Anteilseignern auf unterschiedlichen Einflussparametern basieren. Dazu zählen neben dem Zinssatz ($i_t$) und dem Betrachtungszeitraum (t) die Parameter offene Rücklagen ($RL_t$), stille Reserven ($ST_t$), Vergleichsgewinn vor Steuern ($VG_t$), steuerlicher Verlustvortrag ($VV_t$) und Bedarfswert des Grundvermögens ($GAV_t$).

Die deutschen und die britischen Steuerrechtsnormen werden im Anwendungsfall als konstant vorausgesetzt. Daher sind die in der Steuerwirkungsanalyse berücksichtigten Ertrag- und Verkehrsteuern nicht beeinflussbare Umweltfaktoren. Dies trifft ebenso für die in Deutschland und in Großbritannien geltenden Degressionssätze bei den planmäßigen Abschreibungen zu.

### 2.1. Zinssatz und Betrachtungszeitraum

Eine Variation des Zinssatzes $i_t$ beeinflusst die Diskontierung der Summe der Nettoliquiditätszuflüsse auf Ebene der deutschen Anteilseigner, weil der Diskontierungseffekt von der Höhe des Zinssatzes abhängt ($i_t$). Es gilt:

(2.1.1.) wenn deutsche Anteilseigner = $AE^{nat,DE-AG}$ und $AE^{nat,UK-PLC}$, dann

$$\frac{1}{q_t^{nat}(i)^t} = \frac{1}{1+\left\{i_t \cdot \left(1-s_t^{nat}\right)\right\}^t} = \frac{1}{1+\left\{i_t \cdot (1-0{,}47)\right\}^t}$$

(2.1.2.) wenn deutsche Anteilseigner = $AE^{jur,DE-AG}$ und $AE^{jur,UK-PLC}$, dann

$$\frac{1}{q_t^{jur}(i)^t} = \frac{1}{1+\left\{i_t \cdot \left(1-s_t^{jur}\right)\right\}^t} = \frac{1}{1+\left\{i_t \cdot (1-0{,}375)\right\}^t}$$

Eine Erhöhung (Verringerung) des Zinssatzes führt aufgrund der Diskontierung bei allen Gestaltungsalternativen unabhängig davon, ob die deutschen Anteilseigner natürliche oder juristische Personen sind, zu einer Verringerung (Erhöhung) ihres Barwerts der Summe der Nettoliquiditätszuflüsse. Aufgrund der unterschiedlichen Besteuerung ist die Abzinsungswirkung bei den juristischen Personen höher als bei den natürlichen Personen.[499] Ohne Berücksichtigung einer Diskontierungswirkung

---

[499] Siehe hierzu Fußnote 487, S. 268.

($i_t = 0$), werden bei natürlichen Personen sowohl beim Inbound-Anteilstausch mit Teilwertansatz wie auch beim Outbound-Anteilstausch mit Teilwertansatz die negativen Zeiteffekte einer Besteuerung des Veräußerungsgewinns in t = 0 ausgeglichen. Der Outbound-Anteilstausch mit Teilwertansatz stellt in diesem Fall gemeinsam mit der Inbound-Verschmelzung mit Buchwertfortführung für natürliche Personen – wie bei juristischen Personen unabhängig von der Höhe des Zinssatzes – die steuerlich günstigste Gestaltungsalternative dar.

Die Länge des Betrachtungszeitraums t beeinflusst ebenfalls die Diskontierung des Barwerts der Summe der Nettoliquiditätszuflüsse (Berechnungen (2.1.1.) und (2.1.2.)). Je länger (kürzer) der Betrachtungszeitraum t ist, desto geringer (höher) ist der Barwert einer Periode t bei den deutschen Anteilseignern. Eine Veränderung der Länge des Betrachtungszeitraums wirkt sich insbesondere auf die relative Vorteilhaftigkeit des Inbound-Anteilstauschs mit Buchwertfortführung bei natürlichen Personen aus, weil die Diskontierungswirkungen bei einer Verlängerung (Verkürzung) den Nachteil der Besteuerung des Gewinns aus der Veräußerung einbringungsgeborener Anteile in t = v abschwächen (verstärken). Bei den übrigen Gestaltungsalternativen bewirkt die isolierte Variation dieses Parameters sowohl bei den natürlichen wie auch bei den juristischen Personen keine signifikante Veränderung der relativen Vorteilhaftigkeit, weil die Steuerwirkungen beim Empfang der Dividende (t = 1 bis t = v) und bei der Veräußerung der Anteile an der SE (t = v) bei den Gesellschaftergruppen jeweils übereinstimmen. Zu berücksichtigen sind allerdings die Liquiditätswirkungen der Besteuerung eines Veräußerungsgewinns in t = 0 beim Inbound-Anteilstausch mit Teilwertansatz und beim Outbound-Anteilstausch mit Teilwertansatz auf Ebene der natürlichen Personen.

## 2.2. Funktionale Ableitung von Einflussparametern

Die Einflussparameter offene Rücklagen ($RL_t$), stille Reserven ($ST_t$), Vergleichsgewinn vor Steuern ($VG_t$), steuerlicher Verlustvortrag ($VV_t$) und Bedarfswert des Grundvermögens ($GAV_t$) lassen sich isoliert dadurch variieren, dass die Ergebnisformeln der unterschiedlichen Gestaltungsalternativen als Funktion dieser Einflussparameter aufgestellt werden. Durch Bildung der partiellen Ableitung nach einem Einflussfaktor lässt sich seine Wirkungsrichtung auf den Barwert der Summe der Nettoliquiditätszuflüsse bestimmen, indem die übrigen Einflussparameter konstant gehalten werden.[500] Da die Bildung der Ergebnisformeln im Anwendungsfall auf der Zielfunktion der deutschen Anteilseigner basiert, gilt:

(2.2.1.) wenn deutsche Anteilseigner = $AE^{nat,DE-AG}$ und $AE^{nat,UK-PLC}$, dann

$$f\left(rl_t, st_t, vg_t, vv_t, gav_t\right)_0^{nat(j)} = Bar_0^{nat(j)}$$

(2.2.2.) wenn deutsche Anteilseigner = $AE^{jur,DE-AG}$ und $AE^{jur,UK-PLC}$, dann

$$f\left(rl_t, st_t, vg_t, vv_t, gav_t\right)_0^{jur(j)} = Bar_0^{jur(j)}$$

## 2.3. Offene Rücklagen

Bei einer Variation des Einflussparameters offene Rücklagen sind der Ausschüttungsfall und der Thesaurierungsfall zu unterscheiden. Da dem Anwendungsfall die Annahme vollständiger Gewinnausschüttungen zugrunde liegt, wird in Abschnitt 2.3.1. zunächst der Ausschüttungsfall analysiert. In Abschnitt 2.3.2. werden die Besonderheiten des Thesaurierungsfalls dargestellt.

### 2.3.1. Ausschüttungsfall

Im Ausschüttungsfall ist zu differenzieren zwischen den offenen Rücklagen in t = -k ($rl_{-k}$) und in t = 0 ($rl_0$). Die offenen Rücklagen in t = v entsprechen im Ausschüttungsfall den offenen Rücklagen in t = 0, weil die Gewinne von t = 0 bis t = v von den Gesellschaften vollständig ausgeschüttet werden. Für die Variation von $rl_{-k}$ gilt:

(2.3.1.1.) $$f_{rl_{-k}}\left(rl_{-k}, st, vg, vv, gav\right)_0^{(j)} = \frac{\delta f\left(rl_{-k}, st, vg, vv, gav\right)_0^{(j)}}{\delta rl_{-k}}$$

Bei den natürlichen und juristischen Personen ergeben sich folgende Ergebnisse:

---

[500] Vgl. Bosch, K., Mathematik, 2001, S. 129-132.

(2.3.1.2.) wenn deutsche Anteilseigner = $AE^{nat,DE-AG}$ und $AE^{nat,UK-PLC}$, dann

$$f_{rl_{-k}}\left(rl_{-k}, st, vg, vv, gav\right)_0^{nat(IV,BWF)}$$
$$= f_{rl_{-k}}\left(rl_{-k}, st, vg, vv, gav\right)_0^{nat(OV,BWF)}$$
$$= f_{rl_{-k}}\left(rl_{-k}, st, vg, vv, gav\right)_0^{nat(OV,TWA)} \quad ❶$$
$$= -\frac{\left(1-\frac{1}{2}\cdot s_{ESt,VE}^{DE}\right)\cdot GK}{\left\{1+i\cdot\left(1-s_{ESt}^{DE}\right)\right\}^v}$$

$$f_{rl_{-k}}\left(rl_{-k}, st, vg, vv, gav\right)_0^{nat(IA,BWF)} = -\frac{\left(1-\frac{1}{2}\cdot s_{ESt}^{DE}\right)\cdot GK}{\left\{1+i\cdot\left(1-s_{ESt}^{DE}\right)\right\}^v} \quad ❷$$

$$f_{rl_{-k}}\left(rl_{-k}, st, vg, vv, gav\right)_0^{nat(IA,TWA)}$$
$$= f_{rl_{-k}}\left(rl_{-k}, st, vg, vv, gav\right)_0^{nat(OA,TWA)} \quad ❸$$
$$= -\left(\frac{GK}{\left\{1+i\cdot\left(1-s_{ESt}^{DE}\right)\right\}^v} - \frac{s_{ESt,VE}^{DE}\cdot GK}{2}\right)$$

(2.3.1.3.) wenn deutsche Anteilseigner = $AE^{jur,DE-AG}$ und $AE^{jur,UK-PLC}$, dann

$$f_{rl_{-k}}\left(rl_{-k}, st, vg, vv, gav\right)_0^{jur(IV,BWF)}$$
$$= f_{rl_{-k}}\left(rl_{-k}, st, vg, vv, gav\right)_0^{jur(OV,BWF)}$$
$$= f_{rl_{-k}}\left(rl_{-k}, st, vg, vv, gav\right)_0^{jur(OV,TWA)}$$
$$= f_{rl_{-k}}\left(rl_{-k}, st, vg, vv, gav\right)_0^{jur(IA,BWF)} \quad ❹$$
$$= f_{rl_{-k}}\left(rl_{-k}, st, vg, vv, gav\right)_0^{jur(IA,TWA)}$$
$$= f_{rl_{-k}}\left(rl_{-k}, st, vg, vv, gav\right)_0^{jur(OA,TWA)}$$
$$= -\frac{GK}{\left\{1+i\cdot\left(1-s_{THES}\right)\right\}^v}$$

Bei allen Gestaltungsalternativen bewirkt eine isolierte Erhöhung (Verringerung) der offenen Rücklagen des Zeitpunkts t = -k ($rl_{-k}$), dass sich der Barwert der Summe der Nettoliquiditätszuflüsse verringert (erhöht). Diese Liquiditätswirkungen ergeben sich sowohl für die natürlichen wie auch für die juristischen Personen. Aufgrund der Besteuerung auf Ebene der natürlichen Personen ist die Verringerung (Erhöhung) des Nettoliquiditätszuflusses bei einer Erhöhung (Verminderung) von $rl_{-k}$ bei den natürlichen Personen weniger stark ausgeprägt als bei den juristischen Personen.

Bei den natürlichen Personen stimmen die Liquiditätswirkungen bei den drei Gründungsalternativen durch Verschmelzung überein (Teil ❶). Im Vergleich hierzu ist die Liquiditätswirkung beim Inbound-Anteilstausch mit Buchwertfortführung weniger stark ausgeprägt, weil einbringungsgeborene Anteile nicht dem begünstigten Sondertarif für Veräußerungsgewinne unterliegen (Teil ❷). Beim Inbound- sowie beim Outbound-Anteilstausch mit Teilwertansatz verringert (erhöht) sich durch eine Erhöhung (Verringerung) von $rl_{-k}$ zwar die Ertragsteuerbelastung der natürlichen Personen in t = 0; dieser Effekt wird jedoch durch die damit verbundene negative (positive) Liquiditätswirkung eines geringeren (höheren) Veräußerungspreises in t = v überkompensiert (Teil ❸). Die Veränderung des Barwerts der Summe der Nettoliquiditätszuflüsse ist für diese beiden Gestaltungsalternativen aufgrund der Ertragsteuerbelastung in t = 0 weniger stark ausgeprägt als für die Verschmelzungsalternativen (Teil ❶).

Bei juristischen Personen unterliegen die Gewinne aus der Veräußerung von Anteilen an der SE nicht der Besteuerung. Deshalb stimmen die Liquiditätswirkungen einer Veränderung von $rl_{-k}$ auf Ebene der juristischen Personen bei allen Gestaltungsalternativen überein (Teil ❹).

Für die Variation von $rl_0$ gilt:

(2.3.1.4.) $$f_{rl_0}(rl_0, st, vg, vv, gav)_0^{(j)} = \frac{\delta f(rl_0, st, vg, vv, gav)_0^{(j)}}{\delta rl_0}$$

Bei den natürlichen und juristischen Personen ergeben sich folgende Ergebnisse:

(2.3.1.5.) wenn deutsche Anteilseigner = $AE^{nat,DE-AG}$ und $AE^{nat,UK-PLC}$, dann

$$\begin{aligned} & f_{rl_0}(rl_0, st, vg, vv, gav)_0^{nat(IV,BWF)} \\ = \; & f_{rl_0}(rl_0, st, vg, vv, gav)_0^{nat(OV,BWF)} \\ = \; & f_{rl_0}(rl_0, st, vg, vv, gav)_0^{nat(OV,TWA)} \quad ❶ \\ = \; & \frac{\left(1 - \frac{1}{2} \cdot s_{ESt,VE}^{DE}\right) \cdot GK}{\left\{1 + i \cdot \left(1 - s_{ESt}^{DE}\right)\right\}^{v}} \end{aligned}$$

$$f_{rl_0}(rl_0, st, vg, vv, gav)_0^{nat(IA,BWF)} = \frac{\left(1 - \frac{1}{2} \cdot s_{ESt}^{DE}\right) \cdot GK}{\left\{1 + i \cdot \left(1 - s_{ESt}^{DE}\right)\right\}^{v}} \quad ❷$$

$$\begin{aligned} & f_{rl_0}(rl_0, st, vg, vv, gav)_0^{nat(IA,TWA)} \\ = \; & f_{rl_0}(rl_0, st, vg, vv, gav)_0^{nat(OA,TWA)} \quad ❸ \\ = \; & \frac{GK}{\left\{1 + i \cdot \left(1 - s_{ESt}^{DE}\right)\right\}^{v}} - \frac{s_{ESt,VE}^{DE} \cdot GK}{2} \end{aligned}$$

(2.3.1.6.) wenn deutsche Anteilseigner = $AE^{jur,DE-AG}$ und $AE^{jur,UK-PLC}$, dann

$$\begin{aligned} & f_{rl_0}(rl_0, st, vg, vv, gav)_0^{jur(IV,BWF)} \\ = \; & f_{rl_0}(rl_0, st, vg, vv, gav)_0^{jur(OV,BWF)} \\ = \; & f_{rl_0}(rl_0, st, vg, vv, gav)_0^{jur(OV,TWA)} \\ = \; & f_{rl_0}(rl_0, st, vg, vv, gav)_0^{jur(IA,BWF)} \quad ❹ \\ = \; & f_{rl_0}(rl_0, st, vg, vv, gav)_0^{jur(IA,TWA)} \\ = \; & f_{rl_0}(rl_0, st, vg, vv, gav)_0^{jur(OA,TWA)} \\ = \; & \frac{GK}{\left\{1 + i \cdot \left(1 - s_{THES}\right)\right\}^{v}} \end{aligned}$$

Eine Erhöhung (Verringerung) der offenen Rücklagen im Zeitpunkt t = 0 ($rl_0$) führt bei den natürlichen und bei den juristischen Personen bei allen Gestaltungsalternativen zu einer Erhöhung (Verringerung) des Barwerts der Summe der Nettoliquiditätszuflüsse. Die Liquiditätswirkung ist bei den natürlichen Personen aufgrund der Ertragsteuerbelastung jeweils schwächer ausgeprägt als bei den juristischen Personen. Die Liquiditätswirkungen, die sich durch eine jeweilige Veränderung von $rl_0$ ergeben, stimmen – allerdings mit umgekehrtem Vorzeichen – mit den Liquiditätswirkungen der Variationen von $rl_{-K}$ überein.[501]

## 2.3.2. Thesaurierungsfall

Der Thesaurierungsfall ist dadurch gekennzeichnet, dass die deutschen Anteilseigner im Gegensatz zum Ausschüttungsfall in den Perioden t = 1

---

501 Siehe hierzu S. 297.

bis t = v keine jährlichen Dividendenzahlungen der SE erhalten, sondern dass die SE und ihre Tochterkapitalgesellschaften ihre ausschüttungsfähigen Gewinne in die offenen Rücklagen einstellen, wodurch sich der Verkehrswert der SE erhöht.[502] In t = v übersteigt der Verkehrswert der SE im Thesaurierungsfall ( $VW_v^{SE,THES}$ ) den Verkehrswert im Ausschüttungsfall ( $VW_v^{SE,AUS}$ ) um die Summe der innerhalb des Betrachtungszeitraums thesaurierten Gewinne ( $\sum_{t=1}^{v} DIV_t^{SE}$ ). Es gilt:

(2.3.2.1.) $$VW_v^{SE,THES} = VW_v^{SE,AUS} + \sum_{t=1}^{v} DIV_t^{SE}$$

Für die natürlichen und die juristischen Personen ergeben sich für den Thesaurierungsfall die folgenden Ergebnisse.

Tabelle 32: Entscheidungsmatrix im Thesaurierungsfall

| Gestaltungsalternative | natürliche Personen ($AE^{nat}$) | | | juristische Personen ($AE^{jur}$) | | |
|---|---|---|---|---|---|---|
| | Ergebnis | in % zu Rangplatz 1. | Rangplatz | Ergebnis | in % zu Rangplatz 1. | Rangplatz |
| Inbound-Verschmelzung (Buchwertfortführung) | 1.753,27 | 100,00% | 1. | 1.828,54 | 100,00% | 1. |
| Outbound-Verschmelzung (Buchwertfortführung) | 1.752,01 | 99,93% | 2. | 1.827,23 | 99,93% | 5. |
| Outbound-Anteilstausch (Teilwertansatz) | 1.676,84 | 95,64% | 3. | 1.828,54 | 100,00% | 1. |
| Inbound-Anteilstausch (Teilwertansatz) | 1.676,84 | 95,64% | 3. | 1.828,54 | 100,00% | 1. |
| Inbound-Anteilstausch (Buchwertfortführung) | 1.499,89 | 85,55% | 5. | 1.564,29 | 85,55% | 6. |
| Outbound-Verschmelzung (Teilwertansatz) | 1.450,00 | 82,70% | 6. | 1.828,54 | 100,00% | 1. |

502 Für die Analyse wird unterstellt, dass sich die Ausschüttungsquote auf 0% beläuft.

Im Thesaurierungsfall ändert sich die Reihenfolge der Vorteilhaftigkeit der Gestaltungsalternativen bei den natürlichen und den juristischen Personen. Bei den natürlichen Personen bleibt die Inbound-Verschmelzung mit Buchwertfortführung die steuerlich günstigste Gestaltungsalternative (Rangplatz 1.; 100%). Die Outbound-Verschmelzung mit Buchwertfortführung erreicht weiterhin Rangplatz 2. (99,93%). Der Inbound- und der Outbound-Anteilstausch mit Teilwertansatz generieren einen Liquiditätszufluss in gleicher Höhe (jeweils Rangplatz 3.; 95,64%). Daran schließt sich die Outbound-Verschmelzung mit Teilwertansatz an (Rangplatz 5.; 85,55%). Die ungünstigste Gestaltungsalternative stellt im Thesaurierungsfall der Inbound-Anteilstausch mit Buchwertfortführung dar (Rangplatz 6.; 82,70%).

Bei den juristischen Personen generieren die Inbound-Verschmelzung mit Buchwertfortführung sowie alle Gründungsalternativen mit Anteilstausch den höchsten Nettoliquiditätszufluss (jeweils Rangplatz 1.; 100%). Es folgen die Outbound-Verschmelzung mit Buchwertfortführung (Rangplatz 5.; 99,93%) und als steuerlich ungünstigste Gestaltungsalternative die Outbound-Verschmelzung mit Teilwertansatz (Rangplatz 6.; 85,55%).

Tabelle 33: Vergleich der Ergebnisse im Ausschüttungsfall und im Thesaurierungsfall

| Gestaltungsalternative | natürliche Personen ($AE^{nat}$) | | | juristische Personen ($AE^{jur}$) | | |
|---|---|---|---|---|---|---|
| | AUS | THES | THES in % zu AUS | AUS | THES | THES in % zu AUS |
| Inbound-Verschmelzung (Buchwertfortführung) | 1.661,65 | 1.753,27 | 105,52% | 1.750,66 | 1.828,54 | 104,45% |
| Outbound-Verschmelzung (Buchwertfortführung) | 1.660,50 | 1.752,01 | 105,51% | 1.749,43 | 1.827,23 | 104,45% |
| Outbound-Anteilstausch (Teilwertansatz) | 1.648,13 | 1.676,84 | 101,74% | 1.742,60 | 1.828,54 | 104,93% |
| Inbound-Anteilstausch (Teilwertansatz) | 1.655,70 | 1.676,84 | 101,28% | 1.750,66 | 1.828,54 | 104,45% |
| Inbound-Anteilstausch (Buchwertfortführung) | 1.419,10 | 1.499,89 | 105,69% | 1.494,60 | 1.564,29 | 104,66% |
| Outbound-Verschmelzung (Teilwertansatz) | 1.501,17 | 1.450,00 | 96,59% | 1.742,60 | 1.828,54 | 104,93% |

Bei den einzelnen Gestaltungsalternativen ist der Barwert der Summe der Nettoliquiditätszuflüsse im Thesaurierungsfall sowohl bei den natürlichen wie auch den juristischen Personen grundsätzlich höher als im Ausschüttungsfall. Dieses gilt allerdings nicht für den Inbound-Anteilstausch mit Buchwertfortführung bei natürlichen Personen. Die dargestellten Ergebnisse sind auf zwei Ursachen zurückzuführen:

(1) Weil die ausschüttungsfähigen Dividenden der SE in einer Periode t im Thesaurierungsfall in die offenen Rücklagen eingestellt werden, ist der Barwert bei allen Gestaltungsalternativen mit Ausnahme des Inbound-Anteilstauschs mit Buchwertfortführung bei natürlichen Personen höher als im Ausschüttungsfall. Die einbehaltenen Dividenden sind Bestandteil des Verkehrswerts der SE und unterliegen wegen des Trennungsprinzips auf Ebene der Anteilseigner erst im Zeitpunkt der Anteilsveräußerung (t = v) der Veräußerungsgewinnbesteuerung. Bei den natürlichen Personen werden die Veräußerungsgewinne wie Dividenden nach dem Halbeinkünfteverfahren nur zur Hälfte besteuert; allerdings unterliegen die Dividenden dem Spitzensteuersatz der Einkommensteuer in Höhe von 47%, während auf Veräußerungsgewinne der Sondertarif in Höhe von 15% anwendbar ist. Bei den juristischen Personen sind Veräußerungsgewinne im Gegensatz zu den Dividenden, die der Gewerbesteuer unterliegen (16,67%), steuerfrei. Hierbei ist zu berücksichtigen, dass die juristischen Personen aufgrund der auf den Zinssatz entfallenden niedrigeren Besteuerung einer höheren Diskontierung unterliegen ($q_t^{jur}$) als die natürlichen Personen ($q_t^{nat}$)[503].

Beim Inbound-Anteilstausch mit Buchwertfortführung erhalten die deutschen Anteilseigner für die Einbringung ihrer Anteile an den Gründungsgesellschaften in die übernehmende SE einbringungsgeborene Anteile. Gewinne aus der Veräußerung einbringungsgeborener Anteile unterliegen im Anwendungsfall bei den natürlichen Personen nicht dem begünstigten Sondertarif der Einkommensteuer, sondern werden als Veräußerungsgewinn i.S.d. § 16 EStG unter Berücksichtigung des Halbeinkünfteverfahrens zur Hälfte mit dem Spitzensteuersatz der Einkommensteuer belastet. Hieraus ergibt sich zwar eine Gleichbehandlung mit der Dividendenbesteuerung auf Ebene der natürlichen Personen. Da die Dividendeneinkünfte den Anteilseignern im Ausschüttungsfall in t = 1 bis t = v zufließen, die Einkünfte aus der Veräußerung der Anteile an der SE im Thesaurierungsfall jedoch erst in t = v, ergibt sich im Thesaurie-

503 Siehe hierzu Abschnitt 2.1., S. 294-295.

rungsfall aufgrund der Diskontierung ein niedrigerer Barwert als im Ausschüttungsfall.

(2) Beim Inbound-Anteilstausch mit Buchwertfortführung sowie mit Teilwertansatz wird der Barwert der Summe der Netttoliquiditätszuflüsse im Thesaurierungsfall auf Ebene der deutschen Anteilseigner dadurch erhöht, dass eine Besteuerung von 5% der Dividende der UK-TKG auf Ebene der DE-SE vermieden wird, weil die Gewinne auf Ebene der Tochterkapitalgesellschaften einbehalten werden. Dieser positive Effekt kann beim Inbound-Anteilstausch mit Buchwertfortführung auf Ebene der natürlichen Personen jedoch nicht den negativen Effekt aus der Veräußerung einbringungsgeborener Anteile kompensieren.

## 2.4. Stille Reserven

Bei einer Variation des Einflussparameters stille Reserven ist zwischen den stillen Reserven in t = -k ($st_{-k}$), t = 0 ($st_0$) und t = v ($st_v$) zu differenzieren.

Für die Variation von $st_{-k}$ gilt:

(2.4.1.) $$f_{st_{-k}}(rl, st_{-k}, vg, vv, gav)_0^{(j)} = \frac{\delta f(rl, st_{-k}, vg, vv, gav)_0^{(j)}}{\delta st_{-k}}$$

Bei den natürlichen und juristischen Personen ergeben sich folgende Ergebnisse:

(2.4.2.) wenn deutsche Anteilseigner = $AE^{nat,DE-AG}$ und $AE^{nat,UK-PLC}$, dann

$$\begin{aligned} & f_{st_{-k}}(rl, st_{-k}, vg, vv, gav)_0^{nat(IV,BWF)} \\ = \ & f_{st_{-k}}(rl, st_{-k}, vg, vv, gav)_0^{nat(OV,BWF)} \quad ❶ \\ = \ & f_{st_{-k}}(rl, st_{-k}, vg, vv, gav)_0^{nat(OV,TWA)} \\ = \ & -\frac{\left(1 - \frac{1}{2} \cdot s_{ESt,VE}^{DE}\right) \cdot GK}{\left\{1 + i \cdot \left(1 - s_{ESt}^{DE}\right)\right\}^v} \end{aligned}$$

$$\begin{aligned} & f_{st_{-k}}(rl, st_{-k}, vg, vv, gav)_0^{nat(IA,BWF)} \\ = \ & -\frac{\left(1 - \frac{1}{2} \cdot s_{ESt}^{DE}\right) \cdot GK}{\left\{1 + i \cdot \left(1 - s_{ESt}^{DE}\right)\right\}^v} \quad ❷ \end{aligned}$$

$$f_{st_{-k}}\left(rl, st_{-k}, vg, vv, gav\right)_0^{nat(IA,TWA)}$$
$$= f_{st_{-k}}\left(rl, st_{-k}, vg, vv, gav\right)_0^{nat(OA,TWA)} \quad ❸$$
$$= -\left(\frac{GK}{\left\{1+i\cdot\left(1-s_{ESt}^{DE}\right)\right\}^{v}} - \frac{s_{ESt,VE}^{DE}\cdot GK}{2}\right)$$

(2.4.3.) wenn deutsche Anteilseigner = $AE^{jur,DE-AG}$ und $AE^{jur,UK-PLC}$, dann

$$f_{st_{-k}}\left(rl, st_{-k}, vg, vv, gav\right)_0^{jur(IV,BWF)}$$
$$= f_{st_{-k}}\left(rl, st_{-k}, vg, vv, gav\right)_0^{jur(OV,BWF)}$$
$$= f_{st_{-k}}\left(rl, st_{-k}, vg, vv, gav\right)_0^{jur(OV,TWA)}$$
$$= f_{st_{-k}}\left(rl, st_{-k}, vg, vv, gav\right)_0^{jur(IA,BWF)} \quad ❹$$
$$= f_{st_{-k}}\left(rl, st_{-k}, vg, vv, gav\right)_0^{jur(IA,TWA)}$$
$$= f_{st_{-k}}\left(rl, st_{-k}, vg, vv, gav\right)_0^{jur(OA,TWA)}$$
$$= -\frac{GK}{\left\{1+i\cdot\left(1-s_{THES}\right)\right\}^{v}}$$

Bei allen Gestaltungsalternativen bewirkt eine isolierte Erhöhung (Verringerung) der stillen Reserven des Zeitpunkts t = -k ($st_{-k}$), dass sich der Barwert der Summe der Nettoliquiditätszuflüsse sowohl auf Ebene der natürlichen als auch auf Ebene der juristischen Personen verringert (erhöht). Aufgrund der unterschiedlichen Besteuerung ist die Verringerung (Erhöhung) des Barwerts bei einer Erhöhung (Verringerung) von $st_{-k}$ bei den natürlichen Personen schwächer als bei den juristischen Personen. Die einzelnen Liquiditätswirkungen, die sich durch die Veränderung von $st_{-k}$ ergeben, stimmen mit den Liquiditätswirkungen einer Variation von $rl_{-k}$ überein.[504]

Für die Variation von $st_0$ gilt:

(2.4.4.) $$f_{st_0}\left(rl, st_0, vg, vv, gav\right)_0^{(j)} = \frac{\delta f\left(rl, st_0, vg, vv, gav\right)_0^{(j)}}{\delta st_0}$$

Bei den natürlichen und juristischen Personen ergeben sich folgende Ergebnisse:

504 Siehe hierzu Abschnitt 2.3.1., S. 296-298.

(2.4.5.) wenn deutsche Anteilseigner = $AE^{nat,DE-AG}$ und $AE^{nat,UK-PLC}$, dann

$$f_{st_0}(rl, st_0, vg, vv, gav)_0^{nat(IV,BWF)}$$
$$= f_{st_0}(rl, st_0, vg, vv, gav)_0^{nat(OV,BWF)} \quad ❶$$
$$= f_{st_0}(rl, st_0, vg, vv, gav)_0^{nat(IA,BWF)}$$
$$= 0$$

$$f_{st_0}(rl, st_0, vg, vv, gav)_0^{nat(OV,TWA)}$$
$$= -\sum_{t=1}^{v} \left\{ \begin{array}{l} \left(1 - s_{THES}^{DE}\right) \\ \cdot ab^{DE-BS(OV,TWA)} \\ \cdot \dfrac{\left(1 - \frac{1}{2} \cdot s_{ESt}^{DE}\right) \cdot GK}{2 \cdot \left\{1 + i \cdot \left(1 - s_{ESt}^{DE}\right)\right\}^t} \end{array} \right\} - \frac{s_{THES}^{DE} \cdot \left(1 - \frac{1}{2} \cdot s_{ESt,VE}^{DE}\right) \cdot GK}{2 \cdot \left\{1 + i \cdot \left(1 - s_{ESt}^{DE}\right)\right\}^v} \quad ❷$$

$$f_{st_0}(rl, st_0, vg, vv, gav)_0^{nat(IA,TWA)}$$
$$= f_{st_0}(rl, st_0, vg, vv, gav)_0^{nat(OA,TWA)}$$
$$= -\frac{s_{ESt,VE}^{DE} \cdot GK}{2} + \frac{s_{ESt,VE}^{DE} \cdot GK}{2 \cdot \left\{1 + i \cdot \left(1 - s_{ESt}^{DE}\right)\right\}^v} \quad ❸$$

(2.4.6.) wenn deutsche Anteilseigner = $AE^{jur,DE-AG}$ und $AE^{jur,UK-PLC}$, dann

$$f_{st_0}(rl, st_0, vg, vv, gav)_0^{jur(IV,BWF)}$$
$$= f_{st_0}(rl, st_0, vg, vv, gav)_0^{jur(OV,BWF)}$$
$$= f_{st_0}(rl, st_0, vg, vv, gav)_0^{jur(IA,BWF)} \quad ❹$$
$$= f_{st_0}(rl, st_0, vg, vv, gav)_0^{jur(IA,TWA)}$$
$$= f_{st_0}(rl, st_0, vg, vv, gav)_0^{jur(OA,TWA)}$$
$$= 0$$

$$f_{st_0}\left(rl, st_0, vg, vv, gav\right)_0^{jur(OV,TWA)} = -\sum_{t=1}^{v}\left\{\begin{array}{l}\left(1-s_{THES}^{DE}\right)\cdot ab^{DE-BS(OV,TWA)} \\ \cdot\dfrac{\left(1-s_{GewSt}^{DE}\right)\cdot GK}{2\cdot\left\{1+i\cdot\left(1-s_{ESt}^{DE}\right)\right\}^{t}}\end{array}\right\} - \frac{s_{THES}^{DE}\cdot GK}{2\cdot\left\{1+i\cdot\left(1-s_{THES}^{DE}\right)\right\}^{v}} \quad ❺$$

Auf Ebene der natürlichen Personen führt eine isolierte Veränderung von $st_0$ bei den Gründungsformen mit Buchwertfortführung (Inbound- und Outbound-Verschmelzung, Inbound-Anteilstausch) nicht zu einer Veränderung des Barwerts der Summe der Nettoliquiditätszuflüsse (Teil ❶), weil die Buchwerte der übernommenen Vermögenswerte (Verschmelzung) bzw. der eingelegten Anteile (Anteilstausch) auf Ebene der übernehmenden SE in t = 0 fortgeführt werden. Bei der Outbound-Verschmelzung mit Teilwertansatz führt eine Erhöhung (Verringerung) von $st_0$ zu einer Verringerung (Erhöhung) des Barwerts. Dies ist auf zwei Einflussfaktoren zurückzuführen. Zum einen steigt durch eine Erhöhung von $st_0$ die Abschreibungsbasis um den Anteil von $st_0$, der auf abnutzbare Wirtschaftsgüter entfällt, sodass sich der Nettoertrag der UK-SE in einer Periode t verringert. Zum anderen verringert sich der Verkehrswert der UK-SE in t = v unter Berücksichtigung der Besteuerung von Veräußerungsgewinnen bei natürlichen Personen um die deutsche Ertragsteuerbelastung, die auf den Übertragungsgewinn entfällt (Teil ❷). Sowohl beim Inbound- wie auch beim Outbound-Anteilstausch mit Teilwertansatz führt im Ergebnis eine Erhöhung (Verringerung) von $st_0$ wegen der Besteuerung der Veräußerungsgewinne in t = 0 und dem erst späteren Liquiditätszufluss in gleicher Höhe in t = v zu einer Verringerung (Erhöhung) des Barwerts.

Bei juristischen Personen führt eine Erhöhung von $st_0$ mit Ausnahme der Outbound-Verschmelzung mit Teilwertansatz bei allen Gestaltungsalternativen nicht zu einer Liquiditätswirkung (Teil ❹), weil Gewinne aus der Veräußerung der Anteile an der SE bei ihnen nicht der Besteuerung unterliegen. Bei der Outbound-Verschmelzung mit Teilwertansatz verringert (erhöht) sich der Barwert wie bei natürlichen Personen um den – um die bei Ansatz der stillen Reserven höheren Abschreibungen – geminderten Nettoertrag der UK-SE in einer Periode t sowie um die deutsche Ertragsteuerbelastung, die auf den Übertragungsgewinn entfällt und dadurch den Verkehrswert der UK-SE in t = v mindert (Teil ❺).

Für die Variation von $st_v$ gilt:

(2.4.7.) $$f_{st_v}(rl, st_v, vg, vv, gav)_0^{(j)} = \frac{\delta f(rl, st_v, vg, vv, gav)_0^{(j)}}{\delta st_v}$$

Bei den natürlichen und juristischen Personen ergeben sich folgende Ergebnisse:

(2.4.8.) wenn deutsche Anteilseigner = $AE^{nat,DE-AG}$ und $AE^{nat,UK-PLC}$, dann

$$\begin{aligned} & f_{st_v}(rl, st_v, vg, vv, gav)_0^{nat(IV,BWF)} \\ = \; & f_{st_v}(rl, st_v, vg, vv, gav)_0^{nat(OV,BWF)} \\ = \; & f_{st_v}(rl, st_v, vg, vv, gav)_0^{nat(OV,TWA)} \\ = \; & f_{st_v}(rl, st_v, vg, vv, gav)_0^{nat(IA,TWA)} \quad ❶ \\ = \; & f_{st_v}(rl, st_v, vg, vv, gav)_0^{nat(OA,TWA)} \\ = \; & \frac{\left(1 - \frac{1}{2} \cdot s_{ESt,VE}^{DE}\right) \cdot GK}{\left\{1 + i \cdot \left(1 - s_{ESt}^{DE}\right)\right\}^v} \end{aligned}$$

$$f_{st_v}(rl, st_v, vg, vv, gav)_0^{nat(IA,BWF)} = \frac{\left(1 - \frac{1}{2} \cdot s_{ESt}^{DE}\right) \cdot GK}{\left\{1 + i \cdot \left(1 - s_{ESt}^{DE}\right)\right\}^v} \quad ❷$$

(2.4.9.) wenn deutsche Anteilseigner = $AE^{jur,DE-AG}$ und $AE^{jur,UK-PLC}$, dann

$$\begin{aligned} & f_{st_v}(rl, st_v, vg, vv, gav)_0^{jur(IV,BWF)} \\ = \; & f_{st_v}(rl, st_v, vg, vv, gav)_0^{jur(OV,BWF)} \\ = \; & f_{st_v}(rl, st_v, vg, vv, gav)_0^{jur(OV,TWA)} \\ = \; & f_{st_v}(rl, st_v, vg, vv, gav)_0^{jur(IA,BWF)} \quad ❸ \\ = \; & f_{st_v}(rl, st_v, vg, vv, gav)_0^{jur(IA,TWA)} \\ = \; & f_{st_v}(rl, st_v, vg, vv, gav)_0^{jur(OA,TWA)} \\ = \; & \frac{GK}{\left\{1 + i \cdot \left(1 - s_{THES}\right)\right\}^v} \end{aligned}$$

Bei allen Gestaltungsalternativen führt eine Erhöhung (Verringerung) von $st_v$ zu einer Erhöhung (Verringerung) des Barwerts der Summe der Nettoliquiditätszuflüsse. Aufgrund der Besteuerung von Veräußerungsgewinnen bei natürlichen Personen ist bei ihnen die Erhöhung (Verringerung) des Barwerts bei einer Erhöhung (Verringerung) von $st_v$ schwächer als bei den juristischen Personen (Teil ❶ und Teil ❸). Eine Ausnahme ergibt sich beim Inbound-Anteilstausch mit Buchwertfortführung für natürliche Personen insofern, als einbringungsgeborene Anteile nicht unter den begünstigten Steuersatz für Veräußerungsgewinne fallen und die Liquiditätswirkungen bei dieser Gestaltungsalternative noch schwächer ausfallen (Teil ❷).

## 2.5. Vergleichsgewinn vor Steuern

Für die Variation von $vg_t$ gilt:

(2.5.1.) $$f_{vg_t}(rl,st,vg_t,vv,gav)_0^{(j)} = \frac{\delta f(rl,st,vg_t,vv,gav)_0^{(j)}}{\delta vg_t}$$

Bei den natürlichen und juristischen Personen ergeben sich folgende Ergebnisse:

(2.5.2.) wenn deutsche Anteilseigner = $AE^{nat,DE-AG}$ und $AE^{nat,UK-PLC}$, dann

$$\begin{aligned}
& f_{vg_t}(rl,st,vg_t,vv,gav)_0^{nat(IV,BWF)} \\
= \; & f_{vg_t}(rl,st,vg_t,vv,gav)_0^{nat(OV,BWF)} \\
= \; & f_{vg_t}(rl,st,vg_t,vv,gav)_0^{nat(OV,TWA)} \\
= \; & f_{vg_t}(rl,st,vg_t,vv,gav)_0^{nat(OA,TWA)} \\
= \; & \sum_{t=1}^{v}\left\{\left(1-s_{THES}^{DE}\right)+\left(1-s_{KSt}^{UK}\right)\right\}\cdot\frac{\left(1-\frac{1}{2}\cdot s_{ESt}^{DE}\right)\cdot GK}{2\cdot\left\{1+i\cdot\left(1-s_{ESt}^{DE}\right)\right\}^t}
\end{aligned} \qquad ❶$$

$$\begin{aligned}
& f_{vg_t}(rl,st,vg_t,vv,gav)_0^{nat(IA,BWF)} \\
= \; & f_{vg_t}(rl,st,vg_t,vv,gav)_0^{nat(IA,TWA)} \\
= \; & \sum_{t=1}^{v}\left\{\begin{matrix}\left(1-s_{THES}^{DE}\right)+\left(1-s_{KSt}^{UK}\right) \\ -0{,}05\cdot s_{THES}^{DE}\cdot\left(1-s_{KSt}^{UK}\right)\end{matrix}\right\}\cdot\frac{\left(1-\frac{1}{2}\cdot s_{ESt}^{DE}\right)\cdot GK}{2\cdot\left\{1+i\cdot\left(1-s_{ESt}^{DE}\right)\right\}^t}
\end{aligned} \qquad ❷$$

(2.5.3.) wenn deutsche Anteilseigner = $AE^{jur,DE-AG}$ und $AE^{jur,UK-PLC}$, dann[505]

$$f_{vg_t}(rl,st,vg_t,vv,gav)_0^{jur(IV,BWF)}$$
$$= f_{vg_t}(rl,st,vg_t,vv,gav)_0^{jur(OV,BWF)}$$
$$= f_{vg_t}(rl,st,vg_t,vv,gav)_0^{jur(OV,TWA)} \qquad ❸$$
$$= f_{vg_t}(rl,st,vg_t,vv,gav)_0^{jur(OA,TWA)}$$
$$= \sum_{t=1}^{v}\left\{\left(1-s_{THES}^{DE}\right)+\left(1-s_{KSt}^{UK}\right)\right\}\cdot\frac{\left(1-s_{GewSt}^{DE}\right)\cdot GK}{2\cdot\left\{1+i\cdot\left(1-s_{THES}^{DE}\right)\right\}^t}$$

$$f_{vg_t}(rl,st,vg_t,vv,gav)_0^{jur(IA,BWF)}$$
$$= f_{vg_t}(rl,st,vg_t,vv,gav)_0^{jur(IA,TWA)} \qquad ❹$$
$$= \sum_{t=1}^{v}\left\{\begin{array}{l}\left(1-s_{THES}^{DE}\right)+\left(1-s_{KSt}^{UK}\right)\\ -0{,}05\cdot s_{THES}^{DE}\cdot\left(1-s_{KSt}^{UK}\right)\end{array}\right\}\cdot\frac{\left(1-s_{GewSt}^{DE}\right)\cdot GK}{2\cdot\left\{1+i\cdot\left(1-s_{GewSt}^{DE}\right)\right\}^t}$$

Eine Erhöhung (Verringerung) von $vg_t$ führt bei allen Gestaltungsalternativen unabhängig davon, ob die Gewinne in Deutschland oder in Großbritannien erzielt werden, auf Ebene der natürlichen und der juristischen Personen zu einer Erhöhung (Verringerung) des Barwerts der Summe der Nettoliquiditätszuflüsse. Aufgrund der höheren Besteuerung der natürlichen Personen fallen die Liquiditätswirkungen bei ihnen schwächer aus als bei den juristischen Personen.

Bei den drei Gestaltungsalternativen mit Verschmelzung sowie beim Outbound-Anteilstausch mit Teilwertansatz ergeben sich bei den natürlichen und den juristischen Personen jeweils übereinstimmende Liquiditätswirkungen (Teil ❶ und Teil ❸). Demgegenüber fallen die Liquiditätswirkungen beim Inbound-Anteilstausch mit Buchwertfortführung und mit Teilwertansatz jeweils geringer aus, weil 5% der britischen Dividende zusätzlich einer Ertragsteuerbelastung in Deutschland unterliegen (Teil ❷ und Teil ❹).

Dem Anwendungsfall liegt die Annahme des Gewinnfalls zugrunde. Der jeweils in Deutschland und in Großbritannien erzielte Vergleichsgewinn vor Steuern stimmt überein. Deshalb ergeben sich trotz der im Vergleich

---

505 Im Rahmen der partiellen Ableitung nach $vg_t$ wird der sukzessive anwachsende Verlustvortrag der juristischen Personen ($VV_{t+1}^{jur,DIV}$) in den Outbound-Fällen vernachlässigt, weil dieser im Anwendungsfall keine Entscheidungsrelevanz besitzt.

zum britischen Körperschaftsteuersatz von 30% höheren deutschen Ertragsteuerbelastung von 37,50% im Endeffekt bei den Inbound- und bei den Outbound-Fällen keine unterschiedlichen Liquiditätswirkungen. Eine isolierte Erhöhung des britischen Vergleichsgewinns vor Steuern führt jedoch im Vergleich zu einer isolierten Erhöhung des deutschen Vergleichsgewinns vor Steuern wegen des niedrigeren britischen Körperschaftsteuersatzes zu einem höheren Liquiditätszufluss auf Ebene der natürlichen und der juristischen Personen. Hierbei ist allerdings für die Gestaltungsalternativen Inbound-Anteilstausch mit Buchwertfortführung und mit Teilwertansatz zu beachten, dass diese positive Liquiditätswirkung wegen der zusätzlichen Ertragbesteuerung von 5% der britischen Dividenden in Deutschland abgeschwächt wird.

Werden im Ansässigkeitsstaat einer Gründungsgesellschaft Gewinne und im Ansässigkeitsstaat der anderen Gründungsgesellschaft Verluste erzielt, ist eine grenzüberschreitende Verlustverrechnung nur bei der Outbound-Verschmelzung mit Buchwertfortführung bzw. mit Teilwertansatz möglich. Bei diesen Gestaltungsalternativen können die auf Ebene der deutschen Betriebsstätte eingetretenen Verluste wegen des in Großbritannien geltenden Anrechnungsverfahrens mit den Gewinnen der britischen SE verrechnet werden. In Deutschland bleiben die Verluste, die die deutsche SE in ihrer britischen Betriebsstätte erleidet, wegen der Freistellungsmethode von der deutschen steuerlichen Bemessungsgrundlage ausgenommen. Bei den Gestaltungsalternativen zum Anteilstausch ist eine grenzüberschreitende Verlustverrechnung der Tochterkapitalgesellschaften mit der Holding-SE wegen des Trennungsprinzips nicht möglich. In diesem Fall können sich somit bei der Outbound-Verschmelzung mit Buchwertfortführung bzw. mit Teilwertansatz Liquiditätsvorteile gegenüber den übrigen Gestaltungsalternativen ergeben.

## 2.6. Steuerlicher Verlustvortrag

Für die Variation von $vv_t$ gilt:

(2.6.1.) $$f_{vv_t}(rl, st, vg, vv_t, gav)_0^{(j)} = \frac{\delta f(rl, st, vg, vv_t, gav)_0^{(j)}}{\delta vv_t}$$

Für die natürlichen und die juristischen Personen ergeben sich folgende Ergebnisse:

(2.6.2.) wenn deutsche Anteilseigner = $AE^{nat,DE-AG}$ und $AE^{nat,UK-PLC}$, dann

$$f_{vv_t}(rl, st, vg, vv_t, gav)_0^{nat(IV,BWF)}$$
$$= f_{vv_t}(rl, st, vg, vv_t, gav)_0^{nat(OV,BWF)}$$
$$= f_{vv_t}(rl, st, vg, vv_t, gav)_0^{nat(OA,TWA)} \quad ❶$$
$$= \sum_{t=1}^{v}\left(s_{KSt}^{UK} + s_{THES}^{DE}\right) \cdot \frac{\left(1 - \frac{1}{2} \cdot s_{ESt}^{DE}\right) \cdot GK}{2 \cdot \left\{1 + i \cdot \left(1 - s_{ESt}^{DE}\right)\right\}^t}$$

$$f_{vv_t}(rl, st, vg, vv_t, gav)_0^{nat(OV,TWA)}$$
$$= \sum_{t=1}^{v}\left(s_{KSt}^{UK} + s_{THES}^{DE\,*}\right) \cdot \frac{\left(1 - \frac{1}{2} \cdot s_{ESt}^{DE}\right) \cdot GK}{2 \cdot \left\{1 + i \cdot \left(1 - s_{ESt}^{DE}\right)\right\}^t} \quad ❷$$
$$+ \frac{s_{THES}^{DE} \cdot \left(1 - \frac{1}{2} \cdot s_{ESt,VE}^{DE}\right) \cdot GK}{2 \cdot \left\{1 + i \cdot \left(1 - s_{ESt}^{DE}\right)\right\}^t}$$

$$f_{vv_t}(rl, st, vg, vv_t, gav)_0^{nat(IA,BWF)}$$
$$= f_{vv_t}(rl, st, vg, vv_t, gav)_0^{nat(IA,TWA)} \quad ❸$$
$$= \sum_{t=1}^{v}\left(s_{KSt}^{UK} + s_{THES}^{DE} - 0{,}05 \cdot s_{THES}^{DE} \cdot s_{KSt}^{UK}\right) \cdot \frac{\left(1 - \frac{1}{2} \cdot s_{ESt}^{DE}\right) \cdot GK}{2 \cdot \left\{1 + i \cdot \left(1 - s_{ESt}^{DE}\right)\right\}^t}$$

(2.6.3.) wenn deutsche Anteilseigner = $AE^{jur,DE-AG}$ und $AE^{jur,UK-PLC}$, dann[506]

$$f_{vv_t}(rl, st, vg, vv_t, gav)_0^{jur(IV,BWF)}$$
$$= f_{vv_t}(rl, st, vg, vv_t, gav)_0^{jur(OV,BWF)}$$
$$= f_{vv_t}(rl, st, vg, vv_t, gav)_0^{jur(OA,TWA)} \quad ❹$$
$$= \sum_{t=1}^{v}\left(s_{KSt}^{UK} + s_{THES}^{DE}\right) \cdot \frac{\left(1 - s_{GewSt}^{DE}\right) \cdot GK}{2 \cdot \left\{1 + i \cdot \left(1 - s_{THES}^{DE}\right)\right\}^t}$$

506 Im Rahmen der partiellen Ableitung nach $vv_t$ wird der sukzessive anwachsende Verlustvortrag der juristischen Personen ($VV_{t+1}^{jur,DIV}$) in den Outbound-Fällen vernachlässigt, weil dieser im Anwendungsfall keine Entscheidungsrelevanz besitzt.

$$f_{vv_t}\left(rl, st, vg, vv_t, gav\right)_0^{jur(OV,TWA)}$$

$$= \sum_{t=1}^{v}\left(s_{KSt}^{UK} + s_{THES}^{DE\;*}\right)\cdot\frac{\left(1 - s_{GewSt}^{DE}\right)\cdot GK}{2\cdot\left\{1 + i\cdot\left(1 - s_{THES}^{DE}\right)\right\}^t} \quad ❺$$

$$+ \frac{s_{THES}^{DE}\cdot GK}{2\cdot\left\{1 + i\cdot\left(1 - s_{THES}^{DE}\right)\right\}^t}$$

$$f_{vv_t}\left(rl, st, vg, vv_t, gav\right)_0^{jur(IA,BWF)}$$

$$= f_{vv_t}\left(rl, st, vg, vv_t, gav\right)_0^{jur(IA,TWA)} \quad ❻$$

$$= \sum_{t=1}^{v}\left(s_{KSt}^{UK} + s_{THES}^{DE} - 0{,}05\cdot s_{THES}^{DE}\cdot s_{KSt}^{UK}\right)\cdot\frac{\left(1 - s_{GewSt}^{DE}\right)\cdot GK}{2\cdot\left\{1 + i\cdot\left(1 - s_{THES}^{DE}\right)\right\}^t}$$

Eine Erhöhung (Verringerung) von $vv_t$ führt bei allen Gestaltungsalternativen sowohl auf Ebene der natürlichen Personen als auch auf Ebene der juristischen Personen zu einer Erhöhung (Verringerung) des Barwerts der Summe der Nettoliquiditätszuflüsse. Aufgrund der höheren Besteuerung der natürlichen Personen fallen die Barwertveränderungen bei ihnen schwächer aus als bei den juristischen Personen.

Die positiven Liquiditätswirkungen einer Erhöhung von $vv_t$ sind bei der Inbound- und bei der Outbound-Verschmelzung mit Buchwertfortführung sowie beim Outbound-Anteilstausch mit Teilwertansatz auf Ebene der natürlichen und der juristischen Personen am Höchsten (Teil ❶ und Teil ❹). Beim Inbound-Anteilstausch mit Buchwertfortführung und mit Teilwertansatz ist zusätzlich der negative Liquiditätseffekt zu berücksichtigen, dass 5% der britischen Dividende in Deutschland der Ertragbesteuerung unterliegen (Teil ❸ und Teil ❻). Bei der Outbound-Verschmelzung mit Teilwertansatz ergeben sich die geringsten Liquiditätswirkungen (Teil ❷ und Teil ❺), weil der Verlustvortrag der DE-AG bei der Ermittlung des Übertragungsgewinns in t = 0 verrechnet wird und somit nicht bzw. nur in geringerem Umfang im Rahmen der steuerlichen Gewinnermittlung der DE-BS in t = 1 angesetzt werden kann. Die aus der Verrechnung des steuerlichen Verlustvortrags mit dem Übertragungsgewinn resultierenden Entlastungswirkungen führen hier auf Ebene der natürlichen und der juristischen Personen erst im Zeitpunkt der Anteilsveräußerung in t = v zu einer Erhöhung des Nettoliquiditätszuflusses.

Aufgrund der Beschränkung der Verlustverrechnung in Deutschland führt eine isolierte Erhöhung des steuerlichen Verlustvortrags in Großbritannien im Vergleich zu einer isolierten Erhöhung des steuerlichen Verlustvortrags in Deutschland zu einem höheren Liquiditätszufluss auf Ebene der natürlichen und der juristischen Personen. Allerdings ist beim Inbound-Anteilstausch mit Buchwertfortführung und mit Teilwertansatz zu beachten, dass der positiven Liquiditätswirkung eine Verringerung des Barwerts gegenübersteht, die sich aus der zusätzlichen Ertragbesteuerung von 5% der britischen Dividenden in Deutschland ergibt.

## 2.7. Bedarfswert des Grundvermögens

Der Bedarfswert des Grundvermögens ($GAV_t$) ist die Bemessungsgrundlage für die Grunderwerbsteuer. Für die Variation von $gav_t$ gilt:

(2.7.1.) $$f_{gav_t}(rl, st, vg, vv, gav_t)_0^{(j)} = \frac{\delta f(rl, st, vg, vv, gav_t)_0^{(j)}}{\delta gav_t}$$

Für die natürlichen und die juristischen Personen ergeben sich folgende Ergebnisse:

(2.7.2.) wenn deutsche Anteilseigner = $AE^{nat,DE-AG}$ und $AE^{nat,UK-PLC}$, dann

$$\begin{aligned} & f_{gav_t}(rl, st, vg, vv, gav_t)_0^{nat(IV,BWF)} \\ = \; & f_{gav_t}(rl, st, vg, vv, gav_t)_0^{nat(IA,BWF)} \\ = \; & f_{gav_t}(rl, st, vg, vv, gav_t)_0^{nat(IA,TWA)} \\ = \; & f_{gav_t}(rl, st, vg, vv, gav_t)_0^{nat(OA,TWA)} \\ = \; & 0 \end{aligned}$$

$$\begin{aligned} & f_{gav_t}(rl, st, vg, vv, gav_t)_0^{nat(OV,BWF)} \\ = \; & f_{gav_t}(rl, st, vg, vv, gav_t)_0^{nat(OV,TWA)} \\ = \; & -\sum_{t=1}^{v}\left(1 - s_{KSt}^{UK}\right) \cdot ab\left(s_{GrESt}^{DE}\right)_t^{UK-SE(j)} \cdot \frac{\left(1 - \frac{1}{2} \cdot s_{ESt}^{DE}\right) \cdot GK}{2 \cdot \left\{1 + i \cdot \left(1 - s_{ESt}^{DE}\right)\right\}^t} \end{aligned}$$

(2.7.3.) wenn deutsche Anteilseigner = $AE^{jur,DE-AG}$ und $AE^{jur,UK-PLC}$, dann

$$f_{gav_t}(rl, st, vg, vv, gav_t)_0^{jur(IV,BWF)}$$
$$= f_{gav_t}(rl, st, vg, vv, gav_t)_0^{jur(IA,BWF)}$$
$$= f_{gav_t}(rl, st, vg, vv, gav_t)_0^{jur(IA,TWA)}$$
$$= f_{gav_t}(rl, st, vg, vv, gav_t)_0^{jur(OA,TWA)}$$
$$= 0$$

$$f_{gav_t}(rl, st, vg, vv, gav_t)_0^{jur(OV,BWF)}$$
$$= f_{gav_t}(rl, st, vg, vv, gav_t)_0^{jur(OV,TWA)}$$
$$= -\sum_{t=1}^{v}\left(1 - s_{KSt}^{UK}\right) \cdot ab\left(s_{GrESt}^{DE}\right)_t^{UK-SE(j)} \cdot \frac{\left(1 - s_{GewSt}^{DE}\right) \cdot GK}{2 \cdot \left\{1 + i \cdot \left(1 - s_{THES}^{DE}\right)\right\}^t}$$

Der Barwert der Summe der Nettoliquiditätszuflüsse verändert sich durch eine Variation des Bedarfswerts des Grundvermögens bei natürlichen und juristischen Personen lediglich in den Fällen der Outbound-Verschmelzung mit Buchwertfortführung und mit Teilwertansatz. Eine Erhöhung (Verringerung) des Bedarfswerts des Grundvermögens als Bemessungsgrundlage der Grunderwerbsteuer führt hier zu einer Verringerung (Erhöhung) des Barwerts der deutschen Anteilseigner. Eine Barwertveränderung resultiert aus der auf Ebene der UK-SE um die als Anschaffungsnebenkosten erhöhte Abschreibungsbasis und der damit zusammenhängenden Verrechnung höherer Abschreibungen in einer Periode t. Aufgrund der unterschiedlichen steuerlichen Konsequenzen auf Ebene der natürlichen und der juristischen Personen fällt die Barwertveränderung bei den natürlichen Personen schwächer aus als bei den juristischen Personen.

Ist auf Ebene der Gründungsgesellschaften kein Grundvermögen vorhanden, stimmt der Barwert der Summe der Nettoliquiditätszuflüsse bei der Inbound- und bei der Outbound-Verschmelzung mit Buchwertfortführung überein. Die Begründung liegt darin, dass ausschließlich die auf Ebene der UK-SE als Anschaffungsnebenkosten aktivierte Grunderwerbsteuer den im Vergleich zur Inbound-Verschmelzung mit Buchwertfortführung niedrigeren Barwert der Outbound-Verschmelzung mit Buchwertfortführung bedingt.

Bei den übrigen Gestaltungsalternativen verändert eine Variation des Bedarfswerts des Grundvermögens den Barwert der deutschen Anteilseigner nicht. Bei der Inbound-Verschmelzung mit Buchwertfortführung fällt keine Grunderwerbsteuer an. Bei den drei Gestaltungsalternativen zum Anteilstausch fällt auf Ebene der jeweiligen Holding-SE aufgrund der Übernahme von 100% der Anteile an der DE-AG zwar Grunderwerbsteuer an; diese wird jedoch als Anschaffungsnebenkosten der Beteiligung an der DE-AG aktiviert. Ihre Erfolgswirksamkeit tritt erst bei einer Veräußerung der Anteile an der DE-AG durch die jeweilige Holding-SE ein. Da der Veräußerungszeitpunkt außerhalb des Anwendungsfalls liegt, wirkt sich die Grunderwerbsteuer bei den Gestaltungsalternativen Anteilstausch erfolgsneutral aus.

## 3. Zusammenfassende Thesen zur Gründung einer Europäischen Aktiengesellschaft (SE) durch Verschmelzung oder durch Anteilstausch

Die Untersuchung zeigt auf, dass die Rechtsform einer Europäischen Aktiengesellschaft im Prozess der weltweiten Vernetzung von Unternehmenstätigkeiten einen entscheidenden Einfluss auf die weitere Fortentwicklung grenzüberschreitender Zusammenschlüsse von EU-Aktiengesellschaften ausüben wird. Zusammenfassend lassen sich nachstehende Thesen zur Gründung einer Europäischen Aktiengesellschaft (SE) durch Verschmelzung oder durch Anteilstausch formulieren.

**These 1:**
**Die Einführung der Rechtsform einer Europäischen Aktiengesellschaft schafft erstmals eine aus steuerlicher Sicht notwendige gesellschaftsrechtliche Grundlage für grenzüberschreitende Verschmelzungen von Kapitalgesellschaften innerhalb der EU.**

Mit Inkrafttreten des Statuts der Europäischen Aktiengesellschaft (SE) im Oktober 2004 werden steuerliche Hindernisse beseitigt, die derzeit grenzüberschreitende Zusammenschlüsse von EU-Kapitalgesellschaften behindern oder sogar verhindern. Wie bereits auf nationaler Ebene können zukünftig auch grenzüberschreitende Unternehmenszusammenschlüsse durch Verschmelzung oder durch Anteilstausch vollzogen werden.

Einschränkend ist aber zu berücksichtigen, dass bei grenzüberschreitenden Verschmelzungen die übertragenden Gesellschaften zu Betriebsstätten der übernehmenden Gesellschaft in ihren bisherigen Sitzstaaten werden. Aufgrund unterschiedlicher Gewinnermittlungsvorschriften in den einzelnen Mitgliedstaaten kann die Gewinnabgrenzung zwischen dem Stammhaus (SE) und seinen Betriebsstätten zu weiteren steuerlichen Hemmnissen führen.

**These 2:**
**Die einzelnen EU-Mitgliedstaaten sind gehalten, in ihrem jeweiligen nationalen Recht die erforderlichen steuerlichen Rahmenbedingungen für die Gründung einer Europäischen Aktiengesellschaft rechtzeitig zu schaffen.**

Für die Gründung einer Europäischen Aktiengesellschaft in einem EU-Mitgliedstaat ist es von entscheidender Bedeutung, ob und wie schnell die erforderlichen steuerlichen Rahmenbedingungen durch mitgliedstaatliche Transformationsgesetze geschaffen werden. Insbesondere sind Deutschland und Großbritannien gehalten, den Anwendungsfall „grenzüberschreitende Verschmelzung" aus der Steuerlichen Fusionsrichtlinie noch vor dem Inkrafttreten des SE-Statuts in ihr jeweiliges nationales Steuerrecht zu transformieren; denn unterbleibt eine vollständige Umsetzung, können sich Unternehmen unmittelbar auf die Regelungen der Steuerlichen Fusionsrichtlinie berufen.

Der deutsche Gesetzgeber ist zudem gehalten, den Zwang zur Buchwertverknüpfung über die Grenze aufzuheben (§ 23 Abs. 4 UmwStG i.V.m. § 20 Abs. 4 Satz 1 UmwStG). Diese Regelung stellt für die Gründung einer Holding-SE ein besonderes Hindernis dar, weil in einigen Mitgliedstaaten, z.B. Großbritannien, kein steuerlicher Wertansatz im Sinne eines Buchwerts für die eingebrachten Beteiligungen bei der übernehmenden Gesellschaft vorgesehen ist. Aus deutscher Sicht ist dadurch mit diesen Mitgliedstaaten ein Outbound-Anteilstausch mit Buchwertfortführung derzeit nicht durchführbar.

Für den britischen Gesetzgeber gilt es, die Fiktion aufzuheben, dass eine gezahlte Gegenleistung bei einer untergehenden Gesellschaft weder zu einem Gewinn noch zu einem Verlust führt (Sec. 139 TCGA 1992). Diese Rechtsnorm schränkt die Durchführung grenzüberschreitender Verschmelzungen unter Beteiligung britischer Aktiengesellschaften ein; denn aus deutscher Sicht sind derzeit Inbound-Verschmelzungen nur mit Buchwertfortführung möglich.

**These 3:**
**Die steuerlich günstigste Gestaltungsalternative zur Gründung einer Europäischen Aktiengesellschaft durch eine deutsche und eine britische Publikumsaktiengesellschaft mit deutschen Anteilseignern, die sich zur Hälfte aus natürlichen und juristischen Personen zusammensetzen, ist die Inbound-Verschmelzung mit Buchwertfortführung.**

Unter Berücksichtigung der im Anwendungsfall getroffenen Annahmen maximiert nur diese Gründungsform aus steuerlicher Sicht den Barwert der Summe der Nettoliquiditätszuflüsse sowohl bei den natürlichen wie auch bei den juristischen Personen. Daher werden rationale Anteilseigner der Gründung einer Europäischen Aktiengesellschaft nur durch Inbound-Verschmelzung mit Buchwertfortführung zustimmen.

**These 4:**
**Für natürliche Personen ist aus steuerlicher Sicht bei den Gründungsalternativen der Verschmelzung die Buchwertfortführung vorteilhafter als der Teilwertansatz. Bei den Gründungsalternativen des Anteilstauschs ist für sie der Teilwertansatz günstiger als die Buchwertfortführung.**

Bei der Gründungsform Verschmelzung mit Teilwertansatz fallen die transferierbaren Gewinne der Betriebsstätte geringer aus, weil auf Ebene der Betriebsstätte wegen der auf die abnutzbaren Wirtschaftsgüter entfallenden stillen Reserven höhere Abschreibungen zu verrechnen sind. Zudem wird der Verlustvortrag der untergehenden Gesellschaft bereits bei der Besteuerung des Verschmelzungsgewinns berücksichtigt und entfaltet daher im Rahmen der laufenden Gewinnermittlung der Betriebsstätte keine bzw. nur eine geringere Entlastungswirkung. Die auf den Übertragungsgewinn entfallende Ertragsteuerbelastung mindert die offenen Rücklagen in der Schlussbilanz der untergehenden Gesellschaft. Dadurch ist der Gewinn aus der Veräußerung der Anteile an der SE entsprechend geringer.

Beim Anteilstausch mit Teilwertansatz entsteht bei den natürlichen Personen zwar bereits bei der Gründung der SE ein steuerpflichtiger Veräußerungsgewinn. Die sich hieraus ergebenden negativen Liquiditätswirkungen wirken sich jedoch schwächer aus als die Steuerbelastung bei der Veräußerung einbringungsgeborener Anteile bei Buchwertfortführung; denn hier unterliegt diese Veräußerung im Gegensatz zu den übrigen Gestaltungsalternativen zur Hälfte dem Spitzensteuersatz der Einkommensteuer und nicht zur Hälfte dem begünstigten Sondertarif für Veräußerungsgewinne.

**These 5:**
**Bei juristischen Personen erzielen die Inbound-Verschmelzung mit Buchwertfortführung und der Outbound-Anteilstausch mit Teilwertansatz sowie der Inbound-Anteilstausch mit Buchwertfortführung und mit Teilwertansatz jeweils übereinstimmende Ergebnisse.**

Die Übereinstimmung zwischen der Inbound-Verschmelzung mit Buchwertfortführung und dem Outbound-Anteilstausch mit Teilwertansatz ergibt sich daraus, dass die Dividende der SE wegen des bei Tochterkapitalgesellschaften geltenden Trennungsprinzips bei beiden Gestaltungsalternativen übereinstimmt und die beim Teilwertansatz anfallenden Veräußerungsgewinne für juristische Personen steuerfrei sind.

Beim Inbound-Anteilstausch mit Buchwertfortführung und mit Teilwertansatz stimmt die von der SE erzielte Dividende aufgrund des Trennungsprinzips überein. Zudem unterliegen in beiden Fällen 5% der britischen Dividenden einer zusätzlichen Ertragbesteuerung in Deutschland. Die Veräußerungsgewinne sind steuerfrei.

**These 6:**
**Im Thesaurierungsfall erzielen die natürlichen und juristischen Personen im Vergleich zum Ausschüttungsfall grundsätzlich bei allen Gestaltungsalternativen einen höheren Nettoliquiditätszufluss.**

Die einbehaltenen Dividenden sind Bestandteil des Verkehrswerts der SE und unterliegen wegen des Trennungsprinzips auf Ebene der Anteilseigner erst im Zeitpunkt der Anteilsveräußerung grundsätzlich der begünstigten Veräußerungsgewinnbesteuerung (natürliche Personen) bzw. keiner Veräußerungsgewinnbesteuerung (juristische Personen).

Beim Inbound-Anteilstausch mit Buchwertfortführung sowie mit Teilwertansatz ergeben sich weitere Liquiditätsvorteile dadurch, dass die zusätzliche Besteuerung von 5% der britischen Dividenden in Deutschland unterbleibt.

Den natürlichen Personen entsteht jedoch im Thesaurierungsfall beim Inbound-Anteilstausch mit Buchwertfortführung wegen der vollen Besteuerung bei der Veräußerung einbringungsgeborener Anteile ein Liquiditätsnachteil. Die Veräußerungsgewinne unterliegen zwar wie die Dividendeneinkünfte dem Spitzensteuersatz der Einkommensteuer; da aber die Dividendeneinkünfte den Anteilseignern im Ausschüttungsfall eher zufließen als die Einkünfte aus der Veräußerung der Anteile an der SE, ist der Barwert des Nettoliquiditätszuflusses im Thesaurierungsfall niedrigerer als im Ausschüttungsfall.

## Anhang 1:

Berechnungsschema der Inbound-Verschmelzung mit Buchwertfortführung

| | Gesell-schaften | $AE^{nat}$ | $AE^{jur}$ |
|---|---|---|---|
| **I. Vollzug der Inbound-Verschmelzung mit Buchwertfortführung in t = 0** | | | |
| **1. Ebene der übertragenden UK-PLC** | | | |
| **Ermittlung des steuerpflichtigen Veräußerungsgewinns** | | | |
| Wertansatz des übertragenen Vermögens: Buchwert der UK-PLC in t = 0 | 700,00 | | |
| - Buchwert des übertragenen Vermögens (UK-PLC; t = 0) | 700,00 | | |
| = steuerpflichtiger Veräußerungsgewinn | 0,00 | | |
| **Ermittlung der Ertragsteuerbelastung des Veräußerungsgewinns** | **0,00** | | |
| **2. Ebene der übernehmenden DE-SE** | | | |
| **Verkehrsteuerliche Konsequenzen: Stempelsteuern** | **0,00** | | |
| **Ermittlung des Verschmelzungsgewinns** | | | |
| Buchwert der übernommenen UK-PLC in t = 0 | 700,00 | | |
| - Kapitalerhöhung | 250,00 | | |
| = Verschmelzungsgewinn der DE-SE in t = 0 (in die offenen Rücklagen einzustellen) | 450,00 | | |
| **3. Ebene der deutschen Anteilseigner** | | | |
| **Ermittlung des steuerpflichtigen Veräußerungsgewinns** | | | |
| Anschaffungskosten der Beteiligung an der DE-SE | | 1.275,00 | 1.275,00 |
| - ursprüngliche Anschaffungskosten der Beteiligung an den Gründungsgesellschaften | | 1.275,00 | 1.275,00 |
| = steuerpflichtiger Veräußerungsgewinn | | 0,00 | 0,00 |
| **Nettoliquiditätszufluss in t = 0** | | **0,00** | **0,00** |

| | Gesell-schaften | $AE^{nat}$ | $AE^{jur}$ |
|---|---|---|---|
| **II. grenzüberschreitende Unternehmenstätigkeit der DE-SE** | | | |
| **1. Ebene der UK-BS** | | | |
| **<u>Berechnungsschritte für t = 1</u>** | | | |
| **Bestimmung des steuerpflichtigen Gewinns der UK-BS** | | | |
| vorläufiger Vergleichsgewinn der UK-BS | 500,00 | | |
| - planmäßige Abschreibungen | 120,00 | | |
| - steuerlicher Verlustvortrag | 100,00 | | |
| = steuerpflichtiger Gewinn der UK-BS | 280,00 | | |
| **Ermittlung der Ertragsteuerbelastung der Gewinne der UK-BS** | | | |
| steuerpflichtiger Gewinn der UK-BS | 280,00 | | |
| * britischer Körperschaftsteuersatz | 30,00% | | |
| = Steuerbelastung der Gewinne der UK-BS | 84,00 | | |
| **Berechnung des an die DE-SE transferierbaren Gewinns der UK-BS** | | | |
| vorläufiger Vergleichsgewinn der UK-BS | 500,00 | | |
| - planmäßige Abschreibungen | 120,00 | | |
| - Ertragsteuerbelastung der UK-BS | 84,00 | | |
| = Gewinntransfer der UK-BS an die DE-SE | 296,00 | | |
| **<u>Summe der Gewinntransfers der UK-BS an die DE-SE für t = 1 bis t = v</u>** | **<u>1.200,31</u>** | | |
| **2. Ebene der DE-SE** | | | |
| **<u>Berechnungsschritte für t = 1</u>** | | | |
| **Bestimmung des steuerpflichtigen Gewinns der DE-SE** | | | |
| vorläufiger Vergleichsgewinn der DE-SE | 500,00 | | |
| - planmäßige Abschreibungen | 96,00 | | |
| - steuerlicher Verlustvortrag | 100,00 | | |
| = steuerpflichtiger Gewinn der DE-SE | 304,00 | | |
| **Ermittlung der Ertragsteuerbelastung der Gewinne der DE-SE** | | | |
| steuerpflichtiger Gewinn der DE-SE | 304,00 | | |
| * deutscher Ertragsteuersatz | 37,50% | | |
| = Steuerbelastung der Gewinne der DE-SE | 114,00 | | |

| | Gesell-schaften | $AE^{nat}$ | $AE^{jur}$ |
|---|---|---|---|
| **Berechnung der ausschüttungsfähigen Dividende der DE-SE** | | | |
| vorläufiger Vergleichsgewinn der DE-SE | 500,00 | | |
| - planmäßige Abschreibungen | 96,00 | | |
| - Ertragsteuerbelastung der DE-SE | 114,00 | | |
| = Nettoertrag DE-SE | 290,00 | | |
| + Gewinntransfer der UK-BS an die DE-SE | 296,00 | | |
| = Dividende der DE-SE | 586,00 | | |
| **Summe der Nettoerträge der DE-SE für t = 1 bis t = v** | **1.110,38** | | |
| **Summe der ausschüttungsfähigen Dividenden der DE-SE für t = 1 bis t = v** | **2.310,69** | | |
| **3. Ebene der deutschen Anteilseigner** | | | |
| **Berechnungsschritte für t = 1** | | | |
| **Ermittlung der Ertragsteuerbelastung der deutschen Anteilseigner** | | | |
| Dividende der DE-SE | | 586,00 | 586,00 |
| * Ausschüttungsquote | | 100,00% | 100,00% |
| * Beteiligungsquote | | 50,00% | 50,00% |
| = empfangene Dividende | | 293,00 | 293,00 |
| * deutscher Ertragsteuersatz | | 23,50% | 16,67% |
| = Ertragsteuerbelastung der deutschen Anteilseigner | | 68,86 | 48,84 |
| **Ermittlung des Nettoliquiditätszuflusses der deutschen Anteilseigner** | | | |
| Dividende der DE-SE | | 586,00 | 586,00 |
| * Ausschüttungsquote | | 100,00% | 100,00% |
| * Beteiligungsquote | | 50,00% | 50,00% |
| = empfangene Dividende | | 293,00 | 293,00 |
| - Ertragsteuerbelastung der deutschen Anteilseigner | | 68,86 | 48,84 |
| = Nettoliquiditätszufluss der deutschen Anteilseigner | | 224,15 | 244,16 |
| **Summe der Nettoliquiditätszuflüsse der deutschen Anteilseigner für t = 1 bis t = v** | | 883,84 | 962,75 |

| | Gesell-schaften | $AE^{nat}$ | $AE^{jur}$ |
|---|---|---|---|
| **III. Veräußerung der Anteile an der DE-SE durch die deutschen Anteilseigner in t = v** | | | |
| **Ermittlung der Ertragsteuerbelastung der deutschen Anteilseigner** | | | |
| Verkehrswert der DE-SE in t = v | | 4.900,00 | 4.900,00 |
| * Beteiligungsquote | | 50,00% | 50,00% |
| = Veräußerungspreis der deutschen Anteilseigner | | 2.450,00 | 2.450,00 |
| - Anschaffungskosten der Beteiligung an der DE-SE in t = 0 | | 1.275,00 | 1.275,00 |
| = Veräußerungsgewinn der deutschen Anteilseigner | | 1.175,00 | 1.175,00 |
| * deutscher Ertragsteuersatz | | 7,50% | 0,00% |
| = Ertragsteuerbelastung der deutschen Anteilseigner | | 88,13 | 0,00 |
| **Ermittlung des Nettoliquiditätszuflusses der deutschen Anteilseigner in t = v** | | | |
| Veräußerungsgewinn der deutschen Anteilseigner | | 1.175,00 | 1.175,00 |
| - Ertragsteuerbelastung der deutschen Anteilseigner | | 88,13 | 0,00 |
| = Nettoliquiditätszufluss der deutschen Anteilseigner in t = v | | 1.086,88 | 1.175,00 |
| **IV. Ermittlung des Barwerts des Nettoliquiditätszuflusses der deutschen Anteilseigner** | | | |
| Nettoliquiditätszufluss in t = 0 | | 0,00 | 0,00 |
| + Barwert der Summe der Nettoliquiditätszuflüsse in t = 1 bis t = v (Dividende) | | 777,62 | 828,68 |
| + Barwert des Nettoiquiditätszuflusses in t = v (Veräußerungsgewinn) | | 884,03 | 921,98 |
| = Barwert des Nettoliquiditätszuflusses | | 1.661,65 | 1.750,66 |

## Anhang 2:

Berechnungsschema der Outbound-Verschmelzung mit Buchwertfortführung

| | Gesell-schaften | $AE^{nat}$ | $AE^{jur}$ |
|---|---|---|---|
| **I. Vollzug der Outbound-Verschmelzung mit Buchwertfortführung in t = 0** | | | |
| **1. Ebene der übertragenden DE-AG** | | | |
| **Ermittlung des steuerpflichtigen Veräußerungsgewinns** | | | |
| Wertansatz des übertragenen Vermögens: Buchwert der DE-AG in t = 0 | 700,00 | | |
| - Buchwert des übertragenen Vermögens (DE-AG; t = 0) | 700,00 | | |
| = steuerpflichtiger Veräußerungsgewinn | 0,00 | | |
| **Ermittlung der Ertragsteuerbelastung des Veräußerungsgewinns** | **0,00** | | |
| **2. Ebene der übernehmenden UK-SE** | | | |
| **Verkehrsteuerliche Konsequenzen: Grunderwerbsteuer** | | | |
| Bedarfswert des Grundvermögens | 200,00 | | |
| * deutscher Grunderwerbsteuersatz | 3,50% | | |
| = Grunderwerbsteuer | 7,00 | | |
| **Ermittlung des Verschmelzungsgewinns** | | | |
| Buchwert der übernommenen DE-AG in t = 0 | 700,00 | | |
| - Kapitalerhöhung | 250,00 | | |
| = Verschmelzungsgewinn der UK-SE in t = 0 (in die offenen Rücklagen einzustellen) | 450,00 | | |
| **3. Ebene der deutschen Anteilseigner** | | | |
| **Ermittlung des steuerpflichtigen Veräußerungsgewinns** | | | |
| Anschaffungskosten der Beteiligung an der UK-SE | | 1.275,00 | 1.275,00 |
| - ursprüngliche Anschaffungskosten der Beteiligung an den Gründungsgesellschaften | | 1.275,00 | 1.275,00 |
| = steuerpflichtiger Veräußerungsgewinn | | 0,00 | 0,00 |
| **Nettoliquiditätszufluss in t = 0** | | **0,00** | **0,00** |

| | Gesell-schaften | $AE^{nat}$ | $AE^{jur}$ |
|---|---|---|---|
| **II. grenzüberschreitende Unternehmenstätigkeit der UK-SE** | | | |
| **1. Ebene der DE-BS** | | | |
| **<u>Berechnungsschritte für t = 1</u>** | | | |
| **Bestimmung des steuerpflichtigen Gewinns der DE-BS** | | | |
| vorläufiger Vergleichsgewinn der DE-BS | 500,00 | | |
| - planmäßige Abschreibungen | 96,00 | | |
| - steuerlicher Verlustvortrag | 100,00 | | |
| = steuerpflichtiger Gewinn der DE-BS | 304,00 | | |
| **Ermittlung der Ertragsteuerbelastung der Gewinne der DE-BS** | | | |
| steuerpflichtiger Gewinn der DE-BS | 304,00 | | |
| * deutscher Ertragsteuersatz | 37,50% | | |
| = Steuerbelastung der Gewinne der DE-BS | 114,00 | | |
| **Berechnung des an die UK-SE transferierbaren Gewinns der DE-BS** | | | |
| vorläufiger Vergleichsgewinn der DE-BS | 500,00 | | |
| - planmäßige Abschreibungen | 96,00 | | |
| - Ertragsteuerbelastung der DE-BS | 114,00 | | |
| = Gewinntransfer der DE-BS an die UK-SE | 290,00 | | |
| **<u>Summe der Gewinntransfers der DE-BS an die UK-SE für t = 1 bis t = v</u>** | **<u>1.110,38</u>** | | |
| **2. Ebene der UK-SE** | | | |
| **<u>Berechnungsschritte für t = 1</u>** | | | |
| **Bestimmung des steuerpflichtigen Gewinns der UK-SE** | | | |
| vorläufiger Vergleichsgewinn der UK-SE | 500,00 | | |
| - planmäßige Abschreibungen | 121,75 | | |
| - steuerlicher Verlustvortrag | 100,00 | | |
| = steuerpflichtiger Gewinn der UK-SE | 278,75 | | |
| **Ermittlung der Körperschaftsteuerbelastung der Gewinne der UK-SE** | | | |
| steuerpflichtiger Gewinn der UK-SE | 278,75 | | |
| * britischer Körperschaftsteuersatz | 30,00% | | |
| = Steuerbelastung der Gewinne der UK-SE | 83,48 | | |

| | Gesell-schaften | $AE^{nat}$ | $AE^{jur}$ |
|---|---|---|---|
| **Berechnung der ausschüttungsfähigen Dividende der UK-SE** | | | |
| vorläufiger Vergleichsgewinn der UK-SE | 500,00 | | |
| - planmäßige Abschreibungen | 121,75 | | |
| - Ertragsteuerbelastung der UK-SE | 83,48 | | |
| = Nettoertrag UK-SE | 294,78 | | |
| + Gewinntransfer der DE-BS an die UK-SE | 290,00 | | |
| = Dividende der UK-SE | 584,78 | | |
| **Summe der Nettoerträge der UK-SE für t = 1 bis t = v** | **1.196,96** | | |
| **Summe der ausschüttungsfähigen Dividenden der UK-SE für t = 1 bis t = v** | **2.307,34** | | |
| **3. Ebene der deutschen Anteilseigner** | | | |
| **Berechnungsschritte für t = 1** | | | |
| **Ermittlung der Ertragsteuerbelastung der deutschen Anteilseigner** | | | |
| Dividende der UK-SE | | 584,78 | 584,78 |
| * Ausschüttungsquote | | 100,00% | 100,00% |
| * Beteiligungsquote | | 50,00% | 50,00% |
| = empfangene Dividende | | 292,39 | 292,39 |
| * deutscher Ertragsteuersatz | | 23,50% | 16,67% |
| = Ertragsteuerbelastung der deutschen Anteilseigner | | 68,71 | 48,74 |
| Verlustvortrag der juristischen Person für t+1 | | | 34,12 |
| **Ermittlung des Nettoliquiditätszuflusses der deutschen Anteilseigner** | | | |
| Dividende der UK-SE | | 584,78 | 584,78 |
| * Ausschüttungsquote | | 100,00% | 100,00% |
| * Beteiligungsquote | | 50,00% | 50,00% |
| = empfangene Dividende | | 292,39 | 292,39 |
| - Ertragsteuerbelastung der deutschen Anteilseigner | | 68,71 | 48,74 |
| = Nettoliquiditätszufluss der deutschen Anteilseigner | | 223,68 | 243,65 |
| **Summe der Nettoliquiditätszuflüsse der deutschen Anteilseigner für t = 1 bis t = v** | | **882,56** | **961,35** |

| | Gesell-schaften | $AE^{nat}$ | $AE^{jur}$ |
|---|---|---|---|
| **Summe der Verlustvorträge der juristischen Personen für t+1 bis t = v** | | | **134,63** |
| **III. Veräußerung der Anteile an der UK-SE durch die deutschen Anteilseigner in t = v** | | | |
| **Ermittlung der Ertragsteuerbelastung der deutschen Anteilseigner** | | | |
| Verkehrswert der UK-SE in t = v | | 4.900,00 | 4.900,00 |
| * Beteiligungsquote | | 50,00% | 50,00% |
| = Veräußerungspreis der deutschen Anteilseigner | | 2.450,00 | 2.450,00 |
| - Anschaffungskosten der Beteiligung an der UK-SE in t = 0 | | 1.275,00 | 1.275,00 |
| = Veräußerungsgewinn der deutschen Anteilseigner | | 1.175,00 | 1.175,00 |
| * deutscher Ertragsteuersatz | | 7,50% | 0,00% |
| = Ertragsteuerbelastung der deutschen Anteilseigner | | 88,13 | 0,00 |
| **Ermittlung des Nettoliquiditätszuflusses der deutschen Anteilseigner in t = v** | | | |
| Veräußerungsgewinn der deutschen Anteilseigner | | 1.175,00 | 1.175,00 |
| - Ertragsteuerbelastung der deutschen Anteilseigner | | 88,13 | 0,00 |
| = Nettoliquiditätszufluss der deutschen Anteilseigner in t = v | | 1.086,88 | 1.175,00 |
| **IV. Ermittlung des Barwerts des Nettoliquiditätszuflusses der deutschen Anteilseigner** | | | |
| Nettoliquiditätszufluss in t = 0 | | 0,00 | 0,00 |
| + Barwert der Summe der Nettoliquiditätszuflüsse in t = 1 bis t = v (Dividende) | | 776,47 | 827,45 |
| + Barwert des Nettoliquiditätszuflusses in t = v (Veräußerungsgewinn) | | 884,03 | 921,98 |
| = Barwert des Nettoliquiditätszuflusses | | 1.660,65 | 1.749,43 |

## Anhang 3:

Berechnungsschema der Outbound-Verschmelzung mit Teilwertansatz

| | Gesellschaften | $AE^{nat}$ | $AE^{jur}$ |
|---|---|---|---|
| **I. Vollzug der Outbound-Verschmelzung mit Teilwertansatz in t = 0** | | | |
| **1. Ebene der übertragenden DE-AG** | | | |
| **Ermittlung des steuerpflichtigen Veräußerungsgewinns** | | | |
| Wertansatz des übertragenen Vermögens: Teilwert der DE-AG in t = 0 | 1.700,00 | | |
| - Buchwert des übertragenen Vermögens (DE-AG; t = 0) | 700,00 | | |
| - steuerlicher Verlustvortrag der DE-AG | 100,00 | | |
| = steuerpflichtiger Veräußerungsgewinn | 900,00 | | |
| **Ermittlung der Ertragsteuerbelastung des Veräußerungsgewinns** | | | |
| steuerpflichtiger Veräußerungsgewinn | 900,00 | | |
| * deutscher Ertragsteuersatz | 37,50% | | |
| = Ertragsteuerbelastung des Veräußerungsgewinns | 337,50 | | |
| **2. Ebene der übernehmenden UK-SE** | | | |
| **Verkehrsteuerliche Konsequenzen: Grunderwerbsteuer** | | | |
| Bedarfswert des Grundvermögens | 200,00 | | |
| * deutscher Grunderwerbsteuersatz | 3,50% | | |
| = Grunderwerbsteuer | 7,00 | | |
| **Ermittlung des Verschmelzungsgewinns** | | | |
| Teilwert des übernommenen Vermögens | 1.700,00 | | |
| - Ertragsteuerbelastung des Veräußerungsgewinns | 337,50 | | |
| - Kapitalerhöhung | 250,00 | | |
| = Verschmelzungsgewinn der UK-SE in t = 0 (in die offenen Rücklagen einzustellen) | 1.112,50 | | |

| | Gesell-schaften | $AE^{nat}$ | $AE^{jur}$ |
|---|---|---|---|
| **3. Ebene der deutschen Anteilseigner** | | | |
| **Ermittlung des steuerpflichtigen Veräußerungsgewinns** | | | |
| Anschaffungskosten der Beteiligung an der UK-SE | | 1.275,00 | 275,00 |
| - ursprüngliche Anschaffungskosten der Beteiligung an den Gründungsgesellschaften | | 1.275,00 | 1.275,00 |
| = steuerpflichtiger Veräußerungsgewinn | | 0,00 | 0,00 |
| **Nettoliquiditätszufluss in t = 0** | | **0,00** | **0,00** |
| **II. grenzüberschreitende Unternehmenstätigkeit der UK-SE** | | | |
| **1. Ebene der DE-BS** | | | |
| **<u>Berechnungsschritte für t = 1</u>** | | | |
| **Bestimmung des steuerpflichtigen Gewinns der DE-BS** | | | |
| vorläufiger Vergleichsgewinn der DE-BS | 500,00 | | |
| - planmäßige Abschreibungen | 256,00 | | |
| - steuerlicher Verlustvortrag | 0,00 | | |
| = steuerpflichtiger Gewinn der DE-BS | 244,00 | | |
| **Ermittlung der Ertragsteuerbelastung der Gewinne der DE-BS** | | | |
| steuerpflichtiger Gewinn der DE-BS | 244,00 | | |
| * deutscher Ertragsteuersatz | 37,50% | | |
| = Steuerbelastung der Gewinne der DE-BS | 91,50 | | |
| **Berechnung des an die UK-SE transferierbaren Gewinns der DE-BS** | | | |
| vorläufiger Vergleichsgewinn der DE-BS | 500,00 | | |
| - planmäßige Abschreibungen | 256,00 | | |
| - Ertragsteuerbelastung der DE-BS | 91,50 | | |
| = Gewinntransfer der DE-BS an die UK-SE | 152,50 | | |
| **<u>Summe der Gewinntransfers der DE-BS an die UK-SE für t = 1 bis t = v</u>** | **<u>777,68</u>** | | |

| | Gesell-schaften | $AE^{nat}$ | $AE^{jur}$ |
|---|---|---|---|
| **2. Ebene der UK-SE** | | | |
| **Berechnungsschritte für t = 1** | | | |
| **Bestimmung des steuerpflichtigen Gewinns der UK-SE** | | | |
| vorläufiger Vergleichsgewinn der UK-SE | 500,00 | | |
| - planmäßige Abschreibungen | 121,75 | | |
| - steuerlicher Verlustvortrag | 100,00 | | |
| = steuerpflichtiger Gewinn der UK-SE | 278,75 | | |
| **Ermittlung der Körperschaftsteuerbelastung der Gewinne der UK-SE** | | | |
| steuerpflichtiger Gewinn der UK-SE | 278,75 | | |
| * britischer Körperschaftsteuersatz | 30,00% | | |
| = Steuerbelastung der Gewinne der UK-SE | 83,48 | | |
| **Berechnung der ausschüttungsfähigen Dividende der UK-SE** | | | |
| vorläufiger Vergleichsgewinn der UK-SE | 500,00 | | |
| - planmäßige Abschreibungen | 121,75 | | |
| - Ertragsteuerbelastung der UK-SE | 83,48 | | |
| = Nettoertrag UK-SE | 294,78 | | |
| + Gewinntransfer der DE-BS an die UK-SE | 152,50 | | |
| = Dividende der UK-SE | 447,28 | | |
| **Summe der Nettoerträge der UK-SE für t = 1 bis t = v** | **1.196,96** | | |
| **Summe der ausschüttungsfähigen Dividenden der UK-SE für t = 1 bis t = v** | **1.974,64** | | |
| **3. Ebene der deutschen Anteilseigner** | | | |
| **Berechnungsschritte für t = 1** | | | |
| **Ermittlung der Ertragsteuerbelastung der deutschen Anteilseigner** | | | |
| Dividende der UK-SE | | 447,28 | 447,28 |
| * Ausschüttungsquote | | 100,00% | 100,00% |
| * Beteiligungsquote | | 50,00% | 50,00% |
| = empfangene Dividende | | 223,64 | 223,64 |
| * deutscher Ertragsteuersatz | | 23,50% | 16,67% |
| = Ertragsteuerbelastung der deutschen Anteilseigner | | 52,55 | 37,28 |

| | Gesell-schaften | $AE^{nat}$ | $AE^{jur}$ |
|---|---|---|---|
| Verlustvortrag der juristischen Person für t+1 | | | 26,10 |
| **Ermittlung des Nettoliquiditätszuflusses der deutschen Anteilseigner** | | | |
| Dividende der UK-SE | | 447,28 | 447,28 |
| * Ausschüttungsquote | | 100,00% | 100,00% |
| * Beteiligungsquote | | 50,00% | 50,00% |
| = empfangene Dividende | | 223,64 | 223,64 |
| - Ertragsteuerbelastung der deutschen Anteilseigner | | 52,55 | 37,28 |
| = Nettoliquiditätszufluss der deutschen Anteilseigner | | 171,08 | 186,36 |
| **Summe der Nettoliquiditätszuflüsse der deutschen Anteilseigner für t = 1 bis t = v** | | **755,30** | **822,73** |
| **Summe der Verlustvorträge der juristischen Personen für t+1 bis t = v** | | | **115,22** |
| **III. Veräußerung der Anteile an der UK-SE durch die deutschen Anteilseigner in t = v** | | | |
| **Ermittlung der Ertragsteuerbelastung der deutschen Anteilseigner** | | | |
| Verkehrswert der UK-SE in t = v | | 4.562,50 | 4.562,50 |
| * Beteiligungsquote | | 50,00% | 50,00% |
| = Veräußerungspreis der deutschen Anteilseigner | | 2.281,25 | 2.281,25 |
| - Anschaffungskosten der Beteiligung an der UK-SE in t = 0 | | 1.275,00 | 1.275,00 |
| = Veräußerungsgewinn der deutschen Anteilseigner | | 1.006,25 | 1.006,25 |
| * deutscher Ertragsteuersatz | | 7,50% | 0,00% |
| = Ertragsteuerbelastung der deutschen Anteilseigner | | 75,47 | 0,00 |
| **Ermittlung des Nettoliquiditätszuflusses der deutschen Anteilseigner in t = v** | | | |
| Veräußerungsgewinn der deutschen Anteilseigner | | 1.006,25 | 1.006,25 |
| - Ertragsteuerbelastung der deutschen Anteilseigner | | 75,47 | 0,00 |
| = Nettoliquiditätszufluss der deutschen Anteilseigner in t = v | | 930,78 | 1.006,25 |

| | Gesell-schaften | $AE^{nat}$ | $AE^{jur}$ |
|---|---|---|---|
| **IV. Ermittlung des Barwerts des Nettoliquiditätszuflusses der deutschen Anteilseigner** | | | |
| Nettoliquiditätszufluss in t = 0 | | 0,00 | 0,00 |
| + Barwert der Summe der Nettoliquiditätszuflüsse in t = 1 bis t = v (Dividende) | | 662,03 | 705,04 |
| + Barwert des Nettoliquiditätszuflusses in t = v (Veräußerungsgewinn) | | 757,07 | 789,57 |
| = Barwert des Nettoliquiditätszuflusses | | 1.419,10 | 1.494,60 |

## Anhang 4:

Berechnungsschema des Inbound-Anteilstauschs mit Buchwertfortführung

| | Gesellschaften | $AE^{nat}$ | $AE^{jur}$ |
|---|---|---|---|
| **I. Vollzug des Inbound-Anteilstauschs mit Buchwertfortführung in t = 0** | | | |
| **1. Ebene der Gründungsgesellschaften, deren Gesellschaftsrechte Gegenstand der Einbringung sind** | | | |
| keine steuerlichen Konsequenzen wegen Trennungsprinzip | 0,00 | | |
| **2. Ebene der übernehmenden DE-SE** | | | |
| **Verkehrsteuerliche Konsequenzen: Grunderwerbsteuer** | | | |
| Bedarfswert des Grundvermögens | 200,00 | | |
| * deutscher Grunderwerbsteuersatz | 3,50% | | |
| = Grunderwerbsteuer | 7,00 | | |
| **Stempelsteuern** | | | |
| Wert der Gegenleistung | 1.275,00 | | |
| * britischer Stempelsteuersatz | 0,50% | | |
| = Stempelsteuern | 6,38 | | |
| **3. Ebene der deutschen Anteilseigner** | | | |
| **Ermittlung des steuerpflichtigen Veräußerungsgewinns** | | | |
| Anschaffungskosten der Beteiligung an der DE-SE (einbringungsgeborene Anteile) | | 1.275,00 | 1.275,00 |
| - ursprüngliche Anschaffungskosten der Beteiligung an den Gründungsgesellschaften | | 1.275,00 | 1.275,00 |
| = steuerpflichtiger Veräußerungsgewinn | | 0,00 | 0,00 |
| **Nettoliquiditätszufluss in t = 0** | | 0,00 | 0,00 |

| | Gesell-schaften | $AE^{nat}$ | $AE^{jur}$ |
|---|---|---|---|
| **II. grenzüberschreitende Unternehmenstätigkeit der DE-SE** | | | |
| **4. Ebene der DE-TKG und der UK-TKG** | | | |
| **<u>Berechnungsschritte für t = 1</u>** | | | |
| **DE-TKG** | | | |
| **Bestimmung des steuerpflichtigen Gewinns der DE-TKG** | | | |
| vorläufiger Vergleichsgewinn der DE-TKG | 500,00 | | |
| - planmäßige Abschreibungen | 96,00 | | |
| - steuerlicher Verlustvortrag | 100,00 | | |
| = steuerpflichtiger Gewinn der DE-TKG | 304,00 | | |
| **Ermittlung der Ertragsteuerbelastung der Gewinne der DE-TKG** | | | |
| steuerpflichtiger Gewinn der DE-TKG | 304,00 | | |
| * deutscher Ertragsteuersatz | 37,50% | | |
| = Steuerbelastung der Gewinne der DE-TKG | 114,00 | | |
| **Berechnung der Dividende an die DE-SE** | | | |
| vorläufiger Vergleichsgewinn der DE-TKG | 500,00 | | |
| - planmäßige Abschreibungen | 96,00 | | |
| - Ertragsteuerbelastung der DE-TKG | 114,00 | | |
| = Dividende der DE-TKG an die DE-SE | 290,00 | | |
| **<u>Summe der Dividenden der DE-TKG an die DE-SE für t = 1 bis t = v</u>** | **<u>1.110,38</u>** | | |
| **Bestimmung des steuerpflichtigen Gewinns der UK-TKG** | | | |
| vorläufiger Vergleichsgewinn der UK-TKG | 500,00 | | |
| - planmäßige Abschreibungen | 120,00 | | |
| - steuerlicher Verlustvortrag | 100,00 | | |
| = steuerpflichtiger Gewinn der UK-TKG | 280,00 | | |
| **UK-TKG** | | | |
| **Ermittlung der Ertragsteuerbelastung der Gewinne der UK-TKG** | | | |
| steuerpflichtiger Gewinn der UK-TKG | 280,00 | | |
| * britischer Körperschaftsteuersatz | 30,00% | | |
| = Steuerbelastung der Gewinne der UK-TKG | 84,00 | | |

| | | $AE^{nat}$ | $AE^{jur}$ |
|---|---|---|---|
| **Berechnung der Dividende an die DE-SE** | | | |
| vorläufiger Vergleichsgewinn der UK-TKG | 500,00 | | |
| - planmäßige Abschreibungen | 120,00 | | |
| - Ertragsteuerbelastung der UK-TKG | 84,00 | | |
| = Dividende der UK-TKG an die DE-SE | 296,00 | | |
| **Summe der Dividenden der UK-TKG an die DE-SE für t = 1 bis t = v** | **1.200,31** | | |
| 2. **Ebene der DE-SE** | | | |
| **Berechnungsschritte für t = 1** | | | |
| **Bestimmung der Dividendeneinkünfte der DE-SE** | | | |
| Dividende der DE-TKG | 290,00 | | |
| + Dividende der UK-TKG | 296,00 | | |
| = Dividendeneinkünfte der DE-SE | 586,00 | | |
| **Ermittlung der Ertragsteuerbelastung der DE-SE** | | | |
| 5% * Dividende der UK-TKG | 14,80 | | |
| * deutscher Ertragsteuersatz | 37,50% | | |
| = Steuerbelastung der Gewinne der DE-SE | 5,55 | | |
| **Berechnung der ausschüttungsfähigen Dividende der DE-SE** | | | |
| Dividendeneinkünfte der DE-SE | 586,00 | | |
| - Ertragsteuerbelastung der DE-SE | 5,55 | | |
| = Dividende der DE-SE | 580,45 | | |
| **Summe der ausschüttungsfähigen Dividenden der DE-SE für t = 1 bis t = v** | **2.288,19** | | |

| | Gesell-schaften | $AE^{nat}$ | $AE^{jur}$ |
|---|---|---|---|
| **3. Ebene der deutschen Anteilseigner** | | | |
| **Berechnungsschritte für t = 1** | | | |
| **Ermittlung der Ertragsteuerbelastung der deutschen Anteilseigner** | | | |
| Dividende der DE-SE | | 580,45 | 580,45 |
| * Ausschüttungsquote | | 100,00% | 100,00% |
| * Beteiligungsquote | | 50,00% | 50,00% |
| = empfangene Dividende | | 290,23 | 290,23 |
| * deutscher Ertragsteuersatz | | 23,50% | 16,67% |
| = Ertragsteuerbelastung der deutschen Anteilseigner | | 68,20 | 48,38 |
| **Ermittlung des Nettoliquiditätszuflusses der deutschen Anteilseigner** | | | |
| Dividende der DE-SE | | 580,45 | 580,45 |
| * Ausschüttungsquote | | 100,00% | 100,00% |
| * Beteiligungsquote | | 50,00% | 50,00% |
| = empfangene Dividende | | 290,23 | 290,23 |
| - Ertragsteuerbelastung der deutschen Anteilseigner | | 68,20 | 48,38 |
| = Nettoliquiditätszufluss der deutschen Anteilseigner | | 222,02 | 241,84 |
| **Summe der Nettoliquiditätszuflüsse der deutschen Anteilseigner für t = 1 bis t = v** | | **875,23** | **953,37** |
| **III. Veräußerung der Anteile an der DE-SE durch die deutschen Anteilseigner in t = v** | | | |
| **Ermittlung der Ertragsteuerbelastung der deutschen Anteilseigner** | | | |
| Verkehrswert der DE-SE in t = v | | 4.900,00 | 4.900,00 |
| * Beteiligungsquote | | 50,00% | 50,00% |
| = Veräußerungspreis der deutschen Anteilseigner | | 2.450,00 | 2.450,00 |
| - Anschaffungskosten der Beteiligung an der DE-SE in t = 0 | | 1.275,00 | 1.275,00 |
| = Veräußerungsgewinn der deutschen Anteilseigner | | 1.175,00 | 1.175,00 |
| * deutscher Ertragsteuersatz | | 23,50% | 0,00% |
| = Ertragsteuerbelastung der deutschen Anteilseigner | | 276,13 | 0,00 |

| | Gesell-schaften | $AE^{nat}$ | $AE^{jur}$ |
|---|---|---|---|
| **Ermittlung des Nettoliquiditätszuflusses der deutschen Anteilseigner in t = v** | | | |
| Veräußerungsgewinn der deutschen Anteilseigner | | 1.175,00 | 1.175,00 |
| - Ertragsteuerbelastung der deutschen Anteilseigner | | 276,13 | 0,00 |
| = Nettoliquiditätszufluss der deutschen Anteilseigner in t = v | | 898,88 | 1.175,00 |
| **IV. Ermittlung des Barwerts des Nettoliquiditätszuflusses der deutschen Anteilseigner** | | | |
| Nettoliquiditätszufluss in t = 0 | | 0,00 | 0,00 |
| + Barwert der Summe der Nettoliquiditätszuflüsse in t = 1 bis t = v (Dividende) | | 770,05 | 820,62 |
| + Barwert des Nettoliquiditätszuflusses in t = v (Veräußerungsgewinn) | | 731,12 | 921,98 |
| = Barwert des Nettoliquiditätszuflusses | | 1.501,17 | 1.742,60 |

**Anhang 5:**

Berechnungsschema des Inbound-Anteilstauschs mit Teilwertansatz

| | Gesellschaften | $AE^{nat}$ | $AE^{jur}$ |
|---|---|---|---|
| **I. Vollzug des Inbound-Anteilstauschs mit Teilwertansatz in t = 0** | | | |
| **1. Ebene der Gründungsgesellschaften, deren Gesellschaftsrechte Gegenstand der Einbringung sind** | | | |
| keine steuerlichen Konsequenzen wegen Trennungsprinzip | 0,00 | | |
| **2. Ebene der übernehmenden DE-SE** | | | |
| **Verkehrsteuerliche Konsequenzen: Grunderwerbsteuer** | | | |
| Bedarfswert des Grundvermögens | 200,00 | | |
| * deutscher Grunderwerbsteuersatz | 3,50% | | |
| = Grunderwerbsteuer | 7,00 | | |
| **Stempelsteuern** | | | |
| Wert der Gegenleistung | 1.700,00 | | |
| * britischer Stempelsteuersatz | 0,50% | | |
| = Stempelsteuern | 8,50 | | |
| **3. Ebene der deutschen Anteilseigner** | | | |
| **Ermittlung des steuerpflichtigen Veräußerungsgewinns** | | | |
| Anschaffungskosten der Beteiligung an der DE-SE | | 1.700,00 | 1.700,00 |
| - ursprüngliche Anschaffungskosten der Beteiligung an den Gründungsgesellschaften | | 1.275,00 | 1.275,00 |
| = steuerpflichtiger Veräußerungsgewinn | | 425,00 | 425,00 |
| **Ermittlung der Ertragsteuerbelastung der deutschen Anteilseigner** | | | |
| steuerpflichtiger Veräußerungsgewinn | | 425,00 | 425,00 |
| * deutscher Ertragsteuersatz | | 7,50% | 0,00% |
| = Ertragsteuerbelastung der deutschen Anteilseigner | | 31,88 | 0,00 |
| **Nettoliquiditätszufluss in t = 0** | | -31,88 | 0,00 |

| | Gesell-schaften | $AE^{nat}$ | $AE^{jur}$ |
|---|---|---|---|
| **II. grenzüberschreitende Unternehmenstätigkeit der DE-SE** | | | |
| **1. Ebene der DE-TKG und der UK-TKG** | | | |
| **<u>Berechnungsschritte für t = 1</u>** | | | |
| **DE-TKG** | | | |
| **Bestimmung des steuerpflichtigen Gewinns der DE-TKG** | | | |
| vorläufiger Vergleichsgewinn der DE-TKG | 500,00 | | |
| - planmäßige Abschreibungen | 96,00 | | |
| - steuerlicher Verlustvortrag | 100,00 | | |
| = steuerpflichtiger Gewinn der DE-TKG | 304,00 | | |
| **Ermittlung der Ertragsteuerbelastung der Gewinne der DE-TKG** | | | |
| steuerpflichtiger Gewinn der DE-TKG | 304,00 | | |
| * deutscher Ertragsteuersatz | 37,50% | | |
| = Steuerbelastung der Gewinne der DE-TKG | 114,00 | | |
| **Berechnung der Dividende an die DE-SE** | | | |
| vorläufiger Vergleichsgewinn der DE-TKG | 500,00 | | |
| - planmäßige Abschreibungen | 96,00 | | |
| - Ertragsteuerbelastung der DE-TKG | 114,00 | | |
| = Dividende der DE-TKG an die DE-SE | 290,00 | | |
| **<u>Summe der Dividenden der DE-TKG an die DE-SE für t = 1 bis t = v</u>** | **<u>1.110,38</u>** | | |
| **Bestimmung des steuerpflichtigen Gewinns der UK-TKG** | | | |
| vorläufiger Vergleichsgewinn der UK-TKG | 500,00 | | |
| - planmäßige Abschreibungen | 120,00 | | |
| - steuerlicher Verlustvortrag | 100,00 | | |
| = steuerpflichtiger Gewinn der UK-TKG | 280,00 | | |
| **UK-TKG** | | | |
| **Ermittlung der Ertragsteuerbelastung der Gewinne der UK-TKG** | | | |
| steuerpflichtiger Gewinn der UK-TKG | 280,00 | | |
| * britischer Körperschaftsteuersatz | 30,00% | | |
| = Steuerbelastung der Gewinne der UK-TKG | 84,00 | | |

| | | AE^nat | AE^jur |
|---|---|---|---|
| **Berechnung der Dividende an die DE-SE** | | | |
| vorläufiger Vergleichsgewinn der UK-TKG | 500,00 | | |
| - planmäßige Abschreibungen | 120,00 | | |
| - Ertragsteuerbelastung der UK-TKG | 84,00 | | |
| = Dividende der UK-TKG an die DE-SE | 296,00 | | |
| **Summe der Dividenden der UK-TKG an die DE-SE für t = 1 bis t = v** | **1.200,31** | | |
| **2. Ebene der DE-SE** | | | |
| **Berechnungsschritte für t = 1** | | | |
| **Bestimmung der Dividendeneinkünfte der DE-SE** | | | |
| Dividende der DE-TKG | 290,00 | | |
| + Dividende der UK-TKG | 296,00 | | |
| = Dividendeneinkünfte der DE-SE | 586,00 | | |
| **Ermittlung der Ertragsteuerbelastung der DE-SE** | | | |
| 5% * Dividende der UK-TKG | 14,80 | | |
| * deutscher Ertragsteuersatz | 37,50% | | |
| = Steuerbelastung der Gewinne der DE-SE | 5,55 | | |
| **Berechnung der ausschüttungsfähigen Dividende der DE-SE** | | | |
| Dividendeneinkünfte der DE-SE | 586,00 | | |
| - Ertragsteuerbelastung der DE-SE | 5,55 | | |
| = Dividende der DE-SE | 580,45 | | |
| **Summe der ausschüttungsfähigen Dividenden der DE-SE für t = 1 bis t = v** | **2.288,19** | | |

| | Gesell-schaften | $AE^{nat}$ | $AE^{jur}$ |
|---|---|---|---|
| **3. Ebene der deutschen Anteilseigner** | | | |
| **Berechnungsschritte für t = 1** | | | |
| **Ermittlung der Ertragsteuerbelastung der deutschen Anteilseigner** | | | |
| Dividende der DE-SE | | 580,45 | 580,45 |
| * Ausschüttungsquote | | 100,00% | 100,00% |
| * Beteiligungsquote | | 50,00% | 50,00% |
| = empfangene Dividende | | 290,23 | 290,23 |
| * deutscher Ertragsteuersatz | | 23,50% | 16,67% |
| = Ertragsteuerbelastung der deutschen Anteilseigner | | 68,20 | 48,38 |
| **Ermittlung des Nettoliquiditätszuflusses der deutschen Anteilseigner** | | | |
| Dividende der DE-SE | | 580,45 | 580,45 |
| * Ausschüttungsquote | | 100,00% | 100,00% |
| * Beteiligungsquote | | 50,00% | 50,00% |
| = empfangene Dividende | | 290,23 | 290,23 |
| - Ertragsteuerbelastung der deutschen Anteilseigner | | 68,20 | 48,38 |
| = Nettoliquiditätszufluss der deutschen Anteilseigner | | 222,02 | 241,84 |
| **Summe der Nettoliquiditätszuflüsse der deutschen Anteilseigner für t = 1 bis t = v** | | **875,23** | **953,37** |
| **III. Veräußerung der Anteile an der DE-SE durch die deutschen Anteilseigner in t = v** | | | |
| **Ermittlung der Ertragsteuerbelastung der deutschen Anteilseigner** | | | |
| Verkehrswert der DE-SE in t = v | | 4.900,00 | 4.900,00 |
| * Beteiligungsquote | | 50,00% | 50,00% |
| = Veräußerungspreis der deutschen Anteilseigner | | 2.450,00 | 2.450,00 |
| - Anschaffungskosten der Beteiligung an der DE-SE in t = 0 | | 1.700,00 | 1.700,00 |
| = Veräußerungsgewinn der deutschen Anteilseigner | | 750,00 | 750,00 |
| * deutscher Ertragsteuersatz | | 7,50% | 0,00% |
| = Ertragsteuerbelastung der deutschen Anteilseigner | | 56,25 | 0,00 |

| | Gesell-schaften | $AE^{nat}$ | $AE^{jur}$ |
|---|---|---|---|
| **Ermittlung des Nettoliquiditätszuflusses der deutschen Anteilseigner in t = v** | | | |
| anteiliger Verkehrswert der DE-SE | | 1.175,00 | 1.175,00 |
| - Ertragsteuerbelastung der deutschen Anteilseigner | | 56,25 | 0,00 |
| = Nettoliquiditätszufluss der deutschen Anteilseigner in t = v | | 1.118,75 | 1.175,00 |
| **IV. Ermittlung des Barwerts des Nettoliquiditätszuflusses der deutschen Anteilseigner** | | | |
| Nettoliquiditätszufluss in t = 0 | | -31,88 | 0,00 |
| + Barwert der Summe der Nettoliquiditätszuflüsse in t = 1 bis t = v (Dividende) | | 770,05 | 820,62 |
| + Barwert des Nettoliquiditätszuflusses in t = v (Veräußerungsgewinn) | | 909,95 | 921,98 |
| = Barwert des Nettoliquiditätszuflusses | | 1.648,13 | 1.742,60 |

## Anhang 6:

Berechnungsschema des Outbound-Anteilstauschs mit Teilwertansatz

| | Gesell-schaften | $AE^{nat}$ | $AE^{jur}$ |
|---|---|---|---|
| **I. Vollzug des Outbound-Anteilstauschs mit Teilwertansatz in t = 0** | | | |
| **1. Ebene der Gründungsgesellschaften, deren Gesellschaftsrechte Gegenstand der Einbringung sind** | | | |
| keine steuerlichen Konsequenzen wegen Trennungsprinzip | 0,00 | | |
| **2. Ebene der übernehmenden UK-SE** | | | |
| **Verkehrsteuerliche Konsequenzen: Grunderwerbsteuer** | | | |
| Bedarfswert des Grundvermögens | 200,00 | | |
| * deutscher Grunderwerbsteuersatz | 3,50% | | |
| = Grunderwerbsteuer | 7,00 | | |
| **Stempelsteuern** | **0,00** | | |
| **3. Ebene der deutschen Anteilseigner** | | | |
| **Ermittlung des steuerpflichtigen Veräußerungsgewinns** | | | |
| Anschaffungskosten der Beteiligung an der UK-SE | | 1.700,00 | 1.700,00 |
| - ursprüngliche Anschaffungskosten der Beteiligung an den Gründungsgesellschaften | | 1.275,00 | 1.275,00 |
| = steuerpflichtiger Veräußerungsgewinn | | 425,00 | 425,00 |
| **Ermittlung der Ertragsteuerbelastung der deutschen Anteilseigner** | | | |
| steuerpflichtiger Veräußerungsgewinn | | 425,00 | 425,00 |
| * deutscher Ertragsteuersatz | | 7,50% | 0,00% |
| = Ertragsteuerbelastung der deutschen Anteilseigner | | 31,88 | 0,00 |
| **Nettoliquiditätszufluss in t = 0** | | -31,88 | 0,00 |

| | Gesell-schaften | $AE^{nat}$ | $AE^{jur}$ |
|---|---|---|---|
| **II. grenzüberschreitende Unternehmenstätigkeit der UK-SE** | | | |
| **1. Ebene der DE-TKG und der UK-TKG** | | | |
| **Berechnungsschritte für t = 1** | | | |
| **DE-TKG** | | | |
| **Bestimmung des steuerpflichtigen Gewinns der DE-TKG** | | | |
| vorläufiger Vergleichsgewinn der DE-TKG | 500,00 | | |
| - planmäßige Abschreibungen | 96,00 | | |
| - steuerlicher Verlustvortrag | 100,00 | | |
| = steuerpflichtiger Gewinn der DE-TKG | 304,00 | | |
| **Ermittlung der Ertragsteuerbelastung der Gewinne der DE-TKG** | | | |
| steuerpflichtiger Gewinn der DE-TKG | 304,00 | | |
| * deutscher Ertragsteuersatz | 37,50% | | |
| = Steuerbelastung der Gewinne der DE-TKG | 114,00 | | |
| **Berechnung der Dividende an die UK-SE** | | | |
| vorläufiger Vergleichsgewinn der DE-TKG | 500,00 | | |
| - planmäßige Abschreibungen | 96,00 | | |
| - Ertragsteuerbelastung der DE-TKG | 114,00 | | |
| = Dividende der DE-TKG an die UK-SE | 290,00 | | |
| **Summe der Dividenden der DE-TKG an die UK-SE für t = 1 bis t = v** | **1.110,38** | | |
| **UK-TKG** | | | |
| **Bestimmung des steuerpflichtigen Gewinns der UK-TKG** | | | |
| vorläufiger Vergleichsgewinn der UK-TKG | 500,00 | | |
| - planmäßige Abschreibungen | 120,00 | | |
| - steuerlicher Verlustvortrag | 100,00 | | |
| = steuerpflichtiger Gewinn der UK-TKG | 280,00 | | |
| **Ermittlung der Ertragsteuerbelastung der Gewinne der UK-TKG** | | | |
| steuerpflichtiger Gewinn der UK-TKG | 280,00 | | |
| * britischer Körperschaftsteuersatz | 30,00% | | |
| = Steuerbelastung der Gewinne der UK-TKG | 84,00 | | |

| | | | $AE^{nat}$ | $AE^{jur}$ |
|---|---|---|---|---|
| | **Berechnung der Dividende an die UK-SE** | | | |
| | vorläufiger Vergleichsgewinn der UK-TKG | 500,00 | | |
| | - planmäßige Abschreibungen | 120,00 | | |
| | - Ertragsteuerbelastung der UK-TKG | 84,00 | | |
| | = Dividende der UK-TKG an die UK-SE | 296,00 | | |
| | **Summe der Dividenden der UK-TKG an die UK-SE für t = 1 bis t = v** | **1.200,31** | | |
| 2. | **Ebene der UK-SE** | | | |
| | **Berechnungsschritte für t = 1** | | | |
| | **Bestimmung der Dividendeneinkünfte der UK-SE** | | | |
| | Dividende der DE-TKG | 290,00 | | |
| | + Dividende der UK-TKG | 296,00 | | |
| | = steuerpflichtiger Gewinn der UK-SE | 586,00 | | |
| | **Ermittlung der Ertragsteuerbelastung der UK-SE** | **0,00** | | |
| | **Berechnung der ausschüttungsfähigen Dividende der UK-SE** | | | |
| | Dividendeneinkünfte der UK-SE | 586,00 | | |
| | - Ertragsteuerbelastung der UK-SE | 0,00% | | |
| | = Dividende der UK-SE | 586,00 | | |
| | **Summe der ausschüttungsfähigen Dividenden der UK-SE für t = 1 bis t = v** | **2.310,69** | | |
| 3. | **Ebene der deutschen Anteilseigner** | | | |
| | **Berechnungsschritte für t = 1** | | | |
| | **Ermittlung der Ertragsteuerbelastung der deutschen Anteilseigner** | | | |
| | Dividende der UK-SE | | 586,00 | 586,00 |
| | * Ausschüttungsquote | | 100,00% | 100,00% |
| | * Beteiligungsquote | | 50,00% | 50,00% |
| | = empfangene Dividende | | 293,00 | 293,00 |
| | * deutscher Ertragsteuersatz | | 23,50% | 16,67% |
| | = Ertragsteuerbelastung der deutschen Anteilseigner | | 68,86 | 48,84 |
| | Verlustvortrag der juristischen Personen für t+1 | | | 34,19 |

| | Gesell-schaften | $AE^{nat}$ | $AE^{jur}$ |
|---|---|---|---|
| **Ermittlung des Nettoliquiditätszuflusses der deutschen Anteilseigner** | | | |
| Dividende der UK-SE | | 586,00 | 586,00 |
| * Ausschüttungsquote | | 100,00% | 100,00% |
| * Beteiligungsquote | | 50,00% | 50,00% |
| = empfangene Dividende | | 293,00 | 293,00 |
| - Ertragsteuerbelastung der deutschen Anteilseigner | | 68,86 | 48,84 |
| = Nettoliquiditätszufluss der deutschen Anteilseigner | | 224,15 | 244,16 |
| **Summe der Nettoliquiditätszuflüsse der deutschen Anteilseigner für t = 1 bis t = v** | | **883,84** | **962,75** |
| **Summe der Verlustvorträge der juristischen Personen für t+1 bis t = v** | | | **134,83** |
| **III. Veräußerung der Anteile an der UK-SE durch die deutschen Anteilseigner in t = v** | | | |
| **Ermittlung der Ertragsteuerbelastung der deutschen Anteilseigner** | | | |
| Verkehrswert der UK-SE in t = v | | 4.900,00 | 4.900,00 |
| * Beteiligungsquote | | 50,00% | 50,00% |
| = Veräußerungspreis der deutschen Anteilseigner | | 2.450,00 | 2.450,00 |
| - Anschaffungskosten der Beteiligung an der UK-SE in t = 0 | | 1.700,00 | 1.700,00 |
| = Veräußerungsgewinn der deutschen Anteilseigner | | 750,00 | 750,00 |
| * deutscher Ertragsteuersatz | | 7,50% | 0,00% |
| = Ertragsteuerbelastung der deutschen Anteilseigner | | 56,25 | 0,00 |
| **Ermittlung des Nettoliquiditätszuflusses der deutschen Anteilseigner in t = v** | | | |
| anteiliger Verkehrswert der UK-SE | | 1.175,00 | 1.175,00 |
| - Ertragsteuerbelastung der deutschen Anteilseigner | | 56,25 | 0,00 |
| = Nettoliquiditätszufluss der deutschen Anteilseigner in t = v | | 1.118,75 | 1.175,00 |

| | Gesell-schaften | $AE^{nat}$ | $AE^{jur}$ |
|---|---|---|---|
| **IV. Ermittlung des Barwerts des Nettoliquiditätszuflusses der deutschen Anteilseigner** | | | |
| Nettoliquiditätszufluss in t = 0 | | -31,88 | 0,00 |
| + Barwert der Summe der Nettoliquiditätszuflüsse in t = 1 bis t = v (Dividende) | | 777,62 | 828,68 |
| + Barwert des Nettoliquiditätszuflusses in t = v (Veräußerungsgewinn) | | 909,95 | 921,98 |
| = Barwert des Nettoliquiditätszuflusses | | 1.655,70 | 1.750,66 |

## Literaturverzeichnis

Adam, D./Witte, T.: Typen Betriebswirtschaftlicher Modelle, in: WISU 1976, S. 1-5

Altheim, M.: Beratung der mittelständischen Wirtschaft bei Beteiligungen, Fusionen und Spaltungen im Binnenmarkt - Teil I: Mutter-Tochterrichtlinie, Teil II: Fusionsrichtlinie, in: IStR 1993, S. 353-359 und S. 406-413

App, M.: Verordnungen und Richtlinien der Europäischen Union, in: SteuerStud 1994, S. 301-302

Arndt, H.-W. (Europarecht, 2001): Europarecht, 5. Aufl., Heidelberg 2001

Baan, W.: Substanz- und Ertragsteuern in der Kapitalwertmethode I und II, in: DB 1980, S. 700-703 und S. 746-750

Bader, A.: Steuerliche Gestaltungswege bei der Einbringung von EU-Gesellschaftsanteilen in eine inländische GmbH, in: IStR 1996, S. 114-118

Bärtels, H.-C.: Zum Anteilstausch über die Grenze nach Abschaffung des Tauschgutachtens, in: IStR 1999, S. 462-464

Bäuerle, P.: Problematik der Konstruktion praktikabler Entscheidungsmodelle, in: ZfB 1989, S. 175-192

Baker & McKenzie (Hrsg.) (Tax Burden, 2001): The Effective Tax Burden of Companies in the Member States of the EU, London 2001

Bamberg, G./Coenenberg, A. G. (Entscheidungslehre, 2002): Betriebswirtschaftliche Entscheidungslehre, 11. Aufl., München 2002

Bamberg, G./Trost, R.: Entscheidungen unter Risiko: Empirische Evidenz und Praktikabilität, in: BFuP 1996, S. 640-662

Baumann, W.: Die Anwendung des § 1 Abs. 3 Grunderwerbsteuergesetz, in: UVR 2000, S. 334-343

Becht, B. (Fusion, 1996): Fusion und Spaltung von Kapitalgesellschaften im europäischen Binnenmarkt: unter besonderer Berücksichtigung der Folgerungen aus der Verabschiedung der Fusionsrichtlinie und ihrer nicht ordnungsgemäßen Umsetzung, Stuttgart 1996

Bezzina, J.: The treatment of Losses under the EC Merger Directive 1990, in: ET 2002, S. 57-71

Birkenfeld, W.: Der Einfluß des Gemeinschaftsrechts auf die Rechtsverwirklichung im Steuerrecht, in: StuW 1998, S. 55-75

Bitz, M. (Strukturierung, 1977): Die Strukturierung ökonomischer Entscheidungsmodelle, Wiesbaden 1977

Blanquet, F.: Das Statut der Europäischen Aktiengesellschaft (Societas Europaea „SE“) - Ein Gemeinschaftsinstrument für die grenzübergreifende Zusammenarbeit im Dienste der Unternehmen, in: ZGR 2002, S. 20-65

Bleckmann, A. (Europarecht, 1997): Europarecht: Das Recht der Europäischen Union und der europäischen Gemeinschaften, 6. Aufl., Köln/Berlin/Bonn u.a. 1997

Bogenschütz, E.: Steuerliche Probleme bei europäischen Unternehmenszusammenschlüssen - Erfahrungsbericht aus deutscher Sicht, in: IStR 2000, S. 609-617

Bogenschütz, E./Wright, K.: The „Daimler Chrysler“ - Transatlantic Merger, in: ITR 2000, S. 15-28

Borschel, C./Kotyrba, M. H.: Die Verschärfung der Missbrausregelung des § 26 Abs. 2 Satz 1 UmwStG bei grenzüberschreitenden Einbringungen durch Kapitalgesellschaften, in: IStR 2003, S. 37-45

Bosch, K. (Mathematik, 2001): Mathematik für Wirtschaftswissenschaftler, 13. Aufl., München 2001

Bramwell, R./Hardwick, M./James, A. u.a. (Taxation, 1999): Taxation of Companies and Company Reconstructions, 7. Aufl., London 1999

Brandt, U./Scheifele, M.: Die Europäische Aktiengesellschaft und das anwendbare Recht, in: DStR 2002, S. 547-557

Brauchlin, E. (Entscheidungsmethodik, 1995): Problemlösungs- und Entscheidungsmethodik, 4. Aufl., Bern/Stuttgart 1995

Bremer, S. (Holdingstandort, 1996): Der Holdingstandort Bundesrepublik Deutschland - Eine vergleichende Analyse der Besteuerung europäischer Holdingstandorte, Frankfurt 1996

Bretzke, W.-R. (Kriterien, 1978): Die Entwicklung von Kriterien für die Konstruktion und Beurteilung betriebswirtschaftlicher Entscheidungsmodelle als Aufgabe einer betriebswirtschaftlichen Methodenlehre, in: Steinmann, H. (Hrsg.): Betriebswirtschaftslehre als normative Handlungswissenschaft, Wiesbaden 1978, S. 217-244

Bretzke, W.-R. (Problembezug, 1980): Zum Problembezug von Entscheidungsmodellen, Tübingen/Köln 1980

Buchheim, R. (Europäische Aktiengesellschaft, 2001): Europäische Aktiengesellschaft und grenzüberschreitende Konzernverschmelzung, Wiesbaden 2001

Bühler, C. B. (Fusion, 1999): Die grenzüberschreitende Fusion von Kapitalgesellschaften in der Europäischen Union, Zürich 1999

Bungert, H.: Entwicklungen im internationalen Gesellschaftsrecht Deutschlands, in: AG 1995, S. 489-509

Bungert, H./Beier, C.: Die Europäische Aktiengesellschaft, in: EWS 2002, S. 1-12

Carl, D.: Die Umsetzung der Fusionsrichtlinie in Deutsches Recht, in: INF 1992, S. 316-321

Chmielewicz, K.: Die Formalstruktur der Entscheidung, in: ZfB 1970, S. 239-268

Clayson, M.: United Kingdom: Government Implements the Merger Directive (or Some of it Anyway), in: ET 1992, 370-375

Coopers & Lybrand Europe (Hrsg.) (EC Initiatives, 1992): EC Initiatives in Direct Taxation and the National Responses, Deventer 1992

Cordes, M.: Die steuerliche Behandlung der Veräußerung von Anteilen an Kapitalgesellschaften, in: SteuerStud 2001, S. 515-523

Dautel, R.: Steuerneutraler Erwerb von Kapitalgesellschaftsanteilen durch Tausch, in: BB 2002, S. 1844-1845

Davies, M./Paterson, R./Wilson, A. (UK GAAP, 1997): UK GAAP - Generally Accepted Accounting Practice in the United Kingdom, 5. Aufl., London 1997

Debatin, H.: Unternehmensorganisationsstrukturen im Gemeinsamen Markt aus steuerlicher Sicht, in: BB 1991, S. 947-955

Debatin, H./Wassermeyer, F. (Hrsg.) (Doppelbesteuerung, 2002): Doppelbesteuerung: Kommentar zu allen deutschen Doppelbesteuerungsabkommen, München 2002, Stand: 87. EL (Oktober 2002)

Decher, C. E. (Rechtsfragen, 2000): Rechtsfragen des grenzüberschreitenden Merger of Equals, in: Schneider, U. H. (Hrsg.): Deutsches und europäisches Gesellschafts-, Konzern- und Kapitalmarktrecht: Festschrift für Marcus Lutter zum 70. Geburtstag, Köln 2000, S. 1209-1225

Deumeland, A./Schoss, N.-P. (Ausland, 2000): Betriebsstätte oder Tochtergesellschaft im Ausland, in: Grotherr, S. (Hrsg.): Handbuch der internationalen Steuerplanung, Herne/Berlin 2000, S. 51-75

Dieckmann, K. (Steuerbilanzpolitik, 1972): Steuerbilanzpolitik - Gegenwärtig bestehende Möglichkeiten und Grenzen der Beeinflussung des steuerlichen Jahreserfolgs in der Bundesrepublik Deutschland, Wiesbaden 1972

Dieterlen, J./Schaden, M.: Einige Bemerkungen zu den Regelungen des Steuersenkungsgesetzes zur Besteuerung von Anteilsveräußerungen, in: BB 2000, S. 2492-2498

Dinkelbach, W.: Ziele, Zielvariablen und Zielfunktionen, in: DBW 1978, S. 51-58

Djanani, C./Brähler, G./Zölch, S.: § 8 Abs. 4 KStG und § 12 Abs. 3 Satz 2 UmwStG: Die Verlustfallen bei der Umstrukturierung von Konzernen?, in: BB 2000, S. 1497-1504

Dörner, B. M.: Die laufende Besteuerung der Kapitalgesellschaften und ihrer Gesellschafter nach dem StSenkG, in: INF 2000, S. 545-553

Dötsch, E.: Regierungsentwurf eines StVergAbG: Gravierende Verschlechterungen bei der körperschaftsteuerlichen und gewerbesteuerlichen Verlustnutzung, in: DStZ 2003, S. 25-30

Düll, A./Fuhrmann, G.: Erwerb der Anteile einer Kapitalgesellschaft und anschließende Verschmelzung auf die Muttergesellschaft - das Zusammenspiel von § 8 Abs. 4 KStG und § 12 Abs. 3 Satz 2 UmwStG, in: DStR 2000, S. 1166-1171

Dziadkowski, D.: Die Entwicklung der Betriebswirtschaftlichen Steuerlehre von einer „Steuerbetriebslehre" zu einer unternehmenstheoretisch orientierten Steuerwissenschaft, in: DB 1983, S. 2045-2050

Eberhartinger, E.: Das Verhältnis zwischen (handels-)bilanziellem und steuerlichem Gewinn in der Rechtsprechung von Großbritannien, in: IStR 1997, S. 279-285

Ebert, S.: Die Europäische Aktiengesellschaft auf dem level playing field der Gemeinschaft, in: IWB 2002, Fach 11, International, Gruppe 3, S. 281-288

Eckstein, H.-M.: Utilisation of Tax Loss Carry Forwards of Corporations, in: TPIR 2002, S. 8-11

Eggers, W.: Die neuen OECD-Guidelines zu den internationalen Verrechnungspreisen - Entstehungsgeschichte und Hintergründe, in: DStR 1996, S. 393-399

Eggers, P. H./Fleischer, H./Wischott, F.: DStR-Fachliteratur-Auswertung: Grunderwerbsteuer, in: DStR 1999, S. 1301-1306

Eicker, K. (Germany, 2002): Germany, in: Thömmes, O./Fuks, E. (Hrsg.): EC Corporate Tax Law - Commentary on the EC Direct Tax Measures and Member States Implementation, Amsterdam 2002, Loseblattsammlung, Stand: 24. EL (Dezember 2002)

Eisenführ, F./Weber, M.: Zielstrukturierung: ein kritischer Schritt im Entscheidungsprozeß, in: ZfbF 1986, S. 907-929

Eisenführ, F./Weber, M. (Entscheiden, 1999): Rationales Entscheiden, 3. Aufl., Berlin/Heidelberg/New York u.a. 1999

Eisolt, D.: Unterschiede in der Bilanzierung von Kapitalgesellschaften in Deutschland und in Großbritannien, in: DB 1986, S. 1237-1241

Eisolt, D./Wickinger, S.: Veräußerung von einbringungsgeborenen Anteilen nach der Neuregelung des § 8b Abs. 4 KStG-StSenkG, in: BB 2001, S. 229-234

Endres, D./Klingberg, D./Ditsch, S.: Germany, in: ITR 2001, S. 32-40

Esser, R.: Quellensteuerbefreiung, Schachtelprivileg und Staatshaftung, in: RIW 1992, S. 293-297

Eul-Bischoff, M. (Problemstrukturierung, 1987): Computergestützte Problemstrukturierung. Anwendung der interpretativen Strukturmodellierungs-Technik in Gruppen, Bergisch Gladbach/Köln 1987

Eyles, U. (Niederlassungsrecht, 1990): Das Niederlassungsrecht der Kapitalgesellschaften in der Europäischen Gemeinschaft: Die Überlagerung des deutschen Gesellschaftsrechts und des Unternehmenssteuerrechts durch Europäisches Gemeinschaftsrecht, Baden-Baden 1990

Figge, J. (Mitbestimmung, 1992): Mitbestimmung auf Unternehmensebene in Vorschlägen der Europäischen Gemeinschaften, Baden-Baden 1992

Fisch, R./Wolf, M. F. (Handhabung, 1990): Die Handhabung von Komplexität beim Problemlösen und Entscheiden, in: Fisch, R./Boos, M. (Hrsg.): Vom Umgang mit Komplexität in Organisationen, Konstanz 1990, S. 11-40

Fischer, L./Schneeloch, D./Sigloch, J.: Betriebswirtschaftliche Steuerlehre und Steuerberatung - Gedanken zum 60jährigen „Jubiläum" der Betriebswirtschaftlichen Steuerlehre, in: DStR 1980, S. 699-705

Fischer, P./Sack, H.-J. (Grunderwerbsteuergesetz, 2002): Boruttau Grunderwerbsteuergesetz: Kommentar, 15. Aufl., München 2002

Fleischmann, M.: Der Zusammenschluß der Daimler Benz AG und der Chrysler Corp. zur Daimler Chrysler AG aus steuerlicher Sicht, in: DB 1998, S. 1883-1886

Förster, G.: Ausgewählte Fragen bei der Veräußerung von Anteilen an Kapitalgesellschaften, in: Stbg 2001, S. 657-669

Förster, G.: Rechtsformwahl, Umwandlung und Unternehmenskauf nach der Unternehmenssteuerreform, in: WPg 2001, S. 1234-1249

Förster, G./Dautzenberg, N.: Verdoppelung stiller Reserven bei grenzüberschreitenden Einbringungen, in: DB 1993, S. 645-650

Förster, G./Lange, C.: Steuerliche Aspekte der Gründung einer Europäischen Aktiengesellschaft (SE), in: DB 2002, S. 288-294

Förster, G./Lange, C.: Grenzüberschreitende Sitzverlegung der Europäischen Aktiengesellschaft aus ertragsteuerlicher Sicht, in: RIW 2002, S. 585-590

Förster, J./Schollmeier, A. (Harmonisierung, 1995): Harmonisierung der Unternehmensbesteuerung, in: Birk, D. (Hrsg.): Handbuch des Europäischen Steuer- und Abgabenrechts, Herne/Berlin 1995, S. 813-899

Frey, J./Weißgerber, A.: Die neue Gegenständlichkeit des BFH bei der Verlustnutzung, in: GmbHR 2002, S. 135-143

Frotscher, G.: Zur „Zuführung neuen Betriebsvermögens" nach § 8 Abs. 4 KStG - Anmerkungen zum BFH-Urteil vom 8.8.2001, I R 29/00, in: DStR 2002, S. 10-16

Funk, T. E.: Unternehmensakquisitionen und -restrukturierungen nach dem Gesetz zur Fortentwicklung des Unternehmenssteuerrechts, in: BB 2002, S. 1231-1245

Fußbroich, P.: Verlustverrechnung und Verlustverwertung im nationalen Kapitalgesellschaftskonzern, in: DStR 2002, S. 697-705

Ganske, J.: Internationale Fusion von Gesellschaften in der Europäischen Gemeinschaft - ein neuer Ansatz, in: DB 1985, S. 581-584

Geiger, R. (EGV, 2000): EUV/EGV - Vertrag über die Europäische Union und Vertrag zur Gründung der Europäischen Gemeinschaft, 3. Aufl., München 2000

Geiger, U.: Die Ertragsbesteuerung der Konzernunternehmung in Großbritannien im Rahmen der Einzelveranlagung, in: IWB 2002, Fach 5, Großbritannien, Gruppe 2, S. 397-400

Gerber, O.: Die deutsche Umsetzung der Fusionsrichtlinie und der Mutter-Tochter-Richtlinie und deren Mängel, in: SteuerStud 1993, S. 477-481

Gerke, W./Bank, M. (Finanzierung, 2003): Finanzierung: Grundlagen für die Investitions- und Finanzierungsentscheidungen im Unternehmen, 2. Aufl., Stuttgart/Berlin/Köln 2003

Göbes, C. (Unternehmensbesteuerung, 1996): Die Unternehmensbesteuerung in Deutschland und Großbritannien vor dem Hintergrund des europäischen Integrationsprozesses: eine qualitative und eine quantitative Analyse unter Berücksichtigung der steuerlichen Gewinnermittlung, Frankfurt am Main/Berlin/Bern u.a. 1996

Götz, H.: Verkehrsteuern bei Umwandlungsvorgängen, in: GmbHR 1998, S. 349-355

Gordon, P. D./Gray, S. J. (United Kingdom, 1994): United Kingdom, London 1994

Gottwald, S.: Verstärkte Grunderwerbsteuerbelastungen bei Unternehmensumstrukturierungen - Auswirkungen des Steuerentlastungsgesetzes 1999/2000/2002, in: BB 2000, S. 69-78

Gratz, K. (Grundprobleme, 1982): Grundprobleme individueller und kollektiver Steuerplanung. Anwendungsbereiche und Lösungsverfahren unternehmerischer Steuergestaltung, Berlin 1982

Grob, H. L.: Investitionsrechnung auf der Grundlage vollständiger Finanzpläne - Vorteilhaftigkeitsanalyse für ein einzelnes Investitionsobjekt, in: WISU 1984, S. 16-23

Grochla, E.: Modelle als Instrumente der Unternehmensführung, in: ZfbF 1969, S. 382-397

Groß, W.: Deutsches Gesellschaftsrecht in Europa, in: EuZW 1994, S. 395-402

Großfeld, B. (Umwandlungsrecht, 1997): Deutsches Umwandlungsrecht bei Auslandsbeziehungen, in: Schaumburg, H./Piltz, D. J. (Hrsg.): Deutsches Umwandlungssteuerrecht, Köln 1997, S. 13-27

Grotherr, S.: Der Anteilstausch als gesellschaftsrechtlicher Einbringungsvorgang nach Umsetzung der Fusionsrichtlinie durch das StÄndG 1992, in: BB 1992, S. 2259-2271

Grotherr, S.: Das steuerliche Reorganisationsrecht für Unternehmen in Frankreich, Großbritannien, Österreich, der Schweiz und den USA -

Teil I und II, in: IWB 1996, Fach 10, International, Gruppe 2, S. 1161-1178 und 1179-1200

Grotherr, S. (Überblick, 1997): Überblick über ausländische Umwandlungs- und Umwandlungssteuerrechte, in: Schaumburg, H./Piltz, D. J. (Hrsg.), Deutsches Umwandlungssteuerrecht, Köln 1997, S. 152-213

Grotherr, S.: Änderungen bei der Besteuerung der Inlandsbeziehungen von Steuerausländern durch das Steuersenkungsgesetz, in: IWB 2000, Fach 3, Deutschland, Gruppe 2, S. 1721-1736

Grotherr, S.: Internationale Steuerplanung: Betriebsstätte oder Tochterkapitalgesellschaft? Die Wahl zwischen Betriebsstätte oder Tochtergesellschaft im Ausland nach den Änderungen durch das Steuersenkungsgesetz, in: SteuerStud 2001, S. 182-196

Grützner, D.: Zu erwartende Regelungen durch das Steuervergünstigungsabbaugesetz - StVergAbG, in: StuB 2002, S. 1163-1170

Haas, W.: Die Gewerbesteuerpflicht von Dividenden aus Streubesitz nach § 8 Nr. 5 GewStG und ihre Auswirkungen auf 100%-Beteiligungen, in: DB 2002, S. 549-553

Haase, F. F.: Steuerliche Aspekte der Rechtsformwahl - Eine Einführung anhand von Beispielen, in: SteuerStud 2002, S. 199-204

Haase, F. F.: Taxation of the Societas Europae in Germany, in: TPEU 2002, S. 12-14

Haberstock, L.: Zum Ansatz des Kalkulationszinsfußes vor und nach Steuern in investitionstheoretischen Partialmodellen, in: ZfbF 1970, S. 510-515

Halaczinsky, R.: Änderungen des Grunderwerbsteuergesetzes durch das StEntlG 1999/2000/2002, in: NWB 1999, Fach 8, S. 1425-1430

Hardwick, M.: U.K.: Merging Companies by Schemes of Arrangement, in: TPMA 2002, S. 20-21

Haritz, D.: Unternehmenssteuerreform 2001: Begünstigte Veräußerungsgewinne bei einbringungsgeborenen Anteilen, in: DStR 2000, S. 1537-1546

Haritz, D./Benkert, M. (Umwandlungssteuergesetz, 2000): Umwandlungssteuergesetz: Kommentar, 2. Aufl., München 2000

Haritz, D./Homeister, J.: Besteuerung deutscher Anteilseigner bei Umstrukturierungen von Kapitalgesellschaften im Ausland und Europarecht - zugleich ein Beitrag zu § 13 UmwStG, in: FR 2001, S. 941-949

Hauschildt, J.: Alternativenzahl und Effizienz von Entscheidungen, in: ZfbF 1983, S. 94-112

Hauschildt, J./Petersen, K.: Phasen-Theorem und Organisation komplexer Entscheidungsverläufe - Weiterführende Untersuchungen, in: ZfbF 1987, S. 1043-1062

Hax, H.: Bewertungsprobleme bei der Formulierung von Zielfunktionen für Entscheidungsmodelle, in: ZfbF 1967, S. 749-761

Heckschen, H. (Verschmelzung, 1989): Verschmelzung von Kapitalgesellschaften, Stuttgart 1989

Heigl, A./Melcher, H.-G. (Steuerpolitik, 1974): Betriebliche Steuerpolitik, Köln 1974

Heinen, E.: Zum Wissenschaftsprogramm der entscheidungsorientierten Betriebswirtschaftslehre, in: ZfB 1969, S. 207-220

Heinen, E.: Zur Problembezogenheit von Entscheidungsmodellen, in: WiSt 1972, S. 3-7

Heinhold, M.: Simultane Unternehmensplanungsmodelle - ein Irrweg?, in: DBW 1989, S. 689-708

Heinze, M.: Die Europäische Aktiengesellschaft, in: ZGR 2002, S. 66-95

Herrmann, H.-J.: Modellgestützte Handlungsvorbereitung in Unternehmen. Prinzipien für die anwenderorientierte Gestaltung, in: ZfB 1993, S. 663-690

Herzig, N.: Diagonale Maßgeblichkeit bei Umwandlungsvorgängen?, in: FR 1997, S. 123-129

Herzig, N.: Globalisierung und Besteuerung, in: WPg 1998, S. 280-296

Herzig, N. (Ende, 2000): Das Ende des Tauschgutachtens?, in: Wassermeyer, F. u.a. (Hrsg.): Umwandlungen im Zivil- und Steuerrecht: Festschrift für Siegfried Widmann zum 65. Geburtstag am 22. Mai 2000, Bonn 2000, S. 393-412

Herzig, N.: Aspekte der Rechtsformwahl für mittelständische Unternehmen nach der Steuerreform, in: WPg 2001, S. 253-270

Herzig, N./Dautzenberg, N.: Steuergestaltung und Steuerharmonisierung im Binnenmarkt - Folgen der Fusionsrichtlinie und der Mutter-Tochter-Richtlinie -, in: DB 1992, S. 1-7

Herzig, N./Dautzenberg, N.: Verdoppelung stiller Reserven bei grenzüberschreitenden Einbringungen, in: DB 1993, S. 645-650

Herzig, N./Dautzenberg, N.: Fusionsrichtlinie und Mutter-Tochter-Richtlinie - Inhalt und Folgen der EG-Ertragsteuerrichtlinien, in: BFuP 1993, S. 473-486

Herzig, N./Dautzenberg, N./Heyeres, R.: System und Schwächen der Fusionsrichtlinie, in: DB 1991, Beilage Nr. 12, S. 1-19

Herzig, N./Förster, G.: Steueränderungsgesetz 1992: Die Umsetzung der Fusionsrichtlinie in deutsches Steuerrecht (Teil I und Teil II), in: DB 1992, S. 911-916 und S. 959-963

Herzig, N./Förster, G.: Grenzüberschreitende Verschmelzung von Kapitalgesellschaften, in: DB 1994, S. 1-8

Herzig, N./Förster, G.: Steuerneutrale Umstrukturierung von Konzernen, in: StuW 1998, S. 99-113

Herzig, N./Griemla, S.: Steuerliche Aspekte der Europäischen Aktiengesellschaft / Societas Europaea (SE), in: StuW 2002, S. 55-77

Herzig, N./Schiffers, J./Wawroschek, D.: Veranlagungssimulation als Instrument der Steuerplanung und Steuergestaltung, in: DSWR Sonderheft 1991, S. 104-118

Herzig, N./Wagner, T.: Einschränkung der Verlustberücksichtigung bei Kapitalgesellschaften, in: DStR 2003, S. 225-233

Hey, J.: Umwandlungssteuergesetz nach der Unternehmenssteuerreform, in: GmbHR 2001, S. 993-1004

Heyden, C. v. d. (Wahlrechte, 1981): Steuerliche Wahlrechte bei Gewinnen aus der Veräußerung eines Betriebs, Düsseldorf 1981

Higginbottom, L.: U.K. Corporation Tax Law Reform, in: TPIR 2002, S. 10-13

Hilf, M.: Die Richtlinie der EG - ohne Richtung, ohne Linie?, in: EuR 1993, S. 1-22

Hilke, W. (Planungszeitraum, 1980): Zur Länge des Planungszeitraumes in dynamischen Modellen, in: Jacob, H. (Hrsg): Neue Aspekte der betrieblichen Planung, Wiesbaden 1980, S. 99-123

Hinz, M.: Überlegungen zur Rechtsformwahl nach der Unternehmenssteuerreform, in: SteuerStud 2002, S. 442-449

Hirte, H.: Die Europäische Aktiengesellschaft, in: NZG 2002, S. 1-10

Höhn, E.: Die Aufgabe des Juristen bei der Steuerplanung im internationalen Bereich, in: StuW 1977, S. 170-180

Hoffmann, J.: Die Bildung der Aventis S. A. - ein Lehrstück des europäischen Gesellschaftsrechts, in: NZG 1999, S. 1077-1085

Hohloch, G. (EU-Handbuch, 2001): EU-Handbuch Gesellschaftsrecht, Herne/Berlin 2001, Loseblattsammlung, Stand: 4. EL 2001 (August 2001)

Hommelhoff, P.: Einige Bemerkungen zur Organisationsverfassung der Europäischen Aktiengesellschaft, in: AG 2001, S. 279-288

International Bureau of Fiscal Documentation: European Communities: Implementation of the Parent-Subsidiary Directive in the Member States, in: ET 1992, S. 130-178

Jacobs, D.: Rechtsformwahl nach der Unternehmenssteuerreform: Personenunternehmung oder Kapitalgesellschaft?, in: DStR 2001, S. 806-812

Jacobs, O. H. (Internationale, 2002): Internationale Unternehmensbesteuerung: deutsche Investitionen im Ausland; ausländische Investitionen im Inland, 5. Aufl., München 2002

Jacobs, O. H. (Unternehmensbesteuerung, 2002): Unternehmensbesteuerung und Rechtsform: Handbuch zur Besteuerung deutscher Unternehmen, 3. Aufl., München 2002

Jacobs, O. H./Schreiber, U./Spengel, C. u.a.: Stellungnahme zum Steuervergünstigungsabbaugesetz und zu weiteren steuerlichen Maßnahmen, in: DB 2003, S. 519-525

Jahn, A./Herfs-Röttgen, E.: Die Europäische Akiengesellschaft - Societas Europaea, in: DB 2001, S. 631-638

Jarass, H. D.: Voraussetzungen der innerstaatlichen Wirkung des EG-Rechts, in: NJW 1990, S. 2420-2425

Jürgens, P. (Stand, 1989): Stand der Gesetzgebung zur gesellschaftsrechtlichen Harmonisierung des Gemeinsamen Markts und die Überwindung der Dominanz nationaler Regelungen, in: Warth & Klein GmbH, Wirtschaftsprüfungsgesellschaft (Hrsg.): Wirtschaftsprüfung und Unternehmensberatung in Wissenschaft und Praxis, Bd. I.: Wirtschaftsprüfung im Gemeinsamen Markt 1992, Stuttgart, 1989, S. 13-61

Kahle, E. (Problemlösungsverhalten, 1973): Betriebswirtschaftliches Problemlösungsverhalten, Wiesbaden 1973

Kallmeyer, H.: Die Europäische Aktiengesellschaft - Praktischer Nutzen und Mängel des Statuts, in: AG 1990, S. 103-106

Kallmeyer, H. (Umwandlungsgesetz, 2001): Umwandlungsgesetz: Kommentar - Verschmelzung, Spaltung und Formwechsel bei Handelsgesellschaften, 2. Aufl., Köln 2001

Kallmeyer, H.: Die Europäische Aktiengesellschaft - besser als ihr Ruf?, in: DB 2003, Heft 5, S. I

Kaminski, B.: Grenzüberschreitende Umwandlungen von Kapitalgesellschaften, in: SteuerStud 1999, S. 255-266

Kantwill, W.: Nationale und internationale Einbringungen in Kapitalgesellschaften nach dem Umwandlungssteuergesetz, in: SteuerStud 2002, S. 375-385

Karrenbrock, H.: Die Unternehmenssteuerreform aus der Sicht ausländischer Investoren - Konsequenzen für die Steuerbelastung inländischer Betriebsstätten, Personengesellschaften sowie Tochterkapitalgesellschaften, in: SteuerStud 2001, S. 408-414

Karsten, J. (Steuerplanung, 1988): Steuerplanung des Mitunternehmers: die entnahmeorientierte Steuerplanung, München/Wien 1988

Kellersmann, D./Treisch, C. (Unternehmensbesteuerung, 2002): Europäische Unternehmensbesteuerung, Wiesbaden 2002

Kern, W.: Gestaltungsmöglichkeiten und Anwendungsbereich betriebswirtschaftlicher Planungsmodelle, in: ZfbF 1962, S. 167-179

Kern, W.: Ziele und Zielsysteme in Betriebswirtschaften I und II, in: WISU 1972, S. 310-315 und S. 360-365

Kern, W.: Die Zeit als Dimension betriebswirtschaftlichen Denkens und Handelns, in: DBW 1992, S. 41-58

Kersting, C.: Societas Euroaea: Gründung und Vorgesellschaft, in: DB 2001, S. 2079-2086

Kessler, W. (Euro-Holding, 1996): Die Euro-Holding: Steuerplanung, Standortwahl, Länderprofile, München 1996

Kessler, W./Dorfmüller, P.: E.U. Company Taxation: The European Company as a Pilot Project?, in: TPEU 2002, S. 3-7

Kessler, W./Schmalz, A./Schmidt, W.: Die Verschärfung, Verbesserung und Verkomplizierung der Besteuerung von Beteiligungserträgen nach der geplanten Neufassung des § 8b KStG, in: DStR 2001, S. 1865-1875

Kieser, A. (Ziele, 1999): Ziele und Zielbildung, in: Kieser, A./Oechsler, W. A. (Hrsg.): Unternehmungspolitik, Stuttgart 1999, S. 91-121

Kiso, D. (Entwurfkonzept, 1997): Ein Entwurfkonzept für Modelle der internationalen Steuerplanung: dargestellt am Beispiel der konzerninternen Außenfinanzierung durch Mobilien-Leasing, Hamburg 1997

Klingberg, D./van Lishaut, I.: Ausländische Umwandlungen im deutschen Steuerrecht, in: FR 1999, S. 1209-1227

Knobbe-Keuk, B.: Wegzug und Einbringung von Unternehmen zwischen Niederlassungsfreiheit, Fusionsrichtlinie und nationalem Steuerrecht, in: DB 1991, S. 298-306

Knobbe-Keuk, B.: Die Regelung des Anteilstausches in § 20 Abs. 6 UmwStG und die Fusionsrichtlinie - Festbeitrag zum 65. Geburtstag von Adalbert Uelner am 27. Oktober 1992, in: DStZ 1992, S. 675-679

Koch, C./Hofacker, K.: Merger of Equals - eine neue Form von Unternehmenszusammenschlüssen?, in: FB 2000, S. 541-545

Köhler, S.: Unternehmenssteuerreform 2001: Auswirkungen des Steuersenkungsgesetzes auf deutsche Auslandsinvestitionen, in: DStR 2000, S. 1849-1857

Köhler, S.: Aktuelles Beratungs-Know-how Internationales Steuerrecht, in: DStR 2002, S. 2156-2159

Korezkij, L.: Besteuerung privater Veräußerungsgeschäfte nach § 23 i.d.F. des Entwurfs des Steuervergünstigungsabbaugesetzes, in: SteuerStud 2003, S. 119-121

Köstler, R. (Mitbestimmung, 2002): Mitbestimmung, in: Theisen, M. R./Wenz, M. (Hrsg.): Die Europäische Aktiengesellschaft: Recht, Steuern und Betriebswirtschaft der Societas Europaea (SE), Stuttgart 2002, S. 301-331

Koller, H.: Simulation als Methode in der Betriebswirtschaft, in: ZfB 1966, S. 95-110

Konietzka, R. (Entscheiden, 1981): Sequentielles Entscheiden bei der Bewältigung komplexer unternehmerischer Probleme - Deskription und Analyse einer Verhaltensstrategie unter besonderer Berücksichtigung entscheidungslogischer Implikationen, Essen 1981

Korth, H.-M.: Rechtsformvergleich nach der Unternehmenssteuerreform, in: DSWR 2000, S. 322-328

Kosiol, E.: Zur Problematik der Planung in der Unternehmung, in: ZfB 1967, S. 77-96

Kraft, C.: Die Erleichterung der internationalen Unternehmensreorganisation durch die EG-Fusionsrichtlinie, in: SteuerStud 1993, S. 434-440

Krebs, H.-J.: Die Harmonisierung der direkten Steuern für Unternehmen in der EG, in: BB 1990, S. 1945-1951

Kroschewski, R.: Die Rechweite der „Veräußerungssperre" gem. § 8b Abs. 4 S. 1 Nr. 1 KStG bei Verkauf von GmbH-Anteilen, in: GmbHR 2002, S. 761-768

Kronke, H.: Deutsches Gesellschaftsrecht und grenzüberschreitende Strukturveränderungen, in: ZGR 1994, S. 26-46

Kröner, M.: Zur Integration steuerlicher Partialplanungen in die Unternehmensplanung, in: DB 1984, S. 1409-1415

Kruschwitz, L. (Investitionsrechnung, 1995): Investitionsrechnung, 6. Aufl., Berlin/New York 1995

Kudert, S./Nabialek, J.: Besteuerung von Beteiligungserträgen zwischen deutschen und polnischen Kapitalgesellschaften - eine Analyse auf Gesellschafts- und Gesellschafterebene -, Teil I und Teil II, in: IStR 2001, S. 105-109 und S. 136-140

Kußmaul, H.: Die Betriebswirtschaftliche Steuerlehre als steuerliche Betriebswirtschaftslehre?, in: StuW 1995, S. 3-14

Kußmaul, H./Schäfer, R.: Ertragsteuerliche Behandlung der internationalen Unternehmenstätigkeit inländischer Kapitalgesellschaften im Ausland - Neuerungen durch das StSenkG, in: StuB 2002, S. 275-282

Kusch, C. (Unternehmensnachfolge 2001): Unternehmensnachfolge unter Berücksichtigung von Renten- und Ausgleichszahlungen, Nürnberg 2001

Lange, T. (Behandlung, 1994): Die steuerrechtliche Behandlung des Anteilstausches im Anschluß an die Fusionsrichtlinie: Unter besonderer Berücksichtigung der Mißbrauchsbekämpfung, Hamburg 1994

Langer, T./Weber, M. (Entscheidungsanalyse, 1999): Entscheidungsanalyse, in: Kieser, A./Oechsler, W. A. (Hrsg.): Unternehmungspolitik, Stuttgart 1999, S. 32-89

Laule, G.: Die Harmonisierung des europäischen Steuerrechts, in: IStR 2001, S. 297-306

Laux, H. (Entscheidungstheorie, 1998): Entscheidungstheorie, 4. Aufl., Berlin/Heidelberg/New York u.a. 1998

Lawall, L.: Umwandlungsrecht: Grenzüberschreitende Verschmelzungen innerhalb der Europäischen Wirtschaftsgemeinschaft, in: IStR 1998, S. 348-349

Lechner, F.: Die Kapitalgesellschaft als Steuersparmodell - Anteilsveräußerungen durch Kapitalgesellschaften nach der Unternehmenssteuerreform, in: Stbg 2001, S. 201-214

Leiderer, B. (Umstrukturierungen, 1998): Grenzüberschreitende Umstrukturierungen von EU-Kapitalgesellschaften im deutschen und österreichischem Ertragsteuerrecht, Frankfurt am Main/Berlin/Bern u.a. 1998

Leip, C.: Die Veräußerung von Anteilen an Kapitalgesellschaften durch Kapitalgesellschaften - Zur Systematik der Abs. 2-4 des § 8b KStG, in: BB 2002, S. 1839-1843

Lempenau, G.: Steuerorientierte Gestaltung von Unternehmensstrukturen im Binnenmarkt, in: StBJb 1992/93, S. 237-275

Lennerz, U. (Verschmelzung, 2001): Die internationale Verschmelzung und Spaltung unter Beteiligung deutscher Gesellschaften, Köln 2001

Lenz, C. O./Erhard, R. (Gemeinschaftsrecht, 1994): Das Gemeinschaftsrecht - System, Entstehung, Anwendung, in: Lenz, C. O. (Hrsg.): EG-Handbuch Recht im Binnenmarkt, 2. Aufl., Herne/Berlin 1994, S. 51-136

Lenz, T.: Verschmelzung zur Neugründung, in: GmbHR 2001, S. 717-719

Lieber, B.: Neuregelung der Hinzurechnungsbesteuerung durch das Unternehmenssteuerfortentwicklungsgesetz, in: FR 2002, S. 139-151

Liebl, F. (Simulation, 1995): Simulation, 2. Aufl., München/Wien 1995

Loyens Lefebvre Rädler (Hrsg.) (Merger Directive, 1993): The Merger Directive: Practical Issues, Amsterdam 1993

Lurie, J.: Adoption of the EC Parent Subsidiary and Mergers Directives by the United Kingdom, in: TPIR 1992, S. 10-13

Lutter, M.: Perspektiven eines europäischen Unternehmensrechts - Versuch einer Summe, in: ZGR 1992, S. 435-451

Lutter, M.: Europäische Aktiengesellschaft - Rechtsfigur mit Zukunft?, in: BB 2002, S. 1-7

Mag, W.: Planungsstufen und Informationsteilprozesse, in: ZfbF 1971, S. 803-830

Mag, W.: Mehrfachziele, Zielbeziehungen und Zielkonfliktlösungen, in: WiSt 1976, S. 49-55

Maier-Frischmuth, M.: Auswirkungen der Unternehmenssteuerreform 2001 auf Inbound- und Outbound-Investitionen, in: StuB 2001, S. 585-592

Maier-Frischmuth, M.: Systemkonforme Hinzurechnungsbesteuerung nach dem Entwurf des UntStFG? (Teil I und Teil II), in: IStR 2001, S. 610-616 und S. 642-647

Maier-Frischmuth, M.: Unternehmensbesteuerung im internationalen Vergleich, in: StuB 2003, S. 7-12

Maiterth, R.: Zur sachgerechten Behandlung von Beteiligungsaufwendungen im Steuerrecht, in: DBW 2002, S. 169-183

Mandler, U.: Grundprobleme internationaler Unternehmensbesteuerung, in:
SteuerStud 2003, S. 91-100

Mann, G.: Betriebswirtschaftliche Steuerpolitik als Bestandteil der Unternehmenspolitik, in: WiSt 1973, S. 114-119

Mann, G. (Modelle, 1991): Steuerökonomische Modelle in der Steuerberatung, in: Herzig, N. (Hrsg.): Betriebswirtschaftliche Steuerlehre und Steuerberatung: Gerd Rose zum 65. Geburtstag, Wiesbaden 1991, S. 55-71

Marettek, A.: Entscheidungsmodell der betrieblichen Steuerbilanzpolitik - unter Berücksichtigung ihrer Stellung im System der Unternehmenspolitik, in: BFuP 1970, S. 7-31

Marflow, A. (Unternehmensbesteuerung, 1994): Unternehmensbesteuerung in Großbritannien, in: Lang, J. (Hrsg.): Unternehmensbesteuerung in EU-Staaten, Köln 1994, S. 93-119

McCabe, S./Stevenson, R.: Steuerliche Aspekte des Unternehmenskaufs in Großbritannien, in: IWB 2001, Fach 5, Großbritannien, Gruppe 2, S. 367-378

McCabe, S./Stevenson, R. (Großbritannien, 2002): Großbritannien, in: Deloitte & Touche (Hrsg.): Unternehmenskauf im Ausland: steuerliche Rahmenbedingungen bei M & A-Transaktionen im Ausland - Erwerb, Verschmelzung, Joint Ventures, Herne/Berlin 2002, S. 117-134

McGowan, M. T. (Überblick, 2002): Überblick über das Steuerrecht Großbritanniens, in: Debatin, H./Wassermeyer, F. (Hrsg.): Doppelbesteuerung - Kommentar zu allen deutschen Doppelbesteuerungsabkommen, München 2002, Loseblattsammlung, Stand: 88. EL (Oktober 2002), Großbritannien, Anhang

Meichelbeck, H./Vollath, S.: Veräußerung einbringungsgeborener Anteile durch natürliche Personen und Personengesellschaften mit natürlichen Personen als Anteilseigner, in: DStR 2001, S. 2189-2193

Melcher, G.-H.: Planungskonzepte für die betriebliche Steuerpolitik, in: DB 1971, S. 108-111

Mellwig, W.: Sensitivitätsanalyse des Steuereinflusses in der Investitionsplanung. Überlegungen zur praktischen Relevanz einer Berücksichtigung der Steuern bei der Investitionsentscheidung, in: ZfbF 1980, S. 16-39

Melville, A. (Taxation, 2003): Taxation - Finance Act, 8. Aufl., Edinburgh 2003

Menges, G. (Entscheidungsmodelle, 1972): Entscheidungsmodelle in den Wirtschaftswissenschaften, in: Kurzrock, R. (Hrsg.): Systemtheorie, Berlin 1972, S. 132-140

Menner, S./Broer, F.: Europäischer Teilbetriebsbegriff und Zuordnung von Wirtschaftsgütern, in: DB 2002, S. 815-818

Mense, S. (Gestaltungsunterstützung, 1999): Steuerliche Gestaltungsunterstützung: am Beispiel betrieblicher Altersversorgung bei Personalentsendung in das Ausland, Frankfurt am Main/Berlin/Bern u.a. 1999

Mentel, T.: Der Maßgeblichkeitsgrundsatz in Umwandlungsfällen, in: DStR 1998, Beilage 17, S. 1-56

Meyer, O. (Besteuerung, 1995): Die Besteuerung grenzüberschreitender Verschmelzungen, Berlin 1995

Michels, R. (Wahlrechte, 1982): Steuerliche Wahlrechte. Analyse der außerbilanziellen steuerlichen Wahlrechte (Rechtswahlmöglichkeiten), ihre Zuordnung zu Entscheidungsträgern und Entwicklung von Entscheidungshilfen, Wiesbaden 1982

Moxter, A.: Präferenzstruktur und Aktivitätsfunktion des Unternehmers, in: ZfbF 1964, S. 6-35

Müller, K. (Verwirklichung, 2001): Verwirklichung von Gerechtigkeit und Entscheidungsneutralität in den Einkommen- und Körperschaftsteuersystemen der EU-Mitgliedstaaten: eine Analyse unter Berücksichtigung des Einkommens und des Konsums als alternative Anknüpfungspunkte der Besteuerung, Lohmar 2001

Müssener, I. (Großbritannien, 2002): Großbritannien, in: Mennel, A./Förster, J. (Hrsg.): Steuern in Europa, Amerika und Asien, Herne/ Berlin 2002, Rn. 1-380, Loseblattsammlung, Stand: 48. EL (Oktober 2002)

Narraina, L./Wassermeyer, F./Viegener, J. u.a.: Vergleichende Darstellung der Umsetzung der Mutter-Tochter- und Fusionsrichtlinie in den EG-

Mitgliedstaten und vergleichbarer Regelungen in Nicht-EG-Staaten, in: IWB 1993, Fach 10, International, Gruppe 2, S. 903-924

Neu, N./Schiffers, J.: Steuerliche Optimierung von Outboundinvestitionen mittelständischer Unternehmen - Standortbestimmung nach dem Steuersenkungsgesetz unter Berücksichtigung des Entwurfs des Unternehmenssteuerfortentwicklungsgesetzes, in: GmbHR 2001, S. 1005-1015

Neumann, R./Neu, N.: Beschränkung des Verlustabzugs gemäß § 8 Abs. 4 KStG nach dem Kabinettsbeschluß zum StVergAbG, in: GmbHR 2003, S. 74-80

Neun, J. (Gründung, 2002): Gründung, in: Theisen, M. R./Wenz, M. (Hrsg.): Die Europäische Aktiengesellschaft: Recht, Steuern und Betriebswirtschaft der Societas Europaea (SE), Stuttgart 2002, S. 51-170

Neye, H.-W. (Überblick, 1995): Überblick über die Gesetzesänderungen, in: Lutter, M./Bork, R. (Hrsg.): Verschmelzung - Spaltung - Formwechsel nach neuem Umwandlungsrecht und Umwandlungssteuerrecht: Kölner Umwandlungsrechtstage, Köln 1995, S. 1-18

Neyer, W.: Die gegenständliche Betrachtungsweise bei Prüfung der wirtschaftlichen Identität gemäß § 8 Abs. 4 KStG - Das BFH-Urteil vom 8.8.2001 - I R 29/00, in: BB 2002, S. 754-758

Nieland, M./Scott, C.: Rechnungslegung in Großbritannien - Grundlagen und ausgewählte Aspekte (Teil I und Teil II), in: IStR 1997, S. 348-350 und S. 378-383

Nightingale, K. (Taxation, 2002): Taxation: Theory and Practice, 4. Aufl., Edinburgh 2002

Nock, R. S.: Cross Border Issues - The European Company (SE), in: British Tax Review 1993, S. 114-133

Okraß, J.: Zur Praktikabilität des Modells der Steuerbarwertminimierung, in: BFuP 1973, S. 492-509

Oppermann, T. (Europarecht, 1999): Europarecht: ein Studienbuch, 2. Aufl., München 1999

Orth, M.: Umwandlungskosten: Bilanzielle und steuerliche Behandlung, in: GmbHR 1998, S. 511-521

Ossadnik, W./Maus, S.: Die Verschmelzung im neuen Umwandlungsrecht aus betriebswirtschaftlicher Sicht, in: DB 1995, S. 105-109

Ott, H.: Grunderwerbsteuer als Umstrukturierungsbremse bei Umwandlungen und Einbringungen, in: INF 1996, S. 581-585

Pagan, J. C.: Measurement of Commercial Profit for Tax Purposes (or what Willingale was really about), in: BTR 1992, S. 75-81

Patt, J./Rasche, H.: Unternehmenssteuerreform: Tarifermäßigung nach § 34 EStG für Einbringungsgewinne (§§ 20 Abs. 5 und 24 Abs. 3 UmwStG) sowie für Gewinne aus der Veräußerung einbringungsgeborener Anteile (§ 21 UmwStG), in: FR 2001, S. 175-184

Paulus, H.-J. (Ziele, 1978): Ziele, Phasen und organisatorische Probleme steuerlicher Entscheidungen in der Unternehmung, Berlin 1978

Pausenberger, E. (Fusion, 1974): Fusion, in: Grochla, E./Wittmann, W. (Hrsg.): Handwörterbuch der Betriebswirtschaft, 4. Aufl., Stuttgart 1974, Sp. 1603-1614

Pelka, J.: Rechtsformneutralität im Steuerrecht - Verfassungsmäßigkeit der Steuersatzsenkung für Kapitalgeselschaften, in: StuW 2000, S. 389-398

Perlitz, M./Küpper, H./Löbler, H.: Vergleich der Eigenkapitalausstattung deutscher, US-amerikanischer und britischer Unternehmen, in: ZGR 1989, S. 17-49

Pieper, S. (Wirtschaftsordnung, 1995): Die Wirtschaftsordnung der EG, in: Birk, D. (Hrsg.): Handbuch des Europäischen Steuer- und Abgabenrechts, Herne/Berlin 1995, S. 101-108

Pluskat, S.: Die Arbeitnehmerbeteiligung in der geplanten Europäischen AG, in: DStR 2001, S. 1483-1490

Potthof, A. (Finanzierung, 1998): Finanzierung ausländischer Unternehmenseinheiten: steuerliche Aspekte von Finanzierungsgesellschaften, Wiesbaden 1998

Radulescu, D. M.: Besteuerung von Kapitalgesellschaften im Binnenmarkt - Reformvorschlag der Europäischen Kommission, in: ifo-Schnelldienst 2002, S. 12-18

Rahier, G. (Zusammenführung, 1999): Zusammenführung von Unternehmen durch Verschmelzung nach dem Umwandlungsgesetz: eine steuerliche Vorteilhaftigkeitsanalyse, Lohmar 1999

Raiser, T. (Europäische Aktiengesellschaft, 1993): Die Europäische Aktiengesellschaft und die nationalen Aktiengesetze, in: Bierich, M. (Hrsg.): Festschrift für Johannes Semmler zum 70. Geburtstag am 28. April 1993, Berlin/New York 1993, S. 277-297

Raupach, A.: Perspektiven für den Steuerstandort Deutschland, in: StuW 2000, S. 341-368

Reich, M. (Grundriss, 2000): Grundriss der Steuerfolgen von Unternehmensumstrukturierungen, Basel 2000

Reik, A. (Restrukturierungen, 2002): Grenzüberschreitende Restrukturierungen von Unternehmen - Eine bilaterale Untersuchung zwischen Deutschland und Frankreich, Berlin 2002

Reusch, K. M. (Bilanzsteuerrecht, 2002): Das Bilanzsteuerrecht der Vereinigten Staaten von Amerika: vergleichende Untersuchung und Analyse der Eignung für eine Übernahme in das deutsche Steuerrecht, Wiesbaden 2002

Rieble, V.: Verschmelzung und Spaltung von Unternehmen und ihre Folgen für Schuldverhältnisse mit Dritten, in: ZIP 1997, S. 301-314

Rixen, S./Böttcher, R.: Erfahrungsbericht über eine transnationale Verschmelzung, in: GmBH 1993, S. 572-575

Rödder, T.: Steuerplanungslehre und steuerliche Gestaltungsfindung, in: BB 1988, Beilage Nr. 19, S. 1-11

Rödder, T.: Bilanzierung und Besteuerung der Europäischen Aktiengesellschaft (Teil I und II), in: WPg 1991, S. 200-208 und S. 229-241

Rödder, T. (Gestaltungssuche, 1991): Gestaltungssuche im Ertragsteuerrecht, Wiesbaden 1991

Rödder, T.: Gestaltungsalternativen des steuerneutralen grenzüberschreitenden Anteilstauschs, in: IStR 1994, S. 257-262

Rödder, T. (Aspekte, 1997): Aktuelle Aspekte einer steuerneutralen Umstrukturierung von Unternehmen in der EU - Grenzüberschreitende Einbringung von Kapitalgesellschaftsanteilen aus der Sicht von Kapitalgesellschaftskonzernen, in: Fischer, L. (Hrsg.): Grenzüberschreitende Aktivitäten deutscher Unternehmen und EU Recht, Köln 1997, S. 94-129

Rödder, T.: Anmerkungen zur neuen Maßgeblichkeitskonzeption des UmwSt-Erlasses für die Umwandlung von Kapitalgesellschaften, in: DB 1998, S. 998-999

Rödder, T. (Anteilstausch, 2000): Der Anteilstausch beim grenzüberschreitenden „Merger of Equals" börsennotierter Aktiengesellschaften - Steuerliche Behandlung der Aktionäre, in: Wassermeyer, F. u. a. (Hrsg.): Umwandlungen im Zivil- und Steuerrecht: Festschrift für Siegfried Widmann zum 65. Geburtstag am 22. Mai 2000, Bonn 2000, S. 495-503

Rödder, T./Wochinger, P.: Veräußerungen von Kapitalgesellschaften durch Kapitalgesellschaften - Gestaltungsüberlegungen im Hinblick auf § 8b Abs. 2 KStG, in: FR 2001, S. 1253-1270

Romswinkel, M.: Steuerfreiheit von Veräußerungsgewinnen gem. § 8b Abs. 2 KStG systemimmanent?, in: GmbHR 2002, S. 1059-1062

Rose, G.: Steuerberatung und Wissenschaft. Gedanken anläßlich des 50jährigen Bestehens der Betriebswirtschaftlichen Steuerlehre, in: StbJb 1969/70, S. 31-70

Rose, G.: Besteuerung nach Wahl: Problem aus der Existenz steuerlicher Rechtswahlmöglichkeiten, Grundsätze für ihre Ausnutzung, in: StbJb 1979/80, S. 49-96

Rose, G. (Steuerplanung, 1989): Stichwort „Steuerplanung", in: Szyperski, N./Winand, U. (Hrsg.): Handwörterbuch der Planung, Stuttgart 1989, Sp. 1866-1876

Rosenbach, G.: Introduction, in: ITR 2001, S. 3-11

Roser, F.: Weitere Unklarheiten beim Mantelkauf - Folgerungen und Beratungshinweise aus der Entscheidung des BFH v. 8.8.2001 - I R 29/00, in: GmbHR 2001, S. 1153-1155

Rümmele, P. (Abgrenzung, 1998): Zeitliche und sachliche Abgrenzung von Entscheidungsmodellen in der Steuerplanung, Berlin 1998

Sagasser, B./Swienty, C.: Die Gründung einer Europäischen Aktiengesellschaft im Wege der Verschmelzung - Zur Praktikabilität des SE-Statuts in der Entwurfsfassung vom 6./16.5.1991, Teil I und Teil II, in: DStR 1991, S. 1188-1194 und S. 1222-1226

Sarrazin, V.: Die steuerliche Fusionsrichtlinie - Was ist erreicht?, in: ZGR 1994, S. 66-74

Saß, G.: Die Fusionsrichtlinie und die Mutter/Tochterrichtlinie, in: DB 1990, S. 2340-2346

Saß, G.: Probleme der Umsetzung der steuerlichen EG-Fusionsrichtlinie in Deutschland, Frankreich, Belgien, Niederlande, Großbritannien, in: DB 1993, S. 1892-1898

Saunders, G. (Hrsg.) (Tax 1, 2000): Tolley's Tax Planning 2000/01 Vol. 1, Croydon 2000

Saunders, G. (Hrsg.) (Tax 2, 2000): Tolley's Tax Planning 2000/01 Vol. 2, Croydon 2000

Schaumburg, H.: Grenzüberschreitende Umwandlungen (Teil I und II), in: GmbHR 1996, S. 501-514 und S. 585-594

Schaumburg, H. (Grundlagen, 1997): Grundlagen des internationalen Umwandlungssteuerrecht, in: Schaumburg, H./Piltz, D. J. (Hrsg.): Internationales Umwandlungssteuerrecht, Köln 1997, S. 1-12

Schaumburg, H. (Steuerrecht, 1998): Internationales Steuerrecht, 2. Aufl., Köln 1998

Schaumburg, H.: Systemdefizite im internationalen Steuerrecht, in: StuW 2000, S. 369-377

Scheffler, W. (Altersversorgung, 1990): Betriebliche Altersversorgung: ein EDV-System zur Unterstützung unternehmerischer Entscheidungen, Wiesbaden 1990

Scheffler, W.: Grundsätze zur Bewältigung von komplexen betrieblichen Entscheidungen, in: WiSt 1992, S. 241-246

Scheffler, W. (Ausübung, 2003): Steuerlich zweckmäßige Ausübung des Wahlrechts (Anrechnung, Abzug, Pauschalierung) zur Vermeidung der internationalen Doppelbesteuerung bei Gewinnen aus einer ausländischen Betriebsstätte, in: Grotherr, S. (Hrsg.): Handbuch der internationalen Steuerplanung, 2. Aufl., Herne/Berlin 2003, S. 105-119

Scheffler, W.: Veräußerung von Kapitalgesellschaften aus steuerlicher Sicht - share deal oder asset deal?, in: StuW 2001, S. 293-307

Scheffler, W. (Besteuerung, 2002): Besteuerung der grenzüberschreitenden Geschäftstätigkeit, 2. Aufl., München 2002

Scheffler, W. (Ertragsteuern, 2003): Besteuerung von Unternehmen Band 1: Ertrag-, Substanz- und Verkehrsteuern, 6. Aufl., Heidelberg 2003

Scheffler, W. (Steuerbilanz, 2002): Besteuerung von Unternehmen Band 2: Steuerbilanz und Vermögensaufstellung, 2. Aufl., Heidelberg 2002

Scheffler, W./Ruhwinkel, C.: Verschmelzung oder Anteilstausch?, in: DSWR 2001, S. 291-295

Scherzberg, A. (Verordnung, 1991): Verordnung - Richtlinie - Entscheidung - Zum System der Handlungsformen im Gemeinschaftsrecht, in: Siedentopf, H. (Hrsg.): Europäische Integration und nationalstaatliche Verwaltung, Stuttgart 1991, S. 17-42

Schiffers, J. (Steuergestaltung, 1994): Steuergestaltung durch Aufdeckung stiller Reserven: Analyse des steuerlichen Entscheidungsprozesses, Wiesbaden 1994

Schikowsky, A./Beste, M.-O.: Einbringungen in Kapitalgesellschaften innerhalb der Europäischen Union - Überblick über die rechtlichen Rahmenbedingungen und Rechtsfolgen, in: SteuerStud 2001, S. 121-129

Schmidt, L. (Einkommensteuergesetz, 2002): Einkommensteuergesetz: Kommentar, 21. Aufl., München 2002

Schmidt, L./Hageböke, J.: Die erneute Änderung von § 8b Abs. 5 KStG durch das UntStFG, in: IStR 2002, S. 150-157

Schmidt, M.: Grunderwerbsteuer - quo vadis? - Anmerkungen zum Steuerentlastungsgesetz 1999/2000/2002 -, in: DB 1999, S. 1872-1301

Schmitt, J./Hörtnagl, R./Stratz, R.-C. (Umwandlungsgesetz, 2001): Umwandlungsgesetz; Umwandlungssteuergesetz, 3. Aufl., München 2001

Schneeloch, D. (Besteuerung, 2002): Besteuerung und betriebliche Steuerpolitik, Band 2: Betriebliche Steuerpolitik, 2. Aufl., München 2002

Schneider, D.: Theorie und Praxis der Unternehmensbesteuerung, in: ZfbF 1967, S. 206-230

Schneider, D. (Steuerlehre, 1983): Betriebswirtschaftliche Steuerlehre als Steuerplanungslehre oder als ökonomische Analyse des Steuerrechts, in: Fischer, L. (Hrsg.): Unternehmung und Steuer, Festschrift zur Vollendung des 80. Lebensjahres von Peter Scherpf, Wiesbaden 1983, S. 21-37

Schneider, D. (Investition, 1992): Investition, Finanzierung und Besteuerung, 7. Aufl., Wiesbaden 1992

Schneider, D. (Entscheidungstheorie, 1995): Informations- und Entscheidungstheorie, München/Wien 1995

Schönwald, S.: Die Verschmelzung von Kapitalgesellschaften, in: SteuerStud 2001, S. 358-368

Schönwald, S.: Beteiligung an anderen Kapitalgesellschaften, in: SteuerStud 2002, S. 136-146

Schreiber, U./Rogall, M.: Die Besteuerung der Gewinne aus der Veräußerung von Anteilen an Kapitalgesellschaften, in: BB 2003, S. 497-503

Schulz, A./Eicker, K.: The European Company Statute - The German View, in: Intertax 2001, S. 332-341

Schulz, A./Geismar, B.: Die Europäische Aktiengesellschaft - Eine kritische Bestandsaufnahme, in: DStR 2001, S. 1078-1086

Schulz, A./Petersen, S.: Die Europa-AG: Steuerlicher Handlungsbedarf bei Gründung und Sitzverlegung, in: DStR 2002, S. 1508-1517

Schulze zur Wiesche, D.: Die Umwandlung von Gesellschaften nach dem Steuersenkungsgesetz, in: WPg 2001, S. 500-506

Schwedhelm, R./Olbing, K./Binnewies, B.: Gestaltungsüberlegungen zum Jahreswechsel 2002/03 rund um die GmbH, in: GmbHR 2002, S. 1157-1175

Seibt, C. H.: Unternehmenskauf und -verkauf nach dem Steuersenkungsgesetz, in: DStR 2000, S. 2061-2076

Sieben, G./Schildbach, T. (Entscheidungstheorie, 1994): Betriebswirtschaftliche Entscheidungstheorie, 4. Aufl., 1994

Siegel, T.: Verfahren zur Minimierung der Einkommensteuer-Barwertsumme, in: BFuP 1972, S. 65-80

Siegel, T. (Steuerwirkungen, 1982): Steuerwirkungen und Steuerpolitik in der Unternehmung, Würzburg/Wien 1982

Sigloch, J.: Unternehmenssteuerreform 2001 - Darstellung und ökonomische Analyse, in: StuW 2000, S. 160-176

Simon, H. A.: Wie lösen wir schlecht-strukturierte Probleme?, in: DBW 1980, S. 337-345

Spengel, C.: International Accounting Standards und Unternehmensbesteuerung in der Europäischen Union (Teil I und Teil II), in: IStR 2003, S. 29-36 und S. 67-72

Spetzler, W.: Wirkung und Einfluß des Rechts der Europäischen Gemeinschaft auf das nationale Steuerrecht, in: DB 1993, S. 553-558

Staringer, C.: Seminar F: Umstrukturierung von Unternehmen und Internationales Steuerrecht, in: IStR 2000, S. 508-511

Stein, V./Becker, J. D.: Die steuerneutrale Reorganisation grenzüberschreitender Gesellschafterstrukturen, in: IWB 1998, Fach 10, International, Gruppe 2, S. 1359-1376

Stein, V./Becker, J. D.: Steuerplanung beim Erwerb von Auslandsbeteiligungen im Kapitalgesellschaftskonzern, in: GmbHR 2003, S. 84-91

Streck, M./Mack, A./Schwedhelm, R.: Verschmelzung und Formwechsel nach dem neuen Umwandlungsgesetz, in: GmbHR 1995, S. 161-176

Streck, M./Posdziech, O.: Verschmelzung und Formwechsel nach dem neuen Umwandlungssteuergesetz, Teil I und II, in: GmbHR 1995, S. 271-285 und S. 357-365

Strobl-Haarmann, E. (Teilbetrieb, 2001): Der Teilbetrieb der Fusionsrichtlinie und seine Umsetzung im deutschen Recht, in: Wassermeyer, F.

u.a. (Hrsg.): Umwandlungen im Zivil- und Steuerrecht: Festschrift für Siegfried Widmann zum 65. Geburtstag am 22. Mai 2000, Bonn 2001, S. 553-565

Taylor, W. (Generalbericht, 1992): Generalbericht, in: IFA (Hrsg.): CDFI Vol. LXXVIIb, Tax consequences of international acquisitions and business combinations, Rotterdam 1992, S. 71-98

Teichmann, H.: Die optimale Komplexion des Entscheidungskalküls, in: ZfbF 1972, S. 519-539

Teichmann, H.: Der optimale Planungshorizont, in: ZfB 1975, S. 25-312

Teixeira, G./Williams, D.: The impact of the unilateral tax credit in the US, UK and other tax systems, in: Intertax 1995, S. 573-581

Templeman, C./Shepherd, C. (Hrsg.) (Company Law, 1997): Company Law, London 1997

Theisen, M. R./Wenz, M. (Hintergründe, 2002): Hintergründe, in: Theisen, M. R./Wenz, M. (Hrsg.): Die Europäische Aktiengesellschaft: Recht, Steuern und Betriebswirtschaft der Societas Europaea (SE), Stuttgart 2002, S. 1-50

Thiel, J. (Einbringung, 1993): Einbringung und Anteilstausch, in: IDW (Hrsg.): Bericht über die Steuerfachtagung '93, Düsseldorf, 14./15. September, Steuergestaltung bei verbundenen Unternehmen in Europa, S. 159-186

Thiel, J.: Die grenzüberschreitende Umstrukturierung von Kapitalgesellschaften im Ertragsteuerrecht, in: GmbHR 1994, S. 277-289

Thiel, J.: Die Maßgeblichkeit im Umwandlungssteuerrecht, in: GmbHR 1997, S. 145-150

Thomas, G.: Verschmelzung von Kapitalgesellschaften, in: NWB 2001, Fach 18, S. 3789-3796

Thömmes, O.: Neue steuerliche Maßnahmen zur Förderung der grenzüberschreitenden Unternehmenskooperation in der Europäischen Gemeinschaft, in: WPg 1990, S. 473-482

Thömmes, O.: Buchwertverknüpfung über die Grenze? - Problematik der Umsetzung der EG-Fusionsrichtlinie in deutsches Recht bei Auslandssachverhalten, in: IWB 1992, Fach 5, Deutschland, Gruppe 1, S. 1327-1334

Thömmes, O.: § 23 - Einbringungen in der Europäischen Union (Tz. 23.01-23.14), in: DStR 1998, Beilage zu Heft 17/1998, S. 47-52

Thömmes, O. (Teibetriebsbegriff, 2000): Teilbetriebsbegriff der EG-Fusionsrichtlinie, in: Wassermeyer, F. u.a. (Hrsg.): Umwandlungen im Zivil- und Steuerrecht: Festschrift für Siegfried Widmann zum 65. Geburtstag am 22. Mai 2000, Bonn 2000, S. 553-565

Thömmes, O. (Besteuerung, 2002): Besteuerung, in: Theisen, M. R./Wenz, M. (Hrsg.): Die Europäische Aktiengesellschaft: Recht, Steuern und Betriebswirtschaft der Societas Europaea (SE), Stuttgart 2002, S. 465-554

Thömmes, O./Tomsett, E. G.: Issues of the Implementation of the Merger Directive in the EC Member States, in: EC Tax Review 1992, S. 228-240

Tiley, J./Collison, D. (UK Tax Guide, 2000): Simon's Tiley and Collison: UK Tax Guide, 18. Aufl., London 2000

Tillich, P.: Die Steuerbelastungen von Personenunternehmen und Kapitalgesellschaften unter Berücksichtigung der neuen Teilsteuersätze, in: BB 2002, S. 1515-1521

Tomsett, E. G. (United Kingdom, 1992): United Kingdom, in: IFA (Hrsg.): CDFI Vol. LXXXVIIb, Tax consequences of international acquisitions and business combinations, Rotterdam 1992, S. 581-602

Tomsett, E. G. (Impact, 2002): Impact of EC Directives, in: Tomsett, E. G./Bater, P. (Hrsg.): The International Guide to Mergers and Acquisitions, Loseblattsammlung, Amsterdam 2002, Stand: 23. EL (Dezember 2002)

Tomsett, E. G. (United Kingdom I, 2002): United Kingdom, in: Thömmes, O./Fuks, E. (Hrsg.): EC Corporate Tax Law - Commentary on the EC Direct Tax Measures and Member States Implementation, Amsterdam 2002, Loseblattsammlung, Stand: 24. EL (Dezember 2002)

Tomsett, E. G. (United Kingdom II, 2002): United Kingdom, in: Tomsett, E. G./Bater, P. (Hrsg.): The International Guide to Mergers and Acquisitions, Amsterdam 2002, Loseblattsammlung, Stand: 23. EL (Dezember 2002)

Tontsch, A.: Corporation Tax Systems and Fiscal Neutrality: the UK and German Systems and their Recent Changes, in: Intertax 2002, S. 171-189

Treisch, C.: Entscheidungsneutralität der Besteuerung - Ökonomische Anforderungen an ein „gutes" Steuersystem, in: SteuerStud 2000, S. 368-374

Tumpel, M. (Harmonisierung, 1994): Harmonisierung der direkten Unternehmensbesteuerung in der EU, Wien 1994 van Lishaut, I.: Die Reform der Unternehmensbesteuerung aus Gesellschaftersicht, in: StuW 2000, S. 182-196

van Lishaut, I./Förster, G.: Steuersenkungsgesetz: Anteilsveräußerungen im neuen Recht, in: GmbHR 2001, S. 1121-1128

Vogel, K. (DBA-Kommentar, 1996): Doppelbesteuerungsabkommen der Bundesrepublik Deutschland auf dem Gebiet der Steuern vom Einkommen und Vermögen, Kommentar auf der Grundlage der Musterabkommen, 3. Aufl., München 1996

Voß, R.: Europäisches und nationales Steuerrecht, in: StuW 1992, S. 155-168

Wacker, W. H. (Steuerplanung, 1979): Steuerplanung im nationalen und transnationalen Unternehmen, Berlin 1979

Wagner, F. W.: Zum gegenwärtigen Forschungsprogramm der betriebswirtschaftlichen Steuerlehre, in: DB 1974, S. 393-398

Wagner, F. W./Dirrigl, H. (Steuerplanung, 1980): Die Steuerplanung der Unternehmung, Stuttgart/New York 1980

Wagner, F. W./Wissel, H.: Entscheidungsneutralität der Besteuerung als Leitlinie einer Reform der Einkommensteuer, in: WiSt 1995, S. 65-70

Wassermeyer, F.: Tausch und Einlage von Anteilen an Kapitalgesellschaften über die Grenze, in: DB 1990, S. 855-859

Wassermeyer, F.: Besteuerung des ausländischen Unternehmenserwerbs durch Anteilstausch (unechte Fusion) und Einbringung von Unternehmensanteilen, in: DStR 1992, S. 57-62

Watrin, C./Lühn, M.: Besteuerung privater Veräußerungsgewinne nach dem
StVergAbG-E, in: DB 2003, S. 168-173

Weber-Grellet, H.: Die Unmaßgeblichkeit der Maßgeblichkeit im Umwandlungsrecht, in: BB 1997, S. 653-658

Weigel, W. (Steuern, 1989): Steuern bei Investitionsentscheidungen: ein kapitalmarktorientierter Ansatz, Wiesbaden 1989

Wenz, M. (Societas Europaea, 1993): Die Societas Europaea (SE): Analyse der geplanten Rechtsform und ihre Nutzungsmöglichkeiten für eine europäische Konzernunternehmung, Berlin 1993

Widmann, S./Mayer, D. (Umwandlungsrecht, 2002): Umwandlungsrecht, Umwandlungssteuerrecht, Kommentar, 3. Aufl., Bonn 2002, Loseblattsammlung, Stand: 67. EL (Dezember 2002)

Wienands, H.-G.: Der grenzüberschreitende Anteilstausch nach § 23 Abs. 4 UmwStG, in: Praxis Internationale Steuerberatung 2000, S. 304-310

Wiesner, P. M.: Europa-AG: Steuerneutralität der Fusionsgründung soll erst in der nächsten Legislaturperiode angegangen werden - wird der EuGH die Rechtsform für nichtig erklären?, in: GmbHR 2001, S. R 461

Wiesner, P. M.: Der Nizza-Kompromiss zur Europa-AG - Triumph oder Fehlschlag?, in: ZIP 2001, S. 397-398

Wijnen, W. F. G. (Survey, 1995): Survey of the Implementation of the EC Corporate Tax Directives, Amsterdam 1995

Wiseberg, S. C./Zinn, M.: Global overview, in: ITR 2001, S. 13-20

Witte, E.: Phasen-Theorem und Organisation komplexer Entscheidungsverläufe, in: ZfbF 1968, S. 625-647

Wollert-Elmendorff Deutsche Industrie-Treuhand GmbH (Hrsg.) (Umsetzung, 1995): Die Umsetzung der EG-Fusionsrichtlinie und der EG-Mutter-Tochter-Richtlinie in den EG-Mitgliedstaaten: eine synoptische Darstellung in Tabellenform, Stuttgart 1995

Wollseiffen, G. F. (Steuerplanung, 1998): Steuerplanung bei Verlusten: Verlustausgleich und Verlustabzug im Rahmen der betrieblichen Steuerpolitik, Lohmar 1998

Wurster, H.-J.: Zielsystem und Modellstruktur in der internationalen Steuerplanung, in: DB 1985, S. 2643-2646

Zangenmeister, C. (Grundlagen, 1975): Grundlagen zur systematischen Aufstellung von Zielen, in: Tumm, G. W. (Hrsg.): Erfolg durch bessere Entscheidungen. Die neuen Methoden der Entscheidungsfindung, München 1975, S. 67-84

# Verzeichnis der Rechtsquellen und der sonstigen Quellen

| Datum | Aktenzeichen | amtliche Quelle oder sonstige Fundstelle |
|---|---|---|
| **I. Verzeichnis der Gerichtsentscheidungen** | | |
| **1. Bundesfinanzhof** | | |
| 16.12.1958 | I D 1/57 S | BStBl 1959 III, S. 30-39 |
| 16.03.1966 | II 70/63 | BStBl 1966 III, S. 378-381 |
| 28.07.1970 | II 105/64 | BStBl 1970 II, S. 816-819 |
| 28.06.1972 | II 77/64 | BStBl 1972 II, S. 719-721 |
| 18.07.1979 | II R 59/73 | BStBl 1979 II, S. 683-685 |
| 16.07.1981 | V B 51/80 | BStBl 1981 II, S. 692-693 |
| 30.03.1988 | II R 76/87 | BStBl 1988 II, S. 550-551 |
| 12.01.1994 | II R 130/91 | BStBl 1994 II, S. 408-409 |
| 16.02.1994 | II R 125/90 | BStBl 1994 II, S. 866-869 |
| 29.07.1998 | II R 71/96 | BFH/NV 1999, S. 517-518 |
| 20.12.2000 | II R 26/99 | BFH/NV 2001, S. 1040-1041 |
| 08.08.2001 | I R 29/00 | DStR 2001, S. 1974-1976 |
| **2. Europäischer Gerichtshof** | | |
| 17.12.1970 | Rs. 33/70 (Spa S.A.C.E.) | EuGHE 1970 I, S. 1213-1231 |
| 19.01.1982 | Rs. 8/81 (Becker) | EuGHE 1982 I, S. 53-84 |
| 17.10.1996 | Rs. C-283/94<br>Rs. C-291/94<br>Rs. C 292/94<br>(Denkavit u.a.) | EuGHE 1996 I, S. 5063-5104 |
| 09.03.1999 | Rs. C-212/97 (Centros) | EuGHE 1999 I, S. 1459-1498 |

## II. Verzeichnis der Erlasse, Schreiben und Verfügungen der Finanzverwaltung

Schreiben betr. Übergang von Grundstücken bei Umwandlungen, Einbringungen und anderen Erwerbsvorgängen auf gesellschaftsvertraglicher Grundlage vom 12. Dezember 1997, in: Beck'sche Textausgaben, Steuererlasse, Textsammlung wichtiger Erlasse zum gesamten Steuerrecht mit Hinweisen und Verweisungen, München 2003, Stand: 7. EL (September 2002)

BMF-Schreiben vom 9. Februar 1998, IV B 2 – S 1909 – 5/98, BStBl 1998 I, S. 163

BMF-Schreiben vom 25. März 1998 (Umwandlungssteuererlass), IV B 7 – S 1978 – 21/98 bzw. IV B 2 – S 1909 – 33/98, BStBl 1998 I, S. 268-344

BMF vom 16. April 1999, Körperschaftsteuerlicher Verlustabzug; Anwendung von § 8 Abs. 4 KStG und § 12 Abs. 3 Satz 2 UmwStG, IV C 6 – S 2745 – 12/99, BStBl 1999 I, S. 455-460

BMF vom 18. Januar 2002, Stand der Doppelbesteuerungsabkommen und der Doppelbesteuerungsverhandlungen am 1. Januar 2002, IV B 6 – S 1300 – 155/01, BStBl 2002 I, S. 135-139

## III. Verzeichnis der sonstigen Quellen

Abkommen zwischen der Bundesrepublik Deutschland und dem Vereinigten Königreich Großbritannien und Nordirland zur Vermeidung der Doppelbesteuerung und zur Verhinderung der Steuerverkürzung vom 26. November 1964, BStBl 1966 III, S. 729-744, in der Fassung des Revisionsprotokolls vom 23. März 1970, BStBl 1971 I, S. 140-143

Gesetz zur Durchführung der Zweiten Richtlinie des Rates der Europäischen Gemeinschaften zur Koordinierung des Gesellschaftsrechts vom 13. Dezember 1978, BGBl 1978 I, S. 1959-1964

## IV. Verzeichnis der Vorschläge, Richtlinien und Entscheidungen auf EU-Ebene

*Kapitalrichtlinie*, Zweite Richtlinie 77/917/EWG des Rates vom 13. Dezember 1976 zur Koordinierung der Schutzbestimmungen, die in den Mitgliedstaaten den Gesellschaften im Sinne des Artikels 58 Absatz 2 des Vertrages im Interesse der Gesellschafter sowie Dritter für die Gründung der Aktiengesellschaft sowie für die Erhaltung und

Änderung ihres Kapitals vorgeschrieben sind, um diese Bestimmungen gleichwertig zu gestalten, ABl. EG Nr. L 026 vom 30. Januar 1977 S. 1-13, geändert durch Verordnung (EWG) Nr. 3308/80 vom 16. Dezember 1980, ABl. EG Nr. L 345 vom 20. Dezember 1980, S. 1 und Richtlinie 92/101/EWG vom 23. November 1992, ABl. EG Nr. L 347 vom 28. November 1992, S. 64-66

*Verschmelzungsrichtlinie*, Dritte Richtlinie 78/855/EWG des Rates vom 9. Oktober 1978 gemäß Artikel 54 Absatz 3 Buchstabe g des Vertrages betreffend die Verschmelzung von Aktiengesellschaften, ABl. EG Nr. L 295 vom 20. Oktober 1978, S. 36-43

*Spaltungsrichtlinie*, Sechste Richtlinie 82/891/EWG des Rates vom 17. Dezember 1982 gemäß Artikel 54 Absatz 3 Buchstabe g des Vertrages betreffend die Spaltung von Aktiengesellschaften, ABl. EG Nr. L 378 vom 31. Dezember 1982, S. 47-54

*Internationale Fusionsrichtlinie*, Vorschlag einer 10. Richtlinie 85/C 23/08 des Rates vom 14. Dezember 1984 nach Artikel 54 Absatz 3 Buchstabe g des Vertrages über die Grenzüberschreitende Verschmelzung von Aktiengesellschaften, ABl. EG Nr. C 23 vom 25. Januar 1985, S. 11

*Steuerliche Fusionsrichtlinie*, Richtlinie Nr. 90/434 des Rates vom 23. Juli 1990 über das gemeinsame Steuersystem für Fusionen, Spaltungen, die Einbringung von Unternehmensteilen und den Austausch von Anteilen, die Gesellschaften verschiedener Mitgliedstaaten betreffen, ABl. EG Nr. L 225 vom 20. August 1990, S. 1-5

*Mutter-Tochter-Richtlinie,* Richtlinie Nr. 90/435 vom 23. Juli 1990 über das gemeinsame Steuersystem der Mutter- und Tochtergesellschaften verschiedener Mitgliedstaaten, ABl. EG Nr. L 225 vom 20. August 1990, S. 6, berichtigt durch ABl. EG Nr. L 226, S. 20

Akte über die Bedingungen des Beitritts des Königreichs Norwegen, der Republik Österreich, der Republik Finnland und des Königreichs Schweden und die Anpassungen der die Europäische Union begründenden Verträge zur EU vom 24. Juni 1994, ABl. EG Nr. C 241 vom 29. August 1994, S. 1-348

*SE-Richtlinie (SE-RL)*, Richtlinie Nr. 2001/86/EG des Rates vom 8. Oktober 2001 zur Ergänzung des Statuts der Europäischen Gesellschaft hinsichtlich der Beteiligung der Arbeitnehmer, ABl. EG Nr. L 294 vom 10. November 2001, S. 22-32

*SE-Verordnung (SE-VO)*, Verordnung des Rates über das Statut der Europäischen Aktiengesellschaft vom 8. Oktober, ABl. EG Nr. L 294 vom 10. November 2001, S. 1-21

*Strategie zur Schaffung einer Konsolidierten Körperschaftssteuer-Bemessungsgrundlage für grenzüberschreitende Unternehmenstätigkeit in der Europäischen Union*, Mitteilung der Kommission der Gemeinschaften an den Rat, das Europäische Parlament und den Wirtschafts- und Sozialausschuss: Ein Binnenmarkt ohne steuerliche Hindernisse vom 13. November 2001, KOM (2001) 582 endg.: Ratsdok. 13365/01 in: BR-Drs. 971/01, S. 1-53